# 박형규와 함께
# 그 길을 걷다

박형규 목사 추모집
**박형규와 함께 그 길을 걷다**

2018년 8월 10일 인쇄
2018년 8월 17일 발행

엮은이 | **박형규목사기념사업회**
펴낸이 | **김영호**
펴낸곳 | **도서출판 동연**
등   록 | 제1-1383호(1992년 6월 12일)
주   소 | 서울시 마포구 월드컵로 163-3
전   화 | (02) 335-2630
팩   스 | (02) 335-2640
이메일 | yh4321@gmail.com

Copyright ⓒ 박형규목사기념사업회, 2018

ISBN 978-89-6447-436-5  03040

이 도서의 국립중앙도서관 출판예정도서목록(CIP)은 서지정보유통지원시스템 홈페이지
(http://seoji.nl.go.kr)와 국가자료공동목록시스템(http://www.nl.go.kr/kolisnet)에서 이용
하실 수 있습니다(CIP제어번호 : CIP2018024758).

# 박형규와 함께
# 그 길을 걷다

박형규목사기념사업회 엮음

동연

# 그분과 함께 살게 하신 하나님 감사합니다

소천하신 지 2년, 세월은 덧없이 훌쩍 갔습니다. 그 뜨거웠고 애석했던 날이 또 한 해를 돌아 우리 앞에 왔습니다. 목사님께서 여전히 우리와 함께 계셨으면 하는 마음 간절합니다. 그러나 목사님은 우리와 함께 계시지 않습니다. 아쉽고 아쉽기 그지없습니다.

목사님을 자랑하고 싶은 마음, 2년 전 그 날처럼 걷잡을 수 없습니다. 목사님으로 인해 전혀 다른 새 사람이 된 것, 모두에게 들려주고 싶은 마음 가득합니다. 그 어른의 삶을 따라 살고자 했던 나의 실존적 경험, 그냥 묻어 둘 수 없습니다. 그 소박하고 담담한 길 위 걸음이 우리 역사를 어떻게 바꿔 놓았는지 경탄스럽기만 합니다. 묻어 둘 수 없습니다. 예수를 믿는다는 것이 바로 저런 것이라는 깨달음, 너무 소중합니다. 우리는 목사님으로 해서 비로소 예수님을 만났습니다.

이 놀라운 경험, 흘려보낼 수 없습니다. 우리의 이 소중한 마음, 남기고 싶습니다. 그분처럼 사는 삶이 오고 오는 모든 세대마다에 꼭 전해지게 하고 싶습니다. 그래서 우리가 만났던 그분과의 삶을 몇 자 글로나마 적어 두고 싶습니다. 그렇게 해서라도 후대에 그를 오래 남겨야 한다는 어떤 책임감이 우리 모두에게 있습니다. 우리에게 예수님을 살아 보이신 그분 삶을 꼭 남겨야 한다는 어떤 의무가 우리에게 있습니다. 우리는 모두 수주 박형규 목사님을 만나 행복한 사람들입니다.

　수주 박형규 목사님 2주기를 기해 이 마음, 이 고백, 그 경험들을 모았습니다. 한 책으로 묶었습니다. 이렇게 모아 놓고 보니 이것은 '속 (續) 사도행전 수주 편'입니다. 신약성경 사도행전은 한 사람 누가가 기록했습니다. 이 책 '속 사도행전 수주 편' 저자는 복수입니다. 사도행전은 바울과 베드로를 비롯한 예수 제자들의 삶을 전합니다. 그들 삶으로 예수님을 증거합니다. '속 사도행전 수주 편'은 오로지 수주 박형규 목사님을 전하고 있습니다. 그 삶으로 우리는 예수님을 만나게 될 것입니다.

　우리는 이것을 오늘과 그리고 다음 세대에게 주고자 합니다. 행복하게도 그분과 함께 살았던 우리들의 선물입니다. 그분을 우리 가운데 함께 살게 하신 하나님! 우리 하나님께 바치는 우리들의 감사입니다. 하나님, 감사합니다. 하나님, 정말 감사합니다.

2018년 8월

김상근

(박형규목사기념사업회 상임공동대표, 한국방송공사 이사장)

# 그분과 그 길을 함께 걷겠습니다!

'행동하는 신앙인' 수주(水洲) 박형규 목사님이 우리 곁을 떠나신 지 2년이 다가옵니다. 작년 8월 18일 1주기 추모행사 후, 10월 19일에 〈박형규목사기념사업회〉가 정식으로 출범하고 그 첫 사업으로 2주기를 맞아 이렇게 추모집을 발간하게 되었습니다. 이 추모집에는 박형규 목사님과 함께 '그 길'을 걸었던 여러분들의 '증언'이 실려 있습니다.

2천여 년 전 요한1서의 저자는 '생명의 말씀'인 예수 그리스도에 대해서 '증언'하면서 "우리는 그 말씀을 듣고 눈으로 보고 실제로 목격하고 손으로 만져보았다"고 고백했습니다. 그런데 정작 요한1서 공동체는 '역사적 예수'의 목격자들이 아닙니다. 집필 연대로 볼 때 그들은 예수운동의 1세대일 수 없고, 2세대 내지는 3세대였을 것으로 추정됩니다. 그런데 그들은 감히 "우리는 (예수 그리스도를) 들었고, 보았고, 만졌다"고 주장합니다. 그렇다면 그들이 듣고 보고 만졌다는 예수 그리스도는 누구였을까요? 그는 역사적 예수 사후(死後)에 그가 걸었던 그 길을 계속 걸었던 어떤 '참사람'이었을 것입니다. 요한1서 공동체는 바로 그 이에게서 예수를 듣고 보고 만졌다고 증언한 것입니다. 그렇습니다! 예수의 길(the Way)은 바로 그렇게 만들어졌습니다. 예수가 걸었던 그 길을 누군가 이어서 걷고, 다른 이가 또 이어서 걷고, 그렇게 수많은 사람들이 이어서 걷고 또 걸어서, 점점 다져지고 다져져서 비로소 길이 된 것입니다.

'행동하는 신앙인' 수주 박형규 목사님은 그 계보를 이어 예수의 길을 걸으셨던 분입니다. 그리고 그분과 함께 그 길을 걸었던 많은 분들의 생생한 증언이 엮어져 이 추모집이 탄생했습니다. 오래전 요한1서의 저자는 자신의 증언을 읽는 독자들이 자신이 만나고 체험했던 예수 그리스도와 만나고 친교하며 참 기쁨을 누리기를 희망했었습니다. 저 역시 같은 희망을 품어 봅니다. 이 문집을 읽는 모든 분들이 세대를 초월해 박형규 목사님과 참된 친교(코이노니아)를 나누시고, 그가 걸었던 정의의 길, 생명의 길, 평화의 길을 이어서 함께 걸으실 수 있기를 바랍니다.

끝으로 귀한 옥고(玉稿)로 박형규 목사님을 추모해 주시고, 이 추모집을 빛내 주신 집필자 여러분께 깊은 감사를 드립니다. 또한 이 책의 출판을 위해 많은 수고를 아끼지 않으신 유영표 위원장을 비롯한 모든 편집위원들, 그리고 도서출판 동연의 김영호 대표를 비롯한 여러 임직원들께도 감사의 인사를 올립니다.

2018년 8월

정원진

(박형규목사기념사업회 실행위원장, 서울제일교회 담임목사)

# 길 위의 신앙인, **수주(水洲) 박형규 목사**

1 민주화운동기념사업회 이사장 시절. 김경남, 나병식, 오재식 등과 함께

2 1993년 6월 19일 고은 『만인보』 출판기념회에서(왼쪽부터 이문영, 이돈명, 김대중, 고은, 김수현, 박형규, 백낙청)

3 한국기독교회관 NCCK 사무실에서(왼쪽부터 박용길, 박형규, 박영숙)

4 1988년 내란예비음모 사건 무죄판결을 받고

5 현 시국에 관한 사회 각계 인사 간담회

6 1973년 내란예비음모 사건 후 출옥하여 목요기도회에서

7 모임 후 부부동반으로 사진 촬영(한완상, 이대회, 한승헌, 김찬국, 김동완 등과 함께)

8

9

항쟁으로 구속 후 1987년 7월 5일 출옥하면서 양순직, 오충일, 지선 등과 함께

심수 전원석방을 촉구하며 단식농성에 들어간 민가협 회원

10 1987년 국민운동본부 공명선거 발족식에서

11 인혁당 20주기 추모제로 서대문 역사공원에서 강신옥, 시노트 신부, 이철 등과 함께

12

12 2012년 구순 잔치에서 춤을 추다

13 구순 잔치에서 형제의집 대학생부와 함께

13

## 목차 contents

발간사 _ 김상근 • 5

추모집을 펴내며 _ 정원진 • 7

길 위의 신앙인, 수주(水洲) 박형규 목사 • 9

# 1부/ 영원한 풍류 스승

나의 오랜 친구 _ 문동환 • 23

박형규 선생님을 그리며 _ 백기완 • 26

영원한 풍류 스승 _ 김영동 • 32

교도소에서 만난 목사님 _ 유홍준 • 37

낙천적이고 내공이 깊은 진짜 목사 _ 이해동 • 45

그리스도에게 매인 자유인 _ 문대골 • 51

"미경이도 이제 별 하나 달았네" _ 이미경 • 60

길거리와 감옥 오가신 평생 _ 이부영 • 64

큰 포용력으로 하나 되게 하신 분 _ 이길재 • 68

자유인 박형규 _ 손학규 • 74

한국의 니묄러 목사 _ 이삼열 • 82

장기수 어른의 발을 씻어 주시던 목사님 _ 임재경 • 94

대인이신 목사님과의 인연 _ 장기표 • 100

정말로 생각하는 사람, 그래서 좋아하지 않을 수 없는 사람 _ 채현국 • 105

예배당 크게 짓는 것보다 이웃사랑 실천한 목사님 _ 김성수 • 109

# 2부/ 도시빈민운동의 선도자

행동하는 신학과 신앙을 실천하신 총회장 _ 고민영 • 117

온화함 속에 깃든 꼿꼿한 소신 _ 권호경 • 124

역사의 수레바퀴를 돌리신 분 _ 김경남 • 133

빈민운동의 영원한 스승 _ 김혜경 • 140

목사님이 그립습니다 _ 나상기 • 152

도시빈민운동 길에서 목사님을 만나다 _ 신필균 • 158

한국형 기독교사회당을 꿈꾼 개혁사상가 _ 유초하 • 164

겁 많은 자의 용기를 깨우쳐 준 빈자의 벗! _ 이철용 • 172

수도권 선교회에 함께하면서 _ 전용환 • 181

기독교학생운동의 참 지도자 _ 정상복 • 187

민중의 아픔과 함께하는 위트 있는 선동가 _ 이창복 • 193

한국의 본회퍼 _ 차선각 • 198

# 3<sup>부</sup>/ 자유와 해방을 추구한 뿌리파

멀리, 길게 보는 그분의 눈 _ 김학민 • 203

감옥 안에서 용기를 북돋아 준 목사님의 찬송가 열창 _ 김효순 • 210

자유와 해방을 추구하신 '뿌리파 목사님' _ 김종철 • 217

염화미소가 아름다웠던 목사님 _ 지선 • 222

고통의 새벽, 빛으로 여셨던 목사님 _ 명진 • 228

민주화운동의 상징 _ 이명남 • 233

김대중—박형규, 박형규—김대중의 굴곡 _ 김상근 • 238

"목사의 자리는 휴전선 한복판이다" —박형규 목사와 남북평화재단 _ 김영주 • 245

연어의 꿈, 천국 그리고 박형규 목사님 _ 정성헌 • 253

목사님, 대통일의 길 열리도록 이끌어 주소서 _ 오길석 • 260

# 4<sup>부</sup>/ 화해와 사랑의 목회자

믿음의 길로 인도해 주신 고마운 목사님 _ 강영원 • 267

박형규 목사님 그리고 나의 학창시절 _ 강정례 • 272

교회와 민중문화가 접목하다 _ 한승호 • 277

내 인생의 전환점, 서울제일교회 _ 주재석 • 292

노동해방과 함께하신 목사님 _ 정창균 • 299

미싱사에서 노동운동가로 _ 이주열 • 304

목사님의 부드러운 미소와 사랑 _ 황영혜, 진희 • 309

나의 첫 번째 인생학교 형제의집 야학 _ 이승숙 • 311

목사님, 목사님, 저의 인생의 길잡이셨던 목사님 _ 한석희 • 314

광주항쟁 이후 목사님을 찾아가다 _ 송영길 • 321

노상예배 속에서도 화해와 사랑을 외치신 분 _ 오세웅 • 325

목사님과 함께한 마지막 해외여행 _ 정진우 • 330

박형규 목사님의 리더십 _ 구창완 • 337

박형규 할아버지와 조정하 할머니 _ 최요한 • 343

박 목사님을 기리며 기도합니다 _ 함세웅 • 347

길 잃은 양을 인도하는 목자 같은 분 _ 정해숙 • 353

멀리 있어도 한자리에 _ 송기인 • 359

독재정치에 저항한 역정치의 길 _ 한용상 • 363

박형규 목사님을 수행해온 41년 - 잠잠히 떠오르는 선생님과의 에피소드

    _ 야마모토 마사노부 • 374

내 인생을 바꾼 박형규 목사·서울제일교회와의 만남 _ 야마다 사다오 • 392

자매 관계 2대째의 박형규 목사와의 만남 _ 야마모토 유지 • 410

# 5부/ 추억과 추모 속에서

고모부 박형규 목사님 이야기 _ 조한혜정 • 421

일생을 변함없이 일관되게 사신 분 _ 권형택 • 430

아버님 목사님에 대한 추억담 _ 박종관 • 435

〈추모사〉 목사님 고맙습니다, 사랑합니다 _ 신인령 • 440

〈조사〉 목사님 감사합니다 _ 유경재 • 444

〈서평〉 기묘하게 일하시는 하나님을 따라 _ 김정남 • 447

〈기고문〉 길 보이신 목자 _ 서재일 • 453


## 좌담
목사님의 미소가 그립습니다 _ 서울제일교회 교인들 좌담 • 459


편집 후기 _ 목사님의 길을 따라 _ 유영표 • 484

수주 박형규 목사 연보 • 486

박헌규와 함께 그 길을 걷다

**1**

# 영원한
# 풍류
# 스승

# 나의 오랜 친구

문동환

(목사)

내가 박 목사를 처음 만난 것은 1960년대 초 부산에서였던 것으로
기억합니다. 당시 교사들이 만든 어떤 단체에서 강연회를 열었는데,
나에게 연사로 강연해 달라고 초청이 왔습니다. 해서 내려갔더니 거기
에 박형규 목사도 연사로 와 있었습니다. 거기서 처음 인사를 나누었
습니다. 우리는 강연을 마치고 함께 목욕도 하고 여관에서 잠도 같이
잤습니다. 그리고 서울에 함께 올라왔습니다. 많은 이야기를 나누었
죠. 우리는 그때부터 친구가 되었습니다. 우리는 목사로서 관심 방향
이 비슷했습니다.

나는 1970년 근무하던 한신대에 사표를 내고 일 년간 뉴욕 유니언
신학대학교 교환교수로 간 적이 있습니다. 이때 남미에서 싹트던 새로
운 신학의 흐름을 만나게 되었습니다. 세계적인 흑인 신학자 제임스
콘 교수로부터 해방신학을 배웠습니다. 일 년 후 한국으로 돌아와 국
내에 처음으로 해방신학을 소개했습니다. 1973년 서남동 박사가 앞장
서 〈한국 그리스도인 선언〉을 선포하면서 한국적인 민중신학을 세웠

죠. 그리고 성서신학자 안병무 박사가 감옥에서 마가복음을 정독하고 마가복음서를 민중신학적 입장에서 새로 해석했습니다.

이런 민중신학을 현장에서 실천한 것은 박 목사와 도시산업선교회였습니다. 박 목사는 청계천에서 빈민선교를 시작했고, 1973년 남산 부활절예배 사건으로 감옥에 갔습니다. 저는 그때에는 한신대에 복직해서 교수로 있었습니다. 제가 있던 한신대에서 그해 11월 학생들이 유신헌법 철폐를 요구하는 동맹휴학을 했습니다. 교수들도 학생들을 지지하며 김정준 학장 이하 교수 전원이 삭발했습니다. 당시 한국신학대학은 교수와 학생이 하나가 되어 독재에 강하게 항의했습니다.

1976년 3·1사건 때는 박 목사가 빠지고 우리 형님(문익환)과 제가 감옥에 갔습니다. 형님은 원래 민주화운동에 뜻이 없었는데, 친한 친구 장준하가 죽고 나서 태도를 바꿨습니다. 1976년에 형님이 3·1절 성명서를 내자고 성명서를 써서 나에게 가져왔어요. 내가 안병무와 의논하고, 서남동, 이해동 등 여러 사람이 함께 참여했죠. 이때 무슨 이유였는지 모르지만 박형규 목사는 빠졌습니다. 재야에는 박 목사 중심의 흐름이 한편에 있었고, 우리 형님 중심의 흐름이 또 한편에 있었습니다. 둘이 잘 합작하지 못했던 거 같아요.

나는 3·1사건으로 2년 감옥을 살고 1977년 12월 31일에 출소했습니다. 그러나 바로 전날까지도 석방되리라고 생각을 못했죠. 30일 점심식사 뒤에 낮잠이나 자려고 이부자리를 펴고 누워 이런저런 생각을 하는데 누가 면회를 왔다는 거예요. 소장실로 나가 보니 박형규 목사와 이우정 선생이 와서 함박꽃 같은 웃음을 지으며 나를 맞이했습니다. 그러더니 박형규 목사가 서류 한 장을 내미는데, 거기에 함석헌, 박형규, 안병무, 이우정 등 서명이 되어 있었죠. 그러면서 박 목사 말이 정부와 합의가 되었으니 적당한 서약서 한 장 쓰고 나오라는 거예요. 그래서 나는 "나는 과거와 같이 이 나라와 민족, 정의와 민주주의를 위해서 살겠습니다"라고 서약서 아닌 서약서를 써 주었습니다. 이 요식 절차로 제 석방이 결정되었습니다. 박 목사와 이우정 선생은 이 소식을 가지고 다른 옥중 동지들을 찾아갈

● 어느 날 오찬 자리에서 함께한 필자(왼쪽)와 박형규 목사(오른쪽).
뒷편에 이희호 여사와 박영숙 여사의 모습도 보인다.

거라면서 서울에서 만나자고 했습니다. 이렇게 해서 다음날 나는 감옥문을 나설 수 있었습니다.

　박 목사와 나는 60년대부터 서로 뜻이 통하는 오랜 친구였습니다.


(이 글은 2018년 3월 21일 오후 2시30분 영등포 당산 푸르지오 106동 1801호 문동환 박사 자택에서 구술한 내용을 권형택 편집위원이 가필 · 정리한 것이다. *문동환 박사는 노환으로 침대에 누워 30분 정도 구술을 진행하였다)

# 박형규 선생님을 그리며

### 백기완

#### (통일문제연구소장)

나는 나름으로 생각하는 바가 있어 이 글에서 박형규 목사님이라는
말은 빼고 박형규 선생님이라고 부른다는 것을 미리 일러두고 싶다.
그 까닭을 풀이하면 나는 세속에서처럼 박형규 선생님을 기독교라는
틀 속에 가두고 싶지가 않아서 그렇다. 이해해 주었으면 좋겠다.

어째서 박형규 선생님일까. 내가 박형규 선생님을 처음 만난 것은
1974년 가을 감옥 안에서였다. 안양교도소에서 막 아침을 먹었는데
느닷없이 짐을 싸 갖고 나오란다. 후다닥 차에 올라 실려 온 것이 영등
포교도소 앞마당. 서울구치소에서 먼저 온 이들이 쭈그리고 있는 옆에
앉되 고개를 땅에 박으란다.

내가 쭈그리질 않고 뻣뻣이 서 있자 누우런 금테를 두른 벙거지
를 쓴 뚱뚱한 교도관이 들고 있던 가죽 채찍으로 내 배를 쿡쿡 찌르
며, "너 이 새끼야, 왜 말을 안 들어. 혼 좀 날래? 엎드리고 어서 엉덩
이 까"(아마도 밑구멍에 담배를 숨기고 있는지를 검사하자는 것. 그때 듣기

로 사람의 밑두리에 담배 열세 갑까지 감춘다는 말이 있었다).

내가 두 무릎이 퉁퉁 부어 꾸부리고 있을 수가 없다고 했는데도 또다시 가죽채찍으로 내 배를 쿡쿡 찔렀다. 나는 가만히 있을 수가 없었다. 그래서 "이봐요, 높은네 어른, 나는 박정희 유신독재를 타도하려다가 여기에 끌려왔지. 밑구멍에 담배나 숨겨서 담배장사나 하려고 여기 온 사람이 아니란 말이오, 알겠어요?"라고 했다.

그러자 "뭐야, 이놈 끌고 와"라고 하여 끌려가서 한참 동안 닦달을 받다가 풀려나왔는데 그때까지도 땅바닥에 쭈그리고 앉은, 푸른 죄수옷을 입으신 분이 내 손을 잡으며 "여기 이 감옥 안에서도 박정희 타도운동을 힘차게 계속하시는구면. 잘했어요, 잘했어." 그러시던 분이 바로 박형규 선생님이다. 그런 내가 볼 적에 그분은 박형규 선생님이시지, 어떻게 목사님이시겠는가.

바로 그해 겨울 영등포교도소는 땅불쑥하니(특히) 추웠다. 이규상, 고영하와 함께 있던 우리 방은 북극권이라고 할 만치 추운 것 같았다. 그 좁은 방 네 벽에 사람의 입김으로 하여 하얀 김이 서리고 서리다가 마침내 꽁꽁, 얼음으로 어는 바람에 고뿔이 드세 목이 붓고 몸은 뜨거워지는데 춥고 떨리고 온몸이 들쑤셔 견딜 수가 없었다. 그래서 아스피린이라도 한 알 얻어먹을까 해서 의사도 없는 의무실을 갔는데, 바로 그때였다. 입술이 밤톨만하게 부어터진 한 아저씨와 어철어철 마주쳤는데 그게 바로 박형규 선생님이 아니신가 말이다.

"아니 선생님, 어떻게 입술이 그렇게 퉁퉁 부어터지셨는지요?"

이에 뭐라고 말씀을 하시는데 잘 알아들을 수가 없었다. 손짓, 몸짓을 헤아려 보니 입술이 얼어 터졌다고 하시는 것 같았다.

●민통련 시절 백기완, 계훈제, 문익환, 박형규(왼쪽부터)

나는 가슴이 철렁 내려앉았다. 그래서 나 혼자서 중얼거린다는 게 "하는 수가 없군. 몸은 감옥에 갇히고 입술은 얼어 터졌으니 이제부터 박정희 타도 투쟁은 온몸으로 하는 수밖에 없겠구먼" 그랬는데, 뜻밖에도 "그래, 맞아요, 이제부터 반독재싸움은 온몸으로 하라는 명령을 받은 겁니다"라고 말씀하셨다. 이에 "선생님, 그 명령을 누가 내렸다고 생각하시는지요?"라는 내 말이 막 떨어지자마자 "그야, 백 선생이 좋아하는 피해 받는 민중의 명령 아니겠어요."

이 말을 듣자마자 나는 나 혼자 생각을 했다. '아, 이 박형규 목사님은 목사가 아니다, 우리들의 선생님이시다.' 그런 마음을 굳히게 되었다.

### 세 번째 만난 박형규 선생님

이른바 신군부 군사 양아치 전두환 일당들의 모진 고문으로 80kg의 내 몸이 38kg으로 떨어지자 내 생애 처음 듣는 말 '병감정유치'로 감옥에서 한양대병원으로 옮겨진 지 석 달쯤 될 적이다. 병원 안팎을 모두 경찰과 군인들이 지키고 꼼짝을 못하게 하더니 내 몸이 엔간치가 않자 병원비를 어서 내고 딴 데로 옮기란다. 뭐라고, 병원 감옥을 살았는데 그 병원비를 날 보고 물라고. 못한다고 버티는데 환경운동하는 최열과 김찬국 교수가 이리저리 돈을 모아 병원비는 물고 나왔지만 요양이랍시고 떠날 데가 없는 거라. 이때 공주사대 전채린 교수가 황시백, 최열, 이호웅 등과 의논해 강원도 양양군 오산리 바닷가에 있는 어부의 집 문간방을 잡아 하루 내내 바다만 마주보고 있을 적이다.

김동완 목사가 그 먼 데까지 병문안을 왔는데 나를 만나 보지도 못하고 경찰서로 끌려갔다. 찾아오는 사람마다 신원을 조사를 하고, 어쨌다 하면 끌고 가 그야말로 바다라는 희한한 감옥을 살고 있었다.

그런데 함석헌 선생님이 거기까지 병문안을 오신 뒤다. 박형규 선생님 부부가 나를 찾아와 하룻밤을 함께 지낸 새벽녘이다.

박 선생님이 슬며시 나가신다. 어딜 가시는가 알아보았더니 놀랍게도 그 집 주인 아저씨를 따라 고기잡이를 가신다는 게 아닌가. 혹시나 해서 하루 내내 조마조마하게 기다린 뒤다. 내일 아침이면 서둘러 서울로 올라가시겠지 그랬는데 어림없는 소리, 새벽부터 그 어부의 배를 타러 또 나가셨다는 게 아닌가. 그렇게 일주일이나 지나는 동안 내 괴로움은 딴 게 아니었다.

새벽부터 그 집 주인 아저씨는 주먹밥이라도 싸 갖고 가신다. 그런데 우리 박 선생님은 그냥 보내야 하니 그게 그렇게도 안타까웠다.

안타까움은 또 하나가 있었다. 어부의 말이 "아저씨가 바다를 좋아해 따라 나오시는 것은 좋다. 하지만 나는 바다에 나가는 것이 밥벌이인데 아저씨는 바다를 즐기러 나오시니 아저씨의 시중을 드느라 고기를 못 잡는다"라는 것이다. 그렇다고 하면 어쨌든지 '그날그날 손바닥만한 뒷마(작은 배)값은 내셔야 한다'라는 뜻이 아니겠는가.

그래서 눈앞이 아득한 어느 날이다. 새벽부터 비가 내려 박 선생님

이 고기잡이도 못 나가시고 우리들은 마주 앉아 모처럼 이런저런 이야기를 나눌 때참(기회)이 있었다.

묻는 말은 내가 더 많았는데 더듬어 보면 이런 것이었다.

● 백기완 선생님이 강원도에서 요양할 때 교회 식구들이 찾아가 찍은 사진

"선생님, 거 종교의 자유와 돈벌이의 자유는 거의 비슷하게 커와 이제 돈벌이의 자유는 돈의 막심(폭력)으로 되어 우리 사람과 인류를 못살게 굴고 있습니다. 그래서 참된 자유, 평등, 평화는 그 돈벌이의 자유인 막심과 맞서 싸워야만 하는데 이때 종교는 종교의 자유만 누려선 안 되지 않습니까?"

"그렇지요, 종교도 종교의 자유도 모두 사람의 것이니까 사람이 올바르게, 종교도 올바르게 되어야지요."

두 번째 물음,

"요즈음 해방신학이 떴다는 말을 들었습니다. 선생님께서도 아시다시피 해방이란 돈벌이의 막심(폭력), 나아가 돈의 막심으로부터 사람과 세상의 해방을 뜻하는 것일 터인데 그 해방신학도 교조화한 종교로부터 사람을 해방하자는 것은 아닐까요."

"글쎄 나도 잘은 모릅니다. 아마도 해방이란 말을 쓰려고 하면 그런 뜻이 아니면 쓸 수가 없는 게 아닐까 그리 생각됩니다만 나도 좀 더

깊이 알아봐야 할 것 같습니다."

여기까지 이야기를 하다가 헤어지고 말았다.

### 네 번째로 아흔 살 잔치에서 만난 박형규 선생님

박형규 선생님을 떠올리면, 그때 그 바닷가에 오셨을 적에 고기잡이 배를 따라나선 분한테 낮참(점심) 도시락을 못 챙겨드린 죄책감이 늘 나를 괴롭혀 오던 어느 날, 갑자기 아흔 살 잔치를 치르고자 하니 와 달라고 한다. 그 날도 빈손으로 어철어철 가서 마주 앉긴 했지만 꼭 바늘방석에 앉은 것 같았다. 그래서 따라 주는 술도 입에 못 대고 그저 어적이기만 했다.

사람이 만났다 헤어지는 걸 아쉽다고들 하지만 그것도 사람 나름인 것 같았다. 그날도 나는 그저 마주 앉고만 있었다. '야 백기완이 이 새끼야, 사람은 한 번 왔다가 누구나 한 번 가는 거야. 그 도막에 사람답게 살려고 하면 얼떡 모시고 나가 냉면이라도 한 그릇 대접해야 하는 게 아니겠어.' 그렇게 생각은 하면서도 못 해드렸다.

박형규 선생님을 떠올리면 자꾸만 그때 그런 생각이 떠올라 이참에도 마음이 편칠 않아 더는 붓을 놀릴 수가 없었음을 앗~ 소리 하나로 털어놓고자 한다.

# 영원한 풍류 스승

## 김영동
### (작곡가)

목사님 그간 그곳에서 평안하신지요? 목사님이 하늘로 떠나신 지 벌써 두 해가 지나고 있습니다. 이곳은 여러 가지 일들이 많이 벌어지고 있는데 목사님이 생각했던 것만큼은 아니지만 잘되어 가고 있는 것 같습니다.

목사님을 처음 뵌 지가 45년 전쯤인 것으로 기억됩니다. 70년대 초 소위 문화운동 1세대인 채희완, 임진택, 이종구, 김민기 그리고 필자는 우리 것 찾기 운동의 일환으로 탈춤, 판소리, 국악 등을 활용한 공연 양식 중 마당극에 관심들을 가졌지요. 물론 저는 국악을 했으니 자동으로 음악을 담당하게 되었습니다.

1973년 겨울 아니면 1974년 초로 기억됩니다. 서울제일교회에서 김지하 시인의 〈진오귀굿〉이라는 마당극 연습을 할 때인 것 같습니다. 그 당시 연출은 임진택 명창이었습니다. 그때 잠깐 연습장에 들르셨고 인사만 했던 기억이 납니다. 그런데 그 당시 제 생각에 '이상한 목사님이다'라는 생각을 했습니다. 우선 극 제목이 〈진오귀굿〉인데 굿을

교회 공간에서 공연하는 것을 허락했다는 것이 이상했고, 교회에서 장구 장단 소리가 남에도 개의치 않으신 모습과 오히려 장단을 느끼시는 듯함을 보고 이상한 목사님이시구나 하고 생각했습니다. 그리고는 1974년 목사님의 투옥으로 공연을 못했습니다.

그 후 목사님의 투옥, 석방, 재투옥의 고난의 시기를 훨씬 지나 목사님과의 재회는 20년이 지난 후 정성헌(현 새마을운동중앙회 이사장) 형님이 운영, 관리하던 춘천 산골에 있던 '생기마을'에서의 만남이었습니다. 생기마을에서 생명평화라는 새로운 운동으로서 몸과 정신에 대한 중요성을 인식하는 계기를 만들고자 어른들을 모셔서 강의를 듣고 담소를 나누었지요. 그리고 뒤풀이로 약간의 술자리가 벌어지게 되었구요. 그 자리에서 제가 단소 연주를 하였고, 그 연주에 목사님께서 정말 멋스럽고 맛깔나는 춤을 추셨습니다. 마치 동래 학춤에서 한 마리 학이 내려와서 춤을 추는 듯했고, 그야말로 산골에 있는 '생기마을'은 환희로 가득찬 시간이었습니다. 그 자리에 있던 모든 사람들은 목사님의 진면목에 감탄을 자아냈고, 저도 잊지 못할 큰 감동을 받았습니다. 그 자리에 있었던 사람은 뜻밖의 횡재(?)를 한 셈이었지요. 제 기억으로는 앵콜공연까지 했었으니까요.

그날 우리는 목사님 덕분에 너무 행복했습니다. 춤, 공연, 음악을 많이 했고, 많은 명무의 춤들을 보았으며, 이애주 명무의 춤까지 보아왔던 저로서도 목사님의 춤은 완전히 다른 신선함이었습니다. 춤을 추신 후 목사님께서 춤을 추게 되신 이야기를 해 주셨습니다.

일본 유학 중에 조택원 선생의 춤과 최승희의 춤 등을 보시고 춤을 배우고 싶은 욕망이 생겼다고 하셨습니다. 방학 중 부산 댁에 들르셔서 주무시고 계시는 목사님의 부친의 지갑에서 돈을 몰래 빼내어 부산 동래에 있는 권번에 찾아가 춤을 배우셨다는 말씀을 하셨습니다. 저는 속으로 "그러면 그렇지, 어쩐지 춤이 예사스럽지 않은 이유가 있었구나" 하고 생각을 했습니다. "아마 목사님이 무용가로 진로를 바꾸셨더라도 명무가 되셨을 것입니다. 저는 반주자로 함께했을 것이고요" 하고 말했던 기억이 납니다.

그리고 두 번째 공연은 목사님 구순 잔치 때 세종문화회관에서였습니다. 많은 사람들의 요구를 거절하지 않으시고 흔쾌히 춤을 추셨습니다. 오히려 구순 잔치에 오신 분들에게 베푸신 것이지요. 그 공연을 생각하면 항상 흐뭇한 미소가 머금어지곤 합니다. 왜냐하면 저절로 멋이 깃든 공연이었으니까요.

목사님! 목사님은 저절로 멋스러운 분이십니다. 목사님의 모습에서 언뜻 신라 화랑 중 물계자님이 보이고, "나의 믿음은 길 위에 있다"라는 말씀이 저에게는 원효스님이 저잣거리에서 무애무(无涯舞)를 추었다는 모습과 겹쳐 보였습니다. 막힘 없는 고유한 정신세계인 풍류정신을 오롯이 간직하고 계신 목사님이셨습니다.

목사님! 멋이란 무엇일까요? 김범부 선생은 멋을 풍류라고 표현하였습니다. 그리고 신라 화랑 중 한 분이신 물계자님은 그를 따르는 제자들에게 이렇게 말하였지요.

이 멋쟁이들아, 공연히 멋쟁이 멋쟁이 하고 말만 멋쟁이라는 것은 역시 조화스럽지 않은 일이야. 멋[風流]쟁이! 세상 사람들이 멋을 알고 하는 말인지…. 멋! 하늘과 사람 사이에 서로 통하는 것이 멋이야, 하늘에 통하지 아니한 멋은 있을 수 없어, 만일 있다면 그야말로 설멋(틀린 멋)이란 게야. 제가 멋이나 있는 체할 때 벌써 하늘과 통하는 길이 막히는 법이거든. 참 멋과 천인묘합(天人妙合)은 마침내 한지경이니 너희들이 여기까지 알는지? 조화가 맞지 않는 멋은 없는 것이며 하늘과 사람이 통하여 터지지 않은 멋도 없는 것이니 조화가 맞지 않고 터지지 않은 천인묘합이 있는가?

그리고는 〈살려지이다!〉라는 기도사를 수없이 되풀이하고 정성스럽게 기도를 올린 다음 노래를 부르고, 노래가 끝나면 춤을 추었답니다. 춤을 춘 다음 비로소 칼을 쓰는 것이 수련의 순서였답니다. 저는 이런 물계자님의 모습에서 목사님을 떠올리게 되네요.

목사님, 이제 이곳에는 따뜻한 봄이 오고 있습니다. 하늘나라에서 너울너울 춤추시는 모습을 상상하니 너무 좋습니다. 갑자기 물계자님의 〈봄술〉이라는 시가 있어 적어 봅니다. 그럼 다음에 또 소식 전하겠습니다. 안녕히 계십시오!

봄술

삼거리 주막에 나그네 오고
삼거리 주막에 나그네 가네
나그네 가는 날 나그네 오고
나그네 오는 날 나그네 가네

달 좋은 봄철이 몇 밤이뇨
알뜰한 이 밤이 가단 말이
얼씨구 놀잔다 벗님네여
얼씨구 들씨구 놀다 가세
접동새 비렁에 꽃이 피고
접동새 비렁에 꽃이 지네
꽃 지는 가지에 꽃이 피고
꽃 피는 가지에 꽃이 지네

(위의 가사는 김범부 선생의 『풍류정신』이란 책에서 인용한 것입니다)

# 교도소에서 만난 목사님

유홍준

(명지대학교 석좌교수, 전 문화재청장)

박형규 목사님의 삶과 신앙은 한마디로 '행동하는 신학, 실천하는 신앙'이었다. 구체적으로는 『해방의 길목에서』라는 저서와 박정희 독재정권에 맞서 싸우는 민주화운동으로 여섯 차례나 투옥되었다는 투쟁과 고난의 이력이 말해 준다.

박형규 목사가 처음으로 교도소에 간 것은 10월유신을 선포한 지 6개월 뒤인 1973년 4월 22일 남산야외음악당에서 열린 부활절예배에서 민주주의 부활과 독재정권에 대한 투쟁을 선언하는 성명을 발표한 사건 때문이었다.

당시 나는 군에 복무 중이었기 때문에 이를 신문에서 보았을 뿐인데 그 서슬이 시퍼런 독재에 이처럼 당당히 맞서는 박 목사님의 용기 있는 투쟁에 깊은 감동과 존경 그리고 우리 사회의 희망을 읽었다.

1974년 2월 25일, 나는 35개월간의 군복무를 마치고 제대를 하면서 박형규 목사님을 한번 뵙고 싶었다. 내가 기독교인이었으면 서울제일교회로 찾아뵈었겠지만 교회와는 인연이 없었다.

한국 사회의 기독교 전파 과정과 관련하여 사람들이 별로 주목하지 않는 사항의 하나는 1940년대 이전 기독교 목사의 수는 그 이후처럼 많지 않았다는 사실이다. 1948, 49년생인 67, 68학번 내 친구 중 중석, 덕현, 인태, 영표, 양노, 병욱, 광호 등등이 모두 교회에 다니지 않았다. 그래서 이들은 어려서부터 교회에 나가 찬송가를 부르며 음악이 생활화된 기독교인들과 달리 하나같이 음치 중의 상음치들이어서 자칭 '창작음악가협회'라고 말할 정도였다.

내 기억으로 대학가에 기독교 학생들이 압도적으로 많아진 것은 69학번을 지나 70학번 이후였다. 민청학련 사건 때 한국기독학생회총연맹(KSCF) 소속 학생들 몇몇을 제외하면 다 70학번 이후들이다. 이런 사실은 6·25동란이라는 전쟁이 우리나라 기독교 전개 과정에서 큰 변화를 갖게 되었다는 것을 의미하는 것으로 사회문화사적으로 설명될 수 있다.

그런 중 예외적인 나의 기독교인 친구가 박형규 목사님의 아드님인 박종렬 형이었다. 그는 아버님의 길을 뒤따라 목사가 되었는데 전공은 인류학으로 나와 달랐지만 67학번 동기로서 교양과목을 함께 듣게 되어 일찍부터 친했고, 1971년 3월 13일, 논산훈련소에 같이 입소한 군대동기였다. 그래서 한 번도 뵌 일이 없지만 박형규 목사님을 마음속으로 아주 가깝게 느끼고 있었다.

1974년 2월 28일 제대하고 얼마 안 되어 나는 박종렬 형에게 댁으로 박 목사님을 찾아가 인사드리고 싶다고 하자 선뜻 그러라고 하고는 잠시 머뭇거리다가는 어머니가 아버님 하고 어디 다녀오신다고 했으니 집에 가야 밥 차려 줄 사람이 없다며 장충동에 있는 자기 고모 집에 가서 잘 얻어먹고 가자고 했다. 과연 고모님 댁 밥상이 거나했고 그 집 한옥이 참 멋있어서 구석구석을 유심히 살펴보았던 기억이 있다.

그러고 나서 박종렬 형을 따라 박 목사님을 뵈러 화양동 댁으로 찾아가니 집이 참으로 소탈하면서도 아담했다. 현관문을 열고 안으로 들어간 박종렬 형이 아직 아버님이 들어오지 않으셨다며 목사님의 서재에서 기다리자고 했다.

서재에 들어선 순간 나는 사방이 책으로 둘러싸인 그 장서에 놀라고 말았다. 박형규 목사님이 유니언신학대학을 나온 사실을 알고 있었지만 이렇게 책이 많을 줄 몰랐다. 그것도 영문 원서들이 즐비했고 문학작품들도 많았다. 그냥 장식용이 아니고 다 손때가 묻어 있었다. 그중 한 권을 뽑아 펼쳐 보니 첫 장에 파란색 스탬프 잉크로 '박형규 장서'라는 장서인이 찍혀 있었다. 박 목사님이 책을 얼마나 사랑했는지 웅변으로 말해 주는 것이었다.

이윽고 목사님이 들어오셔서 안방으로 건너가 목사님을 뵈니 인자한 미소로 나를 반갑게 맞아 주셨다. 그 너그러운 모습이 사람의 가슴을 마냥 훈훈하고 편하게 해 주었다. 박형규 목사님을 생각하면 내게 떠오르는 얼굴은 그때의 그 모습이었고, 이후 언제 만나도 목사님은 그 인자한 미소를 지니고 계셨다. 내가 큰 절을 올리며 "종렬이 군대 동기이자 대학동기인 미학과 학생 유홍준입니다"하고 인사를 드리자 목사님이 내 손을 잡아 곁에 앉히면서 이렇게 물으셨다.

"미학과, 그거 아주 좋은 전공을 택했구먼. 그래 앞으로 무얼 할 건가?"

"서양미학이 아니라 한국미술사를 공부하겠다고 마음먹고 있습니다."

"그래, 그거 잘 생각했군. 유 군처럼 자기가 좋아서 하는 것이 보람

있는 삶이고 남이 안 하는 걸 하는 사람이 소중해. 그걸 열심히 하는 것이 나라를 위한 길이고 사회에 봉사하는 것이니 마음 변하지 말고 열심히 하게."

그러고 나서 내가 박 목사님을 다시 만난 것은 두 달 뒤 엉뚱하게도 서대문구치소였다. 긴급조치 4호 민청학련 사건으로 서대문구치소에 구속되었을 때 내가 수감된 방은 5사(舍) 하(下) 9방이었는데 박 목사님은 건너 건너 12방에 들어오셨다. 지금 역사유적으로 남아 있는 서대문구치소의 빨간 벽돌집은 일제강점기에 처음 지은 건물이고, 이후 새로 신축한 시멘트 건물이 1사에서 6사까지 여섯 동 있었다. 이 2층 건물은 상하층으로 1방부터 30방까지 있었고, 15방과 16방 사이에는 여섯 개 건물을 연결하는 긴 통로가 나 있었다.

당시 '5사하' 사동에는 빨간딱지 국가보안법 위반과 노란딱지 긴급조치 사범들이 많이 수용되어 있었다. 5사하의 1방에는 노동운동가 노중선 선생, 4방에는 윤한봉 형, 6방에는 인혁당의 김용원 선생, 7방에는 긴급조치 1호의 방동규(일명 방배추) 선생, 8방에는 문인간첩단 사건의 임헌영 선생, 9방에 나, 10방에는 울릉도간첩단 사건의 약사(성함은 기억이 나지 않음), 12방에 박 목사님이 있었다.

그리고 통로 건너편 18방에는 유인태가 뒤늦게 들어왔고, 28방에는 민주수호청년협의회의 이재오가 진작부터 들어와 있었다. 5사상에도 요시찰들이 많아 바로 윗방인 5사상 9방에는 이현배 형, 5사상 11방에 김학민 형이 있었다.

수감자들의 감방 생활엔 '통방'이라는 것이 있다. 교도관의 감시를 피해 화장실인 '뺑끼통' 쇠창살에서 허공에 대고 소리 질러 대화를 나누는 것이다. 나는 통방을 잘하여 구치소 내 정보를 많이 수집하고 또 여기저기 전달하였다.

하루는 통방으로 12방의 박 목사님을 불러 보았다. 목사님이 뺑끼통에서 통방하게 하는 것이 죄송스러웠지만 그래도 소식을 전하고 싶었다.

"목사님, 저 종렬이 친구 미학과 학생 유홍준입니다."

"아니, 자네, 한국미술사 공부한다더니 여기로 들어왔어!"

"세월이 불러서 친구 따라 쓸려 들어왔어요."

"힘들지?"

"책을 넣어 주지 않아서 그게 힘들어요. 성경책, 그것도 신약성경밖에 없어요."

"유 군이 이참에 성경을 다 읽게 되었구먼. 건강이 중요하니 아침마다 맨손체조를 하게."


그리고 며칠 지난 뒤 다시 목사님을 통방하러 나오시게 했다.

"목사님, 몸 괜찮으세요?"

"응, 맨손체조를 열심히 하고 있어. 유 군도 잘 하고 있지?"

"성경 읽으면서 지내고 있어요."

"그래, 성경이 어떻던가?"

"근데 솔직히 말해서 요한복음은 신비주의가 강해서 예수님 믿으라고 강요하는 것 같았는데 마가복음은 인간 예수의 모습이 그려져 있어 그게 맘에 들었어요."

"역시 자네는 책을 읽을 줄 아는군. 앞으로 출소하면 그런 마음으로 한국미술사 공부를 하게."

박 목사님은 내가 비기독교인인 것을 알면서도 내게 예수를 믿으라고 단 한 번도 말씀하신 적이 없었다. 성경 읽는 얘기를 하면서도 너의 길을 가라는 말씀뿐이었다.

그리고 얼마 뒤 나는 군사법정에 재판받으러 가면서 박 목사님을 멀리서 뵐 수 있었다. 눈이 마주치자 목사님은 역시 그 인자한 미소를 내게 보내셨다. 법정에서 당당히 맞서던 목사님의 모습은 지금 생각해도 거룩해 보이기만 한다.

목사님은 징역 15년, 나는 징역 10형이 선고되었다. 목사님은 징역을 살고 말겠다고 항소를 포기하고 교도소로 이감되셨다. 나도 어차피 받으나마나 마찬가지여서 상고를 포기했다. 형이 확정되어 영등포교도소로 이감되니 박 목사님이 거기에 먼저 와 계셨다. 지금은 없어진 고척동의 영등포교도소에는 긴급조치 4호 위반 거물들이 다 모여 있었다.

먼저 들어온 안양노는 죄수번호 1번, 김지하 시인은 2번, 박 목사님은 3번을 달고 있었다. 그러다 민청학련 죄수들이 무더기로 들어오니까 번호를 갈라놓았는데 나는 55번, 백영서는 51번, 서강대 학생(이름이 생각나지 않는 얌전한 학생)은 33번이었고, 김학민은 522번 등 제각각이었다. 그런 중 최민화는 수번이 419라고 얼마나 좋아하고 쟀는지 모른다.

그리고 긴급조치 1호로 백기완 선생, 고 김동완 목사, 고영하 등도 영등포교도소로 들어왔다. 모두 각기 다른 방에 수감되었고 각기 다른 공장에 출역시켰는데 박 목사님은 인쇄1공장, 김지하 시인은 인쇄2공장, 안양노는 목공장에 있었고, 김학민, 최민화, 백영서, 서강대생, 나는 조화 1, 2, 3, 4, 5공장에서 일했다. 백기완 선생은 병동에 계셨고,

연세대 의과대 제적생인 고영하는 병동 간호사였던 것으로 기억된다.

이렇게 방도 다르고 공장도 달라 서로 만날 수는 없었지만 한 집에서 감옥살이를 산다는 것은 큰 위안이었다. 시간대를 달리하여 공장별로 운동장에 풀어놓는 운동 시간을 통해 얼굴을 멀리서 바라볼 수 있을 뿐이었다. 운동장에 나온 박 목사님을 내가 일하는 조화공장 창살 너머로 내다보면 목사님은 내 얼굴과 마주칠 때마다 그 너그럽고 인자한 미소를 보내면서 "책 들어왔지? 한국미술사 책 잘 읽고 있냐?"라며 안부와 격려를 보내곤 했다.

그리고 1975년 2월 15일, 마침내 우리 긴급조치사범들은 모두 형집행정지로 출소하게 되었다. 출소해 보니 우리 어머니는 아들 석방을 위하여 '구속자가족협의회'와 '목요기도회'에 열심히 참여하셨단다. 그래서 박 목사님 사모님인 조정하 여사님과 친하게 지내셨다고 한다. 그리하여 나는 박 목사님, 사모님, 아드님과 모두 가깝게 지내는 가족처럼 되었으며 해마다 설날이면 화양동 댁으로 박 목사님과 사모님께 세배를 드리러 갔다.

이후 나의 삶은 한국미술사의 길로 들어섰고, 목사님은 여전히 '행동하는 신학, 실천하는 신앙'으로 박정희 독재정권에 맞서 싸우시며 다섯 차례 더 옥고를 치르셨다.

그리고 세월이 많이 흘러 박형규 목사님이 민주화운동기념사업회 초대 이사장으로 취임하

셨을 때 사무실로 찾아뵈니 목사님은 예의 그 인자하고 너그러운 미소로 나를 맞이하셨다.

"내가 이런 책상에 앉아 자네를 만나는군."

"이렇게 기념사업회까지 만들었으니 고생한 보람이 있으시죠."

"보람이 없는 것은 아니지만 나는 고생했다기보다 고난의 세월에 생을 즐기면서 민주화운동을 했다고 생각하고 있어."

"저는 민주화운동에 별로 한 일이 없어서 좀 부끄럽고 미안한 마음이 있어요."

"없기는, 유 군이 교도소 시절부터 한국미술사를 계속 연구하는 모습이 정말 고맙고 대견해. 자네의『나의 문화유산 답사기』를 읽으면서 우리 홍준이는 민주화운동이 키웠다고 생각하고 있어."


나는 목사님이 나를 끝까지 그렇게 기억해 주시는 것이 너무도 고마웠다. 박형규 목사님은 이처럼 나뿐만 아니라 만나는 개개인에 대한 무한한 애정과 깊은 관심을 갖고 계셨다. 그래서 많은 사람들이 지금도 모두들 자기가 박 목사님과 제일 가까웠던 걸로 알고 있기도 하다.

# 낙천적이고 내공이 깊은
# 진짜 목사

### 이해동
#### (목사)

제가 박 목사님을 처음 만난 것은 아마 목사님이 「기독교사상」 주간
으로 계시던 60년대 말이었던 걸로 기억합니다. 그러나 그전에 1964
년 공덕교회 부목사로 계실 때부터도 뵙지는 못했지만 알고는 있었습
니다. 제가 목포에서 이국선 목사 밑에서 전도사로 있다가 인천에 올
라와 기장교회를 개척했을 때가 1964년 5월인데 그 당시 목사님이 공
덕교회에서 시무하고 계셨죠.

그렇지만 그분과 밀접하게 연결을 맺게 된 것은 1973년 남산야외음
악당 부활절예배 사건 때부터라고 봐야겠습니다. 그때 저는 1970년에
서울로 올라와서 문익환 목사님이 성서번역으로 사임하신 한빛교회에
서 담임목사로 일하고 있었습니다. 저는 그때만 해도 사회의식이 투철
한 사람도 아니었고 오로지 교회 목회에만 충실한 목사였습니다. 저를
지금은 많은 사람들이 사회운동, 민주화운동가로 알고 있지만 그때까

지만 해도 한발짝도 교회 밖으로 나가 본 적이 없었던 사람입니다.

그런데 1972년 한국교회의 유신반대운동의 효시가 되었던 전주 남문교회 은명기 목사님 구속 사건이 일어나고 그리고 이듬해 1973년 부활절에 남산야외음악당 사건이 일어나 박 목사님이 구속된 것입니다. 한국기독교교회협의회(NCCK)가 시국문제에 직접 관여하여 발언하게 된 것은 바로 이 사건 때부터였습니다. 저도 이때부터 시국재판에 드나들기 시작했습니다.

박 목사님 재판이 정동에 있는 법원에서 열렸습니다. 재판이 열릴 때마다 우리는 정동교회에서 모여 기도회를 하고 바로 옆 법원 재판정으로 걸어서 갔습니다. 제가 한승헌 변호사님을 처음 만난 것도 이 법정이었습니다. 그 뒤로 우리는 평생 동지이자 친구가 되었죠.

그 재판을 생각하면 박 목사님보다 먼저 기억나는 분은 조정하 사모님이었습니다. 그때만 해도 사모님은 순진하기 이를 데 없었고, 속된 표현으로 촌닭(?) 같은 분이었습니다. 한복 치마저고리를 곱게 차려입고, 징징대며 눈물을 흘리곤 하셨죠. 그런데 상황이 사람을 만든다더니 그런 분이 그 뒤에 그런 투사로 변신할 줄이야 누가 알았겠습니까? 김지하 시인 어머니 정금성 여사도 그런 분 중 한 사람이었습니다.

남산 부활절예배 사건을 계기로 70년대 기독교 민주화운동이 활발하게 전개되기 시작했는데 그 행동의 모멘텀을 제공하신 분이 박 목사님이었습니다. 그러나 그와 관련하여 잊어서는 안 될 분이 김관석 목사님입니다. 박형규 목사님이 행동의 모멘텀을 제공하셨다면 그것을 뒤에서 조직하여 기독교운동으로 승화시킨 분이 김관석 목사님이었습니다. 박 목사님의 행동하는 신앙이 한국기독교 민주화운동, 인권운동의 전기가 되었고, 그것을 김관석 목사님이 세계교회협의회

(WCC)와 연결하여 세계에 널리 전파하고 세계 교회 속에서 한국교회의 위상을 높이는 역할을 하셨습니다.

상황이 사람을 만든다고 저 역시도 원래 사회의식에 투철하지 못한 평범한 목사였는데 나도 모르게 감옥에도 가게 되고 민주화운동가 대접을 받는 사람이 되었습니다. 그런데 어쩌면 박 목사님도 그러지 않았을까 생각해 봅니다. 저 역시도 무슨 일이 닥치면 감옥 갈 각오를 하면서 제대로 행동한 적은 한 번도 없는데 어쩌다가 두 번이나 감옥에 갔다 오게 됐습니다. 박 목사님도 그런 스타일이셨던 것으로 생각합니다. 젊은 사람들이 "이걸 해 주십시오" 부탁하면 딱 거절하지 못하고, "그래, 그렇게 해. 네 마음대로 해봐" 하고 들어주시다가 구속도 되고 그런 것 아닐까 생각이 듭니다.

아무튼 박형규 목사님은 그 일로 기독교운동의 지주가 되셨고, 그래서 그 뒤에 그분을 기장 총회장으로 만드는 운동이 일어나게 됩니다. 부총회장도 거치지 않고 파격적으로 총회장이 되는 데는 당시 수도교회 담임목사였던 김상근 목사가 큰 역할을 한 걸로 압니다.

1974년 민청학련 사건이 일어나 박 목사님이 또 구속되셨습니다. 게다가 이 사건에는 KSCF 총무와 간사까지 관여되어 구속되었습니다. 안재웅, 이직형, 정상복이 그들이죠. 1973년 남산 부활절예배 사건으로 워밍업이 되어 있었던 탓인지 우리는 처음엔 당황하고 있다가 7월부터 목요기도회를 시작했습니다. 원래는 목사들이 모이는 기도회로 시작했지만 그것이 계기가 되어 민청학련, 인혁당 가족들이 모여들기 시작했고, 엄청나게 뜨거운 기도회가 되었습니다. 장소도 원래에는 1층 소회의실에서 시작했다가 사람들이 늘어나자 2층 강당으로 옮기게 되었죠.

목요기도회 이후로 박형규 목사님은 유신반대투쟁, 빈민운동, 민주화운동, 인권운동의 상징이 되었죠. 한편으로 좀 나중의 일이지만 통일운동과 민주화운동의 또 하나의 상징이 문익환 목사이셨죠.

1976년에 일어난 3·1민주구국 사건도 어떻게 보면 기독교운동이라고 볼 수 있습니다. 전체 서명자 18명 중 11명이 개신교, 7명이 가톨릭이었고, 구속자 11명 중에 개신교 7명, 가톨릭 4명이었으니까요. 7명 구속자 중 서남동, 문익환, 문동환, 이문영, 안병무 등 5명이 갈릴리교회 사람이었고, 여기에 불구속이었던 이우정 교수를 합쳐 여섯 분이 제가 시무하던 한빛교회에서 예배를 드리던 갈릴리교회의 설교자였습니다.

여기에 박형규 목사님이 어떤 이유에서 빠졌는지는 저도 잘 모르겠습니다. 아마도 이 사건은 갈릴리교회 분들 중심으로 이루어졌고, 또 당시 박 목사님은 이미 두 번이나 감옥을 살고 나온 참이라 감옥에서 나온 지 얼마 안 된 분을 다시 감옥에 보낼 수 없다는 배려도 있지 않았을까 생각합니다.

박형규 목사님은 제가 보는 눈으로는 굉장히 낙천적인 분이셨습니다. 일반 사람들이 보기에는 목사 같지 않다고 말을 한다는데 제가 보기에 이분은 진짜 목사입니다. 어디 갖다 놓아도 그곳 사람들과 어울리면서 자기 신앙을 지키고 자기 삶을 사는, 변질되지 않은 예수정신에 어긋나지 않는, 자기 삶의 영역을 일구어 갈 수 있는 분이라고 생각합니다. 한국 기독교 역사에서 60~70년대 한국기독교운동의 대표적인 분이라고 생각합니다.

그리고 박 목사님은 정말 대단한 지구력을 가진 분이셨습니다. 제가 1984년에 독일 한인교회 목사로 파견되어 나갔는데, 출국 전에 서울제일교회 예배에 설교하러 간 적이 있습니다. 서울제일교회 예배방해 사건이 있던 때라 가기 전부터 "누가 뭐라 해도 상관하지 말라"라는 말을 듣고 갔습니다. 그런데 막상 설교하는 중에 난동자 한 사람이 제 코앞까지 와서 "이해동이, 네가 목사야?" 하며 야유하는 걸 보고 아연실색하지 않을 수 없었습니다. 그걸 보고 박 목사님은 정말 대단한 분이구나 생각했습니다. 나 같으면 당장 때려치웠을 것입니다. 참으로 끈기가 있는 분이셨습니다. 저는 그것이 그분의 낙천적인 성격에서 유래한 것이라고 생각합니다. 그렇지만 그렇게 갖은 수모를 다 겪으면서 이겨 내신 끈기는 아무나 가지기 힘든 것이라고 봅니다.

저는 독일에 가 있던 중에도 언젠가 고향 방문 휴가 때 중부경찰서 앞 노상예배에 가서 설교한 적도 있습니다. 그때는 사람들도 꽤 모였고, 큰 의미가 있는 모임이라 생각했습니다.

박 목사님은 자기를 앞에 내세우지 않는 분이셨습니다. 그냥 많은 사람들의 필요에 자신을 내맡기는 분이셨습니다. 그러면서도 자기 중심을 분명하게 지키는 분이셨죠. 또 그분은 자기 속을 잘 안 드러내시는 분이셨습니다. 속에 생각이 다 있으시면서도 남에게 강요한다든지 하지 않으셨습니다. 생각이 얼굴에 잘 안 드러나는 내공이 깊은 분이었습니다.

박 목사님과 관련한 에피소드 하나 소개하겠습니다.

1982~1983년 무렵 시인 고은을 장가보내려고 장미원 옆에 있는 안병무 박사 집 뜰에다 음식을 준비하고 결혼식 판을 벌였습니다. 신랑이 쓰는 사모관대와 신부의 원삼, 족도리도 준비해 놓았습니다. 그런데 신랑 고은이 한사코 쓰지 않겠다는 거예요. 결국 박 목사님과 조정하 사모님이 대신 쓰고 즉석 가상결혼식을 올려 흥을 돋구었습니다.

●구순 잔치에 이해동 목사님과 함께한 사진

박 목사님이 사모관대를 쓰고 그분의 장기인 한국 춤을 한바탕 멋들어지게 추었습니다. 그 사진이 우리집 어딘가에 남아 있을 겁니다. 당시 70~80년대 민주화운동 사람들이 고난 속에서도 만나면 즐겁게 웃고, 떠들고 놀았던 추억을 지금도 잊을 수 없습니다. 그때만큼 즐거운 때가 없었던 것 같습니다.

박 목사님의 목사로서의 삶 속에서 서울제일교회를 빼놓을 수 없을 것입니다. 그가 서울제일교회 목사로서 20년 동안 겪은 시련과 수난은 보통 사람으로서는 겪어낼 수 없는 것이었습니다. 서울제일교회가 박 목사님의 그 유지를 잘 살리는 교회가 됐으면 좋겠습니다.

지금 한국교회, 저 대형 교회들의 모습을 보면 예수께서 예루살렘 성전을 보고 한탄하시고 슬퍼하시며 허물어질 것을 예언하시던 모습이 떠오릅니다. 바로 지금 한국교회 현실이 그렇습니다. 서울제일교회가 박 목사님의 유지를 잘 살려내서 한국교회의 밀알이 되었으면 좋겠습니다. 박 목사님의 신앙적인 삶이 정당하게 평가될 수 있는 시대가 와야 한국교회가 제대로 될 수 있지 않을까 생각해 봅니다.

(이 글은 2018년 3월 29일 오후 2시 서울시 종로1가 스카이렉스 803호 평화박물관에서 이해동 목사가 구술한 것을 권형택 편집위원이 채록 정리한 것이다)

# 그리스도에게 매인 자유인

## 문대골

(목사)

## 생(生)은 명(命)이시다

누구와 한 시대를 함께 살았나 하는 것은 실로 중요한 삶의 경험입니다. 삶이 곧 살림이기 때문에 그렇습니다. 살림이라는 말, 살림살이라는 말이 어떻게 이루어졌는지, 누가 만들어 냈는지 모르겠습니다만 삶, 살림이라는 말처럼 거룩하고 존귀한 말은 아마도 없을 것입니다. 성서의 증언대로 한다면 삶이란 그저 먹고 배설하고, 자고 깨고, 들고 나고 하는 것만은 결코 아닙니다.

성서가 말하는 삶에는 절대의 과제가 있습니다. 명(命)을 사는 것(生)입니다. 그래서 생명입니다. 명을 사는 것, 그렇습니다. 삶에는 절대의 과제, 절대의 조건이 있습니다. 명(말씀)을 사는 것, 명을 이루는 것입니다. 내 삶에 명(命)이 없으면 나는 죽은 것입니다.

"네가 살아 있다는 이름을 가졌으나 실상은 죽었다"(계 3:1, 새번역)라는 바로 그 증언입니다. 살았으나 죽었다는 것은 명이 없기 때문입니다 기독교인의 삶은 시시각각 명을 구현하는 일입니다. 물론 육신덩 어리야 명이 없어도 존재하지요. 그러나 성서신학의 입장에서 그것은 이미 죽은 것입니다. 생명(生命)이라! 생(生)은 명(命)이십니다. 명(命)을 사는 것입니다.

## 오직 명(命)을 살아내는 사람

명(命)을 살아낸 사람이 있습니다. 오직 한 사람이었다고 한다면 과언이라 하겠지만 좌우전후 가리지 않고 오직 그 명(命) 하나를 붙들고 산 사람, '삶이란 이런 것이다'라며 온몸으로 삶을 증언한 사람이 있습니다. 박형규 목사님을 두고 하는 말입니다. 필자는 목사님의 초기선교 활동 기간의 역사는 잘 알지 못합니다.

1973년 4월  남산 부활절예배 사건으로 1차 구속, 옥고
1974년 4월  민청학련 사건으로 투옥, 15년 선고
1975년 4월  소위 선교자금 횡령 및 배임 조작 사건으로 3차 투옥
1976년 7월  용공 조작 사건으로 4차 투옥 중 40여 일에 걸친 극심한 고문을 당한 사실
1978년 9월  긴급조치 위반으로 5차 투옥에 5년의 선고

이런 고초를 받아야 했던 사건들은 이미 경향 각지의 신문지상에 혹은 방송으로 보도되어 "아! 암울한 시대에 이런 분도 계시는구나!" 했는데 이후에 내 마음은 그게 전부가 아니었습니다. 계속해서 역사를 몸으로 살아내는 박형규 목사님의 영은 나를 그냥 두지 않았습니다. 몸의 제물, 몸의 사제라는 말을 제가 쓰기 시작한 것은 끈질기게 역사의 현실을 몸 전체로 살아가는 목사님을 통한 계시였다고 할 수 있습

니다. 많은 사람들이 박 목사님을 저항인, 투사, 혹은 투쟁가로 인식하고 있습니다만 제 가슴에 모셔진 목사님은 몸 전체로 삶을 드려가는 참 순종의 사람이었습니다. 선지자 이사야가 앞으로 오실 메시아를 도살장으로 끌려가는 어린 양으로 비유한 사실이 우리로 하여금 많은 것을 생각하게 합니다.

## 70년대의 나

70년대의 필자의 역사를 간략하게 말씀드려야겠습니다. 필자는 1971년 예수교감리회 총회신학교를 졸업하면서 목사안수를 받았습니다. 목회를 하겠다는 생각보다 내가 당시 업무부장으로 있던 「씨올의 소리」를 한번 제대로 해보리라는 생각에서였습니다. 그런데 아니었습니다. 「씨올의 소리」를 사업으로 한번 키워 보겠다고 팔다리를 걷어붙이고 나서자마자 「씨올의 소리」는 박정희의 칼날에 맞서야 했습니다. 1972년 4월 필자는 저 무지한 남산 중정으로 끌려가 그야말로 묵사발이 되어 나왔고, '함석헌 접촉불가'라는 강요를 받아들여야 했습니다. 그것이 불법임을 하늘이 알고 땅이 알고, 네가 알고 내가 알아도 어디에 하소연할 곳이 없었습니다. 열아홉에 내 선생 만나 선생 위해 내 생을 바치리라 했는데, 그러면서 살아왔는데, 함석헌 접촉불가라니 천지가 곡할 노릇이지만 방법이 없었습니다. 필자는 말없이 선생을 떠났습니다.

상계동 골짜기에 자리를 잡았습니다. 교회를 개척했습니다. 예수교감리회 '새생명교회', 지독하게 가난한 동네, 가난한 사람들과 함께 몇 년에 걸쳐 교회공동체를 만들어 갔습니다.

1977년 서른여덟 봄 예수교감리회 총회가 개최되었는데 괜한 일이 생겼습니다. 필자가 그 젊은 나이에 감독으로 피선된 것입니다. 당시 예감은 속칭 ICCC로 불리는 예수교세계협의회에 소속되어 있었는데 이 ICCC라인 교단들은 더할 수 없는 꼴통보수들이었습니다. 예컨대 요한계시록 22장 18~19절을 그대로 믿고 있었습니다. 그같은 교단에서 저도 제가 어떻게 새파란 나이에 감독이 됐는지 알 수가 없습니다. ICCC탈퇴와 NCCK 가입운동을 시작했습니다. 당시 NCCK 회장은 감리교 김기동 목사였고, 후에 기독교신풍회 회장이 되는 김관련 목사가 간사로 수고하고 있었습니다. 일이 잘못되어 ICCC탈퇴와 NCCK 가입운동이 비밀리에 진행되고 있다고 교단에 알려지면서 그야말로 교단이 끓는 놋물처럼 들끓기 시작한 것입니다. 필자의 예수교감리회 감독은 물론 예감 목사 제명론까지 분분해졌습니다.

### 박형규, 그놈!!!

그런 와중에 또 다른 이상한 사건이 일었습니다. "박형규, 그놈!" 하는 소리를 들은 것입니다. 사건의 전말은 이렇습니다. 필자가 몇 개월 정도의 짧은 기간이지만 예감의 감독으로 있을 때 예감 사회위원장이 유영수 목사였습니다. 유영수 목사는 예감 사회위원장으로 있으면서 동시에 박근혜의 배후의 남자로 알려진 구국선교단 총재 최태민과 아주 가까운 사이로 구국선교단의 사회국장을 맡고 있었습니다. 하루는 유 목사가 필자에게 "감독님, 우리 최태민 총재 한번 만나 주시면 합니다만, 제가 우리 최 총재님께 감독님 말씀을 드렸더니 한번 뵈었으면 합니다." 이렇게 돼서 필자는 유 목사와 함께 그 어마어마한(?) 구국선교단 총재를 방문하게 되었습니다. 그런데 탈이 났습니다. 큰 탈이었습니다. 유 목사가 벌써 이전에 최태민에게 함석헌, 장준하의 직계라고 제 소개를 해 두었던 것입니다. 최태민과 인사를 나누었는지 생각나지 않습니다. 악수를 했는지도 모르겠습니다. 그는 초면인 내게 무례하기 짝이 없는 언사를 내뱉었습니다.

"문 목사! 지금도 반정부운동하시오?"

그리고 바로 이어 필자의 답은 필요없다는 듯 "함석헌, 장준하, 박형규, 이것들, 광화문 네거리에서 총살시켜야 할 놈들이야! 반동분자들…".

필자는 아무 말 없이 유 목사를 최태민 곁에 세워둔 채 그냥 나와 버렸습니다. 순간! 이제는 교단도 교회도 문제가 아니게 되고 말았습니다. '하늘에 맡긴다'는 말이 무슨 뜻인지 실감이 났습니다. 이후 수일 동안 최태민이 필자에게 퍼부었던 그 말이 귓전을 맴돌았습니다.

"함석헌, 장준하, 박형규, 이것들은 광화문 네거리에서 총살시켜야 할 놈들이야! 반동분자들"이라는 말을 정말 수도 없이 되뇌었습니다. '왜였을까? 함석헌, 장준하, 박형규를 지명한 것은. 그랬을 것이다. 함석헌, 장준하는 문대골이 직접 모셨던 자들이고, 박형규를 꼽은 것은 같은 목사에, 70년대 내내 박정희 정권의 저항의 선두에 서서 끄떡조차 않는 그 꼴에 질려서였을 것이다.' "박형규, 그놈!"

## 님이 내게 오시다

1982년 9월 26일 오후 2시 30분, 박형규 목사님께서 저를 찾아오셨습니다. 한국기독교장로회 서울노회 생명교회 담임목사 임직식 설교자로 오신 것입니다. 이미 말씀드린 대로 필자는 예수교감리회에서는 감독은커녕 목사직도 수행하기 어려웠습니다. 당시의 어려웠던 상황을 들은 함석헌 선생님이 "나 같으면 기장 가겠다" 하셨습니다. 선생님의 말씀이 필자가 기장을 찾는 도화선이 되었습니다. 선생님은 즉석에서 추천서를 써 주셨는데 하나는 해남읍교회의 이준묵 목사님에게 보냈고, 또 하나는 나중에 기장총회장을 역임하신 은명기 목사님께 보냈습니다. 당시 이준묵 목사님은 기장 부총회장으로 수고하고 있던 것으로 알고 있습니다. 2~3일 후쯤 이준목 목사님과 사모님이 해남에서 서울 상계동 구석까지 생명교회를 찾아오셔서 격려해 주셨고, 다음날 이준묵 목사님은 저를 데리고 총회와 노회의 주요 인사들과 교류의 길을 열어 주셨습니다. 그리고 1977년 11월 생명교회는 예수교감리회 탈퇴와 기독교장로회 가입 결의를 위한 공동의회를 개최했습니다. 이 공동의회는 기장 서울노회에서 파송된 기원형 목사님이 참여하셨습니다. 공동의회는 46대 1로 본안을 가결했고, 그로부터 4년이 훨씬 지난 1982년 8월 22일 생명교회는 문대골 목사를 담임목사로 청빙하는 공동의회를 개최, 참석회원 전원 찬성으로 가결하여 드디어 1982년 9월 26일 오후 2시 담임목사 임직예배를 드리게 되었습니다.

그 자리에 박형규 목사님께서 말씀을 가지고 찾아오신 것입니다. 필자가 아직도 보관 중인 담임목사·장로 임직식순 순서지에는 설교 "그리스도에게 매인 자유인 _ 박형규 목사" 그리고 그 이름의 바로 아래 한국기독교장로회 총회장이라고 밝히고 있습니다. 사회는 당시 서울중경노회장이셨던 기원형 목사님이셨습니다. 광화문 네거리에서 총살시켜야 할 반동분자들 그중의 한 사람이 야훼의 말씀을 들고 문대골 목사 담임 임직식에 찾아오셨으니 실로 아이러니컬한 일이 아닐 수 없었습니다.

## 그리스도에게 매인 자유인

본문으로 택하신 고린도전서 9장 19~23절은 바울의 신앙고백으로 공동번역에는 〈사도의 권리와 의무〉로, 표준새번역에는 〈사도의 권리〉라는 제목을 달고 있는데 박 목사님의 설교는 조금은 달랐던 것 같습니다. 대체적으로 목사님의 말씀은 그랬고, 말씀이 너무 짧아서 좀 서운한 감이 있었던 것을 지금도 생생히 기억합니다.

저는 '종'이라는 표현을 좋아하지 않습니다. 종이란 말은 악체제의 용어입니다. 예수 안에 있는 자는 어떤 경우에도 자유인입니다. 문 목사님! 자유인이 되셔야 합니다. 자유인의 증표가 뭐냐? 섬기는 일입니다. 그래서 자유-섬김은 하나로 있습니다. 종이라니 잘못된 말입니다. 그저 섬기는 거지요. 문 목사! 교인들을 끌고 가려 하지 마시오. 밀려고도 하지 마시오. 그저 걸어가기를 힘쓰시오. 성도들에게서 하나님을 찾으시오.

## 서울제일교회와 나

필자는 서울제일교회를 잊을 수 없는 사람입니다. 서울제일교회가 정녕 예수그리스도의 교회였다는 사실에서 그렇습니다만 제게는 특별한 사정이 있기 때문입니다. 70년대, 80년대 우리는 박형규 목사님께서 고난의 역사의 증인으로 어떻게 기독교인의 싸움을 싸워 오셨는지를 잘 알고 있습니다.

그중에 필자와의 사이에 있었던 사건 하나를 말씀드려야겠습니다. 2003년 9월 16일 총회가 발행한 『새역사 희년문집』166쪽에는 1986년

11월 29일 자로 발표된 〈선교 자유와 폭력 추방을 위한 전국교역자대회 선언문〉이 실려 있습니다. 그 선언문에는 "본 한국기독교장로회 제71회 총회는 1985년 1월 29일에 중단했던 전국교역자대회를 속개하기로 결의하였다. 우리는 서울제일교회 사건이 관권의 개입에 의하여 복잡하게 얽히고 선교의 자유조차 크게 침해받고 있다"라고 써 있습니다. "작년 1월 28일과 29일에 있었던 본 대회가 폭력배들에 의하여 저지되었고"라는 내용이 있는데 바로 그 내용과 관계된 사건입니다. 전경들이 교회를 온통 둘러싸고 있었고, 나중에 밝혀진 바로는 전두환의 아우 전경환 휘하의 무리로 영동서진룸살롱 폭력배 살인사건의 관련자들이 조종하는 무법의 용역들이 장악하고 있는 상황이었습니다. 당시 전국에서 모여든 기장 교역자들은 이같은 분위기와 대결하고 있었습니다. 교회는 이미 이같은 무리가 점령하고 있었고, 교회의 철문은 쇠사슬로 굳게 묶여 있었습니다. "어느 놈이고 교회로 넘어오는 놈은 작살난다"라며 반대편의 무리는 살기가 등등한데 이 상황에 기름을 부어 댄 것이 필자였던 것 같습니다.

"어느 놈이고 교회로 넘어오는 놈은 작살난다."

퍼뜩 내게 한 소리가 왔습니다. '그래! 내가 작살나겠다. 그러면 교회문이 열릴 거다.'

그래서 필자는 필자 자신도 알 수 없는 행동을 감행하게 된 것입니다. 전광석화(電光石火)라는 말이 있습니다만 저도 모르게 이루어진 일이었습니다. 교회 안에 있는 무리 중에 쇠파이프를 들고 있는 이들이 한둘이 아니었습니다. 그런데 제가 그 철문을 타고 넘은 것입니다. 그 다음부터는 모르는 일입니다. 저는 긴급호송차로 국립의료원으로 실려 갔고, 후에 교역자대회는 다시 날을 정해 속회하기로 하고 정회를 했다는 이야기를 들었습니다.

다행히 필자는 무사했고, 며칠 후 김호식 회장과 김민수 총무가 격려차 저를 찾아왔습니다. "문 목사님, 꼭 죽는 줄로 알았습니다. '아차! 죽었구나' 했지요!" 쇠파이프에 얻어맞고 쓰러져 긴급호송차로 실려가는 걸 보았으니 그럴 수밖에 없었습니다.

후에 만난 박형규 목사님은 한 번도 제게 '고맙다, 미안했다' 한 적이 없었습니다. 만나면 그저 꼬옥 손을 쥐어 주실 뿐 서울제일교회 사건은 일체 노코멘트였습니다. 마치 '네 할 일 네가 한 거지' 하는 듯했습니다. '정말 몸을 던져라' 하시는 듯했습니다. 목사님 자신이 일생을 몸 던져 사셨던 것같이 말입니다. 그렇습니다. 끊임없이 몸을 드려 가는 것, 목사님은 제게 그 본으로 오신 분이었습니다. 90년 넘는 세월을 몸 들여서 가신 목사님의 남은 길, 내 몸으로 이어가리라, 마음먹고 있습니다.

# "미경이도 이제 별 하나 달았네"

## 이미경
### (KOICA 이사장, 전 국회의원)

1974년 1월, 나는 긴급조치 1호 위반 혐의로 군사법정에서 재판을 받았고 집행유예로 풀려났다. 출옥 후 박형규 목사님을 처음 만났는데, 고생했다는 말 한마디 없이 "미경이도 이제 별 하나 달았네"라고 말씀하셨다. 당시 나는 대학을 갓 졸업하고 기독교회관 708호실에 있는 에큐메니컬사회선교협의체 간사로 일할 때였다. 유신독재에 대해 그 어떤 비판도 금기시하는 긴급조치 1호가 발표되자마자 이해학 목사 등 도시빈민선교 목사님들이 기독교회관에서 십자가를 들고 반대성명서를 발표했고, 구속되었다. 그리고 며칠 후 김동완 목사가 이 사실을 전국 교회에 알리는 게 좋겠다는 의견을 내게 전했다. 후배 차옥숭, 김매자 등과 함께 유인물을 만들어 전국 교회에 모두 돌린 후 한 달만에 구속된 것이다. 나중에 알고 보니 이 모두가 박형규 목사님의 지시에 의해 진행된 사건이었다. 그런데도 위로 한마디 없이, 별 하나 달았다니! 당시에는 목사님이 너무 심하지 않으신가 생각했다.

박형규 목사님은 감옥을 다섯 번이나 갔다 온 투사이다. 그러나 투사다운 면모는 없으셨고 언제나 미소 띤 얼굴로 조용조용 말씀하셨고 겸손하셨던 모습이 인상적이었다. 회고록을 내자는 제안에 "회고록은 무슨 회고록입니까? 참회록을 써야죠"라고 말씀하신 일화를 듣고 울컥했던 기억이 있다. 목사님은 언제나 가장 낮은 자리에서 고통받는 사람들을 하나님의 자녀처럼, 목사님의 형제처럼 대하셨다. "미경이도 이제 별 하나 달았네"라는 말씀이 "너는 싹수가 보이니까 더 열심히 일해라"는 격려의 말인 줄 그때는 몰랐다.

1970년 11월 13일 전태일 열사 분신은 노동문제를 민주화운동의 중심에 놓게 만든 대사건이었다. 나 역시 이 사건의 영향으로 그 이듬해 최영희, 장하진, 이옥경, 박미호, 신혜수, 김은혜 등과 함께 이화여대 첫 학생운동 서클인 '새얼'을 만들었다. 그런데 전태일 열사 분신을 대중들에게 알린 사람이 박형규 목사님이란 사실은 한참 뒤에 알았다. 전태일 열사 분신 사건은 분신 다음날 「한국일보」에 짤막하게 게재되었다. 그러고 나서 다음날 경동교회에서 강원용 목사님이 설교를 통해 이 사건을 전했고, 마침 기독교방송 상무였던 박형규 목사님이 설교 전체를 방송으로 내보내 대중들에게 알려졌다. 분신 사흘째 조영래, 장기표 등 서울법대생 100여 명이 시신을 인수하여, 서울법대 학생장으로 장례식을 치렀다. 당시 소식을 들은 이화여대 사회학과 최영희, 박미호 등이 함께 참여하였다. 나의 언니이고 새얼 동지인 이옥경은 이후 「동아일보」 학생칼럼에 전태일 열사 분신 사건을 썼고, 이후 조영래와 결혼했으니 참 인연이 깊다. 나의 인생의 동반자인 이창식을 서울제일교회에서 만났고, 그 교회 담임목사가 박형규 목사님이셨으니 이것 또한 보통 인연은 아니다.

1971년 여름방학에 현영학 교수님의 기독교윤리학 수업에 공장이

나 빈민촌 경험을 학점으로 인정한다는 소식을 들었다. 획기적인 발상이었다. 나와 새얼 동지들은 교수님을 찾아가 학점과 상관없이 공장이나 빈민촌 경험을 하겠다고 말씀드렸다. 교수님 도움으로 인천산업선교회 조승혁, 조화순 목사님을 만났고, 나와 장하진은 인천 홍한방직에, 다른 친구들은 만석동 판자촌, 도계 광산촌에 들어가서 여름방학을 지냈다. 비록 한 달 간의 짧은 경험이었지만, 나와 친구들은 평생노동자, 특히 여성노동자를 위한 일을 하겠다고 결심하였다. 실제로 이때 맺은 인연으로 나는 박형규 목사님이 만든 에큐메니컬사회선교협의체 간사로, 최영희는 인천산업선교회 실무자로서 사회 첫발을 내딛었다. 나중에 안 일이지만, 박형규 목사님이 중심이 되어 1968년에 한국기독학생회총연맹(KSCF)이 발족했고, 대학생들이 민중의 삶의 현장을 경험하고, 민중 스스로 자기 삶의 주인의식을 갖도록 돕는 운동을 주도하였다. 이것이 학사단운동이다. 내가 현영학 교수님을 통해서 경험했던 공장 경험도 알고 보니 박형규 목사님이 만드신 학사단운동과 같은 맥락에서 이루어진 일이었다.

1975년 서광선 교수님이 같이 일하자는 제안을 하셨다. 이화여대에 여성학 교과과정을 개설하려는데 연구소 연구원으로 일하자는 것이었다. 격동의 종로5가 기독교회관을 떠나 이화여대로 옮겼고, 이후 여성학에 눈뜨고 여성운동가의 길로 들어서게 되었다. 1980년 신군부가 여성학이 학생들을 의식화시킨다고 현영학, 이효재 교수를 해직시킬 때, 나도 함께 쫓겨났다. 이후 나는 여성평우회, 한국여성단체연합을 조직해서 활동하면서 기독교가 배출한 걸출한 여성 지도자 선배들을 만나게 되었다. 부천서 성고문 사건 대책위원회 위원장을 맡았던 박영숙 선생님, 한국여성단체연합 초대회장을 맡았던 이우정 선생님

●박형규 목사 1주기 추도식에서 이미경 전 의원

그리고 조화순 목사님, 여성신학을 하신 김윤옥 선생, 안상님 선생, 윤영애 선생 같은 훌륭한 선배들을 만났다. 학생운동 출신의 젊은 여성들과 민주화운동, 인권운동을 해온 교회 여성들이 함께했기 때문에 한국의 진보적 여성운동이 뿌리를 내릴 수 있었다. 그리고 이 기독교 여성들이 모두 박형규 목사님의 동역자들이고 후배였던 것도 우연이 아니라고 생각한다. 특히 목사님이 베다니집 원장을 하면서 여성 지도자를 키우셨다는 이야기를 듣고, '목사님이 여성문제에 있어서도 앞서 가셨구나' 놀랐던 기억이 난다.

격동의 70, 80년대 유신독재와 군부독재에 맞섰던 투쟁의 시기를 돌아보게 된다. 민주화와 정의를 갈구하던 사람들이 박형규 목사님을 중심으로 모였고, 고통 속에서도 희망과 기쁨이 있었다. 혈기만 있었던 나에게 박형규 목사님이 계셔서, 가야 할 방향과 싸워야 할 목적을 잃지 않을 수 있었다. 그 무시무시한 시절에 언제나 잔잔한 미소로 나를 '정의에 목마른 사람들' 곁에 끼워 주신 박형규 목사님이 그립다. 별 하나라도 달게 해 주셔서 감사드린다는 말씀을 전하고 싶다.

# 길거리와 감옥 오가신 평생

이부영

(언론인, 몽양여운형기념사업회 이사장)

수주 박형규 목사님의 회고록『나의 믿음은 길 위에 있다』(신홍범 정리)를 이번 기회에 읽어 봤다.

한 어른의 삶이 이렇게 많은 사건으로, 그것도 역사적 사건으로 온통 가득한 것에 압도당할 수밖에 없었다. 아주 어릴 적부터 그랬다. 성년이 되어서는 사건 사고를 만드시거나 찾아다니시는 것 같았다. 가만히 계실라치면 큰일이 저절로 일어나기도 했다. 바쁘게 숨 돌리실 겨를도 없이 사시는 운명을 타고나신 듯했다.

그런데 숨 돌릴 틈 없이 사시고 감옥을 여섯 번이나 들고 나시면서도 얼굴에는 언제나 웃음이 떠나시는 적이 없었고, 심각한 시국모임에서도 기회 있을 적마다 덩실덩실 춤사위로 노래로 자칫 사나워지기 쉬운 젊은이들의 심성을 다독이셨다. 당장 바로 잡혀가는 일이 있더라도 여유와 당당함을 잃어서는 안 된다는 목사님의 자세를 젊은이들은 보고 배웠다.

이런 목사님 주변에는 유능한 젊은 일꾼들이 언제나 모여들었다.

하꼬방 뚝방촌에 들어가
내일이 없는 삶을 살아가
는 막다른 인생들과 어울
려 그들의 삶을 바꾸려는
위험한(?) 일에도 젊은 그
들은 모여들었다. 목회자
의 길을 걸으시기는 했어
도 제사장의 길이 아니라

예언자의 길을 걸었기 때문이었다. 전통사회 농촌을 저곡가정책으로
해체시키는 과정에서 도시로 내쫓긴 농민들이 저임금 노동자들로 내
몰리면서 겪는 고통에 동참하고 함께 몸부림치는 길이었기 때문이었
다. 목사님은 박정희의 민주주의·인권 탄압을 통한 산업화 강행으로
일어난 전태일 분신 사건, 광주대단지 주민봉기에 몸을 던져 도시산업
선교, 빈민선교로 대응하셨다.

　시대가 사람을 만들고 부른다는 역사의 가르침은 틀림없다. 목사님
에게 때마다 나타나시어 "목사는 강단에서 죽어야 한다"고 예언자적
삶을 불어넣어 주신 스승 김재준 목사님이 계셨고, 주변에는 김관석,
문익환, 강원용, 서남동, 오재식 같은 지기지우들이 포진해 계셨다. 이
들을 따르는 젊은 후배 청년들이 한떼를 이뤄 민주화를 이루고 인간
다운 삶을 뿌리내리도록 해야 한다는 이 사회의 공동체 지향을 만들
어 냈다.

　그러나 목사님은 민주화를 이루고 인간다운 삶을 지향하더라도
교회의 예언자적 자세의 금을 넘어 권력의, 정치의 세계로 들어가는
것은 엄격히 차단하셨다. 두 차례나 사회운동과 정치의 섞임 때문에

●선교자금 횡령 사건으로 구속되었을 당시 포승에 묶여 나오
　는 모습(왼쪽부터 권호경, 김관석, 조승혁, 박형규)

당혹과 환멸을 겪으셔야
했다. 60년대 이래 사회운
동에 참여한 인사들이 끊
임없이 겪어 온 트라우마
이기도 했다. 4월 민주혁명
의 전복, 한일협정 체결의
강행, 베트남전쟁 참전, 삼
선개헌과 처절한 유신독재
를 경험한 사회운동가들
은 박정희 시대 종언과 더

불어 미완으로 끝난 4월혁명의 완성을 기대했다. 그러나 1980년 봄
김영삼-김대중 두 김씨의 분열에 이은 전두환의 5월 광주학살을 경
험하면서 첫 야권 분열의 트라우마를 겪었다. 박종철, 이한열 학생들
을 비롯한 수많은 젊은이들의 희생으로 쟁취한 1987년 6월 민주항
쟁 승리 이후에도 두 김씨의 분열로 노태우에게 정권을 넘겨 줘 군
사독재의 연장 그리고 사회개혁의 좌절을 안겨 준 것이 두 번째 트
라우마였다. 당시 많은 민주화운동 진영 인사들이 김대중 진영에 합
류하면서 목사님에게 합류를 권했고, 김대중 씨 자신이 목사님에게
직접 제안했지만 두 김씨가 분열하면 다시 군사독재를 연장하게 해
준다면서 거부하셨다. 어느 쪽도 편들지 않아서 양쪽으로부터 모두
섭섭해하는 일도 겪어야 하셨다.

　목사님께서 곤혹스러우셨던 경우는 선교자금을 횡령했다고 김관
석, 조승혁, 권호경 목사님과 함께 구속되신 1975년 사건이었을 것이
다. 곧 이어서 빈민선교 실무자들과 함께 목사님을 공산주의자로 몰려

던 치안본부 대공분실 조작 사건도 있었다. 그러나 유신정권의 조작 음모는 모두 거짓으로 드러났다.

그러나 목사님에게 가장 고통스러운 사건은 서울제일교회 예배방해와 교인 분열공작 사건이었을 것이다. 목사님을 공산주의자로 몰아세우는 일부 신자들까지 가세하여 6년 동안 길거리 예배를 견뎌 내야 했다. 폭력배까지 동원한 보안사의 공작으로 진행된 서울제일교회 예배방해 사건은 신도들을 분열시키는 수법까지 동원함으로써 6월항쟁으로 민주화가 부분적으로 승리했다고 해도 해결될 수 없도록 만들었다. 아마 전두환 세력은 노태우를 통해 권력을 연장하면서 "박형규의 서울제일교회 복귀를 막는 데 성공했다"라고 쾌재를 불렀을지 모른다. 그러나 목사님은 "서울제일교회에서 박형규를 영원히 내쫓았다"고 희희낙락하는 자들을 헛발질하게 만드셨다. 6년 동안 지켜오시던 거리 예배를 중지하시고 곧 이어서 20년 동안 시무해 오시던 서울제일교회 목회자에서 물러나시면서 목회활동에서도 은퇴하셨다. 지금까지 보안사 공작 후유증으로 서울제일교회는 앓고 있는지 모른다.

목사님은 2000년에 나의 딸 근하의 결혼 주례를 맡아 주셨다. 아들 셋, 딸 둘 5남매를 낳고 잘 산다. 목사님의 축복을 받아서 그렇다고 여기고 언제나 고맙게 생각한다. 목사님의 인자하신 웃음이 그립다.

# 큰 포용력으로 하나 되게 하신 분

## 이길재

### (농민운동가, 전 국회의원)

목사님을 생각하면 너무나 낙천적이고 여유만만했던 모습이 떠오릅니다. 재야 어른으로 그렇게 고난을 많이 겪으시면서도 어찌 그리 여유가 있으셨는지! 항상 미소짓는 얼굴이셨고, 사람들과 어울려 놀 때에는 춤도 잘 추셨습니다.

내가 박 목사님을 처음 만났던 것은 아마도 목사님이 1972년 에큐메니컬 현대선교협의체 이사장으로 계실 때였던 것 같습니다. 이 단체는 신·구교 사회선교단체들이 서로 협력하기 위해 만든 단체였는데 나중에 이 단체 이름에서 에큐메니컬을 빼고 사회선교협의회(이하 사선)로 이름을 바꾸었지요. 가톨릭 쪽에서는 가톨릭농민회(이하 가농), 가톨릭노동청년회(당시 이창복 선생이 회장), 가톨릭학생회 등이 참여했습니다. 당시 나는 가농을 창립하고 가농대표로 이 선교협의체에 참여했습니다. 이 회의 때 박 목사님을 처음 뵙지 않았나 생각합니다.

당시 감리교 조승혁 목사가 실무를 맡아 박 목사님을 보좌하고 있어서 저도 자주 만났던 것으로 기억합니다. 박 목사님께서는 일찍부터 사회활동에 뛰어들었기 때문에 독재시대에 그런 인연으로 자주 만났던 것 같습니다.

사선은 신·구교가 돌아가며 이사장과 실무책임자를 맡았습니다. 개신교에서 이사장을 맡으면 가톨릭이 총무를 맡고, 가톨릭이 이사장을 맡으면 개신교가 총무를 맡는 식이었습니다.

저는 1984년 예장 조남기 목사님이 이사장일 때 총무를 맡게 됐습니다. 1965년 가농을 창립하고 가농에서 20여 년을 일하고, 이제는 농촌으로 내려가 농사를 지으며 살아야겠다고 하는 참이었습니다. 그 소식을 어디서 들었는지 서울 사선 본부에서 실무진 한 사람이 대전(당시 가농 본부가 대전에 있었습니다)까지 내려와 사선 총무를 맡아 달라는 것이었습니다. 나는 차마 거절할 수 없어 결국 그 제안을 수락하고 말았습니다.

당시 사선 사무실은 종로5가 기독교회관 7층에 있었습니다. 사선 총무로 근무하면서 개신교 목회자들을 많이 만났습니다. 내가 주로 5가에서 사니까 목사님들이 나를 개신교 신자로 아는 분들도 많았습니다. 특히 지방 목회자분들이 그렇게 알았습니다.

1980년 광주항쟁 이후 전두환 정권 아래에서 전체 종교계의 사회운동 세력이 이 사선을 중심으로 모였습니다. 사회적으로 큰 문제가 생길 때마다 사선에서 대책회의를 소집했습니다. 대개는 종교단체만이 아니라 모든 민주단체로 넓게 연락해서 확대회의로 열었습니다. 당시 엄혹한 상황에서 박형규 목사님이 항상 개신교 대표로서 중심에 서 계셨습니다. 우리는 박 목사님을 간판으로 내세우고 대책을 논의하고 동력을 찾아 함께 싸웠습니다.

예컨대 1985년 학안법(학원안정법) 파동 때도 사선을 중심으로 대책회의를 하고, 그 결과를 성명서로 발표했습니다. 그때도 학안법을 만들어 학생운동을 탄압하려 했던 전두환 정권이 우리의 이런 조직적 대응에 결국 물러서지 않을 수 없었습니다. 이런 대책회의에 박 목사님은 항상 맨 앞에 나와 계셨습니다.

사선은 외국 종교단체에서 돈을 지원받아 운영했습니다. 그래서 중앙정보부에서는 우리가 외국의 '종교 달러'를 가져다 자기 마음대로 쓴다고 빈정대곤 했죠. 그 당시 외국에서 들어오는 돈은 사선으로 창구가 일원화되어 있었습니다. 사선은 외국에서 들어온 돈을 운동권에 분배하는 포스트 역할을 했습니다.

총무로 부임해서 보니까 개신교와 천주교 간에 보이지 않는 갈등이 많이 있는 것을 알았습니다. 현장에서 일하는 사람들 간에는 아무런 문제가 없었지만 일부 자기를 내세우려는 사업적 목회자들이 있어 그런 오해와 불신이 발생하는 것 같았습니다.

이런 상황에서 박형규 목사님은 신·구교 두 세력이 서로 신뢰하도록 하는 데 큰 기여를 하셨습니다. 모든 일을 공평무사하게 처리하여 불신과 오해가 없도록 했습니다. 박 목사님은 전직 이사장으로서, 교회 어른으로서 모든 대책회의 때마다 참여하셨고, 앞장서서 행동하셨습니다. 그 당시 조승혁, 권호경, 김동완 목사 등과 함께 박 목사님을 모시고 일하던 생각이 지금도 잊히지 않습니다.

그리고 그 후에 박 목사님을 더 가까이 모시고 일한 시절은 1987년 6월항쟁 때였습니다.

1987년 5월 민주헌법쟁취국민운동본부(이하 국본)가 창립하고, 그 본부 사무실을 5가 기독교회관에 두게 되었습니다. 국본 준비회의에서 저더러 국본 사무처장을 맡아달라고 요청했습니다. 당시 내가 총무로 있던 사선의 영향력이 그만큼 컸기 때문이 아닌가 생각합니다. 저는 그 제안을 기꺼이 수락했습니다.

국본 사무처장을 겸하면서 나는 당시 국본 상임대표 중 한 분이었던 박형규 목사님을 가까이에서 더 자주 뵙게 되었습니다. 박 목사님은 종교계를 대표해서 재야운동권과 정치권을 연결하고, 전체를 하나로 아우르는 중요한 역할을 하셨습니다. 당시 문익환 목사님은 감옥에 계셔서 박 목사님이 주로 회의에 개신교 대표로 참석했습니다. 정치권 대표로는 동교동 쪽에서는 양순직 부총재, 김병오 의원, 상도동 쪽에서는 최형우 부총재가 주로 참석했습니다.

상임대표회의는 남산에 있는 무슨 클럽인가에서 정치권을 포함해 조찬회의를 많이 열었습니다. 당시 재야와 정치권 사이에는 신뢰가 돈독하지 못하여 재야가 정치권을 무시하는 경향이 있었습니다. 그래서 회의에 참석한 재야 원로 중에는 정치권 인사를 회의석상에서 면박을 주곤 해서 정치권 인사가 곤혹스러워하는 경우가 종종 있었습니다. 그럴 때면 박 목사님이 분위기를 바꾸고, 양쪽을 잘 융화시키는 역할을 하셨습니다. 저를 포함하여 재야 쪽은 논리는 강하지만, 상대방을 끌어안고 따뜻하게 품어 주는 덕은 부족하지 않았나 생각합니다. 그런데 박 목사님이 정치권을 포용하는 데 큰 역할을 하셨습니다.

1987년 노태우의 6·29선언 이후 대선국면에서 박형규 목사님은 '후보단일화' 입장이었습니다. 김대중 씨를 지지하는 쪽이나 김영삼 씨를 지지하는 쪽이나 대의명분상 단일화를 내세우지 않을 수 없었는데, 박 목사님은 그중에서도 특히 강한 입장이었습니다. 나는 당시 어느 편도 들지 않는 객관적 입장이어서 박 목사님 자세가 올바르다고 생각했습니다.

●국민운동본부 상임의장으로 제1차 총회를 주재하는 목사님

　박 목사님은 어느 편으로 편향되지 않았고 어느 편도 들지 않았습니다. 제가 보기에는 동교동 쪽에서는 박 목사님이 상도동 쪽과 가깝다고 생각하고, 상도동 쪽에서는 박 목사님이 동교동과 가깝다고 생각했던 것 같았습니다. 그러나 박 목사님은 어느 쪽도 아니었다고 생각합니다. 정치를 할 분도 아니어서 어느 누구의 편도 들지 않았던 분이라고 저는 믿고 있습니다.

　내가 박 목사님을 존경하는 이유는 그분의 신앙과 철학이 자기 주장을 내세워 상대방을 굴복시키는 게 아니고 포용하는 것이었기 때문입니다. 그분은 다른 사람들을 다 포용해서 그 포용력으로 사람들이 하나가 되도록 만들고, 한 목적을 향하여 함께 나갈 수 있도록 큰 역할을 한 분이었습니다. 그분은 종교계 내에서는 신·구교, 그 다음에 재야와 종교계 그리고 재야와 정치권이 하나가 되도록 한 분입니다.

　그리고 그분은 당신이 제도 교회를 하면서도 오히려 제도 교회보다는 밖의 활동에 치중하였습니다. 길거리 예배를 시작하신 분입니다. 그것이 하느님의 뜻이 아니었겠는가 생각합니다. "제도 교회에 갇혀 있지 말고 교회 밖으로 나가라! 길거리로 나가라! 가난한 대중 속의, 억압 받는 대중 속의 교회가 되라! 순교자가 되라!"고 하는 그 사명을 실천하신 분이 박 목사님이셨습니다.

(이 글은 2018년 4월 17일 오후 2시 교대역 부근 커피숍 티파니에서 이길재 선생이 구술하고 권형택 편집위원이 채록 정리한 것이다)

# 자유인 박형규

## 손학규

### (정치인, 전 경기도지사)


　박형규 목사님은 나의 일생을 결정지으신 분이다. 어쩌면 내가 지금 정치인이 되어 있는 것도 박 목사님 때문이고 진보적인 중도정치를 나의 정치사상으로 갖게 된 것도 박 목사님 덕이다. 자유인 손학규도 박형규 목사님을 따른 나의 철학이다.

　내가 박형규 목사님을 처음 뵌 것은 유신 직전, 1972년 봄이다. 군대를 제대하고 학교에 복학한 나는 그때 기독교에 관심을 갖게 되었다. 1971년 대통령 선거 후 박정희 대통령은 김대중의 도전 등에 바짝 위기를 느껴, 위수령을 선포하고 서울대생 내란 음모 사건으로 조영래, 장기표 등을 구속하는 등, 독재체제의 강화에 들어섰다. 민주화운동권은 독재 압박으로부터 자신의 생명을 보존하는 것이 절실했다. 그때 우리나라에 새로운 민주화운동의 기지가 탄생했다. 기독교에서 새로운 움직임이 보이기 시작한 것이다. 이런 상황에서 나는 군대 제대 말년부터 기독교운동에 적극적인 관심을 가졌다.

　오장동에 있는 어느 교회에 가면 운동권 학생들을 보호해 주는 목사가 있다는 말을 들었다. 거기서는 등사도 마음대로 할 수 있다고 했다. 박형규 목사님의 서울제일교회에 그렇게 찾아가게 된 것이다.

교회는 자유로웠고, 목사님의 설교는 신선했다. 교회에 들어간 지 얼마되지 않아서 세례를 받았다. 권호경 전도사의 권유였다. 부랴사랴 십계명을 외워서 세례문답에 응하고 박형규 목사님으로부터 세례를 받았다. 세례 후 박 목사님 댁에 인사를 갔다. "저는 사실 기독교에 대한 믿음도 제대로 되어 있지 않았는데 얼떨결에 십계명 외워 갖고 세례문답에 응했고 목사님께서 세례를 주셨습니다" 하고 말했더니, 박 목사님은 "그런 자세를 갖고 있으면 훌륭한 기독교인이 될 수 있어" 하고 격려해 주셨다.

교회는 재미있었다. 박 목사님의 현실에 대한 냉철한 분석과 독재에 대한 비판이 머리에 쏙쏙 들어왔다. 신학적인 깊이도 대단하시다고 느꼈다. 모든 일에 대해 적극적이고 긍정적인 자세로 임하셨다. 그분에게는 안 되는 일이 없었고 어렵다고 주춤함이 없었다. 자유인이었다.

목사님은 특히 대학생들과 잘 어울리셨다. 학생들과 대화의 시간도 자주 가지며 젊은이들에게 술도 허락하셨다. 놀기도 잘 하셨는데 특히 춤은 일품이었다. 놀기 좋아하는 나에게는 딱 맞춤이었다. 어느날 저녁에 강동구 둔촌동에 있는 기독교장로회(약칭 기장) 수양관 베다니집에서 서울제일교회 청년부 수양회를 하는데 술을 먹고 하도 많이 뛰며 놀아서 마룻장이 꺼졌다. 목사님은 뒤에 걸핏하면 "저 학규가 하도 뛰어서 베다니집 마룻장이 다 꺼졌어" 하고 껄껄 웃으셨다. 나중에 남신도회는 매월 목사님을 모시고 모임을 했는데 중국집에서 배갈을 마시면서 했다. 목사님은 사람을 편하게 대했고, 목사님을 대하는 우리의 마음도 편했다. 나는 목사님에게서 자유인을 느꼈다.

곧이어 1972년 10월유신이 터졌고, 나는 졸업 후 노동운동을 하기 위해 구로동에 갔다. 황석영도 같이 자취를 하면서 공장에 다녔다. 말이 노동운동이지, 뭘 할까 누굴 접촉할까 하고 슬슬 눈치만 보며 사람들을 만나곤 했는데, 어느 날 같은 회사에 고등학교 동창 한 명이 간부로 다니고 있는 것이 보였다. 앗 뜨거워라 하고 회사를 그만두었다. 그때는 자칫 간첩으로 몰리면 그만인 상황이었다. 또 다른 공장을 찾고 있다가 목사님께 그런 사정을 말씀드렸다. 목사님 말씀이 "우리나라에 노동운동도 중요하지만 빈민문제가 심각하다"면서 빈민선교에 들어설 것을 제의하셨다.

그렇게 해서 당시 박 목사님이 만드신 빈민선교 조직인 수도권특수지역선교위원회(약칭 수도권)의 간사로 들어갔다. 권호경 전도사가 주무간사이고 김동완, 이해학, 이규상 전도사 등이 있었다. 내가 '수도권'에 들어간다고 하니까 나와 함께 학생운동을 하던 많은 동지들이 반대했다. 어떤 후배는 "기독교가 지금 민주화운동에 우호적이라고 하지만 기독교는 어디까지나 기독교다. 종교는 결국 아편이다"라며 반대했다. 아마도 나는 일반 대학 졸업자로 교회 경력도 없고 가정적으로도 기독교 배경이 없는 사람이 기독교 기관의 실무자가 된 처음 케이스일 것이다. 기장 교단의 거물 목사님 한 분이 "손학규가 어떤 사람인지 알고 박형규가 받아들이는가?" 하고 반대를 했다고 한다. 박형규 목사님은 끄떡도 안 하셨다. 역시 자유인 박형규였다.

청계천 판자촌 살림살이가 시작되었다. 집을 나오면서 "어머니의 아들인데 허튼짓하겠어요? 걱정 마세요" 하고 눈물짓는 어머니를 뒤로 했다. 청계천에 들어갈 준비를 하면서 내 사진을 전부 태웠다. 혁명가는 사진을 남기지 않는다는 생각에서였다. 셋방을 얻어서 들어갔지만 판잣집이라 연탄가스가 새어 들어오고 옆방 사람의 숨소리까지 다 들렸다. 아궁이에 연탄불을 지피고 거기에서 밥을 해먹고 라면을 끓여 먹었다. 책상은 사과궤짝을 누여 놓은 것이었다. 나는 동네를 어슬렁거리며 사람들을 만나고 다녔다. 소줏집에 가서 막소주 한 잔에 삶은 병아리를 안주로 하면서 조심조심 사람들과 말을 트려고 했다. 권호경 전도사가 실무자들을 모아놓고 보고서를 받고 박형규 목사님이 가끔 들으셨다. 박 목사님은 인자하셔서 별 참견을 하지 않으셨다.

그러다가 나는 청계천에서 구속되었다. 어느날 박 목사님의 지시로 빈민의료에 관한 이야기인 '맨발의 의사'를 번역하고 있는데, 나의 아내가 될 이윤영을 앞세운 경찰이 판자촌에 들이닥쳤다. 경찰은 권총에 총알을 장전하고 들어와서는 나를 때려눕히고 손을 뒤로 깍지 채우더니 벽이며 천정을 박박 찢어 냈다. 나를 간첩으로 여기고 비밀문서나 암호 등을 찾는 것이었다.

남대문경찰서로 연행되어 물고문을 비롯해서 갖가지 고문을 다 받고 구속되었다. 발단은 내가 김민기에게 빌려준 모택동 책 번역본 때문이었는데, 서울대학교 졸업생이 청계천 판자촌에 살고 있으니, 간첩이거나 내란 음모를 꾸미고 있는 것으로 치부한 모양이었다.

박형규 목사님이 남대문경찰서로 나를 면회 왔다가 나가면서 보안사로 연행되었다. 부활절예배 사건 때문이었다. 나는 그 사건에 관련되지 않았고 내용을 전혀 몰랐으나, 기독교계 일부에서는 한때 나를 의심하기도 했다는 말을 나중에 들었다. 박형규 목사님은 그 사건 이후 민청학련 사건 등으로 여러 차례 구속되고 우리나라 민주화운동의 대부가 되셨다.

나는 1년여의 수감생활을 마치고 석방되어 결혼을 했다. 박형규 목사님 주례로 서울제일교회에서 했다. 그때 서울제일교회는 건물이 완공되지도 않았고 허술해서, 서울제일교회 교인이 결혼할 때는 초동교회에 가서 결혼식을 올리곤 했는데, 나는 서울제일교회에서 결혼식을 하고 싶었다. 우리집에서는 서울제일교회에서 박형규 목사의 주례로 결혼식하는 것이 마음에 들지 않아서 친지들에게 청첩을 하지 않았다. 교회에서는 결혼식을 위해 신부입장용 카펫을 새로 사기도 했다. 우리는 찬송가 305장 〈햇빛되게 하소서〉를 불렀고, 박형규 목사님은 이 세상의 빛이 되라고 축복해 주셨다.

결혼식 직후에 터진 4·3 민청학련 사건으로 박형규 목사님은 다시 구속되고, 나는 계속 '수도권' 일을 보았다. 나는 바로 직전까지 구속되었다 나왔기 때문에 민청학련 사건에서 벗어날 수 있었다. 권호경, 김동완 전도사까지 구속되고 나는 '수도권'의 총무 역할을 하면서 그분들 뒷바라지를 하며 수도권을 꾸려나갔다. 박형규 목사가 구속되면 문동환 목사가 위원장 대리로 '빵꾸 땜'을 했다. 그때 허병섭 목사가 '수도권'에 들어왔고, 이철용 의원이 허병섭 목사의 소개로 들어왔다.

박 목사님의 수감 중에 아드님 박종렬 목사의 주관으로 박형규 목사님의 책 『해방의 길목에서』를 출간했다. 나는 책 출판을 돕고, 출판기념회를 여는 데 앞장섰다. 박형규 목사님이 안 계시니 더욱 성황리에 열어야 한다는 생각에서 「동아일보」에 책 광고와 함께 출판기념회 광고를 크게 했다. 김대중 대통령을 비롯한 민주화운동의 거물들이 다 모였고, 기독교회관 강당은 물론 1층 로비까지 입추의 여지가 없이 사람이 꽉 찼다. 박 목사님은 이미 민주화운동의 거물이 된 것이다.

박형규 목사님은 나를 끔찍이 아껴 주셨다. 당시에 한신대에서 선교신학대학원을 만들어서 교단 내에서 석사학위를 주는 과정을 신설했는데 나를 거기에 입학시켰다. 안병무, 서남동, 문동환 등 한국 최고의 신학자들이 강의를 하고, 학생도 각계에서 일하는 능력 있는 사람들로 구성된 명문 과정이었다. 당시에 일반 대학교 출신자들 중 여러 청년들이 신학대학에 편입했는데, 박 목사님이 나를 선교신학대학원에 보낸 것은 목회자로 키우기 위한 것이 아니었던가 생각된다.

그러다가 '선교자금 횡령 사건'으로 박형규, 김관석, 권호경, 조승혁 목사가 구속되었다. 나는 '수도권'의 총무로서 선교자금을 관리하는 사람이기에 수사를 피해 도피했다. 김정남 선배의 소개로 원주에 가서 사과 과수원의 머슴으로 6개월 일하고, 서울에 와서 합정동의 철공소에서 1년 넘게 일하다가, 어머니가 돌아가셔서 나왔다. 정보기관에서는 나를 찾기 위해 우리 가족은 물론 나의 주변을 샅샅이 뒤졌다. 기독교 목사들을 빨갱이로 모는 데는 손학규같이 일반 대학 출신자로 반공법 위반 경력까지 있는 사람을 끼여넣는 것이 정보기관으로서는 대단히 유효한 전략이었던 것이다. 처음에는 1계급 특진에 현상금 100만 원이었다가 나중에는 2계급 특진에 현상금 200만 원까지 올라갔다는 얘기도 들었다. 목사님들이 석방된 뒤에도 나에 대한 수배는 풀리지 않았고, 그런 수배 중에도 계속 박형규 목사님과 김관석 목사님의 보살핌을 받고 있었다.

　어머님 장례를 치르고 산소에 가는 데에는 중앙정보부를 비롯해서 정보기관의 짚차가 일곱 대나 따라왔다. 박형규 목사님은 천주교 성당에서 치른 장례미사뿐 아니라 산소까지 오셨다. 우리집에서는 박형규 목사가 온 것을 못마땅히 여기고 기도 부탁도 안 했다. 나는 집안의 반대를 무릅쓰고 "목사님, 어머니를 위해서 기도 좀 해 주시지요" 하고 청했고, 목사님은 정성껏 기도해 주셨다.

　나는 박형규 목사님과 김관석 목사님의 노력으로 다행히 구속은 안 되었고 이후 NCCK(한국기독교교회협의회)에 근무했다. 교회와사회위원회 간사로 일했는데 인권문제, 통일문제, 외국 교회 관계 등을 담당했다. 민청학련 사건 이래로 열린 목요기도회를 비롯해서 도시산업선교회 등의 각종 민주화운동 집회에서 박형규 목사님은 감옥 안에 계시거나 밖에 계시거나 언제나 주인이셨다. 나는 실무자 역할을 했다. 박형규 목사님은 특별한 직책을 맡지 않으셔도 김관석 목사의 가장 든든한 동지로 NCCK가 박정희 유신독재반대운동을 이끌어 가는 데 가장 큰 지도자 역할을 해 주셨다.

　유신이 끝나고 나는 WCC(세계교회협의회) 장학금으로 영국에 유학을 갔다. 유학이 거의 끝나갈 무렵 김관석 목사님에게서 전화가 왔다. 기독교사회문제연구원(약칭 기사연)이 어려운데, 와서 원장을 맡아 줄 수 없겠느냐는 것이었다. 지도교수와 상의해서 하기로 하고 들어왔다. 나는 기사연을 기독교운동의 연구기관으로서뿐 아니라 운동권 전체에 정보와 미래 비전을 제시하는 민주화운동 싱크탱크로 만들 생각으로 일했다. 「기사연 리포트」를 만들어서 기독교계 중요 인사들과 중요 민주화운동 관계자들에게 돌리고, 『필리핀 2월혁명』과 『권인숙양 성고

문사건』 등을 책으로 만들기도 했다. 모두 다 박형규 목사님과 김관석 목사님의 지도하에 이루어진 일이다.

김영삼 대통령이 나에게 1993년 국회의원에 나오라고 권유했을 때도 박형규 목사님은 적극 찬성해 주셨다. 김영삼 대통령의 개혁이 성공하기를 기원하고 나도 개혁에 참여하라는 말씀이었다. 민주화 과정에서 민주세력이 김영삼, 김대중계로 나뉘고 기독교계, 특히 '기장' 교단 쪽의 대부분의 인사들이 김대중 대통령을 지지했을 때도 박형규 목사님은 중립을 지키시면서 오직 민주화만을 추구하셨다.

박형규 목사님은 유신체제하에서 박정희 대통령에게 대단히 핍박을 받으신 분이다. 걸핏하면 감옥에 들어가시는데 하나도 불편한 마음을 갖지 않으셨다. 그냥 자유인이다. 하나님에 대한 믿음이 하도 돈독해서 모든 것을 주님께 의지하고 자유롭게 사신 것이다. 민주주의자 박형규는 자유인 박형규로서 빛났다.

# 한국의 니묄러 목사

## 이삼열

(숭실대학교 명예교수, 대화문화아카데미 이사장)

사람은 언제 누구를 만나느냐에 따라 인생의 행로와 운명이 바뀌거나 결정되는 것 같다. 나의 인생길을 돌아보아도 젊은 시절 앞날의 진로를 고민할 때 강원용, 김관석, 박형규 목사를 만나지 않았더라면 나의 일생은 크게 달라졌을 것 같다.

나는 원래 칼뱅주의 정통 보수신학에 매료된 예장 목사의 아들로 자라, 철학과를 마치고 광나루 신학교(장로회신학대학)에 입학한 뒤 군 복무를 마치고는 신학을 계속해 목사의 길을 가게 되어 있었다.

공군장교 4년 복무를 마치고 제대할 무렵인 1967년 초에 강원용 목사님을 만나 교회와 사회의 다리를 놓고, 교회 갱신과 사회개혁을 위한 대화운동을 전개한다는 크리스천아카데미의 간사가 되면서 나는 보수 교단의 목사가 되기보다는 평신도로 에큐메니컬 운동과 기독교적 사회개혁 운동에 헌신하는 것이 낫지 않을까 생각하게 되었다.

당시 에큐메니컬 운동의 원산지인 세계교회협의회(WCC)의 주요 의제가 〈교회와 사회〉였고 1966년에 제네바에서 〈교회와 사회〉 대회를 열었는데, 그 후속으로 1967년 10월 10~16일에 〈아시아 교회와 사회대회〉(Asian Conference on Church and Society)가 아카데미하우스에서 동아시아교회협의회(East Asia Christian Conference) 주최로 열리게 되었다.

대회 조직의 책임을 맡은 강원용 목사는 현지 준비위원회(Local Arrangement Committee)를 구성하면서 기독교서회(CLS) 편집국장 김관석 목사, 한국기독학생회총연맹(KSCF) 총무 박형규 목사, 한국기독교교회협의회(NCCK)의 사회부 국장 김준영 목사, 공보국장 박광재 목사 그리고 크리스천아카데미 간사인 이삼열 등 5인을 준비위원으로 임명했다.

에큐메니컬 운동의 세계적 거장 M.M. Thomas, Paul Abrecht, Yap Kim Hao, Harry Daniel, Simatu Pang 등과 아시아 교회 지도자들 100여 명이 참가해 〈아시아 사회의 근대화와 교회의 책임〉을 주제로 토론하는 역사적인 대회를 준비하는 일은 간단한 게 아니었다. 프로그램 홍보에서부터, 회의장, 출판물 인쇄, 비행장 손님맞이까지 준비위원회가 맡아 해야 했는데 어른들은 한 주일에 한 번씩 만나 회의하고 실무는 26세의 젊은 내가 도맡아 해야만 했다.

의견 차이로 어른들이 서로 다툴 때도 있었고, 강원용 원장의 독주를 비판하는 NCCK의 김준영, 박광재 목사에 맞서 나는 나의 보스인 강 원장을 변명하다가 되게 야단을 맞고 울면서 항변한 적도 있다. 김관석 목사는 내가 만든 인쇄물의 틀린 부분을 친절하게 교정해 주셨고, 박형규 목사는 "거, 수고하는 이 간사를 야단치지 말라"고 보호해 주셨다. 정확하게 꼼꼼하면서도 말씀이 적은 김관석 목사, 거침없이 담배를 피우면서 자유자재로 진실을 쏟아내는 박형규 목사 두 분은 서로 대조적이면서도 매력적인 인품이었다.

나는 이렇게 1967년에 에큐메니컬 운동의 대선배들인 강원용, 김관석, 박형규 목사와의 만남과 일을 통해 많은 것을 배웠고, 이후의 나의 삶과 운동에도 적지 않은 영향을 받게 되었다. 나는 그 후 1968년에 WCC의 장학금을 받아 독일 괴팅겐 대학으로 유학을 떠났지만 이분 선배들이 독일에 오실 때마다 만나 국내 상황을 듣고 독일 교회와의 협력사업을 도와드리며 70년대 아카데미 운동이나 에큐메니컬 인권운동, 도시산업 선교활동에 간접적으로 참여하며, 해외 기독자 민주화운동에도 나설 수밖에 없었다.

가장 많이 독일을 찾아오신 분은 물론 강원용 목사님이셨는데 WCC중앙위원과 실행위원을 겸하시어 매년 한두 번씩 회의 참석차 제네바나 유럽 어느 나라로 오시면서 반드시 독일을 들르시어 본(Bonn)에 있는 EZE(개신교개발협력처)를 방문해 아카데미 재정지원을 협의하시고 가셨다. 으레 나는 도착하시는 함부르크나 프랑크푸르트 비행장으로 나가 마중하고 함께 본으로 가서 EZE 포저(Poser) 박사나 폰 바이츠제커(von Weizsaecker, 나중에 대통령이 됨) 의원 등 교회 지도자들을 만나 독일어 통역을 해 드리는 것이 아카데미 직원으로 2년간 밥을 먹었던 나의 당연한 의무며 보답이었다.

때로는 괴팅겐이나 보쿰의 우리집에 오셔서 하루를 주무시며 유학생들을 불러 저녁을 먹고, 술도 마시며, 새벽 한두 시까지 지칠 줄 모르고 한국 소식을 들려주셨다. 60년대 말부터 70년대 초에 일어난 삼선개헌, 부정선거, 학원탄압, 계엄령과 유신체제 등 박정희 독재정권의 만행을 자세히 들을 수 있었고, 박형규 목사의 저항과 투옥 등 민주화운동의 현황을 비밀까지 자세히 말씀해 주셔서 강 목사님의 자세한 보고를 통해 신문에 보도되지 않은 국내 현황을 잘 파악할 수 있었다.

1968년에 한국기독교교회협의회(NCCK) 총무가 되신 김관석 목사님도 독일 교회와의 협력사업 의논 차 가끔 오시면 내가 통역을 해 드렸다. 김 목사님은 하루 이틀 묵으시며 국내 현황을 많이 알려 주셨다. 함부르크와 슈투트가르트의 개신교 선교부(EMW, EMS)를 방문해 국내 인권운동과 산업선교 등의 재정지원을 협의할 때, 대부분 영어로 했지만 독일어 통역이 필요한 때도 있었다. 1974년 한·독교회협의회가 뒤셀도르프에 열렸을 때는 한국 NCCK 대표단 10여 명(김관석, 강원용, 김해득, 김윤식, 노정현, 이문영 등)이 참석해 한 주일을 지내며 한국 광부와 간호사들이 일하는 지하 1,000미터의 광산 현장과 병원까지 탐방하는 등 바쁜 일정이었는데, 나 혼자서 종일 통역하느라 죽을 고생을 했다.

그런데 1972년 7월 어느 날 박형규 목사님이 내가 유학하던 괴팅겐으로 찾아오셨다. 강원용 목사나 김관석 목사처럼 독일 교회 재정지원을 받거나 에큐메니컬 국제회의에 참석하러 오신 것이 아니었다. 호텔에 안 가시고 아이들 둘을 데리고 방 두 개밖에 없이 사는 가난한 유학생 집에서 묵으셨다. 내 서재 겸 침실인 방에서 주무시고 우리 부부는 아이들 둘과 함께 아이들 방에서 잤다. 한 이틀 계시며 그동안 당하신 일들과 국내 사정을 자세히 알려 주셨다.

박 목사님은 KSCF 총무로 계시다가 1968년에 한국기독교교회협의회(NCCK) 총무로 자리를 옮기신 김관석 목사가 오래 일하시던 기독교서회(CLS)로 가셔서 「기독교사상」 월간지 주간을 맡으셨다. 기독교서회 이사장으로 선출된 조선출 목사는 NCCK 총무로 떠난 김관석 목사의 후임으로 「기독교사상」과 서적 출판을 책임질 인재로 박형규 목사를 찾은 것이다.

1969년부터 박정희 정권은 장기집권을 목표로 삼선개헌 작업을 추진했고, 김재준 목사, 함석헌 선생, 천관우 주필 등은 군부독재의 연장을 반대하기 위해 삼선개헌반대 범국민투쟁위원회를 조직해 비판운동을 시작했다. 이미 60년대 4·19와 5·16을 겪은 이후부터 교회가 사회현실에 예언자적 목소리를 내야 한다고 결심한 박형규 목사는 「기독교사상」의 편집주간을 맡으며 비판적 글을 싣기 시작했다.

1969년 8월호에 삼선개헌반대 특집을 발표했으나 개헌안은 9월 14일 일요일 새벽에 국회 제3별관에서 변칙 처리되었고, 10월 17일엔 강요된 국민투표로 확정되고 말았다. 박 목사는 "이제 한국교회는 순교의 피를 각오하며 밤의 세력과 대결하지 않을 수 없다"고 「기독교사상」 10월호에 썼다. 나는 박형규 목사의 반독재투쟁과 민주화운동이 삼선개헌이 불법적으로 강행된 1969년 10월부터 시작되었다고 본다.

1970년 4월부터 박 목사는 기독교방송(CBS) 오재경 이사장의 요청으로 방송국 상무로 자리를 옮겼고, 잡지와 문서의 글을 통해 독재와 부패를 비판하던 일을 더 빠르고 민감한 방송의 목소리를 통해 하게 되었다. KBS나 동아일보에서 듣거나 보지 못하던 독재비판과 학생데모의 뉴스를 기독교방송에서 듣게 되니 청취율은 늘고 정보부의 감시는 심해졌다.

기독교서회와 방송국의 일을 하는 동안 박형규 목사는 도시산업선교, 빈민선교 활동에도 깊이 간여하게 된다. 오재식 선생을 통해 알게된 WCC 산업선교부 총무 조지 토드(George Todd) 목사의 지원을 받아 도시 산업선교 요원들을 훈련하고 빈민들을 조직하고 의식화시키는 선교활동을 전개했다.

연세대 노정현 교수에게 부탁해 도시문제연구소를 만들어 도시산업선교 요원들에게 사회과학적 훈련을 하게 했고 솔 앨런스키의 주민조직방법론을 가지고 허버트 화이트(Herbert White) 선교사가 한국에 와서 젊은 목사들과 청년들을 빈민 현장으로 보내 조직하는 실습훈련을 시켰다. 1969년부터 70년대 초까지 권호경, 김동완, 이직형, 신상길, 이해학, 김진홍, 김혜경 등 많은 선교 일꾼들이 훈련을 받고 현장에 들어가 주민들과 함께 고생하며 살면서 조직해 삶의 권리를 찾는 운동을 벌였다. 이 과정에서 1970년 4월 와우아파트 붕괴 사건과 아파트 주민의 항거, 1971년 8월 광주대단지 폭동 사건들이 일어났다. 이런 조직 활동의 배후에 WCC와 독일, 미국 교회의 선교자금을 지원한 조지 토드 목사와 오재식 선생, 박형규 목사가 있었다.

박형규 목사는 독재와 부정부패, 빈민수탈 같은 사회 현실을 고발하며 빠른 뉴스를 전하는 방송국을 만들려 했지만, 독재정권 정보부의 언론탄압의 검은 손들은 가만두지 않았다. 1970년 11월 전태일이 근로기준법을 손에 들고 불을 질러 자살하면서 노동인권 탄압에 대한 저항운동이 열화같이 일어났고, 기독교방송은 설교와 보도를 통해 이를 알리려고 했다.

1971년 4월 27일 삼선개헌 후 첫 대통령 선거는 박정희와 김대중의 선거운동이 치열하게 벌어졌다. 민주주의를 살리느냐 죽이느냐의 한 판 결판이 벌어졌다. 1971년 4월 19일에 민주주의를 지키려는 민주수호국민협의회가 종교계, 언론계, 법조계 문인들 25명의 발의로 대성빌딩에서 결성되었다. 김재준, 이병린, 천관우 씨를 대표로 선출하고 정석해, 양호민, 이호철, 김지하, 김정례 등이 참여했다. 박형규 목사도 기자들을 데리고 참석해 기독교방송을 통해 충실히 보도했다.

4월 대통령 선거가 다가오자 박 목사는 야당 후보 김대중 씨에게도 발언의 기회가 주어져야 한다고 생각해 기독교방송에 김수환 추기경과 대담프로를 만들어 사회현실에 대한 발언을 방송했다. 공화당 공보 대변인이 박 목사를 찾아와 계속하면 재미없다고 협박하더니, 선거가 끝난 뒤 중앙정보부 차장이 오재경 이사장을 찾아와 박형규 상무를 해임시키라고 강요했다. 4월 27일 대통령 선거가 끝난 뒤 열흘 만에 박 목사는 방송국 상무직을 사임할 수밖에 없었다. 방송 일은 그만두었지만 사표는 6월에야 수리되었다.

무직자가 된 박형규 목사를 애석하게 여긴 강원용 목사가 크리스천아카데미의 프로그램 위원장으로 무료 봉사하던 박 목사를 아카데미하우스 원장대리라는 자리를 만들어 월급을 주어 살게 했다. 그러나 이 일도 몇 달 가지 못했다. 1971년 가을학기가 되며 대학가는 데모와 소요로 요동쳤고, 부정선거 부패를 규탄하는 운동이 여기저기서 일어났다. 동아일보 기자들의 언론자유수호선언이 나왔고 원주에서는 10월 5일 가톨릭 신도 1천 5백 명이 부정부패 규탄시위를 벌였다.

대학과 종교계 시위가 전국으로 퍼져 나가자 위협을 느낀 박 정권이 10월 15일 학원질서를 확립한다며 위수령을 발동해 10여 개 대학에 무장군인들을 진주시키고 수천 명 학생을 연행해 갔다.

위수령이 발동된 후 크리스천아카데미의 강원용 목사에게까지 보안사의 감시와 압력이 내려와 박 목사는 더 이상 아카데미에 적을 두고 있을 수가 없어 사직하고 떠났다. 박 목사는 이제 수도권빈민선교회의 일을 돌보면서 이곳저곳에서 설교하는 일로 살아갈 수밖에 없었다.

1972년 초 박형규 목사는 독재와 부정부패가 더욱 심각해지고 학원과 종교계, 언론계의 저항운동이 무지막지하게 군부에 의해 탄압되는 막막한 현실 속에서 고민하다가 해외여행을 떠났다. 국내에서 할 일도 없고, 암담한 현실을 타개할 길을 생각해 볼 기회를 가지려고 WCC 도시산업선교부의 초청을 받아 동남아시아와 유럽여행을 나선 것이다. 독일에선 바트 볼(Bad Boll) 아카데미와 슈투트가르트의 서남독 선교부, 함부르크의 동아시아 선교위원회 등을 방문하시고 괴팅겐에 있는 우리집에 들르셨다.

1967년 아카데미하우스에서 열린 〈교회와 사회〉 대회를 함께 준비하며 교회의 사회적 책임문제를 많이 의논했는데, 5년 뒤인 1972년 7월에 독일에서 다시 만나서는 국내 독재와 탄압이 독일 나치 독재시대를 닮아간다며 고백교회의 저항운동과 본회퍼, 니묄러 목사의 이야기를 많이 해 주셨다. 1962년도 미국 유니언신학교에서 1년간 유학하시며 카를 바르트의 발멘 선언과 고백교회를 자세히 알게 되었다며 현재 독일교회의 형편을 많이 물으셨다.

나는 1969년 빌리 브란트 수상이 집권한 이래 동방정책을 실시하여 동서독 화해와 교류가 잘되고 있다는 것과, 서독 교회가 동독 교회와 자매관계를 맺어 잘 돕고 있다는 현실을 자세히 말씀드렸다. 크리스마스와 부활절에 동독으로 보내는 서독의 선물을 실은 열차가 여러 대씩 간다고 하니까 남북한은 언제 그렇게 될 것인가 부러워하시며 우선 독재부터 청산해야 한다고 하시었다. 내내 심각한 표정으로 국내를 걱정하는 박 목사님은 무언가 결심을 하시는 것 같았다.

아닌 게 아니라 박 목사님은 독일을 떠나 아시아 몇 나라를 방문 시찰하시고 귀국하셨는데 8월 말에 대만 방문을 마지막으로 귀국하신다며 나에게 그림엽서를 보내 주셨다.

"귀국해서 할 일을 생각하니 마음이 무거워지는군요. 그러나 사람의 할 일은 다 하고 심판은 하나님께 맡길 수밖에 없겠지요"라고 쓰신 1972년 8월의 엽서를 나는 지금도 보관하고 있다.

1973년 3월 남산 부활절 사건으로 구속되었을 때, 8개월 전 독일 괴팅겐 우리집에 오셔서 하신 말씀들을 상기하며 이미 그때 잡혀갈 일을 저질러야겠다는 결심을 하신 것으로 판단되었다. 왜 나에게 그런 엽서카드를 보내 주시고 귀국하셨을까? 생각해 보니 국내에 들어가서는 그런 편지 못 보내고 '해외에서 마지막으로 결심을 통고하니 잡히게 되면 알아서 행동해 달라'는 부탁이셨구나'라고 이해가 되었다.

박형규 목사님은 나치 독재를 반대하며 어용화된 독일적 기독교(Deutsche Christen) 운동에 맞서 목사긴급동맹을 조직해 투쟁에 나선 니묄러 목사를 모델로 실천에 나선 것이다. 본회퍼도 좋아하셨지만 히틀러 암살까지 모의하다 발각돼 사형당한 본회퍼의 길은 아니고, 끝까지 평화적으로 폭력에 저항한 니묄러 목사의 신앙적 결단을 실천하신 것이다. 그래서 한국의 니묄러가 되셨다.

나는 박형규 목사님의 이런 결행을 보면서 가만히 앉아 있을 수가 없었다. 내가 쓰고 있던 박사학위 논문작업을 중단하고 독일교회 선교기관들과 한국인 교회, 유학생들과 광부, 간호사 노동자들을 움직여 독일에서라도 반독재 민주화운동을 해야겠다고 결심하고 나선 데는 박형규 목사님의 순교적 각오와 결행이 큰 영향을 주었다. 나는 이미 민주화운동기념사업회가 발간하는 잡지 「기억과 전망」(33, 34호 2015-16)에 〈독일에서의 민주화운동〉이라는 회고록을 써서 70년대의 해외 운동을 자세히 소개했기 때문에 여기서 재론할 필요는 없다.

1972년 11월 2~5일 재독한국유학생 세미나를 독일개신교 장학처

(ÖSW)의 지원을 받아 조직한 일이나, 1972년 11월 23~25일 한국과 독일 그리스도인 40여 명이 바일슈타인(Beilstein)에 모여 〈가이사의 것은 가이사에게〉라는 주제의 세미나를 가지며 유신독재를 처음으로 비판한 〈재독 한국 그리스도인 바일슈타인 선언〉을 발표하게 된 것, 1974년 3월 1일 독일 수도 본에서 한국 유학생, 노동자, 종교인 55명 이 서명한 민주사회 건설 선언서를 발표하고 처음으로 한국대사관 앞 까지 시위한 반독재 활동, 모두가 국내의 민주화운동에 호응하며 일어 났지만 박형규 목사의 구속과 저항이 큰 자극제가 되었다. 박 목사님 은 유신체제 전후로 구속과 석방을 다섯 번이나 당하면서 유신독재비 판과 저항운동을 이끄시었다.

내가 초안을 만든 〈바일슈타인 선언문〉에서는 국내운동과의 연대 를 이렇게 표현했다.

우리는 민주시민으로서 억눌린 자를 도우라는 그리스도의 교훈을 실천 하려던 은명기 목사와 박형규 목사가 신앙의 자유마저 유린된 채 구속 된 것을 지켜보았다. … 어떤 위협이 닥쳐온다 해도 지금 이때는 불의에 저항하는 것이 하나님께 순종하는 길인 줄 믿기에, 진리를 거슬러 권력 에 굴종하거나 타협하지 않을 것을 거듭 다짐한다.

1979년 박정희 독재자의 암살로 유신체제는 무너졌지만 바로 민주 화가 오지는 않았다. 서울의 봄이 왔다고 1980년 3월부터 대학가와 거 리에서 민주화 바람이 거세게 불었지만 전두환 군부가 다시 잡은 한 국의 상황은 안개정국이었다. 1980년 5월 초 호주 멜버른에서 WCC 가 주최한 세계선교대회가 〈당신의 나라가 임하소서〉(Thy Kingdom

Come!)라는 주제로 열렸다. 나는 그때 WCC 도시농촌선교부(URM)의 협동간사로 유럽산업선교 총무를 맡고 있었기 때문에 홍콩, 필리핀을 들러 아시아의 산업선교 활동을 시찰하고 호주 멜버른에 가서 선교대회를 본 뒤, 13년 만에 한국에 들러 부모님을 뵐 계획으로 5월 초에 독일을 떠났다. 거기서 선교대회에 참석하신 박형규 목사님을 8년 만에 다시 만났다. 오랜 감옥생활로 무척 수척해진 줄 알았는데 너무 보기에 건강하고 쾌활하셨다.

멜버른에서 회의를 마치고 박 목사님과 나는 도쿄로 가서 5월 중순에 다시 만났다. 박 목사님은 나오신 김에 일본과 동남아 몇 나라를 방문하시려고 했고, 나는 한국으로 가기 위해 일본 도쿄의 한국대사관을 통해 일시귀국 허가를 받기 위해서였다. 독일에서 벌써 신청했는데 허가가 나지 않아 도쿄에서 기다리면 결과를 알려 주겠다 해서 받지 못한 채 독일을 떠났다. 그런데 아무리 기다려도 한국에서 허가가 안 나왔다. 일시귀국 허가 없이 들어갔다가는 다시 출국하지 못할 수도 있는 때였다. 5월 18일까지 신주쿠의 어느 호텔에서 박형규 목사님과 함께 지내며 기다리고 있는데 광주학살 사건이 일어났다. 총탄에 쓰러진 학생, 청년 시위꾼들의 사진과 성명서가 도쿄로 흘러나와 박 목사님과 나는 침통에 빠졌다. 오랜만에 박 목사님과 술자리도 같이하며 민주화 승리의 축제를 구가하고 있었는데 이게 무슨 날벼락인가?

나중에 알고 보니 내가 그때 귀국 못한 것, 박형규 목사님이 마침 일본에 머무신 것 모두 천우신조의 큰 덕이었다. 만일 둘 다 한국에 있었더라면 5·18사태에 체포, 구금되고 엄청난 고문을 받았을 것이 틀림없었기 때문이다. 5월 17일 밤엔가 내가 귀국하면 한완상, 서남동, 문익환, 김대중 씨 등이 모이는 비밀회합에 참석하도록 되어 있었다.

그 밥상에 오를 뻔했다.

나는 13년 만에 뵈려다 못 뵌 어머니와 울면서 전화하고 독일로 돌아왔고, 박 목사님은 4개월 간 해외에 계시며 광주민주화운동 후의 수난을 피하셨다. 단 며칠이지만 도쿄 신주쿠에서 박 목사님과 함께 지난 이야기를 나누며 민주화 앞날을 꿈꾸며 즐겁게 지낸 시간들은 오래 추억으로 남아 있다.

1982년에 한국대사관에서는 5공화국이 안정되면서 나에게 이제 민주화와 정의로운 나라가 생겼으니 귀국해도 좋다는 웃기는 허락(?)을 보내 왔다. 나는 더 이상 해외체류는 의미 없다고 생각해 가족을 이끌고 귀국했다. 순교할 각오로 귀국하신 박 목사님의 믿음과 신념을 10분의 1만 가진다 해도 두려울 게 없다고 생각했다.

귀국 후에도 박형규 목사님과의 관계는 민주화운동, 평화운동, 사회선교활동을 통해 계속되었고 많은 영향을 받았다. 기독교 노동자, 농민, 빈민운동을 돕기 위해 함께 시작한 기독교 사회발전협회의 일은 오늘까지 계속되고 있다.

# 장기수 어른의 발을
# 씻어 주시던 목사님

임재경

(언론인, 임시정부기념사업회 부이사장)

내가 박형규 목사를 처음 만난 것은 1970년대 초쯤이었던 것 같다. 「기독교사상」이라는 잡지에서 좌담회를 열었는데 거기에 박 목사와 내가 초청받아 이야기를 나눈 적이 있었다. 그 뒤에도 몇 차례 더 만났을 터이지만 기억이 잘 안 난다. 박 목사와 결정적으로 가까워진 것은 1981년부터였던 것으로 기억한다.

1980년 5월 나는 5·17 쿠데타로 집권한 신군부에 의해 김대중 내란 음모 사건 가담자로 몰려 투옥되어 징역을 8개월쯤 살았다. 1981년 초 감옥에서 나와 집에서 놀고 있을 때인데 어느 날 박형규 목사가 전화를 했다. 잘 지내느냐는 안부인사를 건넨 뒤에 바로 경상도 왜관으로 놀러가자는 것이었다. 직감적으로 '이분이 뭘 만들려는구나'라는 생각이 들었지만 어른의 부탁인데 거절하기도 그렇고 해서 "좋습니다. 갑시다" 하고 응낙해 버렸다.

약속장소인 종로5가 기독교회관 앞으로 가니 버스 한 대가 기다리고 있었다. 한 열댓 명 모였는데 낯익은 얼굴들도 몇 분 보였다. 중앙대에서 해직된 유인호 교수, 부산의 송기인 신부, 광주의 조비오 신부, 자그마한 키의 이우정 선생 등이 있었다. 이번 여행의 주목적은 박 목사를 중심으로 한 인권협의회를 조직하는 것이었고, 아울러 국내외 정세에 대한 강의와 토론도 진행하는 것으로 되어 있었다. 나에게는 조직 참여보다는 국제정세에 대해서 강의해 달라는 요청이었다.

우리는 성베네딕토회 왜관수녀원에서 1박하면서 프로그램을 진행했다. 인권협의회의 간단한 출범식을 진행했고, 유인호 교수가 초를 잡은 발족성명서를 낭독했다. 나는 요청받은 대로 이란·이라크 전쟁을 중심으로 국제정세 현안에 대해 한 시간 정도 이야기했다.

프로그램 진행 중에 전혀 낯선 얼굴이 한 사람 있어 확인해 본 결과 경북도경 정보과 형사라는 것이 확인되어 내쫓는 해프닝이 있었다. 일정을 모두 마치고 집에 돌아오면서 필시 경찰이 집에 와 있겠구나 생각했다. 그래서 우선 소나기는 피해야겠다 싶어 대구로 가서 문학평론가 염무웅을 만나 며칠 놀다가 집에 들어갔다.

그런데 뜻밖에 청와대에서 전화가 왔다. 대학 1년 후배인 청와대 경제수석 하는 김재익의 전화였다. 김재익은 친구 채현국과 서울문리대 동기인데 내가 김대중 내란음모 사건으로 징역을 살 때 채현국의 부탁을 받고, 내가 두 달 빨리 석방될 수 있도록 손을 써 준 적이 있었다.

그는 이번 왜관에서의 일로 자기 입장이 난처해져 있으니 청와대 들어가 당시 실세 중 한 사람인 이학봉 민정수석을 만나 달라는 것이었다. 나는 옛날에 신세진 일도 있고 해서 그의 말에 따라 청와대로 가서 이학봉을 만났다. 이학봉은 나에게 정치활동을 하지 말 것을 종용

하면서 금융연구원 이사 자리를 제안했다. 나는 "정치는 내 적성이 아니고, 정치할 생각 없다. 정치활동·정당활동도 안 한다. 그리고 그 일자리도 나에게는 안 맞는다"고 완곡하게 제안을 거절했다.

6월항쟁 때는 나도 민주헌법쟁취국민운동본부(국본)에 참여하여 공동대표를 했다. 박형규 목사 등 국본 대표들이 성공회성당에 들어갔다가 감옥에 끌려갔는데, 나는 거기에 함께하지는 못했다.

6월항쟁이 국민의 승리로 끝나고 노태우가 6·29선언을 하여 대선 국면이 열렸다. 잘 아는 얘기지만 재야가 '비판적지지', '후보단일화', '독자후보'로 갈라졌다. 내가 김대중 내란음모 사건으로 징역을 살았기 때문에 사람들은 나를 '비지'(비판적지지)로 알았다. 그러나 나는 박 목사가 주장하는 '단일화'(후보단일화)가 맞다고 생각했다. 그러나 나는 당시 「한겨레신문」을 준비하는 작업에 가담하고 있었기 때문에 대외적인 일은 삼갔다. 언젠가 단일화 지지 성명서를 발표하는 데 이름이 한 번 들어간 정도였다.

양김씨의 경쟁이 치열해지고 단일화가 어려워지자 박 목사를 중심으로 단일화 진영 인사들이 단식에 들어갔다. 그 단식을 끝내고 YWCA에서 강연회가 열렸는데 박 목사가 연사로 강연했다. 열흘이 넘는 단식으로 수척해진 박 목사가 재야가 단결하여 단일화를 이루어야 한다고, 그래야만 승리할 수 있다고 열변을 토했다. 65세 연세에 열흘씩 단식을 하고 어떻게 그런 힘이 솟아나는지 대단한 강연이었다. 나는 큰 감동을 받았다.

박 목사님을 생각하면 떠오르는 잊을 수 없는 기억이 있다.

2003년인가 2004년쯤 일로 기억한다. 박 목사가 민주화운동기념사업회 이사장으로 재직할 당시 이야기다.

7월 초쯤 되었을까 아주 덥지 않은 여름이었다. 언론계 후배로 평소 친하게 지내던 동아투위 출신 신홍범, 내가 주례를 서 준 일이 있는 영민한 국제변호사 최혁배와 함께 박 목사님을 모시고 가벼운 등산을 하기로 했다. 송추 쪽에서 북한산으로 들어가는 등산로로 올라가다가 적당한 계곡가에 자리잡고 준비한 음식도 먹고 계곡물에 발 담그고 쉬었다 오는 일정이었다.

당시 신홍범은 자신이 운영하는 출판사 두레에서 박 목사님 자서전을 출판할 계획으로 박 목사로부터 구술을 받고 있었다. 신홍범은 여성교제 같은 사적인 문제에 대한 구술 부분이 있을 때면 목사님과 친하면서도 나이 차이가 적은 나를 면담자로 부르곤 했다. 아무래도 그런 부분은 본인이 직접 질문하기가 부담스러웠던 모양이다. 그래서 몇 차례 구술면담자로 불려 나갔는데, 이 날도 그런 모임이라고 할 수 있었다. 그러나 모처럼 기분전환도 할 겸 장소를 야외로 택한 것이다. 이 날은 북한산 등산로를 잘 아는 최혁배 변호사에게 연락하여 안내를 부탁했다. 박 목사를 좋아하는 최혁배는 흔쾌히 응락하고, 산에서 먹을 술과 불고기도 자청해서 준비해 오기로 했다.

그런데 박 목사님과 나, 최혁배 변호사, 이 세 사람 외에 일행이 한 사람 더 있었다. 이구영 선생이라는 분인데, 1920년 생으로 박 목사보다 세 살이 위였다. 이분은 충청도 선비 집안의 후예로 6·25 즈음에 북행했다가 북한 공작원으로 내려와 체포되어 22년간 감옥을 산 특별한 이력을 가진 분이었다.

우리 네 사람은 구파발역에서 만나 버스를 타고 송추에서 내려 북한산 등산로로 접어들었다. 여든이 넘은 두 어른을 모시고 가는지라 천천히 걸었다. 완만한 산길을 한참 걷다가 계곡가에 적당한 자리가 눈에 띄어 그곳에서 자리잡기로 했다. 우리는 평평한 곳을 찾아 가져간 등산용 돗자리를 폈다. 그리고 최혁배가 준비해 간 코펠과 버너에 불고기를 굽는 동안 두 어른과 나는 신발과 양말을 벗고 계곡물에 발을 담갔다. 차가운 계곡물이 찌르르하게 기분 좋은 냉기를 전해 주었다.

두 분은 한동안 말없이 탁족(濯足)을 즐기셨다. 박 목사가 자신의 발을 천천히 씻으셨다. 그리고 자신의 발을 다 씻고 난 박 목사는 아주 자연스럽게 옆에 앉아 있는 이구영 선생의 발을 씻어 주기 시작했다. 그 모습이 너무 자연스러워서 마치 동생이 형의 발을 씻어 주는 것처럼 보였다. 이구영 선생도 사양하지 않고 초면의 박 목사에게 발을 내맡기고 발을 씻어 주는 박 목사를 무심하게 내려다보셨다. 성경에서 예수가 십자가 죽음을 앞두고 제자들의 발을 씻어 주던 장면이 떠올랐다. 나에게는 평생 잊을 수 없는 감동적인 장면이었다.

두 분은 옛날 이야기를 조용조용히 많이 나누셨다. 그리고 그 만남이 계기가 되어 두 분의 우정은 이구영 선생이 돌아가시는 2006년까지 계속되었다.

언젠가 한번은 내가 두 분을 모시고 전주로 맛있는 음식을 먹으러 갔다. 영화진흥공사 이사로 있는 정준성이라는 사람이 전주영화제 일로 전주에 내려가 있었는데 그가 우리를 대접하겠다는 것이었다. 잘하는 한정식집에 가서 저녁식사를 잘 대접받았다. 밥을 먹고 나자 박 목사가 2차로 노래방에 가자고 제안했다. 노래를 못 하니 전통차나 마시자고 사양하시는 이구영 선생을 억지로 모시고 근처 노래방으로 갔다. 박 목사님 노래실력이야 익히 잘 알고 있었지만 처음에는 사양하시던 이구영 선생도 분위기가 무르익자 자청하여 노래를 불렀다. 일제 강점기 가요며 북한에서 배운 대중가요를 신명나게 불렀던 기억이 난다.

박 목사님은 말씀도 잘하셨지만 노래도 잘 불렀고, 참 재미나게 노셨다. 그리고 무엇보다 다른 사람의 아픔과 상처를 따뜻하게 보듬어주는 품이 넓은 어른이었다.

(이 글은 2018년 4월 18일 광화문 세종문화회관 뒤 로얄빌딩 7층에 있는 임시정부기념사업회 사무실에서 권형택 편집위원이 구술 채록하여 정리한 것입니다)

# 대인이신 목사님과의 인연

## 장기표

### (신문명정책연구원 대표)

박형규 목사님을 한마디로 표현하면 대인이라 할 수 있을 것이다. 무엇보다 포용력이 대단하셨으니 말이다. 종교인, 정치인, 경제인, 학자는 물론이고 노동자, 농민, 빈민 등 각계각층의 모든 분들과 교유하셨고, 특히 진보와 보수, 여와 야, 강한 자와 약한 자 모두를 포용하셨다. 박 목사님께는 불경스러운 말이 될 수 있을지 모르겠으나 목사님은 정치를 하셨으면 아주 잘하셨을 것이다. 정치, 경제, 사회, 문화 등 다방면에 걸친 해박한 지식 때문이기도 하지만, 한국 정치의 고질적인 병폐인 편 가르기 정치를 극복하는 데 더없이 큰 역할을 하셨을 것 같기 때문이다. 목사라는 직책 때문에 정치를 안 하셨을 것 같은데, 대단히 아쉬운 일이다.

이런저런 아쉬움을 간직한 채 박형규 목사님과의 인연을 몇 가지 피력해 본다.

박 목사님과의 인연에서 가장 인상적이었던 일은 1984년 9월 중순 무렵에 있은 서울제일교회에서의 폭력 사건이다. 당시 박 목사님의 민

주화투쟁을 눈엣가시처럼 생각한 전두환 정권의 국군보안사령부가 사주한 깡패들이 제일교회 당회장실에 갇히게 된 박형규 목사 일행을 도끼와 톱 등으로 살해하겠다고 협박하는 일이 있었다.

밤중에 이 소식을 듣고 서울제일교회로 달려가서 문익환 목사, 이철용 씨 등 50여 명과 함께 "폭력정권 물러가라", "종교탄압 중단하라"는 등의 구호를 외치면서 그 당시 유행하던 〈우리 승리하리라〉라는 노래를 부르며 박 목사 일행의 구출을 위해 안간힘을 썼다.

중부경찰서에 깡패들을 끌어낼 것을 요청했으나, "교회 내부의 문제라 경찰이 관여할 수 없다"고 하면서 깡패들의 협박을 방조하고 있었다. 국군보안사령부가 조종하고 있어 경찰이 그런 태도를 취했던 것이다. 그래서 10여 명이 중부경찰서로 몰려가 "살인사건이 나도 교회 내부의 문제라고 하면서 관여하지 않을 것이냐"라고 따지면서, "만약 살인사건이 나면 중부경찰서에 그 책임을 묻겠다"는 등의 항의를 해서 마침내 경찰이 와서 깡패들을 내보내 박 목사님 일행이 밖으로 나올 수 있었다. 이때의 긴박한 상황을 생각하면 지금도 아찔한 생각이 든다.

박 목사님 일행이 밖으로 나온 것이 새벽 4시쯤 되었다. 집으로 돌아가기가 어려운 시간인 데다 다섯 시간 넘게 깡패들의 협박을 당한 박 목사님 일행이 어떻게 버텼는지도 듣고 싶어 50여 명이 형제교회로 갔다.

자리를 정돈한 후 박 목사님께서 감사인사 겸 갇혀 있던 때의 소감을 말씀하시게 되었는데, 제1성이 의외였다. "깡패들이 때려죽이겠다며 문짝을 발로 차는 등 온갖 행패를 부릴 때 '하나님이 우리를 살려 주시리라'는 생각은 하나도 안 들고, 문익환 목사님 등 교회 바깥에서 구호를 외치며 노래하는 여러분들이 살려 줄 것이라는 생각이 들어 걱정을 하나도 하지 않았다"고 말이다. 한순간 폭소가 터지면서, 언제 일촉즉발의 위기감을 느끼면서 초조했던가 싶을 정도로 다들 편안한 마음이 되어 무용담과 함께 담소를 나누게 되었다.

박형규 목사님은 이런 분이었다. 목사인지라 '하나님께서 우리를 보호해 주시리라고 믿었다'는 내용의 말씀을 하실 법도 한데, 그런 말씀은 일체 하지 않으셨다. 실제로 하나님께서 보호해 주시리라는 믿음이 없어서가 아니라 당신을 위해서 밖에서 수고한 사람들에 대해 감사의 뜻을 표하는 것이 먼저라는 생각 때문이었을 것이다. 신앙심이 얕아서가 아니라 오히려 신앙심이 두터워서 그런 여유를 가질 수 있었을 것이다. 그야말로 "진리가 너희를 자유케 하리라"는 성경 말씀대로 자유를 얻은 대자유인이었기 때문일 것이다.

또 한 가지, 박 목사님과의 인연에서 잊을 수 없는 것은 언제나 책을 보고 계신다는 점이다. 어쩌다 약속시간에 좀 늦게 가게 되면 박 목사님은 꼭 책을 읽고 계셨다. 그리고 항상 조그마한 가방을 하나 어깨에 메고 다니셨는데, 책을 넣어 다니기 위해서였다.

그래서 언젠가 "목사님은 어떻게 그렇게나 책을 많이 읽으십니까?"라고 말씀드렸더니, "장 선생 책도 내가 많이 읽었다"고 하시면서, "돈이 없어서 사회보장제도를 실시하지 못하는 것은 아니라는 장 선생의 주장에 전적으로 공감한다"라고 말씀하셨다. 내 주장의 핵심을 꿰뚫고 계셔서 깜짝 놀랐다. 내가 쓴 어줍잖은 책도 읽을 정도니 얼마나 많은 책을 읽으셨겠는가!

박형규 목사님은 나와 동향인 진영 분이신데, 또 한 가지 잊을 수 없는 일은 진영 한얼중고등학교의 설립자인 강성갑 목사님과 관련된 일이다.

1996년 내가 신문명정책연구원을 설립할 즈음 박형규 목사, 김진현 선생, 김성훈 교수, 김진홍 목사, 김지하 시인 등을 고문 및 지도위원으로 모신 일이 있다. 그런데 이 일로 박 목사님을 뵙고서 박 목사님이 진영 분이고, 박 목사님의 어머님이 강성갑 목사를 진영으로 모셨으며, 강 목사께서 상당 기간 박 목사님 댁에서 기거하시기도 했다는 말씀을 들었다.

이 말씀을 들으면서 엄청나게 놀랐다. 나는 마침 한얼고등학교에 다닌 일이 있는 데다 어릴 때 어른들로부터 강성갑 목사의 훌륭한 인품에 대해 많이 들어 그를 해방 후 대한민국 최고의 교육자요 선각자로 생각하고 있던 터에 바로 그분이 박 목사님과 깊은 인연을 맺고 있었기 때문이다.

강성갑 목사는 해방 후 부산대학교 교수로 있다가 그만두고 진영에 정착해서 학생들과 함께 흙벽돌을 찍어 한얼중학교와 한얼고등학료를 설립한 데 이어 대학까지 설립하려고 부지를 마련할 정도였으니, 그의 교육정신이 얼마나 탁월했는지를 알 수 있다. 그의 고매한 인품이 지역주민들에게 엄청난 감동을 불러일으키자 이를 시기한 지역유지들이 6·25 전란통을 이용해 그를 살해함으로써 그의 장대한 꿈이 좌절되고 말았는데, 국가적 수치요 민족적 불행이었다.

이런 강 목사님을 진영으로 초치한 분이 박 목사님의 어머님이고, 또 박 목사님이 나의 동향 출신임을 알고서 정말 기쁘고 자랑스러웠다. 진작 그런 사실을 알았더라면 박 목사님께 어리광도 부리고 더 많은 사랑을 받도록 노력했을 텐데 하는 아쉬움이 컸다.

박형규 목사님께서 떠나신 지 벌써 2년이 되어 가는데, 지금이라도 목사님의 대인 풍모를 조금이라도 닮아갔으면 하는 마음 간절하다.

# 정말로 생각하는 사람, 그래서
# 좋아하지 않을 수 없는 사람

### 채현국

#### (효암학원 이사장)

내가 박형규 목사님을 처음 알게 된 것은 아마도 「창작과 비평」에 실린 대담을 보면서부터였던 것 같습니다. 60년대 후반으로 기억되는데 저와 친하게 지내는 백낙청 교수가 박 목사를 초청하여 대담을 하고 그 대화 내용을 잡지에 실었습니다. 그 뒤로 어떤 기회에 박 목사님을 직접 만나 뵈니 정말 정직하고 소박한 분이더군요. 예수쟁이 티를 전혀 내지 않는, 그렇지만 진심으로 예수를 믿는 분 같았습니다. 제가 그분을 만나고 나서 하도 즐겁고 신통해서 '예수쟁이 중에 저런 사람도 있구나' 하고 감탄을 했습니다.

박형규 목사님이 교회에서 쫓겨나고 중부경찰서 앞 길바닥에서 예배드릴 때에도 저는 신자도 아니면서 그 모임에 여러 번 참석했습니다. 나중에 다시 교회로 돌아간 다음에도 몇 번 참석했죠. 박 목사님 둘째 아들 종관이와도 가깝게 지냈습니다.

나는 예수를 믿은 적은 없지만 어려서 일 년쯤 교회에 간 적은 있습니다. 대구에서 가난하게 살 때인데 돈이 없어 겨울이면 집에 불을 제대로 때지 못해서 저는 새벽에 일찍 일어나 근처 교회로 갔습니다. 거기에는 새벽기도에 나오는 신자들을 위해 불을 피워 놓았댔거든요. 거기서 몸을 녹이고 학교에 가곤 했습니다. 교회 덕을 좀 본 셈이죠.

6·25전쟁 후 미국에서 들어오는 구제품이 교회를 통해서 뿌려졌는데 그게 위력이 대단했습니다. 대구 영락교회라는 데에서 구제품을 나눠주고, 직장 없는 사람들 취직시켜 주면서 행세하는 모습도 봤습니다. 저는 그런 모습이 싫었습니다.

박 목사님은 정말 진심으로 하나님을 섬긴 사람이라고 생각합니다. 그분은 '정말 하나님이 있다. 하나님이 계시기 때문에 내가 이런 마음으로 이렇게 살 수 있는 것이다'라고 생각하시는 분입니다. 출발이 중요합니다. 성령이, 성경이 문제가 아닙니다.

어떻게 그런 사람을 안 좋아할 수 있습니까? 하나님이 있든 없든, 어떻게 그런 사람을 안 좋아할 수 있을까요? 이분은 자기 하는 행동이 정말 진실한데, 그런 사람이 그렇게 생각하는데, 생각이 어떻든지 간에 어떻게 안 좋아할 수 있습니까?

어떤 사람은 저처럼 하나님을 믿지 않는 사람이 어떻게 박 목사를 좋아하느냐고 묻습니다. 그러면 제가 이렇게 대답합니다.

생각, 그까짓 것이 뭐가 그리 중요합니까? 인간이 생각하는 줄 압니까? 인간은 생각 안 합니다. 진짜 사람이 생각하면 세상이 이렇게 됩니까? 진짜 사람이 생각한다면 죽으면서 인생이 허무하다고 생각하겠습니까? 생각을 한 적이 있으면 왜 허무합니까? 생각을 안 하니까 허무하지. 생각 안 하니까 실천도 안 합니다. 박 목사는 생각도 할뿐더러 실천까지 하는 사람입니다. 나와 생각이 같고 다르고는 아무 상관이 없어요. 그 사람은 정말 정직하고 성실한 생각을 가지고 그대로 행동하는 사람입니다. 자기 생각을 그대로 실천하는 사람입니다. 입만 놀리고 거짓말하는 사람이 아닙니다. 생각을 실천하는 것만이 생각이에요. 진정성이 없는 생각은 생각이 아니에요. 박 목사는 어떻게 생각하든 그 생각대로 실천하는 사람입니다. 그러니 정말로 생각하는 사람입니다. 그런 사람은 인생이 허무하지 않습니다.

나는 지금까지 살면서 그런 사람을 보지 못했습니다. 박형규 목사님처럼 그렇게 산 사람을 보지 못했어요. 이분은 공포심도 없는 것 같아요. 진짜 믿으니까 겁이 없어요. 진짜 믿으니까 그렇게 실천하고 산 겁니다. 저는 무조건 박 목사입니다. 아주 박 목사 당원이죠.

세상에는 그런 사람이 몇은 있는 것 같습니다. 제가 최근에 만난 사람 중에는 정농회 회장을 지낸 임낙경 목사가 그런 사람 중 하나인 것 같습니다. 임낙경 목사는 이세종 선생이 시작하고, 이현필이 계승한 동광원 출신입니다. 동광원은 얻어먹을 능력도 없는 사람들의 공동체입니다. 임낙경 목사도 오랫동안 그런 공동체를 돌보며 살아왔지요. 박형규 목사의 실천하는 신앙을 임낙경 목사 같은 이가 이어가고 있는 게 아닌가 생각합니다.

나는 하느님, 예수님을 안 믿지만, 입으로 그렇게 말하고 다니지만, 내가 예수님을 얼마나 좋아하는 줄 압니까? 하느님이 '있지 않다'고 생각하지만 그러나 '있기를' 바랍니다. 정말 있다면 얼마나 다행입니까? 내가 아무리 없다고 해도 있는데 없겠습니까? 그래서 저는 '없다'고 안

합니다. 그저 '있지 않다'고 할 뿐입니다.

제가 이런 생각을 하게 된 것도 박 목사님을 만나고 나서부터입니다. 그분 하시는 것을 보면서 자꾸 생각하게 되고, 같이 만나서 얘기하면서 생각이 그렇게 정리된 겁니다.

나는 그분을 정말 좋아하고, 진짜 형님으로 생각합니다. 박 목사님도 내가 막 비판적인 말을 해대면 "저 아우가 말은 저렇게 해도…" 하면서 나만 만나면 반가워하고 좋아했습니다. 박 목사님은 정말 아이 같았습니다. 그분만 생각하면 늘 유쾌합니다.

박 목사님이 말년에 사시던 진접에 마침 우리 집안 산소가 있었습니다. 그래서 그곳에 자주 갔는데, 갈 때마다 그분 생각이 났습니다. 그 쪽에서 그분을 뵌 적도 있습니다. 지금도 그분의 그 넉넉하고 소박한 모습이 자주 생각이 납니다.

(이 글은 2018년 5월 1일 오후 3시 종로2가 '문화공간 온'에서 권형택 편집위원이 구술 채록하여 정리한 내용이다)

# 예배당 크게 짓는 것보다
# 이웃사랑 실천한 목사님

## 김성수
### (성공회 주교, 강화도 우리마을 촌장)

제가 박형규 목사님을 언제 처음 만났는지는 기억이 아물아물합니다. 다만 지금도 뚜렷이 기억이 나는 것은 1980년대 초 박 목사님이 병원에 입원해 계실 때 문병을 가서 오랜 시간 깊은 대화를 나누었던 장면입니다. 제가 주교 서품을 받기 전이니(1985년에 주교서품을 받았습니다) 1984년 무렵이라고 생각합니다. 지금 들어 보니 교회에서 난동을 부리던 반대파 신도에게 폭행을 당해 입원했을 때인 것 같습니다. 마침 병문안 온 분들이 모두 돌아가고 사모님과 두 분만 병실에 계셔서 조용한 가운데 많은 이야기를 나눌 수 있었습니다. 목사님은 자신의 일신상의 문제 얘기는 거의 하지 않았습니다. 자신을 반대하여 쫓아내려는 신도들에 대한 비난이나 원망도 없었습니다. 잘 기억이 나진 않지만 아마도 교단과 시국에 대한 이야기를 많이 나누지 않았나 생각합니다.

역시 전두환 정부 시절인
데 제가 주교가 되고 난 뒤이
니 1986년쯤인 것 같습니다.
미국 정부에서 보낸 특사가
한국에 왔는데, 주한 미국대
사관에서 원로인사 몇 사람
을 초청하여 간담회를 열어

저도 참석한 적이 있습니다. 모임 장소에 가 보니 연세대 박 총장이라
는 분과 박형규 목사님 등 재야인사 몇 분이 계셨고, 정치인도 있었습
니다. 그 자리에서 박 목사님이 유창한 영어로 당신의 의견을 조리 있
게 말씀하시는 걸 보고 놀랐습니다. 아마도 시국과 민주화에 대한 우
리 민주진영의 입장에 대해 말씀하시지 않았나 생각합니다.

6월항쟁 때는 목사님이 내가 주교로 있는 대한성공회 서울교구의
정동성당에 들어오셨습니다. 당시 박종기 신부가 주임신부로 있을 때
인데, 어느 날 박 신부가 주교 사무실에 와서 "주교님, 제가 주교님께
미리 말 안 하고, 교계 대표 몇 분을 우리집에 모셨는데 오도가도 못하
게 됐습니다"라고 하는 거예요. 교단의 반대가 있을 것을 예상한 박 신
부가 머리를 쓴 겁니다. '일단 모셔 놓고 멋있게 한번 해 보자'고 생각
한 겁니다. 저 역시 혹시 들어오기 전이라면 반대할 수도 있겠지만 이
미 들어온 분들을 어떻게 나가라고 할 수 있겠습니까?

결과적으로는 그 일로 우리 성공회가 '떴습니다'.

교인들은 나에게 와서 "주교님, 여기서 이렇게 하면 어떡해요. 이러
다 성공회가 문 닫게 되면 어떻게 해요"라고 걱정을 하고, 박종기 신부
는 신부대로 "나라 생각해서 나라가 어려울 때 교회가 나서서 돕는 게

교회지, 무슨 자기 편안한 대로 가만히 있으면 되느냐"라고 세게 밀고 나갔습니다. 나는 중간에 서서 어느 편도 들지 못하는 난처한 입장이 었습니다. 그러나 이미 들어오신 분들을 경찰들에게 잡혀가도록 내쫓을 수 있겠어요? 그런 나의 입장 때문에 그때 박 목사님과 따뜻한 식사 한번 같이하지 못한 게 지금도 몹시 송구스럽습니다. 걱정하는 교인들의 눈치를 좀 본 거죠.

그러나 성공회성당 안에서 열린 6·10국민대회에는 저도 참석했고, 모든 순서를 함께했습니다. 지금도 퍽 인상적으로 기억에 남는 것은 우리 대표가 종탑에 올라가 국민에게 드리는 성명서를 낭독한 일입니다. 성당에는 멋있는 종탑이 있는데 평소에는 위험하다고 해서 일반인은 올려 보내지 않는 곳입니다. 이번에도 박종기 신부가 머리를 써서 "어차피 시민들이 못 듣는 건 마찬가진데 이왕이면 높은 데 올라가서 서울 시내를 내려다보면서 낭독하는 게 좋겠다"라고 해서 국민대회 대표가 종탑에 올라가도록 허락한 겁니다.

그렇게 해서 국민대회를 무사히 마쳤는데 이번에는 대표들이 무사히 나가는 것이 문제였습니다. 정부에서는 어떻게 하든지 대표들을 성당에서 끌어내 연행하려고 했습니다. 우리 성공회 측은 이왕에 들어오신 분들을 나갈 때에도 무사히 돌아가실 수 있도록 보장을 받으려고 했습니다. 그걸 협의하느라 며칠이 걸렸습니다. 결국 경찰 측이 대표들을 댁까지 무사히 모셔다 드리겠다고 약속을 해서 나가는 걸로 했습니다. 그러나 경찰들이 약속을 어겼습니다. 어쩌면 우리가 알면서 속은 건지도 모르겠습니다. 경찰 책임자가 와서 아무 일 없을 거라 이야기하고 봉고차를 가지고 와서 모두 모시고 나갔는데 결국 모두 감옥에 가게 되었습니다. 우리 성공회가 면목 없는 일이 되었지요.

아무튼 그 당시만 해도 성공회가 한국에 온 지 100년 가까이 되었지만 아는 사람 별로 많지 않았는데, 그 일로 5대 일간지에 크게 보도되어 성공회가 전국적으로 널리 알려지는 계기가 되었습니다. 박 목사님이 대한성공회를 대한민국에 알리는 데 선봉장이 되며 큰 공헌을 한 셈이 되었습니다. 그러나 박 목사님 당신은 감옥에 가는 고초를 겪으셨죠. 우리 성공회에서는 그 일로 박 목사님께 늘 고맙게 생각하고 있습니다.

대회가 끝나고 나니 반대했던 교인들도 모두 박종기 신부님이 대단한 일을 했다고 칭찬했습니다. 사실 저는 별로 한 일도 없는데 제가 무슨 큰 일을 한 것처럼 말씀들을 해서 송구하기만 합니다.

김대중 정부 이후에는 매년 성공회성당에서 6월항쟁 기념식을 열게 되었고, 6·10대회가 고맙게도 침체돼 있는 성공회를 일으켜 세우는 데 큰 역할을 했습니다. 노무현 정부 때 6월민주항쟁계승사업회에서 성공회성당 앞 세무서를 헐고 그 지하에 6월항쟁기념관을 세우는 계획을 추진한 적이 있었습니다. 결과적으로는 역부족으로 실행되지는 못했지만 그 자리에 기념관이 생겼다면 좋았을 것이라는 아쉬움이 있습니다. 최근에 박원순 시장이 세무서를 헐어서 시청광장의 시민들이 아름다운 성공회성당을 직접 볼 수 있게 된 것은 기쁜 일이 아닐 수 없습니다.

박 목사님은 너무나 곧은 분이셨습니다. 때로 세속적 기준에 따라 편한 길을 갈 수도 있었을 텐데 그리고 그런 회유와 유혹이 있었을 텐데도 그분은 그렇게 하지 않았습니다. 그분은 자신이 옳다고 생각하면 끝까지 그 결과를 볼 때까지 가신 분입니다. 그러니까 6년 간이나 경찰서 앞 노상에서 예배를 보는 고초를 감내하신 거겠죠. 누구든지 고

생하면 편안한 걸 찾기 마련인데, 그렇게 하지 않았습니다. 어쩌면 그랬기 때문에 오늘날의 박 목사님이 계시는 거라고 할 수 있을지도 모르겠습니다.

박 목사님은 예배당을 크게 짓는 것보다 사람을 중요하게 생각하신 분입니다. 예수가 우리를 사랑하듯이 가난한 사람을 사랑하신 분입니다. 목사님은 청계천 판자촌에서 빈민선교를 실천하신 분입니다. 그래서 교회에서 쫓겨나 경찰서 앞에서 예배를 드리면서도 '내가 요까짓 것 경찰서 앞에서 예배 보는 것은 큰일도 아니다'라고 생각하셨던 것 같습니다. 그분은 예수의 이웃사랑의 본보기를 보인 분입니다. 그런 목회의 방향을 설정해서 처음부터 끝까지 가신 성직자는 그분밖에 없지 않겠는가 생각합니다. 자신을 돌보지 않고 다른 고생하는 분들을 위해 하느님 말씀대로 사랑을 실천하신 분이 박형규 목사입니다.

박 목사님은 소탈하고 건강하신 분이었습니다. 그분과 김관석 목사님이 친했는데 김관석 목사님은 몸이 약했습니다. 언젠가 NCCK 모임 자리에서 박 목사님이 김 목사님에게 한 이야기가 기억이 납니다.

"이봐, 김 목사. 자가용 타고 다니지 마. 자가용 타니까 맨날 아픈 거야. 나처럼 버스 타고, 지하철 타고 다니면 이렇게 건강하잖아."

그 당시 두 분의 스스럼없는 모습이 옆에서 보기 좋았습니다.

박 목사님은 참 사랑이 많고, 민주화운동의 효시가 된 분입니다. 그리고 기장 총회장으로서 기장(한국기독교장로회)의 방향을 확실하게 올바로 세우신 분입니다.

그분의 소탈하고 다정했던 모습이 지금도 생각납니다.

박형규와 함께 그 길을 걷다

**2**

# 도시빈민
# 운동의
# 선도자

# 행동하는 신학과 신앙을
# 실천하신 총회장

고민영

(목사)

우리 교단의 큰어른이신 수주 박형규 목사님을 처음 뵌 것은 미국
에서 유학생활을 마치고 교단의 재정, 선교, 교육, 신도단체들의 정책
을 수립하기 위한 자료 수집 및 정리를 마친 1974년경에 전남 광주 무
돌교회 담임목사로 사역할 때였다.

미국 멤피스신학대학에서 유학생활할 때 지도교수로부터 한국 박
정희 군사정권하에 정치적 억압과 선교 자유 억압과 사상과 표현의
자유가 억압받는 민중들이 고난의 생활을 하고 있다는 이야기를 들었
지만, 막상 유신정권의 인권유린으로 교회 목사님들을 감시하고 억압
하고 미행하는가 하면 심지어 구속한다는 상황임을 알게 되고는 졸업
하자마자 일할 곳이 정해지지도 않은 상태에서 귀국했다.

교단적으로 전주 남문교회에서 사역하신 은명기 목사님이 1970년
12월 위수령 위반 활동으로 투옥되었고, 1973년 4월에 남산야외음악

당에서의 부활절예배 사건으로 박형규 목사님 등이 투옥되었다. 1974
년 긴급조치 발동으로 유신헌법 개정과 비판에 대한 행위를 금지함으
로서 언론의 자유와 표현의 자유가 억압되자 선교 자유와 인권이 크
게 위협을 당하고 있었다.

1974년에 민청학련 사건이 터지자 많은 인권운동가들과 학생들이
구속되었고, 수도권에서는 박형규 목사님을 중심으로 한 수도권 특수
선교단체와 빈민선교 활동이 크게 억압당하고 있었다.

1975년경에 광주양림교회 담임목사로 오신 은명기 목사님, 이성
학 장로님(제헌국회의원), 광주 YMCA 총무이었던 박재봉 목사님, 광주
YWCA 총무님이었던 조아라 장로님과 이애신 총무님, 홍남순 변호사
님, 유연창 목사님, 명노근 장로님, 박석무 선생들이 중심이 되어 광주
YMCA 강당과 YWCA 강당에서 민주화운동과 나라를 위한 시국강연
회와 기도회를 계속함으로서 시민의 주권의식, 정치의식, 사회 전반에
대한 이슈가 민주화운동으로 이어갔다. 당시의 홍남순 변호사와 이성
학 장로님과 김천배 선생님(전국 YMCA연맹 전 총무)은 교회 행사에 많
은 지원을 했고, 이 일을 강력하게 진행하기 위해서 광주기독교연합회
에서는 회장 유연창 목사님(성결교회)과 총무로 일했던 고민영 목사가
시국강연회와 교회 기도회를 위한 강연자와 현장 경험자들 특별히 인
권운동가를 초청하여 시국집회를 갖게 되었다. 집회에 따른 후유증으
로 사법기관들에게 여러 번 연행과 구속과 조사를 여러 날 받고 교회
로 돌아오기도 했다.

1977년 봄에 나는 광주 무돌교회의 교회사역을 위해 성경연구와 하
나님의 선교를 위한 행사를 마련하고 박형규 목사님을 부흥강사로 초
빙하였다. 강의식이 아닌 성경말씀을 생활로서 살 수 있도록 초대교

회 부흥회 모양으로 하시도록 교회 분위기를 전했다. 이 일로 당회와 상의하니 교회 성도들이 걱정스럽게 생각하고 있다고 하기에 나는 만일 박형규 목사님의 성경공부와 '하나님의 선교활동'으로 긴급조치에 의해 문제가 생긴다면, 내가 교회사역을 사임하겠다고 했다. 그러니까 장로님들이 목사님이 그렇게 결심하신다면 "하십시다" 해서 교회에서 수요일부터 금요일 밤까지 집회를 진행하기로 했다.

교인들이 걱정스러워하는 이유는 박형규 목사님이 민주화운동, 인권운동, 빈민선교로 구속된 목사님이기에 공직생활을 하는 가족들이 염려한다는 것과 기관원들이 가족을 괴롭히기 때문이다. 이런 상황에서 성경공부 집회를 하게 되었는데 무돌교회당이었던 광주 YMCA 백제홀에는 교회 성도들 80여 명이 모였고, 기관원들이 우리 교회 성도들보다 더 많았으며, 민주화운동에 관심 있는 시민들로 예배당이 가득하게 채워졌다.

하나님의 사회선교활동을 하셨던 박형규 목사님은 성경에 나오는 인물과 성경을 민담이야기로 해석하고, 성도들에게 삶의 기쁨을 주는 평범한 성경이야기로 진행하셨다. 더욱 놀라운 일은 박형규 목사님이 찬송하실 때에 노래 실력은 음악전공자 못지 않았다. 찬송가 곡조를 자유스럽게 편곡해서 부르시고

●부활절 주일에 서울제일교회에서 친교의 시간에 한 말씀 하시는 박 목사. 왼쪽에서 고민영 목사가 경청하고 있다.

가사도 분위기에 맞도록 개사하여 찬송을 이끌어 가기에 감시하던 기관원들도 함께 찬송을 했다. 성경공부 집회를 마칠 무렵에는 성도들이 집회를 연장했으면 좋겠다는 것을 당회에 건의까지 했다.

우리 교회 성경공부 집회가 끝난 후에 광주의 여러 교회들은 참으로 교회성경 신앙운동이 너무도 좋고 훌륭하다고 말하기도 했다. 이 집회의 영향으로 광주에는 광주앰네스티가 창립되었다.

박정희 유신정권하에서 발동한 긴급조치의 공포와 위협으로 민주인사들이 정치적 억압으로 연행, 구속되는 상황으로 인해 민주화운동과 교회운동이 위축되어 있을 때 여기에 정치적 자유와 교회 선교 자유수호를 위한 기도회와 집회가 서울과 광주 등에서 행해지고 있었다. 이에 새로운 교단 총무를 선임하는 총회가 얼마 남지 않은 시기에 광주에 뜻있는 교회 목사님과 장로님과 성도들이 우리 교단에서 선교활동과 인권운동을 할 수 있는 능력 있는 총무를 뽑았으면 하는 생각이 모아졌다. 은명기 목사님, 윤재현 목사님, 강신석. 목사님, 이성학 장로님, 조아라 장로님, 명노근 장로님 그리고 민주인사로서 홍남순 변호사님과 상의한 결과 지금까지 광주에서 민주시민 의식운동을 위한 기도회와 시민강좌 및 시국기도회를 이끌어 오신 박재봉 총무를 내세우기로 하였다. 이를 위해 함께 박재봉 YMCA 총무와 상의하에 총회 총무 후보로 추진하기로 했다.

나는 여기에 힘을 얻어 박 목사를 교단 총무로 선임하자는 뜻을 가지고 광주, 전주, 서울에 계신 관심 있는 목사님과 장로님과 함께 의견을 모아 이를 추진하여 결국 박재봉 목사가 총회 총무로 일하게 되었다.

박재봉 총무의 총회 총무 활동은 너무도 어려움이 많았다. 교단적으로 하나님의 선교에 대한 신학적 바탕이 확립되지 않아서 하나님의 선교에 따른 인권선교, 민주화운동, 노동선교, 빈민선교에 대한 선교가 소극적이었다. 총무로서 선교활동이 어렵게 되자, 하나님의 선교활동을 더욱 활발하기 위하여 하나님의 선교활동을 할 수 있는 목사님이 총회장이었으면 하는 생각을 박 총무님과 광주에 있는 교회지도자들이 갖게 되었다. 이 일에 관심 있는 은명기 목사님, 윤재현 목사님, 강신석 목사님, 유연창 목사님, 조아라 장로님, 이성학 장로님, 명노근 장로님, 김천배 선생님, 이애신 집사님들이 모여서 의견을 종합한 결과 서울에서 민주화운동, 인권선교, 도시빈민선교를 하시다가 감옥생활을 하시고 광주무돌교회에서 성경사경회 집회를 인도하신 박형규 목사님이어야 한다고 결정했다. 이 일을 추진하기 위해서 이성학 장로님과 고민영 목사에게 우리의 뜻을 박형규 목사님께 찾아뵙고 전달하기로 했다. 이른 아침에 서울 군자동에 계시는 박 목사님을 찾아가 광주의 뜻을 전했더니 깜짝 놀라시면서 절대 사양하셨지만, 다시금 간곡히 부탁하고 이 일을 계속 추진하겠다고 말씀드리고 광주로 돌아왔다. 이 결과를 광주 목사님과 장로님에게 말씀 드렸더니 은명기 목사님과 이성학 장로님과 조아라 장로님이 하시는 말씀이 박형규 목사님과 돈독한 인격관계를 맺고 있는 서남동 목사님께 광주의 뜻을 전하고 기도하면 이루어진다고 하셨다.

이 일을 추진하는 동안에 5·18 광주민중항쟁으로 인한 계엄령 선포와 진압군의 폭력적 진압으로 수많은 시민이 죽고, 연행되고, 구속되어서 광주는 극도의 불안과 공포로 휩싸였다. 하나님의 공의와 평화를 희망하는 세계 교회와 한국교회의 인권선교, 노동자선교, 빈민선교의 강한 투쟁과 기도회로 어느 정도 평화를 유지했지만 전두환 계엄정권은 계속되었다.

여기에 우리 교단은 하나님의 정의와 사랑을 위한 기도집회를 전국적으로 진행하였다. 그동안에 나는 1980년에 총회사업국장으로 일하면서 교단 일로 각 노회와 각 교회를 순방하고 회의에 참석하여 박형규 목사님의 총회장 선거운동을 하였다. 김대중 내란음모 사건으로 가혹한 고문을 받으셨던 서남동 목사님은 박형규 목사님이 총회장으로 일하심이 옳다고 하시며 적극적으로 동참하시어 각 교회로 총회총대를 손수 찾아다니셨다. 그리고 나는 서남동 원장님을 교육원장실에서 자주 만나서 정보교환을 하였다.

서남동 목사님(총회선교교육원장)이 박형규 목사님의 총회장 선거운동을 해야만 했던 이유는 서 목사님이 총회교육원장으로서 교단기관 공직자지만 목사로서 인격자이시고, 한국교회의 훌륭한 신학자 교수일뿐만 아니라, 미국, 캐나다, 일본, 독일에서 신임을 받고 있기 때문이었다. 그래서 평소에 서남동 목사님을 존경하고 따르는 목사와 장로들이 많았기에 박형규 목사님의 당선에 큰 역할을 하시리라 판단했던 것이다.

박형규 목사님은 자신께서 노회, 총회 일을 임원으로서, 총회대의원으로 일한 적이 없으셨기에 여러 번 사양하셨지만, 서남동 목사, 김상근 목사, 이우정 장로의 적극적인 권유와 설득으로 총회장 선거에 임하게 되었다. 서남동 목사와 김상근 목사가 전국 교회에 다니면서 한 활동으로 제66회(1981년) 총회에서 박 목사님이 총회장으로 당선되셨다. 그리고 박 목사님이 총회장으로 활동하셨기에 세계 교회와 한국교회에 인권선교, 노동선교, 산업선교, 빈민선교 등 하나님의 선교활동

이 더욱 활발하게 되었고, 한국 사회와 교계적으로 하나님의 정의와
사랑이 널리 그리고 깊게 퍼지게 되었다. (竹史)

# 온화함 속에 깃든 꼿꼿한 소신

권호경

(목사, 사단법인 기독교민주화운동 이사장)

처음의 만남은 하늘이 주신 인연이고, 그 다음부터의 인연은 사람이 만들어 가는 것이라는 말을 들은 적이 있습니다. 그 말을 들을 때 가장 먼저 떠올리게 되는 사람은 제게 있어 역시 박형규 목사님입니다. 목사는 설교를 하고 성경을 가르치는 것만이 아니라 사람들을 스스로 살아가게 하는 생활 방식도 마련해 주어야 한다고 막연하게 생각하던 제 생각에 물꼬를 터 주신 분이 바로 박형규 목사님입니다. 또한 제 생애에서 경험한 세 번의 감옥 생활과 한 번의 기소유예 사건과도 얽혀 있을 정도로 그분과 저의 인연은 특별하다고 할 수 있겠습니다.

만나야 할 사람은 결국 만날 수밖에 없지요. 제가 박형규 목사님을 처음 뵌 것은 종로2가 기독교서회의 「기독교사상」 사무실입니다. 박 목사님이 「기독교사상」의 주간으로 계실 때였는데, 그때 저는 한신대를 졸업하고 행당동에 있는 새밭교회의 전도사로 있었습니다. 당시 새밭교회는 판자촌에 사는 빈민들이 대부분인 지역에 위치하고 있었지요. 이 점을 눈여겨 보신 모교의 정하은 교수님께서 박형규 목사님을 한번 만나보라고 하셨습니다.

## 사회복지 차원에서 바라본 빈민문제를 주민조직으로 바라보게 하다

저를 처음 본 박형규 목사님은 연세대학교 도시문제연구소 도시선교위원회가 실시하고 있던 주민조직 훈련 프로그램에 주선해 주셨습니다. 당시 박 목사님은 도시선교위원회 위원장이셨고, 그 훈련을 책임지고 있는 사람은 솔 D. 앨린스키(Saul D. Alinsky)의 제자인 허버트 화이트(Herbert White) 목사였습니다. 6개월간의 빈민선교를 위한 훈련은 그동안 제가 막연하게 생각하고 있던 빈민에 대한 생각을 완전히 바꾸어 놓았습니다. 짧은 기간이었지만 이 시간들은 그동안 사회복지 차원에서만 생각했던 저의 빈민, 판자촌에 대한 단순한 생각을 반성하게 하였고, 가난의 모순된 구조에 대해 깊이 인식하게 해 주었습니다.

1960년대 말, 박정희 정권은 무지막지하게 판자촌을 헐고 시민아파트를 짓기 시작했습니다. 그런데 빠른 시간 내에 건설한 시민아파트는 부실할 수밖에 없었습니다. 결국 1970년 4월 8일 새벽 5시 와우시민아파트가 붕괴되어 33명의 목숨을 앗아간 사건이 벌어집니다. 와우아파트 붕괴 사건을 계기로 그동안 부실했던 시민아파트 공사를 고발하거나 진정도 했던 시민아파트의 각동 주민대표들을 중심으로 서울시 시민아파트자치운영위원회(위원장 진산전)가 조직될 수 있었습니다. 시민아파트자치운영위원회는 조직된 힘으로 급기야 1971년 6월 28일 아침 9시 서울시청 앞 광장에 모여서 '시민아파트 골조공사비 일시불 상환 반대'를 외치기 시작했습니다. 3,000여 명이 모인 이날 집회를 통해 마침내 서울시는 굴복하였고 이들의 요구를 수용했습니다. 이때 이

시민들을 조직하는 데 필요했던 비용은 모두 박형규 목사님께서 주셨고, 저와 전용환 목사는 이 주민 조직의 결성과 참여를 돌보았습니다.

가난한 주민들이 생존권을 지키기 위해 조직된 힘으로 요구를 관철한 이 사건 직후 박형규 목사님께서는 신이 나셔서 1971년 9월 1일 초교파적 조직인 수도권 도시선교위원회를 조직하셨습니다. 위원장을 맡은 박 목사님께서는 주민조직훈련을 받은 전용환 목사와 김혜경 씨를 간사로 채용하고 저를 주무간사로 임명하셨습니다.

## 남산 부활절예배 사건을 시작으로 가게 된 감옥

박형규 목사님은 기독교서회의 「기독교사상」 주간을 맡을 때나 CBS에서 상무로 있을 때 그리고 크리스천아카데미 프로그램 위원장을 맡을 때도 늘 정권의 눈 밖에 나 있어 쫓기듯 그곳을 나와야 했습니다. 박형규 목사님이 CBS에서 나온 뒤 서울제일교회의 설교목사로 일하고 있을 때, 인사차 교회로 찾아간 저에게 갑자기 서울제일교회 전도사로 오라고 하셨습니다. 뿐만 아니라 필리핀의 페코(PECO)에서 실시하는 주민조직 훈련에 제가 실습을 갈 수 있도록 배려해 주셨습니다. 목사님 덕분에 저는 1972년 1월 5일 필리핀 마닐라에 가서 3개월의 훈련을 받고 돌아올 수 있었고, 그 뒤 목사님은 제게 서울제일교회 전도사로 일하면서 수도권 도시선교위원회 주무간사로서 주민조직훈련을 담당하게 해 주셨습니다.

1973년 4월 23일은 기독교의 진보세력인 NCCK와 보수세력 연합체인 대한기독교연합회가 최초로 함께하는 부활절연합예배가 열리는 날이었습니다. 저는 남산야외음악당에서 열리는 이 연합예배를 통해 우리가 어떻게 기여하면 좋을까 하고 생각한 것을 기획안을 만들어서

박 목사님께 설명드리고, 비용 문제를 상의드렸습니다. 후배들이나 동료들이 어떠한 일을 하겠다고 말씀드릴 때 별 말씀 없이 수용하시고 묵묵히 뒤에서 도와주시던 목사님은 이번 일에도 별 말씀을 하시지 않고 씩 웃으시기만 했습니다. 그러면서 15만 원의 돈, 요즘으로 치면 5개월의 월급 정도 되는 비용을 선뜻 내어 주셨습니다. 목사님의 지원으로 플래카드는 저와 남삼우 씨가, 팸플릿은 김동완 목사와 나상기 씨가 담당하여 우리는 일을 추진해 나갈 수 있었습니다. 그런데 죄송하게도 이 일로 인해 박 목사님과 저는 첫 번째 감옥살이를 하게 됩니다.

그 다음으로 박 목사님과 제가 감옥의 인연을 함께할 뻔한 것은 1974년 1월 8일 벌어진 긴급조치로 인한 사건입니다.

박정희 정권의 야만적인 긴급조치 발동 조치에 대해 다음날인 1월 9일 아침 8시경에 '수도권도시선교위원회'(이하 '수도권') 사무실에 모인 저를 비롯한 실무자들은 긴급회의를 했습니다. 그리하여 우리는 3차에 걸친 항의시위를 하기로 했는데, 1차는 이해학 목사가 주모자가 되어 NCCK총무실에서 성명발표 등 항의시위를 하고, 2차는 김동완 목사의 주도로 1차 시위로 인해 잡혀간 목회자들의 교회 교인들과 함께 데모를 한 뒤, 3차는 제가 많은 교회 지도자님들을 모시고 긴급조치 반대 데모를 하기로 기획했습니다. 그런데 1차 시위를 한 뒤 잡혀간 여러 사람들 중의 한 사람인 김진홍 목사가 자신이 주모자라 주장하면서 1차, 2차, 3차 계획을 조사관에게 낱낱이 불어 버린 것이었습니다. 그래서 성명서를 제작 중이던 2차의 김동완 목사와 아직 행동에 옮기지 않고 있던 저까지 모두 잡혀 들어가게 된 것입니다. 이 계획은 수도권 사무실에서 회의한 실무자인 이해학 목사, 김동완 목사, 저 그리고 NCCK총무실 점거에 관해 상의차 말씀드린 박형규 목사님 등 소수만 알고 있었던 내용이어서 저는 이게 어찌된 일인지 의아해했습니다. 나중에 알고 보니 이해학 목사가 1차 시위를 함께하자고 김 목사를 설득하는 과정에서 기획한 내용을 미리 알려 준 모양이었습니다. 저는 이러한 사실을 안양교도소에서 만난 이해학 목사에게 직접 듣고 난 뒤 알게 되었습니다. 어쨌든 이 일로 박형규 목사님은 감옥에 갈 일을 하나 줄인 셈이고, 대신에 4월 20일 민청학련 사건으로 감옥을 가시게 됩니다.

그렇지만 저의 세 번째 감옥살이는 박 목사님과 같이할 수밖에 없었는데, 이 사건이 김관석 목사님, 조승혁 목사님과 같이 얽혀 들어간 수도권 선교자금 사건입니다. 그렇지만 지금도 왜 이런 일이 있게 되었는지 정확히 알 수 없습니다. '당국이 개신교까지 인혁당 사건에 연대하지 못하게 조작된 사건이다', '개신교 내분을 조직하려 했던 사건이다', 'NCCK를 무력화시키려는 시도였다' 등과 같은 설이 나돌았으나 정확한 이유는 아직까지도 잘 모릅니다. 이 일로 관련자들은 중간에 석방되었고, 박 목사님만 제일 오래 감옥에 남아 있었습니다. 이 일은 후에 무죄로 판명났는데, 저는 그 사실을 모르고 있다가 2016년에서야 자료를 찾다가 우연히 알게 되었습니다.

마지막 사건은 박형규 목사님을 용공으로 몰고 가려는 사건인데, 이 때문에 남산 대공분실에서 한 달 가량 수도권 사람들이 고문을 당해야 했습니다. '박형규 목사는 공산당이다'라는 것을 불면 석방시켜 준다며 고문을 한 것이죠. 이 사건 또한 기소유예로 처리되었고, 지금까지도 검찰의 모든 서류에는 기소유예 상태로 남아 있습니다.

## 서울제일교회의 내분과 노상예배

박형규 목사님과 저는 세 번의 감옥살이와 한 번의 사건으로 고초를 함께 겪어야 했습니다. 그런데 이처럼 담임목사인 박 목사님과 부목사인 제가 감옥을 들락날락하니 교회가 제대로 유지되기가 어려웠습니다. 게다가 정부당국은 예전에 받아 둔 서울제일교회 건축허가를 당장 하지 않으면 말소하겠다며 으름장을 놓거나 교회 내부에 프락치를 심어 놓는 식으로 교회를 좌지우지하려고 했습니다. 이때 박 목사님은 "밖의 일을 하면서 감옥 가는 것은 내가 할 터이니, 권 목사는 교회 일만 하시라"면서 제게 말씀하셨습니다. 그리하여 저는 1978년 긴급조치 9호 위반과 1980년 김대중 내란예비음모 사건에 연루되어 일본에 장기 체류하시게 된 박 목사님을 대신하여 교회 내부 일에만 주력하면서 주일 낮 설교까지 모두 담당해야 했습니다.

1980년 광주항쟁 이후 박형규 목사님은 제게 '한국교회사회선교협의회'(이하 '사선')를 재건해야겠는데, 지학순 주교님이 개신교에서는 권호경을 내주어야 가톨릭에서도 위원장을 내겠다고 한다며 '사선'으로 돌아가라고 하셨습니다. 10여 년을 거의 박 목사님과 붙어 있다시피 한 저에게 한 번도 이래라저래라 간섭하거나 제시한 적이 없으셨던 분이 처음으로 제게 이 일을 하라고 하셨던 것입니다. 그래서 저는

1980년 말에 서울제일교회를 정리하고 '사선'으로 가게 됩니다. 그러나 서울제일교회가 정부당국의 모략으로 교회 내부가 분리되는 일이 벌어지자, 저는 교회를 계속 나가면서 어려움에 처한 박 목사님과 함께 할 수밖에 없었습니다.

교회와 관련해 이런 일도 있었습니다. 제가 NCCK 인권위원회에서 근무할 때 청와대 민정수석의 비서관으로부터 전화가 왔습니다. 박형규 목사님과 민정수석이 같이 식사를 했으면 좋겠다고 하면서 그 자리에 저도 동석하기를 바란다는 내용이었습니다. 그렇게 마련된 식사 자리에서 민정수석이 서울제일교회 일을 꺼내며 박 목사님께 "마, 저희 애들이 한 짓 같습니다. 제가 우리 (엄지손가락을 치켜들며) 이거한테 말씀드려서 넉넉잡고 한 달 안에 해결하겠습니다." 이렇게 말하는 게 아니겠습니까? 그때 민정수석은 좋은 의미로 도움을 주려고 했던 모양이지만 그 말을 들은 박 목사님은 그냥 빙그레 웃으시고 마셨습니다. 그런데 동석한 비서관이 황급히 "이 일은 절대 누구에게 말씀하시면 안 됩니다" 하고 입단속을 했습니다. 하지만 저는 그 비서관이 하는 걱정이 이해되었습니다. 박 목사님은 이런 일로 물밑에서 협상할 분이 아니었던 것입니다. 역시나 박 목사님은 그 뒤 종로5가 기도회에서 그 사실을 모두 폭로해 버리셨습니다. 박 목사님은 그때 정부와 협상을 하게 되면 계속 다른 요구로 당신의 소신에 오점을 남기시리라 예상했던 것입니다. 박형규 목사님은 어떤 일에 크게 반대하거나 간섭하시는 일이 없으시고, 말씀도 없으시지만 당신이 아니다 싶은 일에는 절대로 타협하거나 소신을 꺾을 분이 아니셨습니다. 물론 그 일로 인권위 사무실 전화통에는 불이 난 듯 저를 찾는 전화가 빗발쳐서 제가 성가시기는 했지만 말입니다.

●자택에서 친인척들과 함께(뒷줄 오른쪽부터 이해학 목사, 박형규 목사, 권호경 목사)

전두환 정권은 서울제일교회에서 박형규 목사님을 몰아내기 위한 시도를 끊임없이 했습니다. 교회에는 정보기관원이나 수사기관요원들이 상주했고, 교인들을 끊임없이 갈라놓으려 했습니다. 주일예배까지 방해하는 상황과 폭력배들의 감금 속에서 박형규 목사님은 당신답게 예배를 드리기 위해 아예 노상으로 나오시게 됩니다. 이 노상예배는 1990년 12월 9일까지 만 6년 동안 계속되며 많은 주목을 끌었는데, 이러한 지혜는 박형규 목사님이 아니면 쉽게 할 수 있는 일이 아니었을 거라고 생각합니다.

## 웃음 속에서도 '아니오' 할 것은 '아니오' 하신 분

박형규 목사님은 독재치하의 엄혹한 상황 속에서도 언제나 여유를 잃지 않으시고, 허허로움을 품으며 사셨습니다. 빈 마음으로 사시면서도 자신의 소신을 거슬리는 행동은 절대 하지 않으셨습니다. 항상 빙그레 웃으시는 미소로 온화하게 사람들을 믿어 주시던 분이시지만 옳다고 생각하시는 일에는 결코 타협하지 않는 분이셨습니다. 춤추시는 것을 좋아해 그 몸짓으로 좌중에게 스스럼없이 다가가셨지만 아닌 건절대 아니라며 물러서지 않으셨습니다. 시대의 참된 어른이신 박형규 목사님과 저의 만남이 처음에는 하늘에서 내어 준 것일지라도 그 후의 인연들은 오롯이 박 목사님의 혜안과 마음 씀씀이에서 비롯된 것임을 깨닫고 있습니다.

# 역사의 수레바퀴를 돌리신 분

## 김경남
### (목사, 전 민주화운동기념사업회 사료관장)

## 방황 속에서 길을 찾다

1972년의 5월 어느 날 고 나병식 군(당시 서울대 국사학과 3년)이 동숭동 법대 도서관 앞으로 필자를 찾아왔다. 당시 필자는 1971년 5월 '신민당사 난입사건'으로 구속되었다가 1심에 무죄를 선고받고 석방된 후, 1년 가까이를 '개천의 용'이 되기 위한 사법고시 준비와 편모와 세 동생을 부양하기 위해 아르바이트(과외지도)에만 매진하려고 굳게 결심하고, 도서관과 과외 제자의 집만을 전전하고 있던 터였다. 그 당시 박 정권은 계속되는 학원사태를 예방하기 위해 학생회 간부들 150여 명을 제적에 처하고 그중 40여 명을 강제 입영시킴과 동시에 '후진국사회연구회'(약칭 '후사연') 등 이념서클들을 해산시킨 바 있다. 나 군은 이런 상황에서 서울제일교회의 방 하나를 빌어서 모이고 있는 후사연의 세미나에 함께 참여하자고 권유하는 것이었다. 필자는 썩 내키지는 않았지만 후사연 교양과정부 회장(종합서클이었던 '후사연'은 각 단과별 대표가 있었다)을 맡았던 책임의식도 있고, 그동안 만나지 못한 회원들의 근황이 궁금하기도 하여 그 다음 일요일에 나 군에게 이끌려 서울 제일교회의 후사연 공부 모임을 나가게 되었다.

서울 중구 오장동 중부시장 한 귀퉁이에 짓다 말아 보기에도 을씨 년스러운 4층 붉은 벽돌 건물의 '서울제일교회' 2층 목사 사무실 입구 의 어두컴컴한 3평 정도의 회의실이었다.

오후 2시쯤 모인 후사연 공부모임에 앉아 있는 7~8명의 젊은이들 가운데 '후사연' 회원은 나 군과 강영원, 박원표, 황인성 4명이었다. 나 군에게 기만당한 것 같은 허탈한 마음을 억누르고 정신차려 보니 그 들 외에 귀공자 타입의 50대 초반의 어르신과 30대의 청년이 함께하 고 있었다. 그분들이 필자의 운명을 바꾸어 버린 박형규 목사님과 권 호경 전도사님이셨다.

동경신학대학을 졸업하시기 전에 부산대 철학과를 졸업하신 때문 이었던지 여러 사회과학 분야에도 박식하신 박 목사님은 사회과학 위 주의 후사연 공부모임의 훌륭한 지도교수가 되어 주셨다. 공부모임이 끝난 후 후속 친교모임에도 목사님은 우리와 함께해 주셨다.

대학에 들어간 후 특히 후사연에서 공부를 하고부터는 그만두기는 하였지만, 초등학생 시절부터 대한예수교장로회총회 통합 측 교회와 합동 측 교회들을 전전하던 필자의 (성직자는 성직에 관한 것밖에는 모른 다는) 보수적 목사관으로서는 경이가 아닐 수 없었다.

후사연 세미나 소식을 듣고, 대학 이념서클 해체 이후 세상을 올바 르게 보기 위해 요구되는 참지식에 목말라 있던 학생들이 동참하게 되었다. 신해수, 이미경, 김은혜, 송백희, 정인숙(이상 이화여대 '새얼'), 차옥숭, 고 박혜숙(이상 이화여대 '파워'), 강정례, 백미서(나중에 백승연 으로 개명)(이상 이화여대 탈춤반), 신철영, 김희곤, 최준영 등(서울공대

'산업사회연구회') 등등.

그런데 후사연 연구모임이 시작된 지 6개월쯤 지난 어느 날, 그분은 "이제 성경공부도 해 보지 않겠나?" 하시는 것이었다. 드디어 목사의 본색이 들어났다고 생각한 필자는 치밀어 오르는 화를 누르지 못하고 "목사님은 천당이 있다고 믿으십니까?" 하고, 그분을 조롱하듯 물었다. 그런데 그분은 특유의 그 지긋한 미소를 지으시며 "죽어 보지 않아 있는지 없는지 모르겠어" 하시는, 보통 목사라면 할 수 없었을 대답을 하신 것이었다. 이에 "당신도 목사냐?"라고 비웃듯 물으며 뛰쳐나온 필자를 뒤따라 나온 권호경 전도사님은 "자네 심정은 알겠는데 자네를 붙들지는 못하겠네" 하며 위로의 말인지 약올리는 말인지 알 수 없는 말을 뒤로하고 서울제일교회 공부모임과 작별을 고하였다.

그로부터 한 달여가 지나자 필자는 일요일 그 시간만 되면 그 모임과 그 얼굴들이 그리워지기 시작하여 마침내는 안절부절못할 지경에까지 이르게 되었다. 그리고 부끄러움을 무릅쓰고 '그곳'으로 발길을 옮기는 자신을 발견하기에 이르렀다!

그때 왜 그랬는지는 필자 자신도 알지 못했다. 단지 그 일은 하나님의 인도하심이라고 할 수밖에….

그곳으로 돌아간 후 필자는 그분으로부터 '역사의 수레바퀴를 돌리시는 역동적인 하나님'을 만났다. 그분의 말씀과 행하심을 통해서 '이웃사랑이 하나님 사랑'임을 확실히 알게 되었다(서울제일교회 대학생부에 관한 자세한 내용은 졸저, 『당신들이 계셔서 행복했습니다(보은기)』, 동연, 2015. 235~248쪽 참조).

## '그분'을 따르고자 했던 삶

1971년 사법파동으로 말미암아 법관이 되는 길만이 정의를 이루고 참되게 사는 길이라는 오랜 믿음이 깨어져 좌절하고 있는 필자에게 그분은 참되게 살아갈 수 있는 대안을 보여 주셨다. 그분과 같은 목사가 되는 길!

1974년 3월 필자는 그분이 보여 주신 대안을 따르기 위해 한국신학대학 신학과 3학년에 학사편입하였다. 같은 해 4월 그분과 함께 전국민주청년학생총연맹 사건(약칭 민청학련사건)으로 투옥되어 12년 징역이 확정되었다가, 다음 해 2월 그분의 뒤를 따라 석방되었다.

1976년 4월부터 1978년까지 문교부(현 교육부)의 명령에 따라 불가피하게 제적은 하지만 목사가 되려고 신학대학에 입학한 학생들에게 신학공부를 할 기회를 부여하기 위해 설립된 '한국기독교장로회 선교교육원 위탁생 과정'에 입학하여 신학공부를 했다. 동시에 그분이 위원장이셨던 '서울수도권특수지역선교위원회'(약칭 '수도권', 총무: 권호경) 간사로서 서울 중랑천 빈민지역선교를 하였다.

1978년 7월 수도권간첩단 사건으로 그분과 함께 치안본부에 연행되어 두 달 가까이 불법 구금당했다가 그분을 구치소에 남겨 두고 석방되어 그분 뜻에 따라 설립된 서울제일교회 형제의집의 책임자로서 중부시장 노동자 형제자매들과 동거동락하였다.

1981년 목사 안수를 받고 그분의 뜻에 따라 한국교회사회선교협의회(약칭 '사선', 총무: 권호경)의 실무간사 그리고 권호경 목사 후임으로 총무 직분을 맡았다.

1986년 5월~1991년 1월, 그분의 뜻에 따라 한국민주화를 위한 세계기독교민주동지회(약칭 '민주동지회', 대표: 고 김관석 당시 NCCK 총무)

동경자료센터 관장의 직분을 맡았다.

1991년 2월부터 1998년 4월까지 그분의 뜻에 따라 한국기독교교회협의회 (NCCK, 총무: 권호경) 인권위원회 사무국장 직분을 수행했다.

1997년 김대중 정부가 들어서자 전국은 마치 민주화가 곧 완성될 것이라는 낙관론이 지배적인 분위기 속에서 축제 분위기에 빠져들었다. 김대중 정부가 정치범들을 석방하고 국가인권위원회를 설립하여 인권옹호를 한다고 하니, 더 이상 민간 차원의 기구에 불과한 NCCK 인권위원회의 존재는 무의미한 것이며 따라서 거기에 머물러 있으려는 것은 마치 철밥통을 지키겠다는 것밖에 아니라는 생각이 들었다. 그때 필자가 인권위원회 사무국장 직을 사직하려 한다는 소식을 전해 듣고 허병섭 목사가 찾아왔다. 그는 하월곡동 산동네 빈민촌에 동월교회를 설립하여 빈민선교를 하며 '수도권' 3대 총무를 역임하다가 1년 전에 목사 자격증을 반납하고, 전북 무주군으로 귀농하여 낮은 곳으로 임하시는 주님의 모습을 살아오신, 그분과 닮은 삶을 실천하여 온 '동월동 예수'라고 불리는 빈민선교의 선배였다.

필자에게 "김 목사에게 하나님이 아껴 놓으신 다른 소명이 있는 것 같네"라고 말을 꺼낸 선배는 그 마을에서 새롭게 시작한 대안학교 건립을 도와 달라는 것이었다.

허 선배는 인권위원회가 거액의 변호사비 등 정치범 지원사업으로 말미암아 NCCK 내에서 가장 재정이 풍부한 것이 해외 교회들의

● 민주화운동기념사업회 이사장(박형규 목사)과
사료관장(김경남 목사) 재직 시 모습

지원 때문이지 사무국장인 필자의 모금 능력과는 무관함을 잘 못 알고서 그런 제안을 하게 된 것이었다. 삼고초려 끝에도 그 제안을 완강히 거부하는 필자에게 허 선배는 잔금 지불할 능력도 없이 대안학교 설립을 위한 꿈만 가지고 그 마을의 폐교를 계약해 놓고 잔금 걱정으로 고심하고 있는 교사들을 만나 그들의 꿈 이야기를 들어나 보라는 것이었다.

교사자격증을 가지고 있는, 자신들의 철밥통 같은 기득권을 다 버리고 오로지 고질적인 우리나라의 교육의 현실을 바꾸자는 염원만으로 대안학교를 설립하려는 그들의 결심은 숭고하기까지 하였다. '만약 그들의 이 꿈을 들으셨다면 그분은 어떻게 하셨을까?' 심사숙고 끝에 교사들을 도와 대안학교를 설립하기 위한 전국적 모금운동을 전개하였다. 그리고 참교육을 바라는 많은 양심적 분들의 참여와 지원으로 1998년 11월, 꿈만으로 시작된 대안학교 푸른꿈고등학교의 설립이 현실화되고, 필자는 학교가 정상 궤도에 도달하기까지 교장직을 맡기도 하였다.

2002년 6월~2005년 4월, 필자는 민주화운동기념사업회 사료관장, 사업본부장의 직책으로 이사장이셨던 그분을 모시었다.

2005년 4월부터 2009년 3월까지 그분이 설립에 앞장서셨고, 이사장직을 역임하셨던 한국기독교사회문제연구원(약칭 기사연) 원장직을 역임하셨다.

## 결론

이상은 1971년 처음 만나 뵌 때부터 '신앙의 아버지'로 모셔 온, 이 땅의 민주화와 가난한 사람들을 위해 반평생을 바치신, '그분' 뒤를 따라 살려고 노력해 온, 지난 40여 년의 필자의 고백이다. 필자는 '그분'이 필자의 이런 삶을 어떻게 바라보셨을지 알 길이 없다. 어느 때인가 큰 교회 목회자들의 부끄러운 행태들이 인구에 회자되고 있을 때, 목사가 되려고 한 것을 후회한다는 필자를 향해, '그분' 특유의 그 미소만 보이실 뿐이었다.

하나님 아버지, 당신 곁에 안식하고 계실 '그분'을 뵐 날까지 앞으로 여생을 부끄럽지 않게 살 수 있도록 은혜 내려 주시옵소서! 아멘.

# 빈민운동의 영원한 스승

## 김혜경
### (주민운동가, 전 국회의원)


내가 박 목사님을 처음 만나게 된 때는 1968년 12월 성탄절을 앞둔 때였다. 나는 당시에 천주교 신자로서 국제가톨릭형제회라는 평신도 공동체의 수련자로서 가톨릭교리신학교에 다녔고, 1969년 2월에 졸업할 예정이었다.

개인적으로는 개미마을이라고 하는 재건대원들(넝마주이)이 살고 있는 곳에 주 1회 교리를 가르치러 다녔고, 1967년 성탄 때에는 김수환 추기경님께서 이들에게 세례식도 해 주셨다. 나는 이분들과 함께 언젠가는 자립할 수 있는 곳으로 가평이나 양평에 산과 토지를 마련해서 자활할 수 있는 정착지를 만드는 게 꿈이었고 희망이었다. 교리신학교를 졸업하면 국제가톨릭형제회 공동체에서 3년간 봉사하는 기간을 마친 후 그들과 함께 평생을 살면서 헌신과 봉사하는 것이 꿈이었다.

그런데 갑자기 새로운 일이 생겼다. 1968년 12월 성탄을 며칠 앞두고 연세대학교에서 빈민지역 현장에 들어가 살면서 6개월간 주민조직을 하는 행동훈련 프로그램에 참여하는 것이었다. 당시 연세대학교 부설 도시문제연구소에서 연구과제만이 아니라 도시선교위원회를 구성해 주민조직운동 실무자를 양성하는 프로그램이었고, 도시선교위원회의

●연세대의 도시문제연구소에서 소정 노정현, 박형규, 훈련생 김혜경 선생과 함께

위원장님이 박형규 목사님이셨다.

처음 면접을 보러 갔을 때, 위원님으로서는 오재식 선생님과 가톨릭 노동청년의 전국 지도신부이신 박성종 신부님과 국제가톨릭형제회 회원이신 독일인 섬머 마가렛 선생님, 현영학 교수님, 한배호 교수님 등이 면접을 하고 계셨다. 훈련생은 신구교를 합쳐서 여섯 명을 선발하는 것인데 나는 김수환 추기경님의 추천으로 이 훈련에 참여하게 되었다.

나는 처음으로 목사님을 뵙게 되었는데 첫인상은 온화하시고 입가에 미소가 퍽 인상적이셨다. 목사님께서 나에게 질문하시기를 "지금 하는 훈련은 6개월 후면 아무런 보장이 없는데 괜찮겠느냐?"라고 하셨다. 그래서 나는 오히려 "저는 좋습니다. 공동체에서 일을 해야 하니까 걱정 안 해도 됩니다"라고 말씀드렸더니, 고개를 끄덕이시면서 "좋습니다"라고 하셨다. 그리고 산동네에 가서 살아야 하는데 여성으로서 괜찮겠느냐고도 물어보셨다. 나는 산동네에도 여자들이 많이 있을 테니 크게 걱정 안 한다고 했더니 목사님은 크게 웃으셨다. 며칠 후, 연말에 연세대학교에서 통지서가 왔는데 불합격통지서였다. 나는 속으

로 너무 좋아했다. 한편으로 생각하면 개미마을 사람들을 생각하니 마음도 가볍고 기분도 좋았다. 그런데 공동체 언니들과 추기경님이 통지서가 잘못된 것 같다고 하셨다. 왜냐하면 이 프로그램은 기독교와 천주교가 같이 하는 계획이었기 때문이다. 다음날 바로 연세대학교에서 전화로 연락이 왔다. 통지가 잘못됐으니 1969년 1월 3일부터 도시문제연구소로 나오라고 했다.

나는 1월 3일부터 연구소의 훈련생으로 3일간 오리엔테이션을 받고 현장으로 나갔다. 6개월간 훈련을 담당하실 분은 도시문제연구소 부소장이신 미국인 목사 허버트 화이트, 한국 이름으로 백호진 목사님이셨다. 6명의 훈련생 중 여자는 나 혼자였다. 3일간의 교육이 끝나고 산동네를 답사한 후 지역을 선정해서 갔는데 나는 동대문구 창신3동 낙산지역으로 가게 되었고, 하숙집을 구해 살게 되었다. 그때는 동대문구였으나 지금은 종로구로 바뀌었다.

창신동에 입주한 지 얼마 안 되어 나는 연구소를 통해서 서울시 도시계획의 일환인 1969년부터 시작된 도심지 불량주택 개량사업이라는 정책이 산동네나 뚝방촌 지역의 주민들에게 대지 20평을 주어 경기도 광주군 중부면으로 집단 이주시키는 계획임을 알게 되었다. 이는 서울의 위성도시를 만드는 계획이었다. 이런 자료를 받고 이 정보를 주민들에게 알리는 역할을 했다. 이 사실을 알게 된 주부 몇몇이 현장으로 가서 확인해 보니 불도저로 야산을 깎아 내려 대토를 만들고 있는데 온통 빨간 황무지로 도저히 그곳에서는 사람이 살 수 없다고 판단해서 그때부터 주부들 중심으로 이 문제를 갖고 모이기 시작했다.

이 지역에 사는 사람들은 거의가 농촌에서 올라온 이농민들이었고 어른들과 자녀들까지 한 세대가 평균 7명에서 10명까지 사는 상황이었다. 또한, 이들의 직업은 산동네의 대부분 사람들이 일정한 직장을 다니기보다는 떠돌이 행상이나 막노동 하시는 분들이셨고, 동대문시장, 청계시장, 평화시장 등 가까운 곳에서 노동을 하시는 분들이셨다. 주부들은 집에서 부업으로 마늘까기, 잣까기, 미싱사 등 외부의 활동보다는 가정에서 애들을 키우며 노동을 하였다.

그 해 2월 초부터 서울시의 정책대로 철거를 하고 이주하라는 계고장이 나오면서 주민들은 대책을 세우기 시작했다. 1969년 2월 27일에 당시 서울시장이었던 김현옥 시장과의 면담을 요청했다. 주민들은 엄동설한 속에 철거하고 노부모님과 애들을 데리고 광주로 갈 수 없다는 항의를 하게 되었다. 이 사건으로 서울 도심지의 산동네 주민들은 거의가 이주를 했지만 창신동 주민들은 이주하지 않고, 그 자리에 9평짜리 시민아파트에 모두 입주하는 경험을 하게 되었다. 나는 이런 활동을 하면서 개미마을 사람들도 중요하지만 가난한 산동네 주민들이 단합하여 스스로 자기들의 생존권을 지키고, 가진 것 없지만 서로서로 마음과 힘을 합하면 지역사회도 바꿀 수 있고, 일방적인 정부의 정책도 바꿀 수 있다는 깨달음으로 자연스럽게 의식화되는 것을 느꼈다. 그리고 이런 사람들과 같이 살면서 지역의 문제와 더 근본적인 지역의 문제들을 함께 해결해 나가도록 활동하는 것이 중요하게 생각되었고 나름대로 사명감도 생겼다.

연구소에서 6개월간의 훈련을 마친 뒤에도 창신동에서 살게 되었고 연구소에서도 지역의 실무자로 활동하기를 요청해 시민아파트에 입주해서 살게 되었다.

연구소 활동은 1971년까지만 하고, 1972년도에 권호경 목사님을 통해 수도권도시선교위원회 실무자로 함께 일하자는 제의를 받았다. 당시에는 동대문구 답십리3동, 4동에 작은 집을 마련하고 청계천 지역을 중심으로 활동하게 되었다. 우리는 그곳을 청계천 센터라고 부르고 실무자들은 이를 거점으로 활동하였다.

박형규 목사님은 내가 창신동에서 활동했던 것에 대해 격려를 많이 해 주셨고, 기독교방송국 라디오 방송에 출연하여 창신동 이야기와 가난한 사람들의 현실을 낱낱이 알리는 시간을 만들어 주시기도 하였다. 방송을 통해 잘못된 정책을 주민들의 조직된 힘으로 어떻게 바꿨는지 알리고자 하셨다.

1972년 10월 17일, 박정희의 유신 선포와 함께 전국이 더욱 경색되고 암울한 세상이 되었다. 이런 상황을 당하면서 수도권선교위원회는 다양한 형태의 활동과 선교에 대한 모색을 하였으며, 박형규 목사님이 당시에는 서울제일교회 담임목사님을 하셨고 권호경 목사님이 전도사로 계셨기 때문에 가끔 서울제일교회에서 실무모임을 하였다. 청계천 센터에서 모임이 있을 때에는 나는 식사준비를 맡아서 했고, 1박 2일 세미나를 할 때는 센터에서 밤을 새우기도 했다.

수도권도시선교위원회는 박형규 목사님을 위원장님으로, 권호경 목사님, 김동완 목사님, 이규상 목사님, 이해학 목사님 그리고 천주교 신자인 김혜경으로 구성이 되어 매주 실무모임을 센터나 서울제일교회에서 했다. 나는 창신동에서 출퇴근을 하면서 주부들 중심으로 활동을 하였다. 그 지역에는 답십리초등학교에 다니는 아동들이 많았다. 그런데 청계천 뚝방을 다니다 보니 골목마다 아이들이 모여서 노는 모습을 많이 볼 수 있었는데 주부들을 만나 물어 보니 아이들이 학교에 안 가고 놀고 있는 이유를 알게 되었다. 그때에는 의무교육인 초등학교에서 육성회비를 받았는데 3개월 이상 못 내는 아이들을 학교에 못 오게 하였다는 것이었다. 초등학교에 다니다 육성회비를 못 낸 아이들 중 4, 5학년 또래의 아이들이 돈벌이를 하러 다녔다. 구두닦이나 껌팔이로 가정을 도와 일을 했다. 이런 실정은 창신동에서도 볼 수 있었지만 이곳 청계천은 더 열악한 주거환경뿐만 아니라 아동의 교육문제가 더 심각했다. 나는 이규상 목사님과 함께 이 문제를 가지고 활동하였다. 그리고 센터에서는 매주 주말마다 한국신학대학 학생들이 와서 1박 2일로 세미나와 현장체험하는 프로그램을 실시하였고, 수도권 도시선교위원님들의 모임이 있을 때에는 문동환 목사님, 현영학 교수님, 이효재 교수님, 서남동 교수님 등 진보적인 분들이 모여 밤늦게까지 토론하시고 가난한 민중들에 대한 말씀을 많이 하셨던 기억이 난다.

박 목사님은 언제나 가난한 민중들에 대해 생각하시고 그들이 어떤 일을 통해 주체적인 힘을 가질 수 있는지 고민하셨고, 정부의 잘못된 정책에 의해 불의를 당하는 것에 대해 어떤 생각과 의식을 가지고 대응해야 할 것인지를 깨우쳐 주셨다. 10월 박정희 정권의 유신 선포와 계엄령이 떨어지자 수도권도시선교위원회의 실무자들과 박 목사님은 비상시국의 상황에서 어떻게 대응할 수 있는지 고심을 했다. 이 시기에 청계천 송정동에는 활빈교회 김진홍 목사님이 계셨는데 얼마 후에 제정구 선생님도 함께하여 실무모임을 같이하게 되었다. 센터를 중심으로 허병섭 목사님, 손학규 의원 그리고 조승혁 목사님, 이미경 의원 등 그 시대에 함께했던 분들 중 그 누구도 잊을 수 없는 분들이고, 이런 귀한 분들과의 인연을 만드는 데 그 중심은 언제나 박 목사님이 계셨다. 유신시대가 오고 1973년 수도권도시선교위원회의 명칭을 수도권특수지역선교위원회로 바꾸고 빈민지역의 특수성을 강조하고, 이런 지역을 중심으로 활동함을 명시했다.

그해 1973년 4월 부활절은 지금도 잊을 수 없는 큰 사건이었다. 유신정권에 대한 잘못과 언론의 자유화, 민주주의에 대한 입장을 밝힌 첫 번째 경고로 4월 남산야외음악당에서 기독교연합예배 시에 전단을 뿌린 사건이었다. 밤새 가리방으로 활자를 긁어 만든 전단지를 얼마 뿌리지도 못했는데 이 사건으로 6월 말에 박 목사님과 권호경 목사, 김동완 목사님께서 구속되셨다.

나는 1973년 7월부터 6주간에 걸쳐 가톨릭신학대학생들을 청계천에서 현장체험과 교육을 시킬 예정이었는데 목사님의 구속과 함께 이 계획은 어렵게 되었다. 이 문제로 김수환 추기경님을 만나 뵙고 의논했는데 그때 추기경님 비서신부님이신 박준영 신부님이 살레시오회에 계신 미국신부님 도요안 신부님을 소개하셨다. 도 신부님은 매주일 낙골공소에서 미사도 하시고 활동하신다고 말씀을 하시면서 예정되었던 신학생들을 그곳에서 훈련하면 좋겠다고 하셔서 그 이튿날 바로 도 신부님을 만나 뵙고 낙골공소를 가게 되었다. 낙골은 도심지에 있던 뚝방이나 수해지역이었던 곳에서 철거된 주민들을 이주시킨 집단 철거민 정착지역으로 서울에서도 유명한 달동네였다. 나는 이곳에서 6주간 신학생들 6명을 훈련시켰고, 세 살 된 딸애를 데리고 창신동에서 낙골까지 출퇴근하며 활동했다. 수도권특수선교위원회는 목사님들의 구속으로 활동이 많이 어려워졌고 남은 실무자들은 힘들어 할 때, 문동환 목사님과 오충일 목사님 그리고 NCCK의 김관석 목사님께서 격려를 많이 해 주셨고, 큰 힘이 되어 주셨다. 나는 딸을 업고 다니면서 목사님들을 만나고 박 목사님의 사모님께서 기도모임을 하실 때에도 열심히 따라 다녔다.

방송에서는 남산 사건을 국가내란 예비음모 사건이라며 연일 뉴스로 떠들어 댔고 많은 사람들이 두려움을 갖고 오해하도록 보도했다. 박정희 유신정권은 그 누구도 정권에 대해 어떤 도전도, 불의도 말해서는 안 된다는 금기령을 내린 것이었다. 그 후 박 목사님께서 석방되셔서 세브란스 병원에 입원하셨는데 면회를 갔다. 목사님께서 "김 선생… 고생 많았지?"라고 하시면서 오히려 나를 위로해 주셨다. 그때 목사님은 껄껄 웃으시면서 "단돈 10만 원으로 국가를 전복하려고 했다고 그러면서 국가내란 음모죄라고 하던데… 나는 하도 어이가 없어서 웃음만 나왔어"라고 하셨다. 그러면서 "박정희가 국민의 입과 눈과 귀를 막으려고 폭력으로 누르고 있어. 국민들이 빨리 깨어나야 할 텐데… 우리들이 더 열심히 살아야지"라고 하셨다.

나는 목사님의 말씀을 들으면서 용기와 힘을 얻게 되었다. 나는 "목사님이 안 계시는 동안에 가톨릭 신학생들을 관악구에 있는 낙골이라는 철거민 집단지역에서 훈련을 시켰습니다" 하고 말씀드렸고, "이제 목사님이 나오셨으니 다시 청계천 센터로 출근하겠습니다"라고 했다. 그러면서 김수환 추기경님과 도요안 신부님에 대해 말씀을 드렸다. 목사님은 이 말을 듣고 시간을 내어 추기경님과 도요안 신부님을 만나시겠다고 하셨다. 며칠 후 목사님을 모시고 추기경님을 만나러 갔다. 추기경님은 박 목사님께 고생 많이 하셨다고 하시면서 따뜻하게 맞이해 주셨고, 두 분은 오랫동안 깊은 대화를 나누셨다. 추기경님께서 목사님께 차후에 서울교구 사제 연수 때 오셔서 강연을 해 달라고 부탁하셨다. 나는 박 목사님과 이규상 목사님을 모시고 혜화동 교리신학교 강당에서 사제연수 때 강연을 하시도록 도와드렸다. 도요안 신부님은 박 목사님이 너무 고생하셨다고 명동의 한식집에서 맛있는 음식을 사주셨다. 이후 나는 다시 청계천 센터에서 실무회를 갖고 낙골공소에도

번갈아가며 활동을 했다. 실무회의가 있던 날 박 목사님과 권 목사님은 낙골과 청계천을 오가며 하는 활동이 쉽지 않을 거라고 하시면서 낙골로 지역을 옮기는 것이 어떻겠냐고 말씀하셨고, 이후 나는 활동을 낙골로 옮기게 되었다. 권 목사님이 낙골에 가면 관악장로교회의 목사, 사모님이 같은 한신대 동기라며 만나 뵙고 인사하면 앞으로 활동하는데 도움이 될 거라고 하셨다. 또 유신교회 목사님도 만나 보라고 소개해 주셨다.

나는 1974년 1월 긴급조치로 인해 박 목사님과 모든 실무 목사님들이 구속되는 충격을 받게 되었다. 당시 센터에는 훈련생이면서 청계천에서 실로암교회를 하던 모갑경 목사님만 남게 되었다. 1974년 2월 27일에 나는 둘째를 낳았고, 1974년 6월 15일에 낙골(난곡)로 완전히 이사를 했다. 목사님들이 구속된 후에는 실무자모임을 할 수 없었고 난곡에 살면서 새롭게 지역운동을 하게 되었다. 이때는 도 신부님과 함께 서울교구 사목위원회에서 총무로 9년 동안 활동하였다. 산업사목위원회는 원래 노동자들의 문제를 다루는 위원회였는데 내가 난곡에서 지역운동을 하게 되어 지역위원회를 포함하게 되었다.

나는 난곡에서 1974년 9월 15일부터 서울의대 가톨릭학생회와 함께 주말 진료를 하게 되었고, 1976년 3월 13일에 난곡희망의료협동조합을 창립하였으며, 주민공동체 활동을 하게 되었다. 난곡지역 일에 전념했고, 수도권특수선교위원회 실무자들과는 직접적인 만남을 갖지 못했다. 그 후, 천주교와 기독교가 함께 만든 사회선교협의회가 생기고 주민분과가 만들어져 다시 옛날의 동료들과 박 목사님도 만나게 되었다. 그러나 이분들과 만날 수 없었던 시간에도 내 마음 속엔 청계천의 일들과 목사님들이 함께 있었다. 그 시절, 그때의 역사들은 나의 삶 속에서 잊을 수 없는 시간들이었다. 이 일들은 내가 평생 동안 빈민지역에서 살 수 있게 해 주는 삶의 원동력이 되었다.

사건을 통해 다시 재회의 기쁨을 안고 각자 나름대로 변화된 모습으로 살아가지만, 가난한 사람들과 우리 사회의 약자들과 함께 민중의 힘을 키우고자 하는 열정은 변함없는 모습이었다.

내가 빈민운동을 지속할 수 있었던 힘은 청계천에서 만났던 동료들이 나름대로 빈민지역에서 주민들과 함께 살고 그들 속에서 열심히 주민들을 지역의 주민으로 살게 하는 일을 끊임없이 이어가기 때문이었다. 하월곡동의 허병섭 목사님, 복음자리의 제정구 선생 그리고 또 다른 후배들의 열정어린 삶의 모습을 보면서 새로운 희망을 갖고 살 수 있었다.

박 목사님은 나에겐 이미 스승이시며, 아버지 같은 분이셨다. 80년대 전두환, 노태우 정권에 맞서 민주화운동의 선구자로 나섰을 뿐만 아니라, 가난한 사람들이 대책 없는 강제철거로 삶의 보금자리를 뺏길 때마다 그 현장을 목사님께서 항상 함께하시며 격려와 용기를 주셨다.

철거민들이 주체적으로 만든 서울시철거민협의회와 전국노점상연합회, 주거권 실현을 위한 국민회의 등 어떤 행사나 일이 생길 때 항상 우리와 함께하셨다. 그리고 언제나처럼 주인으로서 당당함을 갖고 투쟁하라고 격려해 주셨다. 이 땅에 빈민운동이 일어날 수 있도록 그 씨앗을 뿌리시고, 어려운 고난과 고통을 당하시면서도 꺾이지 않고 항상 당

●주민정보교육원 트레이너들과 함께(2002년)

당하게 사셨던 목사님은 진정으로 가난한 민중의 아버지셨고, 우리의 스승이셨다.

내가 난곡에서 활동하면서 1985년도에 설립한 천주교도시빈민회가 철거투쟁을 열심히 하고 있을 때 목사님은 기독교방송국에서 각 지역의 철거문제와 특히 가난한 사람들이 강제철거로 내쫓겨 삶의 자리를 잃었을 때, 재개발의 문제점과 건설업체들과 정부의 유착관계에 대해 사회적으로 고발할 수 있도록 당시 서울대학교 환경대학원의 김형국 교수님과 함께 방송에 출연하도록 주선해 주셨고, 잘못된 정책으로 고통당하는 가난한 민중들의 문제를 교회와 사회에서 강력하게 대응하도록 촉구해 주셨다.

1991년 30년 만에 부활한 지방자치에서 관악구 기초의원이 되었을 때 누구보다 먼저 기쁜 마음으로 축하해 주시면서 가난한 민중들의 힘으로 승리했음을 잊지 않도록 조언도 해 주셨다. 만날 수 있는 기회가 있을 때마다 늘 흐뭇해하시고, 연세가 많으신데도 민주화운동에 앞장서시고 현장을 쫓아다니셨다.

내가 살고 있는 난곡에도 여러 번 방문해 주셨다. 한번은 서남동 교수님과 함께 방문하셔서 '난협'에 대한 활동을 자세히 물으시고 듣고 가신 적도 있었다. 이렇듯 현장을 항상 찾으셨고, 특히 청계천 시절, 함께하셨던 일들이 빈민운동의 중요한 역사였음을 되새겨 주시는 스승이셨다. 2004년도에 내가 민주노동당 대표가 되어 기독교회관으로 인사를 갔을 때, 너무 반갑게 맞아 주셨고, 민주화가 된 시대에 진보정당의 역할이 중요하다고 말씀하시면서 민중이 주인이 되는 나라를 만들라고 당부해주셨다.

목사님의 구순 잔칫날, 세종문화회관에서 수백 명의 축하객들이 모여 목사님의 만수무강을 기원하면서 축하해 드리자 목사님이 한국 춤을 추시기 시작하셨다. 멋지게 춤추시는 모습을 바라보면서 그동안 몰랐던 또 다른 목사님의 모습을 보게 되었다.

언제까지나 건강하게 우리 곁에 계실 거라고 생각했는데 흐르는 세월 속에 목사님도 하느님의 품으로 가셨다. 가시기 전에 꼭 찾아 뵙고 싶었는데 그 소중한 기회를 놓치게 되었고 지금 생각해도 후회가 막심하다. 가열차게 살아오신 목사님의 삶, 우리는 잊지 못할 것이다.

후배들에겐 한없이 너그럽고 자비하셨던 목사님. 그러나 부정과 부패와 불의에 대해선 가차없이 단죄하시고 불호령하셨던 목사님.

목사님의 꺾일 줄 모르는 정의감과 자비로움을 이제 어디서 만날 수 있으랴. 예수처럼 가난한 민중들을 선택하시고 사랑하셨던 삶을 그대로 살아가신 우리의 아버지, 우리의 스승님, 목사님이 그립습니다.

목사님을 사랑하고 따르는 사람이 많은 세상이 그래도 제게는 큰 위로와 힘이 됩니다. 목사님처럼 살아가도록 노력하겠습니다. 한없이 부족했던 저를 언제나 따뜻하게 품어 주신 목사님. 그동안 행복하고 감사했습니다.

# 목사님이 그립습니다

나상기

(농민운동가, 전 한국기독교농민회총연합 사무국장)

내가 박형규 목사님을 처음 만난 기억은 1972년 KSCF 서울지구 기독학생회장을 맡으면서 학생사회개발단(학사단) 활동을 하던 시기로 기억한다. 당시 박형규 목사님과 권호경, 김동완, 허병섭, 김진홍 전도사 등 젊은 목회자들이 청계천 판자촌과 빈민촌에 교회를 세우고 도시빈민들과 함께 생활하면서 빈민선교를 하고 있었던 시기다.

당시 기독학생들은 한국기독학생회총연맹(KSCF)의 "한국을 새롭게"라는 구호 아래 민중이 '역사의 주체'라고 배우고, 민중과 함께하기 위해 각 대학 기독학생회 학사단이 조직되어 빈민촌에서 주민조직활동(CO)을 하였다. 이때 기독학생들은 박형규 목사님을 중심으로 도시빈민선교를 하는 목회자들과 빈민선교 현장을 방문하면서 자주 만났다. 아울러 영등포산업선교 조지송 목사와 인명진 전도사, 인천산업선교회 조화순 목사 그리고 조승혁 목사 등 공장지역에서 산업선교 하시는 목사님과 만났다.

박정희 유신독재시절에 노동자 빈민 등 산업선교와 도시빈민선교가 기독교에큐메니컬운동 차원에서 진행되고 있었던 시기였다. 당시 유신독재하에서 노동자·농민·빈민 등 민중운동은 좌경용공으로 몰리어 공개적인 활동은 염두도 못 내고 있었으며, 기독교 민중선교 또한 좌경으로 몰아가고 있었던 시기이다.

이러한 유신통치하에서 기독학생회(KSCF)와 학사단 활동이 유일한 공개적인 학생운동 조직이었다. 대학에서 공개적인 학생회는 존재하지 못했다. 그래서 서울대, 연세대, 고려대, 이화여대 등 대학 서클이 비공개 학생모임으로 활동하고, 기독학생회와 연결하여 교회를 활용, 학습모임을 가지면서 학생운동이 비공개로 진행되고 있었던 시기였다.

이러한 엄혹한 시기에 박형규 목사님은 젊은 목회자들과 함께 빈민선교를 조직하고, 산업선교를 지원하며, 기독학생운동을 지도하신 기독교 민중선교와 에큐메니컬운동의 선구자이셨다.

당시 기독학생회는 성서와 사회현실을 결합하여 학습했다. 학사단에서 공부한 『학생과 사회정의』라는 책은 그 당시 기독학생들뿐만 아니라 일반 학생운동에서 많이 읽은 학습책이었다.

소외된 이웃·노동자·빈민 등 민중들과 함께하는 민중선교, 학사단 활동은 소외받은 갈릴리 민중과 함께하시는 예수를 노동자와 도시빈민 판자촌과 공장의 현장에서 발견하고 만났던 것이었다. '갈릴리 민중과 함께하시는 예수', '민중은 역사의 주체다'라고 배웠다.

그리고 솔 앨린스키의 주민조직이론 CO(Community Organization)가 소개되어 빈민촌 현장의 주민을 조직하는 방법을 배웠다. 앨린스키는 한국 빈민촌을 직접 방문하여 조직방법을 가르쳐 주기도 하였다.

주의 성령이 내게 임하셨으니 이는 가난한 자에게 복음을 전하게 하시려고 내게 기름을 부으시고 나를 보내사 포로 된 자에게 자유를, 눈 먼 자에게 다시 보게 함을 전파하며 눌린 자를 자유롭게 하고 주의 은혜의 해를 전파하게 하려 하심이라(눅 4:18-19).

항상 기도하고 묵상하면서 낭독한 성경구절이다.

나는 1973년 한국기독학생회총연맹(KSCF) 회장을 맡았다. 당시 박정희 유신독재가 대학에 위수령을 선포하고 학생운동과 기독학생운동 그리고 기독교 인권운동, 민중선교를 극도로 탄압하던 시기였다. 이러한 시기에 1973년 6월 박형규 목사님과 권호경, 김동완 전도사 등이 국가내란 예비음모로 구속되는 남산 부활절예배 사건이 터졌다. 남산 부활절예배 사건은 유신체제에 최초로 저항한 사건으로 이후 유신독재를 반대하는 1973년 10월 서울문리대 데모와 1974년 4월 민청학련 투쟁으로 이어지는 반유신투쟁의 도화선이 되었다. 남산 부활절예배 사건에 나를 포함하여 서창석, 정명기, 황인성 등 기독학생회 간부들이 다수 체포되어 수사를 받게 되었다.

남산 부활절예배 사건은 1973년 4월 22일 새벽 5시 남산 야외음악

●1973년 남산 야외음악당에서 기독학생들이 뿌리려 한 전단과 프래카드 제목들

당에서 진행되던 부활절예배에서 기독학생 임원들이 〈주여! 어리석은 왕을 불쌍히 여기소서〉, 〈유신독재 물러가라〉, 〈회개하라, 때가 가까 웠느니라〉, 〈회개하라, 위정자여〉, 〈주님의 날이여. 어서 옵소서. 부활 절 주일 새벽에〉, 〈회개하라, 이후락 정보부장〉 등의 전단을 헌금시간 헌금바구니에 넣었던 것이다. 그런데 이 전단과 플래카드가 정보당국 에 발견되어 수사가 진행되던 중 6월 초 박형규 목사님과 권호경, 김 동완 전도사 그리고 나를 포함해서 기독학생회 간부들이 서빙고 보안 사 대공수사대에 연행되었다.

서빙고 보안사 대공수사대는 우선 들어가자마자 입고 있던 옷을 전 부 벗기고 수사실 전기의자에 앉혀 몸을 묶고 나서 무조건 야구방망 이로 발바닥을 후려치는 폭행으로 시작되었다. 수사관이 앞에서 얼굴 을 수십 대 때리며 "여기는 간첩 잡는 곳이다", "여기서 죽으면 쥐도 새 도 모르게 한강으로 그냥 흘려 보낸다" 등 공포분위기를 조성하면서 그냥 무지막지하게 두들겨 패는 보안사 식의 몽둥이 고문을 진행하였 다. 그리고 전기의자 버튼을 누르면 갑자기 지하로 쭉 내리고 다시 버 튼을 눌러 올리는 공포의 연속, 몇 번을 위아래 왔다 갔다 하면 정신이 혼미하고 정말 죽는구나 하는 생각을 갖게 하였다. 어느 정도 두들겨 패고 지하실로 내렸다 올렸다 몇 번 하여 육체적으로 묵사발을 만들 고 정신적으로 공포감을 가졌다고 판단하면 군복을 입혀 조사실로 데 려가 취조를 시작하였다. 그리고 그들이 의도하는 대로 수사가 안 되 면 다시 고문실 의자에 앉혀 두들겨 패기를 반복하여 그냥 불러주는 대로 적을 수밖에 없도록 취조를 하였다. 그들은 인간이 아니라 그냥 영혼 없는 군인 고문기술자 야수들이었다.

서빙고 조사실은 밖에서는 안이 보이고, 안에서는 밖을 볼 수 없게 되어 있었다. "네 얼굴이 완전히 삐뚤이가 되어 있더라. 그래서 네가 많이 얻어맞았구나 생각했다." 나중에 박형규 목사님으로부터 들은 이야기였다. 저들이 박형규 목사님을 취조실 밖에서 학생들을 보게 하여 박형규 목사님을 압박하는 과정에서 나를 본 것이었다. 서빙고에서 조사를 받다가 종종 권호경, 김동완 전도사와 대질신문을 받기도 했다. 대질신문 받기 전에는 알리바이를 가능한 숨기려고 이리 돌리고 저리 돌리고 말을 돌린다. 그러다가 대질신문에서 확인되면 그제서야 사실관계를 말하곤 했다. 그러니 알리바이가 확인되기까지 엄청 얻어맞아 얼굴이 비뚤이가 되었다.

이렇게 모진 고문으로 박형규 목사님 등 목회자, 기독학생을 국가보안법을 적용시켜 국가내란 예비음모 사건으로 만든 것이 남산 부활절예배 사건이고 최초의 반유신투쟁이었다.

나는 당시 학생 신분이라 불구속으로 경찰서유치장에 유치되고, 수시로 '범진사'에 불려나가 보충진술을 수십 번 받았다. '범진사'는 지금 중앙일보 옆 어느 건물에 있었던 보안사 연락사무실이었다.

박형규 목사님과 인연은 이렇게 박정희 유신독재시기 기독학생운동과 학사단 활동과정에서 결단의 순간순간에서의 만남이었다. 학생시절에 박형규 목사님은 그대로 기독학생들의 우상이었고, 요즘말로 멘토이셨다.

1974년 4월 민청학련 배후세력으로 박형규 목사님과 기독학생회(KSCF) 간부 안재웅 선배 등 나를 포함한 학생임원들이 함께 투옥되어 비상군법회의 군사재판에서 15~20년형을 받았다. 당시 종로5가 한국기독교교회협의회(NCCK)를 중심으로 세계 교회와 연대하여 구속

●재일교포분의 초대로 광주에 가서 나상기, 김경남 선생과 함께

자 석방을 위한 목요 기도회 등의 구속자 석방 활동을 전개했다. 이에 유신정권은 전 국민적인 저항과 세계 교회의 압력에 굴복하여 1975년 2월 우리들을 석방했다.

이후 나는 1976년 부터 전남에서부터 기독교농민회를 무안 배종열 장로와 해남 정광훈 집사, 전북 임수진 선생, 충북 최종진 전도사, 경북 김영원 장로 등과 함께 조직하기 시작했다. 1978년에 전남기독교농민회를 만들고, 1979년 전북기독교농민회, 1981년 충북기독교농민회, 충남기독교농민회, 경북기독교농민회 등을 조직하여 1982년 한국기독교농민회총연합을 만들고 가톨릭농민회와 함께 전국적인 농민단체를 세웠다. 이 과정에 박형규 목사님의 에큐메니컬운동과 민중선교 차원의 많은 지도를 받았다.

박형규 목사님은 1970년대 박정희 유신독재에 저항하면서 민중운동과 민중선교에 대한 깊은 애정과 적극적인 지원을 아끼지 않아 도시빈민선교, 산업선교, 농민선교의 씨앗을 뿌리고 오늘날 노동운동, 농민운동, 주민운동 등 민중운동의 발전을 가져오는 데 큰 역할을 하셨다.

박형규 목사님은 떠나셨지만 목사님의 온화한 미소와 강렬한 기도를 기억합니다. 한없이 박형규 목사님이 그립습니다. 보고 싶습니다.

# 도시빈민운동 길에서
# 목사님을 만나다

## 신필균

### (복지국가여성연대 대표)

나는 박형규 목사님을 도시빈민 속에서 만났다. 돌이켜 보건대 목사님을 알게 된 것은 1969년쯤이다. 목사님과 현장 일을 함께한 기간은 상대적으로 짧았으나 목사님과의 인연은 돌아가실 때까지 이어져 나의 인생행로에 크나큰 의미를 지닌다. 당시 이화여대 기독교학과를 다니고 있었음에도 나는 부끄러울 정도로 교회활동에는 무관심한 편이었다. 박 목사님을 처음 뵌 것도 교회가 아니라 현장에서였다.

1969년 3학년 늦봄이었다. 전형적인 이대의 5월 분위기를 혐오해 오던 몇몇의 친구들과 작은 연구그룹을 꾸리기로 하였다. 서광선, 김용복 선생님 등 미국에서 갓 돌아온 개혁적 교수들의 영향하에 기독교 윤리와 사회문제에 조금씩 눈을 뜨기 시작한 우리는 당시 KSCF(이하 K) 총무이셨던 오재식 선생님을 처음으로 소개받았다. 우리의 취지를 신통하게 여기셨던 오 선생님은 사회개혁은 '민초들의 힘'이 중심이 되어야 되는데 그것이 'power'라 했다. 좌담 이후 우리는 그룹명을 '더 파워'(The Power)로 결정하고 두 개의 프로젝트를 계획했다. 하나는 여름방학을 이용해 노동 현장을 경험하는 당시로서는 엄청난 일이었고, 또 하나는, 강제철거로 쫓겨난 주민들을 돕는 일이었다. 우리 중 3명은 인천 도시산업선교회 조화순 목사님의 주선으로 인천 도자기 공장에 위장취업을 하였고, 회장이었던 나를 포함하여 나머지는 마포 공덕동 지역주민 조직운동에 합류했다. 최초의 여대생 위장취업 사건은 외부로 노출되면서 불과 한 달 후 중단되었고 우리는 물론 관계된 선생님과 목사님들이 곤경에 빠지는 일이 발생하였다. 다행히 대학 당국의 선처로 최악의 사태를 모면하고 우리는 이후 진행 중이던 공덕동 사건에 몰두하였다.

공덕동 사건은 K의 소개로 이루어졌는데, 미국의 흑인 민권운동가 앨린스키(Saul D. Alinsky)의 지역 주민조직(CO) 운동방식에 따라 주민 권리회복운동에 나서는 일이었다. K의 학생사회개발단 사업과 연결되었고 이 과정에서 박형규 목사님을 현장에서 만나게 되었다. 공덕동 사건은 해방 후 홍수로 집을 잃은 피해민을 정부가 산자락 공유지에 살게 했는데 20년 이상 살아온 이들이 강제로 철거, 추방에 내몰리게 된 사건이었다. 개발과정에서 정부와 기업의 결탁으로 대책 없이 주민을 희생시키는 한 전형이었고, 법은 존재했으나 강자의 편에 서 있었다. 한 집씩 판결에 의해 이주명령이 내려졌고, 동원된 철거폭력들은 난폭한 행위로 주민들을 몰아냈다. 만삭의 여인이 몽둥이질을 당하는 일도 있었고 가진 게 없는 주민들은 낫과 곡괭이를 휘두르는 일이 전부였다.

박 목사님은 주민운동의 조직가들을 훈련시키는 일을 시작하셨다. 우리는 앨린스키의 이론을 배웠다. 현장에 가서 보았고 주민조직에 참여했다. 불공정한 심판을 일삼는 당시의 법정에 항거하며 이에 대응하는 여러 방법도 배워나갔다. 주민조직운동은 70년대 초까지 진행되면서 기독교 선교사업의 획기적인 변화를 가져왔다. 이에 깊숙이 관여하고 우리들을 이끌어 주신 분들은 박 목사님을 비롯하여 오재식 선생님, 조화순 목사님 등이다. 그리고 현영학 교수님이 대학에서는 큰 버팀 목을 하셨다. 앨린스키의 한국방문 시 이 사건은 CO(지역주민조직) 활동의 좋은 사례 중 하나로 소개되었는데, 이때 박 목사님이 말씀하시던 모습보다 시종일관 흐뭇하게 웃으시던 모습이 가슴 깊이 새겨져 있다.

계속된 도시빈민운동의 길에서 박 목사님과 함께하는 기회가 많았다. 1971년 광주대단지 사건을 돌아다니며 주민 조직에도 가담하면서, 다른 한편 나는 서울대 의대생과 간호대생들로 조직된 봉사단을 꾸려 청계천에서 답십리 밖 뚝방으로 쫓겨난 판자촌(사실은 거적때기)을 매주 일요일마다 찾아갔다. 십시일반으로 모은 돈과 실험실에서 슬쩍한 의료품으로 아픈 사람 특히 아이들을 치료했다. 도시빈민의 처절함은 세상 파악에 아직 미숙했던 나에게 울분으로 다가왔고, 이때에 박 목사님의 격려와 사회정의론은 나를 지탱하는 힘이 되었었다.

60년대 말부터 1987년까지 민주화운동의 시기에 내가 국내운동에서 적극적으로 활동한 기간은 그리 길지 않다. 그럼에도 이때에 만난 동료와 선생님, 목사님들은 평생의 은인들로 남아 있다. 그중에 가장 뚜렷하게 남아 있는 한 분이 박형규 목사님이다. 나는 목사님으로부터 다른 목사들과는 다른 색다른 인상을 받았다. 정치사회적 관점의 철저한 개혁성, 비판성과 아울러 미래에 대한 낙관성과 진보적 이념을 읽었다. 기독학생운동에 투신한 5년 동안 여러 차례 던졌던 질문은 "현재를 넘어 어떤 사회를 지향할 것인가"였다. 불의에 항거하는 것만이 답이 아니었기 때문에 더욱 이 문제에 관한 주변 동지들의 침묵을 견디기 어려웠다. 목사님은 나의 이런 고민을 의식하시는 듯했다. 1973년 봄 이대 사회학과 대학원 진학을 선택한 것도 이런 고민의 와중에서였다.

1973년 봄은 격동이 시작되는 해였다. 특히 남산 부활절 사건과 박 목사님의 구속은 모두에게 큰 충격을 주었다. 대학원 첫 학기가 끝나갈 5월, 학과장이었던 이효재 선생님의 호출을 받았다. 선생님은 나를 스웨덴 정부 장학생으로 추천하고 당시 통일사회당 김철 당수를 만나게 했다. 장학 조건은 더할 나위 없이 좋았다. 그러나 70년대 초 외부세계에 무지했던 우리에게는 나라 이름부터 낯설었고, 사민주의가 강한 나라, 중립국가인 스웨덴을 아는 사람은 주위에 거의 없었다. 누구든지 당황하지 않을 수 없는 제안이었다. 당시는 '사' 자만 입에 올려도 무서워하던 시절이다. 도쿄에 계신 오 선생님을 비롯해 가까운 분들과 논의를 해보았으나 대신 미국 유학을 권고하셨다.

갈등이 깊어지면서 마지막으로 찾아갔던 분이 서울제일교회 박형규 목사님이었다. "아주 좋은 기회야… 사민주의를 배워 올 필요 있어. 사회복지도 잘 되었다던데." 사태가 심상치 않으니 모두 싸우기만 하기보다는 나가서 지식을 쌓고 돌아오라는 말씀이었다. 목사님의 뜻밖의 말씀은 특유의 해맑은 웃음과 얼굴 전반의 크고 작은 점들 사이로 하나님 음성같이 부드러웠고 단호했다. 목사님 얼굴의 이 점들이 그토록 권위 있고 매력적이라고 느낀 적은 없었다. 유럽 국제회의에서 통사당 김철 선생님을 만날 때 나는 종종 박 목사님의 안부를 묻곤 했다. 당시 통사당이 기독교 민주화운동 세력의 인정을 받아야 한다고 생각하고 목사님과의 친분을 권장했더니 이미 대화를 나누는 사이라는 얘기를 듣기도 했다. 후일 친하게 지내던 친구에게서 박 목사님이 아프리카 사회주의를 주창했던 탄자니아 대통령 니에레레(Julius Nyerere)를 언급했다는 얘기를 듣고 박 목사님이 당시로서는 폭넓게 미래의 여러 대안을 섭렵하고 있었음을 짐작할 수 있었다.

1974년 봄 민청학련 사건으로 박 목사님을 위시해 함께했던 모든 동지들이 투옥되었다는 소식은 충격 그 자체였다. 유학생활 불과 2년차에 한국의 독재체제를 우려하는 스웨덴 동지들과 '한국민주화운동위원회'(Sydkorea kommitté)를 창립하였다. WCC를 통해 오재식, 박상증 목사님들의 발길이 스웨덴과 연결되었고 그 관계 속에 내가 참여하게 된 것이 결국 스웨덴 장기체류로 이어지는 계기가 되었다.

국내 민주화운동의 탄압이 해외운동의 출현과 활성화로 이어지면서 김재준 목사님을 중심으로 한국민주화운동세계협의회가 결성되었다. 국내에서 발생하는 긴박한 상황은 동경을 통해 자세히 유럽과 미주로 전달되었고 스웨덴에서는 현지 언론을 활용, 보도와 전파에 힘썼으며 스웨덴 정치권의 한국문제 발언을 촉구하기도 하였다. 한편 국내운동 지원을 위한 모금운동과 구속자들을 위한 기도회 등 1987년까지 모든 상황을 함께했다. 나는 유신정권 만행에 대해 스웨덴 라디오 출연과 일간지 인터뷰를 했으며 그로 인해 스웨덴 한인 사이에서 '빨갱이'로 몰린 기간이 제법 길었다. 스웨덴행 비행기를 가볍게 타게 만든 박형규 목사님의 기독교 사상은 이후 일생을 두고 사민주의를 고민하는 불씨가 되었다.

귀국 후 다시 찾아 뵌 목사님, 여전히 활기차신 모습은 우리들의 아버지셨다. 매년 세배를 갔고 사모님이 특히 나를 감싸 주셨던 기억이 생생하다.

김대중 정부 탄생 이후 지난 민주화 과정에서의 은폐된 사실을 정리하는 특별법들이 만들어졌으며 박 목사님은 민주화운동기념사업회 초대 이사장을 맡으셨다. 청와대 시민사회비서관으로 이러한 일을 맡게 된 나는 목사님과 호흡을 맞출 절호의 기회를 얻었다. 70, 80년대 한국 민주화운동을 도왔던 국내외 인사들을 초대하는 일련의 크고 작은 일들이 진행되었고, 기념사업회의 사업에 조금이라도 함께할 수 있어서 감사했다. 수많은 인사들이 얼마나 고생하며 견디어 왔던 역사이던가! 이를 정리하는 일은 미래를 향한 새로운 역사를 쓰는 일이다.

2015년 K선배회 인천 모임 만찬자리에서 그동안 외부 거동이 어려우셨던 목사님이 참석하셨다. 조화순 목사님도 함께하셨다. 박 목사님은 기억이 비교적 또렷하셨으며 말씀도 맑으셨다. 다시 50년을 돌아보는 듯 박 목사님의 믿음, 이념, 행동이 담긴 주름 하나하나가 나의 기억으로 접혀 고이 간직되는 듯했다. 이것이 목사님과의 마지막 회동이었다.

# 한국형 기독교사회당을
# 꿈꾼 개혁사상가

### 유초하

#### (충북대학교 명예교수)

 내가 수주 박형규 선생을 비교적 가까이서 뵙게 된 것은 한국기독학생회총연맹(KSCF)과의 연분 덕택이다. 그 이전에도 화양리 댁에서 뵌 적은 있었지만 그것은 선배 박종렬 형의 집에 갔다가 그 부친께 인사드린 것 이상이 아니었다. 내가 KSCF에 드나들기 시작한 것은 KSCM과 대학 YMCA가 2년 가까운 추진 과정을 거쳐 KSCF로 통합하여 박형규 선생의 후임 오재식 선생이 사무총장으로 부임한 이후인 1970년 봄이나 여름쯤이었을 것이다. 거진 반세기가 지난 일이라 누가 나를 이끌었는지, 어떤 계기로 가게 되었는지도 분명하지 않다. 기독교는 물론이고 종교 일반에 대해 부정적일 정도로 관심을 두지 않았던 내가 자발적으로 기독학생단체를 찾아갔을 리는 없다. 아마 지금 민주화운동공제회 이사장으로 있는 동기생 유영표가 자신의 학과 선배 박종렬을 통해 기독학생운동의 통합 기운에 관심을 갖고 참관하러 가는 김에 나를 데려가지 않았을까 짐작한다. 하지만 그 이후 일들과 사람들 그리고 때와 장소 등 이런저런 기억이 모두 확실하지 않다. 그래서 박형규 선생의 회고록『나의 믿음은 길 위에 있다』와 김정남 선배의『진실, 광장에 서다: 민주화운동 30년의 역정』그리고 KSCF 웹사이트 등을 읽고 조사하여 정확함을 보태고자 한다.

68학번인 우리가 학교를 다니던 1960년대 말~70년대 초 대학가 특히 서울 문리대는 한 학기도 수업이 제대로 진행되는 때가 없었다. 박정희 군사독재에 항거하는 민주화투쟁과 그것을 저지하고자 하는 정권의 무리한 조치가 끊임없이 되풀이되었기 때문이다. 1969년에는 조기 종강, 지각 개강으로 여름방학이 넉 달이 될 만큼 실제 수업일수가 적었다. 1970년이 되자 많은 학생들이 제적·정학 등 징계를 당하거나 자발적·강제적 징집으로 군에 입대하거나 노동현장으로 진출하는 등 휴학생, 자퇴생이 많아 학생 수가 현저히 줄어들었다. 인문사회과학 계열학과들은 더욱 심해서 내가 다닌 정치학과의 경우 68학번 입학생 스무 명 중 1972년 정시 졸업생은 여섯 명에 불과했던 것으로 기억한다. 나처럼 학생운동의 제2선에 있으면서 투쟁 활동에 비교적 소극적으로 참여했거나, 아니면 졸업 후 취업 준비에 몰두하여 현실 문제에 아예 관심을 두지 않았던 친구들만 4년 후 제때에 졸업한 것이다. 60년대 학번의 지도력이 거의 빠져 버린 이런 상황에서 3~4학년을 보내게 된 나는, 현실의 모순에 대해 열심히 공부하고 적극적으로 행동하려는 70년대 학번 후배들에 대해 일종의 책임을 느끼지 않을 수 없었다. 후진국사회연구회 등 전통 있는 동아리들이 느슨해진 가운데도 나름대로 함께 모여 열성적으로 공부하면서 현실 타파를 향한 실천 방도를 모색하던 후배들 편에서도 외톨이처럼 남은 나에게 호감 어린 관심이 있었던 것으로 보인다.

종로5가 KSCF 사무실에 가면 자주 만나게 되는 몇몇 선배인사들이 직원으로 있었다. 당시에도 직책은 정확히 몰랐지만 네 사람이 기억난다. 기독운동의 정맥 내지 주류에 있었으리라 생각되는 이직형, 안재웅, 신필균 그리고 김대중 등 정계인사들과 가까웠던 정치학과 선배 김경재가 그들이다. 그중 학과 선배인 김경재와 나이로 가장 가까운 선배 신필균 등 두 사람과 꽤 자주 자리를 함께한 듯하다. 두 선배 덕분에 나는 민주화에 실천적 관심을 지닌 많은 선후배 기독학생들을 만날 수 있었다. 서경석, 나상기, 황주석, 성해용, 최영희, 차옥숭, 김은혜, 서창석 등 당시 매우 성실하고 부지런한 일꾼들이었다. 그들과 어울리면서 서울제일교회, 경동교회, 새문안교회에도 가끔 드나들었고, 민주화운동에 개입하는 기독교계의 동향에도 어렴풋이 감을 잡을 수 있었다.

내가 수주 선생을 드물지 않게 뵐 수 있었던 것은 후배들 덕분이었다. 앞서 말한 공부모임을 이룬 70학번 후배들 가운데 비교적 자주 본 얼굴들은 스무 명 안팎이었을 것이다. 기억에 먼저 떠오르는 인물들로는 정치학과 강영원, 서지원, 김효순, 사회학과 박재묵, 장성효, 설동환, 국사학과 나병식, 방인철, 채상식, 동양사학과 이근성 등이 있다. 이들의 동아리 모임에 이름이 있었는지, 있었다면 무언지 나는 모른다. 다만 여기서는 편의상 '문우70'이라 부르기로 한다. '문우70'을 돕기 위해 내가 가장 먼저 한 일은 친구 유인태로부터 당시로서는 큰 액수인 2만 원의 돈을 빌린 것이었다. 지금 돈 가치로 보면 얼추 2백만 원쯤 되지 않을까 싶다. 유인태는 우리 시대 서울문리대 학생운동의 중심인물이면서 비교적 여유 있게 용돈을 타서 쓰는 편이었다. 나는 아르바이트를 하고 있었지만 내가 쓸 수 있는 돈은 매우 적었다. 그 2만 원은 차비와 밥값 등 선배로서 치러야 할 최소한의 비용으로 일단 조달받은 셈이다. 문제 학생으로 나날이 감시 대상이었던 유인태는 공개 활동이 자유롭지 못했는데, 후배들을 간접 지도하겠다는 내 생각이 갸륵했던지 어렵사리 그 돈을 구해 주었다. 후배들 모임에서 가장 아쉬웠던 것은 제대로 알아야 할 사회역사적 학습의 교재, 그리고 주제의 성격과 줄기를 제대로 안내하고 지도해 줄 사람, 거기다가 함께 공부하고 토론할 장소였다. 내가 기여한 일은 먼저 학습공간으로 KSCF와 서울제일교회 등 기독교계 건물들의 작은 방을 얻어 내는 것 그리고 김경재, 이부영, 최혜성 등 선배들의 체험담이나 직접 해설 강의, 또는 외부인사의 강연 등을 필요할 때 받을 수 있도록 하는 것이었다. 후배들과 공부하면서 나는 서울제일교회와 화양리 자택에서 수주 선생을 뵐 기회를 여러 번 갖게 되었다.

나는 1968년 1학년 교양과정부에서 유인태, 안양로, 배영순, 김동식, 김형관 등 친구들과 독서모임을 함께했는데, 그때부터 읽고 익힌 『재벌과 빈곤』, 『이성과 혁명』, 『중국의 붉은 별』 등의 독서 경험은 4학년 시절 후배들과의 모임에서도 의미 있는 도움이 되었다. 헤겔과 마르크스의 철학과 사회역사 인식론은 후배들에게도 중요한 고전적 주제였고, 한국 근·현대사와 노동 현실, 앨린스키의 빈민운동 전략이나 프레이리의 민중교육론 그리고 칼 바르트나 폰 회퍼 등의 민중신학도 우리의 관심을 끄는 주제였다. 특히 하비 콕스의 『세속도시』는 재미있는 텍스트로 함께 읽었다. 서남동, 현영학, 서광선 등 지도급 지식인이나 정호경, 김동완, 이해학 등 선배급 활동가들도 후배들 덕분에 만날 수 있었다. 이 시절 김진홍과 제정구가 펼치던 송정동 활빈교회의 원활한 운동을 위해 의대생 친구 김상현에게 부탁하여 주말의료봉사단을 꾸려 보내준 것도 보람된 기억으로 남는다.

공부방을 얻어 쓰거나 학생회행사에 참석, 참관하는 등의 활동에서 사무총장 등 지도급 인사들을 만날 일은 별로 없었고, 주로 김경재와 신필균 등 실무자들을 통해 일을 해결했다. '문우70'과 함께 기독교 관련 시설·공간을 이용하고 교계 인물들의 도움을 받으면서 내가 지킨 나름대로의 원칙이 있다. 김경재, 신필균 등 KSCF 인사들에게 나는 기독교와 우리 모임의 관계에 대해 두 가지를 통고하고 양해를 받았다. 첫째, 우리는 기독교 신자가 아니다. 따라서 둘째, 우리에게 신자가 되기를 요구하거나 기독교 내지 기독운동의 확산에 기여하기를 기대하지 말아 달라. 우리는 우리가 생각하는 자기훈련과 운동실천에 기독교가 도움을 주기 바라며, 그 도움에 감사할 것이다. 이 점에서 나는 지금껏 KSCF와 기독운동에 대해 깊은 고마움을 느낀다.

이른바 5가 기독회관에 드나들면서 겪은 일들 가운데 특히 기억에 남는 두 가지 토막이야기(에피소드)가 있다. 1971년 서울공대 학생 서경석과 선교 지원차 와 있던 독일인 브라이덴슈타인 등이 서울상대 학생 이종오를 정보기관의 끄나풀(프락치)이라고 소문을 내어 괴로움을 준 음해사건이 있었다. 이종오와 친했던 선배 박종렬과 함께 나는 매우 분노했는데, 이웃사랑을 실천하겠다는 일꾼들이 성실한 동지를 고의건 과실이건 해코지하는 행태가 얄미웠다. 또 한 가지 일은 그 해 여름엔가 전국 각지에서 모인 기독학생들의 수련회에서 일어났다. 본격적인 토론이 시작되기 전 사회를 보던 후배가 느닷없이 "먼저, 유초하 선배께서 기도를 인도해 주시겠습니다"라고 했다. 남들이 하는 기도의 말을 여러 번 듣기는 했지만 막상 닥치자 난감했다. 거절하기는 곤란한 장면이라 어찌어찌 지나가기는 했는데, '아멘'까지 2분이 채 안 되었을 그 시간 동안 흘린 땀의 분량이 소줏잔 하나쯤은 되지 않았을까 싶다. 사회자의 의도는 선의였겠지만 나한테는 고역을 안긴 짓궂음이었다. 강제로 기독교신자가 된 그때의 기분은 그야말로 황당함이었다.

오재식 선생이 해외활동으로 떠난 후의 KSCF는 좀 활기가 줄어든 듯했다. 그래서인지는 몰라도 언젠가 한번 신필균이 나한테 은근히 대학생회에서 서울대생들이 좀 더 적극적으로 활동해 주었으면 한다는 바람을 표현했는데, 그건 말하자면 KSCF에서 공부방을 빌려 쓰는 '문우-70' 후배들 중 몇 사람쯤 임원으로 일해 주면 좋겠다는 의사의 표명이었다. 아마 연세대 출신 서창석이 회장일 때가 아니었나 싶다. 회장은 연맹의 회원인 각 대학 기독학생회 구성원 가운데서 선출되지만, 회장이 위촉하고 임명하는 각 부서의 임원으로서 기독운동을 하는 데에는 기독인이 아니어도 무방하다는 취지였다. 나는 우리가 함께 공부한 민중신학과 주민조직 운동의 맥락에서 그 취지를 이해하고 나름대로의 표현으로 후배들한테 공개적으로 의사를 타진했다. 며칠 지나 두 사람이 임원으로 일할 용의가 있다면서 자원했다. 나병식과 설동환이었다. 1972년 졸업과 함께 군에 입대한 후 나는 그 일을 잊다시피 하고 지냈는데, 1974년에 제대하고 보니 나병식은 1971년 이래 줄곧 KSCF를 무대로 열심히 기독운동에 헌신하고 있었다. 아내 김순진을 만난 것도 그 덕분일 것이다. 다만, 나병식이 기독인이 되어 기독운동으로 포섭되어 간 건지, 자신이 담당할 민주화투쟁의 한 영역으로 기독운동을 받아들인 건지에 대해서는 아직도 나로서는 판단하기 어렵다.

요즘 두 주일에 걸쳐 책을 읽고 웹사이트를 조사하면서 새삼 알게 된 사실이 있다. 그 사실에 의하면 나병식과 기독선교의 관계에 관한 나의 의문은 별 의미가 없는 것일지 모른다. 한국 기독교의 초기 역사나 20세기 전반기까지 나의 앎이 미치지 못 하지만, 이번에 나는 분명히 알게 되었다. 1960년대 이후 기독운동은 두 분의 거목이 지탱해 왔다는 것이다. 박형규와 오재식은 10년이라는 연령차와 무관히 우리 시대 기독운동의 중심 내지 매개의 역할을 짊어졌으며 한국기독교의 혁신-통합-개방과 한국기독운동을 이끌면서 민주-인권-평화의 진전에 기여한, 남들에게 드러내지 않고자 했으나 결국은 밝혀진, 위대한 지도자들이었다. 1974년 2차 인혁당 사건과 얽혀 발표된 민청학련 운동에서 박형규 목사가 중요한 역할을 맡았다는 사실도 최근에 알게 되었다.

박형규의 통합적 민중신학은 하비 콕스 식으로 말하자면 나 같은 속인을 '익명의 기독인'으로 인정해 주는 너그러움을 보여 주었고, 그의 실천적 삶은 내 식으로 표현하자면 기독교의 벽을 뛰어넘은 개방적 비판정신에서 우러나온 것이었다. 1971년 화양리 댁에서 나눈 짧은 질의응답을 근거로 나는 감히 짐작해 본다. 박형규 선생은 한국 사회의 혁신을 위해 한국형 기독교사회당 같은 정당을 만드는 데에도 기여할 뜻을 지니고 있었다. 다만, 선생은 몸소 현장 정치에 투신할 생각은 없었고, 마지막까지 기대했듯이 차세대 기독 일꾼들이 그런 의지를 모아 요청해 온다면 초기 작업에 도움을 줄 각오를 지니고 있었다고 본다. 언제나 스스로는 뒷줄에 서면서 젊은이를 앞장세우는 박형규 선생의 소탈하고 관대한 성품은 아호[水洲]에도 잘 담겨 있다고 생각 된다. 그는 뭇 생명을 감싸고 사회적 약자를 끌어안으며 스스로를 희 생하는 삶을 생애의 마지막 날까지 이어갔다 할 것이다.

# 겁 많은 자의 용기를 깨우쳐 준
# 빈자의 벗!

## 이철용

### (작가, 전 국회의원)


길 위에 서서 진리를 외치신 참 예언자!

소외된 사람들의 진정한 벗!

칠흑 같은 어둠을 뚫고, 인권신장과 자유민주주의 쟁취에 온몸을
던지신 허허실실 도사님!

고난 속에서도 항상 미소를 잃지 않으셨던 만년 소년!

연약한 듯 보이나 거짓 앞에선 결코 무릎을 꿇지 않는 단호한
혁명가!

가난한 사람들의 인권을 지키려는 집요한 빈민의 대부!

예수를 쏙 빼 닮은 이 시대의 살아 있는 성직자!


몸은 떠나셨지만 진한 감동과 깊은 사랑을 남겨 두고 떠나신 목사
님이 유난히 그립다.

기억나는 대로 별칭을 앞에서 대충 나열했으나 그 외에도 수많은 별칭이 따라다녔던 이 시대의 보기 드문 참 목자이셨다.

감히 저 같은 사람이 박형규 목사님 인품에 대해 지껄인다는 것은, 한없이 부끄럽고 그저 송구할 따름이다.

거슬러 올라가 기억을 더듬어 생각나는 대로 기술해 보려고 한다.

## 1975년

1월 22일 유신헌법 찬반을 묻는 국민투표를 실시했다. 유신헌법 등 긴급조치를 발동해 서슬퍼런 유신독재의 칼날을 휘둘러도 자유민주주를 회복하려는 양심세력은 순순히 굴하지 않았으며, 유신독재에 대한 항거를 멈추지 않았다. 더 나아가 전국곳곳에서 양심의 외침이 끊이지 않고 이어졌다.

이에 불안한 박정희 군사정권은 유신헌법을 반대하는 기운을 잠재우기 위해서 꼼수를 부렸다. 그 꼼수가 바로 유신헌법 찬반을 묻는 국민투표였다. 유신헌법 찬반을 묻는 국민투표라는 꼼수를 부릴 수밖에 없었던 배경을 엄밀하게 들여다 보면 십중팔구 박형규 목사님의 '행동하는 양심'이라는 작품이었다. 이는 유신독재의 칼날이 번득이는 겨울공화국으로 공포의 어두운 밤일 때 두려움 없이 새벽을 여는 예언자로, 목숨 걸고 진리를 외친 박형규 목사님의 행동하는 양심의 결과물이라는 것은 누구도 부인할 수 없는 사실이다. 당시 박형규 목사님의 남산 부활절 사건은 겨자씨만한 양심선언이었으나 끝내 거대한 군사정권을 무너트리는 역사를 이뤄냈다. 필자도 몇 년 뒤 박형규 목사님을 흉내내느라 덩달아 여의도 부활절 사건을 일으켰다. 어쨌든 박형규 목사님과 뜻을 같이한 권호경 목사 등이 행동하는 양심으로 나섰

던 남산 부활절 사건은 이 나라의 역사를 서서히 바꿔나갔다.

## 박형규 목사님을 만나다

필자는 유신헌법 찬반을 묻는 국민투표가 부정으로 치러지고 있다는 것을 폭로했다는 괘씸죄로 투표법 위반이라는 죄명을 달고 서대문 구치소에 수감된 상태였다. 구치소에 수감되어 피의자 조사를 받으러 검찰로 송치되는 과정에서 박형규 목사님을 처음 만나게 되었다. 뵙기 전부터 허병섭 목사님과 이규상 목사님에게서 박형규 목사님에 관한 이야기를 귀가 따갑도록 많이 들어왔다. 익히 들어 꼭 뵙고 싶었던 분이었는데 포승줄로 결박을 당하고, 두 손에 수갑이 채워진 박형규 목사님을 만났다. 호송차를 타려고 줄을 서 있는 곳에서 기적처럼(필자에겐 참으로 기적이었다) 박형규 목사님을 만난 것이다. 당시 박형규 목사님의 얼굴색은 어린아이처럼 환한 웃음이 꽃향기처럼 번져 있었다. 필자는 자신도 모르게 박형규 목사님에게 가까이 다가섰다.

"목사님, 허병섭 목사님에게 말씀 많이 들었습니다. 존경합니다. 이런 곳에서 이렇게 뵙게 되다니 감사합니다. 그리고 영광입니다"라고 인사를 올렸다.

구치소에 수감된 재소자가 아니라 소풍 나온 천진난만한 어린아이 같았다. 웃음 띤 얼굴은 인자함이 넘쳤고, 순수함 그 자체였고, 겸손히 물어나고, 다정하셨다.

"거짓은 진실을 이기지 못해요. 기도하세요"라고 말씀하시면서 호송

차에 올라타셨다

같은 호송차에 실려 검찰로 가면서도 박형규 목사님의 얼굴엔 줄곧 웃음이 꽃향기처럼 번져 있었다. 그때 그 모습은 아직도 생생하게 떠오른다.

## 1976년

아침을 먹으려고 막 수저를 드는데 대문을 두드리는 소리가 요란하게 들렸다. 아내가 일어나 문을 열어 주자 세 명의 건장한 40대 중반의 남성이 방문을 열고 밥상에 앉아 있는 필자를 바라보면서 다짜고짜 "잠깐이면 되니까 나오시오"라고 위협적이고 고압적인 태도를 보였다. 밖에 나오자마자 두 사람이 양팔을 끼고 강제로 지프차에 태웠다. 지프차에 태운 뒤 재빠르게 필자의 상의를 벗긴 뒤 벗긴 상의로 얼굴을 씌어 가렸다. 동시에 지프차는 시동을 걸어 어디론가 이동했다. 한참 뒤에 차가 멈추더니 얼굴을 가렸던 상의를 벗겼다. 뒤에 알고 보니 경찰서 대공과였다. 대공과에 도착하자마자 얼굴 등 가리지 않고 폭력을 휘둘렀다. 이유도 없이 한참을 두들겨 맞았다. 개 패듯 패고 난 뒤에 조사가 시작됐다. 3일 동안 밤낮을 가리지 않고 조사를 당했다.

조사 내용의 요지는 박형규 목사가 이북에서 내려온 고정간첩이라는 것이다. 권호경 목사, 허병섭 목사(고인), 김동완 목사(고인), 이규상 목사, 이해학 목사 등은 박형규 목사에게 포섭된 자들이며, 필자는 간첩들에게 포섭되어 사주 받은 대로 활동하는 행동책이라고 했다. 미리 짜 맞춘 각본대로 수사를 진행해 나가는 듯했다. 필자에게 순순히 자백하라고 윽박지르고 강요했다. 강제로 끌려온 지 5일째 접어든 날 천운인지 수사를 받던 과정에서 필자가 탈출할 수 있는 절호의 기회가 생겼다. 천운으로 찾아온 기회를 놓치지 않고 재빠르게 탈출을 시도했다. 숨 막히는 연기를 하는 등 우여곡절 끝에 드디어 탈출에 성공하였다. 밖으로 나온 필자는 곧바로 캐나다 선교사 구미애 님에게 연락을 취했다. 구미애 선교사의 도움으로 합정동 수녀원에 몸을 숨겼다. 그 다음날 외신기자에게 수사과정을 상세하게 기록한 양심선언문을 전해줬다. 양심선언을 한 뒤 필자는 내 발로 스스로 수사실로 들어갔다. 그 뒤 무려 40일 동안 조사를 받은 끝에 긴급조치 9호로 기소하는 것으로 사건이 종료됐다.

지금 와서 생각해 보니 천운(天運)을 만나 탈출할 수 있는 기회를 만났다고 여겨진다. 필자의 생각으로는 아마도 제2의 인혁당 사건을 조작하려고 했던 것이 분명하다. 해맑은 소년 같은 박형규 목사님을 북쪽에서 내려온 간첩괴수로 만들어 현장에서 열심히 선교활동을 하고 있는 권호경 목사님을 비롯 여러 실무자들을 간첩으로 덤터기를 씌워 빈민선교, 산업선교, 농민선교, 청년학생운동 등 민주화운동을 송두리째 말살하려는 거대한 음모가 숨어 있는 간첩조작 사건이었음이 분명했다. 당시 하나님의 도우심이 없었더라면 박형규 목사님은 여지없이 북쪽에서 내려온 간첩괴수라는 딱지가 붙여졌을 것이다.

필자가 첫아들을 보고, 박형규 목사님댁을 찾아갔다.

"아들을 봤습니다. 이름을 지어 주시면 영광이겠습니다."

"축하해요. 당연히 지어드려야지요."

그 다음날 지은 이름을 찾으러 갔다. 박형규 목사님이 지은 이름이 적힌 A4용지를 건네주셨다.

정(正)의로운 민중(民衆)
정(正)의로운 민주(民主)
이 정 민(李 正 民)

이름을 지어 주시면서 위와 같은 이름 풀이까지 해 주셨다. 이름을
받아 들고 나오면서 박형규 목사님의 의지를 다시 한번 확인하였다.
자나깨나 오직 소외된 자, 가난한 자, 민주회복, 인권회복, 독재타도가
몸에 배여 있으셨음이 읽혀졌다.

## 1988년

5월 초쯤 박형규 목사님, 허병섭 목사님 등 10여 명의 지인들이 오
셨다. 필자가 뜻하지 않게 제13대 국회의원(강북을)에 당선됐던 직후
였다. 박형규 목사님께서 나팔 모양의 탁상시계를 선물로 주시면서,

"가난하고 소외된 이웃들의 권익을 위해 진정한 나팔수가 되시오.
군부독재자가 횡포를 부리지 못하도록 진리를 외치는 나팔수가 되
시오."

"감사합니다. 목사님 흉내 내면서 열심히 의정활동을 하겠습니다."

두 손으로 공손하게 탁상시계를 받아 책상 위에 가지런히 놓았다.

국회의원 당선 축하예배를 해주시려고 일부러 시간을 내어 오신 박
형규 목사님의 말씀은 구구절절 가난한 이웃, 소외된 이웃을 예로 드
시면서 "빈민들의 삶의 질을 높이는 데 사명을 다하고 온몸을 던져라.
아직도 군부독재의 잔재는 남아 있다. 가난한 이웃들의 신음소리는 잦
아들지 않았다"라는 등의 말씀으로 이어졌고, 채워졌다.

## 2007년

통(通)간판을 걸고 상담을 해 주는 필자의 사무실을 박형규 목사님이 찾아오셨다. 화가, 디자이너 등 다양한 재능을 갖추고 있는 이나경 님을 앞세워 오셨다. 자리에 앉자마자 늘 그랬듯 웃음가득 얼굴을 지으시면서 "내 사주 좀 봐주시오" 하셨다.

"목사님께서 제 앞길을 봐주셔야지요."

박형규 목사님의 사주를 뽑아 상당히 긴 시간 말씀을 나눴고, 자상하게 일러 주신 말씀을 경청했다. 말씀 나눈 기억을 되살려 보면 대충 이러이러하다.

"필자의 개인적인 삶이 이런저런 사연에 얽히고설키어 사주를 공부하게 되었다. 분명히 밝히건대 사주는 운명학이 아니라 관리학이다. 아무리 좋은 사주를 갖고 태어났어도 관리를 잘못하면 인생이 고달파진다. 반대로 나쁜 사주를 갖고 태어났어도 관리를 잘하면 인생이 편해진다. 한마디로 말하자면 운명적으로 사주팔자대로 사는 것이 아니라 행실여야에 따라 행복과 불행이 갈라진다. 운(運)과 복(福)은 사주팔자(四柱八字)에서 오는 것이 아니라 무심코 행한 행실 하나에 따라 정해진다. 이를테면 콩 심은 데 콩 나고, 팥 심은 데 팥 나는 것이다. 불교적으로는 복은 받는 것이 아니라 짓는 것으로 내가 짓는 업(業)대로 즉 자업자득(自業自得)하는 것이다. 기독교적으로는 심은 대로 거두리라이다."

필자가 드린 말씀과 들려 주셨던 말씀을 경청한 내용을 간추려 기술했다.

박형규 목사님은 필자의 손을 따뜻하게 잡아 주면서 "진정으로 사람을 위로하고 격려하고 사랑하시오"라는 말씀을 남기고 사무실을 떠나셨다.

## 겁 많은 자의 용기!

필자를 아는 주변분들 가운데 많은 분들이 필자를 겁없는 용감한 사람으로 잘못 알고 있다. 필자가 5공 청문회 때 단상에 뛰어나가 전두환을 향해 "살인마, 똑바로 증언해!"라고 외치고 나니 많은 정치인들이 "어디서 그런 용기가 나느냐?"라고 물어왔다.

그때마다 필자는 "용기가 있는 게 아니라 사실은 용기가 하나도 없다. 용기가 없어 뇌물도 못 받고 부정부패에 얽히지 않았다. 그러다 보니 단상에 뛰어나갈 수 있는 용기가 생겼다"라고 답했다. 필자의 대꾸에 고개를 끄덕이는 정치인도 있었고, 고개를 외로 젓는 정치인도 있었다.

필자는 박형규 목사님의 모습에서 '겁 많은 자의 용기'를 보았고, 자연스럽게 따라 배우게 되었다. 박형규 목사님의 얼굴 모습을 보라. '겁 많은 자의 용기'가 그대로 드러나지 않는가.

박형규 목사님은 겁이 많아 하나님을 매우 두려워하셨다. 때문에 대형 교회를 추구하지 않으셨고, 가난을 잃어버린 교회를 보면서 분노하셨고, 가난한 이웃의 탄식을 외면하지 못하고 슬퍼하셨고, 유신독재의 칼날을 피해 달아나지 않으셨고, 청년 학생들이 독재의 칼날에 쓰러지고, 고문 당하고, 감옥 가고, 고난을 겪는 것을 나 몰라라 하지 않으셨다. 민주주의가 짓밟히고, 인권이 유린되는 살벌한 군부 독재자의 횡포를 묵과하지 않으셨다. 욕망을 채우려다 약점 잡히고, 이익을 위해 야합하며, 탐욕을 채우려는 무리에 휩쓸리지 않았던 겁 많은 박형규 목사님은 분연히 일어나 예언자의 길을 나섰다. 해방의 길목에서 겁 없이 예언자로 진리를 외쳤다. 억압에 눌린 쇠사슬을 끊고 분연히 일어섰다. 목사님의 '행동하는 양심'은 겁이 없어서가 아니라 겁이 많아 부정한 짓을 못했기에 가능했으리라.

겁 많은 박형규 목사님의 행동하는 양심은 어둠 속에서 새벽을 열었으며, 억압에 눌린 쇠사슬을 거둬내는 기적을 만드셨고 지금도 면면히 이어지고 처처마다 흐르고 있다.

필자에겐 박형규 목사님은 겁 많은 자의 용기를 깨우쳐 주신 소중한 분이시다.

그래서 지금도 그립고 감사한 마음이 크다.

목사님 존경합니다. 그리고 사랑합니다.

박형규와함께
그 길을 걷다

# 수도권 선교회에 함께하면서

## 전용환

### (목사)

고 박형규 목사님 추모문집 발간에 즈음하여 원고 청탁을 받고 나서 며칠을 망설였다. 본의 아니게 박 목사님께 누라도 되지 않을까라는 염려 때문이고, 질그릇만도 못한 나의 글 때문에 추모문집의 질이 떨어질 것이 염려되어서이다. 글솜씨 없는 나를 내가 잘 알고 있는데, 날아가는 새가 웃을까 봐서 망설이던 차에 박종렬 목사(목사님의 아들)의 전화를 받았다.

박종렬 목사는 필자가 1970년 한국기독학생회총연맹(KSCF, 당시 총무 오재식) 대학부 학생사회개발단(학사단) 간사로 일할 때, 기독학생회 회장이었다. 사실 이 글을 쓰기로 결심한 것은 그의 전화보다 더 큰 이유가 있었다. 박 목사님께서 우리 부부의 결혼주례를 해 주셨다. 생존해 계실 때 한 번 더 찾아뵙지 못한 결례가 늘 마음 한구석을 차지하고 있었다. 이제라도 "박 목사님 죄송합니다"라고 말씀드리고 싶어서 추모문집에 동참한다.

우리 부부는 1973년 10월 13일 정동제일교회 젠센기념관에서 결혼했다. 왜 박 목사님이 결혼주례를 맡게 되었는지 많은 분들이 궁금해한다. 나는 감리교, 목사님은 장로교인이다. 내 고향은 충청도, 박 목사님은 경상도다. 학식도 인품도 동이 서에서 먼 것처럼 감히 박 목사님의 주변에 있기에는 자격 미달이다. 한 가지 연줄이 있다면 친구들이다.

당시 필자는 도시산업선교회(총무 조승혁 목사)에서 일하며 틈만 나면 서울을 오르내렸다. 수도권선교회 친구들(김동완, 허병섭, 박창건, 권호경, 이규상, 이해학, 손학규)과 서울제일교회(박형규 목사)에서 혹은 청계천 뚝방 활빈교회(김진홍 목사) 등에서 만나는 재미 때문이었다. 서로 통하고 죽이 잘 맞았다. 간도 커지고 용기도 생기고 기독교신앙도 점점 더 성숙해지자, 척 하면 삼천리라는 말처럼 긴급조치 9호 반대시위를 하자는(종로5가 기독교방송국 옥상) 제안에 아무도 이의를 제기하지 않았다. 필자는 조금 늦었다. 옥상은 텅 비어 있었다. 결의할 때 안 계셨는데 감옥 갈 때는 빠지지 않는 것이 박 목사님의 특기다. 감옥 가는 것도 은사인가 보다.

유신군사독재에 항거하는 민주화 시위가 있을 때마다 박 목사님은 약방의 감초처럼 끼어 있었다. 누가 그렇게 엮었는지는 모르지만 아마 목사님 자신이 민주화운동을 그의 사명으로 삼았기 때문이라고 본다. 근본적인 동기는 박 목사님의 기독교 신앙고백 때문이라고 필자는 확신한다. 유신군사독재자들이 저들의 잘못을 알지 못해 비민주적 방법으로 유신독재를 일으킨 것을 용서해 달라고 기도하신 것이 결국 그분의 민주화운동이었다고 필자는 확신한다. 예수의 신앙고백(눅 23:34)이 박 목사님의 민주화운동의 동기요, 후배들에겐 용기와 귀감이 되었다. 박 목사님, 존경합니다. 정말 다시 감사드립니다.

사실 필자는 수도권선교회에 출입하기 전보다 더 앞서 박 목사님을 멀리서 바라봤다. 박 목사님께서 월간「기독교사상」편집자로 일하실 때 지면을 통해 알았고, 연세대 도시문제연구소에서 훈련받을 때 피교육자 입장에서 박 목사님을 뵈었다. 그분은 연구소 위원이셨다. 1969년 3월 도시문제연구소가 연세대 행정대학원에 개설되었는데, 위원장 노정연 박사(연세대 행정대학원장), 위원은 김용옥 학장(감리교), 박형규 목사(장로교), 박종규 신부(가톨릭 JOC지도신부), 오재식 선생(사회인사), 감독(Director)은 로버트 화이트 목사(선교사, 시카고 주민조직가)이었다.

제1기 훈련생은 연희지역(신상길, 정진영), 낙산지역(어춘수, 김혜경), 러시아 게토(박야고보, 전용환)이다. 러시아 게토는 정동 러시아영사관 자리에 500여 세대 약 2,000여 명이 살고 있는 판자촌 지역이었다.

6개월 훈련과정을 마치면 좋은 일터에 취직할 줄 알았는데 얼마 지나면서 주민조직가(Community Organizer)가 되는 훈련이라는 것을 알게 되었다. 매주 1회 활동을 보고하고 토의했다. 훈련 내용의 핵심은 Go → Look → Act였다. 지역에 들어가 살면서, 문제가 무엇인지를 파악하고, 주민 스스로 문제를 해결하게 하라는 것이었다. 그렇게 하려면 함께 거주하며 주민의 친구가 되어야 하고, 그들로 하여금 무시당하고 있음에 울분을 갖게 해야 하고, 선의의 선동 자체를 즐겨야 한다. 처음에는 의심도 받고(당시 반공교육의 철저함), 갈등도 생기고, 회의도 일어났지만, 기독교신앙에 도전을 받고 기독교신앙 본질에 접근하는 계기가 되었다. 제2기 훈련을 받은 권호경 목사를 알게 되면서 박 목사님과 더 가까워졌다.

1970년 4월 8일 마포 와우아파트가 붕괴(33명 사망, 40여 명 부상)되었다. 권 목사에게서 연락이 왔다. 사태의 심각함을 함께 공감했다. 서울시는 도시화정책의 일환으로 판자촌 지역개발사업에 박차를 가하며, 실적 위주의 시행정을 일방적으로 펼치고 있었다. 결국 서울시장(김현옥)의 과욕(별명 불도저)과 날림공사는 화를 불렀다. 시민아파트 주민들의 분노가 하늘을 찌를 듯 일어났고 문제해결을 위한 시민아파트 주민연합회(회장 진산전)가 조직되어 서울시장과의 문제해결을 위한 협의까지 얻어냈다. 시청 앞 시위 디데이(D-day)를 지켜보고 박 목사님이 주신 점심값으로 권 목사와 둘이 배불리 먹고 헤어졌다. 그때 감사인사를 못 했는데… "박 목사님, 점심 잘 먹었습니다."

약자의 편이 되는 것과 그들을 섬기려는 삶이 예수를 따르는 길임을 은연중에 일러 주셨던 분이 바로 박 목사님이었다.

1977년 봄쯤으로 기억한다. 한국교회 사회선교협의회(총무 조승혁 목사) 주관 세미나가 YWCA 버들캠프장(부천)에서 개최되었다. 회원 모두가 진지하게 토의하고, 협의하며 "세상의 소금이 되라"(마 5:13)라는 예수님의 말씀을 실천할 것을 다짐하는 세미나였다. 박창건 목사가 새 노래를 가르쳤다. 그가 선창하면 모두 따라 불렀다.

우리들은 뿌리파다. 훌라 훌라. 같이 죽고 같이 산다. 훌라 훌라.
무릎을 꿇고 사느니보다 서서 죽기를 원한단다.
우리들은 뿌리파다. 우리들은 뿌리파다.

목이 쉬도록 불렀다. 모임이 끝날 때 "세상의 소금이 되자"는 모두의 다짐이 엄숙했다. 세미나를 마치고 혜화동 성당에 모였다. 왼손에 소금을 들고 오른손으로 소금을 뿌리며 종로5가 기독교회관까지 무언의 행진을 할 때 박 목사님과 함께 걸었던 일이 생각난다. 박 목사님!, 지금 계신 곳은 소금도 필요없을 테니 심심치 않으신지요?

모임 때마다 박 목사님의 춤 솜씨가 생각난다. 분위기가 흥에 오르면 장내는 박장대소한다. 빠질 수 없는 것이 박 목사님의 춤이다. 춤 솜씨는 타의 추종을 불허했고, 조 목사에게 파트너가 되기를 청할 때 약간 얼굴이 붉어지며 수줍어하시는 모습은 또 한바탕 웃게 만든다.

박 목사님, 지금 계시는 그곳은 가락도 파트너도 없으니 어찌 지내시는지요? 여기 옛 동지들 모두 늙어 거동이 불편하고 가락에 맞출 힘도 없는 것 같습니다. 세월 앞에는 장사가 없다는 말이 실감납니다. 하늘나라에서 뿌리파들의 세미나가 열린다면 소고치고 북치며 하나님께 영광 돌리는 축제의 한마당을 기대합니다. 목사님, 다시 만날 때까지 평안하십시오.

박 목사님이 아끼고 사랑하던 몇몇 친구들이 하늘나라에 먼저 가 있다. 이 자리를 빌어 그 친구들도 추모하고 싶다. 김동완 목사, 정말 좋은 친구죠. 오늘날같이 남남갈등 때문에 본질을 놓치고 서로 물어

뜯고 있을 때 당신이 더 그립고 아쉽소. 내가 하와이 코나(Kona)에서 살 때 당신은 후배의 배신을 삭이려고 여행을 갔다가 변을 당했다는 소식을 듣고 억장이 무너지는 아픔을 받았소. 당신이 가실 때 배웅도 못해 미안하오. 박 목사님 곁에서 위로받고 평안하기를 기도합니다.

허병섭 목사, 정말 당신은 진솔한 친구요. 가난한 사람들의 친구가 되려고 목사까지 반납하고 낮추며 살려고 솔선수범하다가 병석에 눕고 말았다니, 우리의 모습이 부끄럽소. 뭐라 할 말이 없네요. 박 목사님 곁에서 아픔도 없이 평안하기를 기도합니다.

박창건 목사, 뿌리파 노래 부를 때마다 자네 생각하네. 해남으로 목포로 둘이 배낭여행하며 희희낙락하던 때가 엊그제 같은데… 박 목사님 옆에서 편안히 있다니 위로가 되네요. 부디 주 안에서 친구들과 함께 평안하소서.


지면 관계로 한마디 더 부언하고 펜을 놓는다. 송충이는 솔잎을 먹어야 살 듯 목사는 성도의 사랑을 받고 살아야 한다. 권력의 돈을 먹으면 목사가 아니다. 재벌의 돈을 먹어도 목사가 아니다. 불의한 방법으로 성도의 헌금을 먹어도 목사가 아니다.

내가 만난 박 목사님은 보복성 적폐청산보다 용서와 사랑의 정신을 잃지 않고 끝까지 성직자의 길을 걸으셨고, '박형규 목사'라는 이름이 한 번도 다른 이름으로 바꾸어 불린 것을 보지 못했다. 정말 목사 중에 목사요, 목사답게 목사의 삶을 사신 분이며, 한국 민주화운동의 대명사이다. 그렇기 때문에 박 목사님은 후배 목사들의 귀감이 되었다. 감사, 감사, 또 감사를 박형규 목사님께 드린다.

박형규 목사님, 부디 사모님과 함께 평안히 잠드소서!

# 기독교학생운동의 참 지도자

## 정상복

### (목사, 전 KSCF 총무)

## 학생 기독교운동의 스승

박형규 목사님은 한국 사회 변혁운동의 중심에 서 계셨습니다. 내가 목사님을 만난 건 1965년 대학교 2학년 때입니다. 당시 고려대학교 기독학생연합회 회장 일을 맡으면서 한국기독학생회 총무로 부임한 목사님을 마주하게 되었습니다. 나는 대학을 졸업할 때까지 목사님과 함께 일을 하면서 그분으로부터 학생운동을 이끌어 나가는 지도자의 면모를 엿볼 수 있었습니다. 그 모습은 거창한 것은 아닙니다. 신앙적인 깊이를 몸으로 보여 주면서, 매 순간의 삶을 보람있게 사는 것입니다. 옆에서 보았던 목사님은 항상 열린 자세로 모든 사람들을 포용하고, 관계를 맺는 사람들의 인격 하나하나를 대단히 소중하게 생각해 주셨습니다. 그래서인지 같이 일하는 사람들은 지치지 않고 자기 스스로 일을 해 나갈 수 있었습니다.

돌이켜 보면 나는 학생 대표로서 조직에 대해 사사건건 비판도 많이 하고, 마뜩찮은 일에는 자주 공격적인 내색을 하는 편이었습니다. 그에 반해 목사님은 한 번도 상대를 질책하거나 억지로 설득하려고 하거나 하지 않았습니다. 투철한 이념을 갖고 있었음에도 외려 그런 모습을 강조하지 않았던 것이지요. 한편으로 소신껏 해보라면서 나의 생각 또한 존중해 주셨습니다. 세월이 지나면서 내 주장이 다소 과격한 것이었다는 것을 스스로 깨닫게끔 하는 편이었습니다. 이것이 당시 나에게는 지도자의 모습으로 감동을 주었습니다. 그래서 운동의 지도자 상(像)을 떠올리라고 하면 신앙과 인격을 가진 목사님의 모습이 생각나는 것입니다.

1965년에는 한일회담 반대로 인해 대학가에서 데모가 격하게 이어지고 있었습니다. 위수령 발동 등으로 군인들이 대학에 난입하는 불상사가 일어나고 있었고, 이러한 때에 기독학생들이 무엇을 할 수 있는가에 대해서 많은 고민을 하고 있었습니다. 목사님은 그러한 우리에게 처음으로 사회문제에 대한 의식을 일깨워 주었고, 그리스도인들은 이 문제를 심각하게 다룰 뿐만 아니라, 적극적으로 참여해야 한다는 것을 주지시켜 주셨습니다. 그전까지는 기독교학생운동이 개인의 윤리적 변화나 교회의 갱신 정도에 머물러 있었다면, 목사님이 부임한 이후로는 기독교운동이 사회문제에 적극적으로 참여해야 한다는 의식이 생겨난 것이지요.

그로 인해 한국기독학생회는 처음으로 한일회담을 반대하는 성명서를 낼 수 있었습니다. 뿐만 아니라 대학생 YMCA 연맹, 대학생 YWCA연합회 등과 함께 기독학생들이 연대하여 한일회담 반대성명서를 발표하기까지 했습니다. 기독학생들이 이렇게 사회문제에 발언한다는 것은 상당히 대단한 일이었지요. 당시 기독교학생운동의 주제는

'기독자의 현존'이었습니다. '현존'(現存)이라는 말이 생소한 개념이었지만, 인간이 처한 상황 속에서 '책임 있는 존재'로 삶을 살아야 한다는 것이 기독교 신앙의 기본이요, 참 명제라는 것을 일깨워준 분도 목사님이었습니다. 목사님의 말에 영향을 받아서 한국기독학생회는 월간지 「현존」을 발간하고, 나는 초대 편집장으로 활동하면서 그리스도인의 현존을 구현하는 데 앞장서게 되었습니다. 그런 점에서 나는 목사님을 사회의식에 대한 영감을 준 스승이라고 생각하는 것입니다.

목사님을 만난 인연이 나의 삶에 큰 변화를 주었습니다. 혼란기에 대학생활을 하면서 가치관을 정립하고 있을 무렵에 목사님을 통해서 기독교 학생운동에 참 의미가 무엇인지를 알게 되었고, 그 운동이 내 삶에 앞으로 나아가야 할 방향을 제시해 준 셈이지요.

## 에큐메니컬 운동의 선배

대학을 졸업하고 군대에 갔다 온 후 나는 한국기독교학생회총연맹 (KSCF) 간사로 일하게 되었습니다. 목사님은 한국기독학생회 총무 직임을 끝내고 기독교사상, CBS 등에서 일하다가 한국기독교장로회 서울제일교회를 담임하셨습니다. 그래서 목사님과는 한국기독교교회협의회(NCCK)를 통해 자주 만나고 함께 활동하게 되었습니다. 종로5가를 중심으로 한 에큐메니컬 운동의 현장에서 목사님을 다시 뵙게 된 것이지요. 당시 목사님은 도시빈민선교운동에 참여하여, 가난하고 소외되고 억눌린 계층과 함께 고락을 같이하셨습니다. 학생운동 지도자, 산업선교 실무자, 도시빈민선교 실무자, 농민운동가 등과 함께 모여, 한국사회선교협의회를 결성하고, 한국 사회의 소외계층에 참여하는 운동가들이 함께 사회변혁운동을 위해 일하는 데 중심에 서 있었습니다. 뿐만 아니라, 가톨릭농민회, 가톨릭노동청년회 등 신구교 운동가들이 함께 모여 에큐메니컬 운동의 전선을 형성하기도 했지요. 아마도 이러한 목사님의 움직임은 한국 에큐메니컬 운동의 획기적인 전환인 동시에 기독교가 한국 사회의 소외계층을 위해서 최전선에서 활동하는 단체들이 결합하는 흐름의 일환이었을 것입니다.

특별히 기억나는 것은 부산 미국문화원 방화 사건이 일어난 후 군사독재정권이 이를 좌익세력으로 낙인찍고 탄압하였을 때, 기독교단체로써는 처음으로 이들을 지지하는 성명서를 냈던 일입니다. 이 성명서에는 미국을 반대하는 내용도 포함되었는데, 기독교가 이런 내용을 표명한 것은 매우 이례적인 사건이었습니다. 목사님과 나를 비롯하여 사회선교회협의회 간부들은 검찰에 연행되어 조사를 받고 문제를 집중 추궁 당하기도 했습니다. 당시 공안당국은 미문화원 방화 사건을 빨갱이 주도의 용공문제로 몰았으나, 기독교운동 단체가 이를 막아내고 지지했다는 점에서 의의를 찾을 수 있겠지요. 이는 당시 학생운동에 큰 영향을 주었을 뿐만 아니라, 다양한 사회참여 주체들을 연결하는 에큐메니컬 운동이 얼마나 큰 힘을 발휘할 수 있는지를 여실히 보여 주었습니다. 목사님은 바로 그러한 운동의 현장에서 선배로 자리매김하면서 후배들이 가야 할 방향성을 제시해 주었습니다.

### 민청학련 사건의 공범, 민주화운동의 동지

1974년 민청학련 사건은 한국 사회의 민주화운동을 본격화시키는 전환점이 되었습니다. 유신정권이 최후의 발악으로 긴급조치를 발동하는 등의 폭압적인 행위를 하던 때였습니다. 한국 사회가 얼어붙어 있을 때, 전국적인 학생데모를 계획하고 주도한 것이 민청학련이었습니다.

당시 이 운동을 주도하던 나병식(서울대 4년) 학생이 나를 찾아와 학생데모에 필요한 자금을 요청하였습니다. 요청한 규모가 거금이었기 때문에 혼자 해결할 수가 없어서 박형규 목사님에게 부탁을 드렸습니다. 박형규 목사님이 당시 함께 일하던 안재웅 목사를 통해 이를 전달해 주었고, 나는 다시 나병식 학생에게 전달하였습니다. 이 자금은 윤보선 전 대통령이 마련해 준 것이었습니다.

결국 이를 알게 된 유신정권은 박형규 목사님과 나를 중앙정보부로 끌고 가 온갖 고초와 시련을 주었습니다. 정권 입장에서 보면 목사님과 나는 일종의 공범이었던 셈이지요. 당시 민주화운동과 관련된 크고 작은 일을 함께 겪은 동지로서 목사님과 나는 또 다른 인연이 생긴 셈입니다.

민청학련 사건은 유신정권하에서 큰 규모로 진행된 운동이라는 점에서 의미가 있습니다. 한편으로 이로 인해 법조인, 언론인, 문인 등의 사회 전 분야의 운동세력들이 민주화실천운동으로 결집되는 계기를 마련했습니다. 뿐만 아니라 구속학생들의 가족들이 구속자가족 기도회 모임 등 민주화가족협의회를 만들어서 세계에서 유래를 찾을 수 없는 가족운동의 시발점이 되기도 했습니다. 한편으로 민청학련의 주축이었던 한국기독학생회총연맹이었기에 국제적인 기독교 단체들(WCC, WCF)이 한국 사회의 민주화 문제에 관심을 갖게 되었고, 지지를 선언하면서 국제적인 연대를 이끌어 내기도 했지요. 그러한 운동의 중심에서 목사님과 내가 함께했다는 점에서 큰 영광이고, 명예로운 훈장이라고 생각합니다. 그러한 역사를 같이 만들어 갔다는 점은 바로 우리가 그리스도인이기 때문이라고도 생각합니다.

이처럼 박형규 목사님은 저에게는 기독교학생운동의 스승이자 에큐메니컬 운동의 선배이자 민주화운동의 뜻을 같이한 공동체의 일원입니다. 세월을 돌이켜 보면, 힘들었던 순간에 내 앞에 언제나 목사님이 있어서, 든든했고, 외롭지 않았으며, 행복했습니다. 마지막으로 이러한 목사님을 만나게 해 주신 하나님께 영광을 돌립니다. 아멘.

# 민중의 아픔과 함께하는
# 위트 있는 선동가

## 이창복
(6 · 15 공동선언 실천 남측위원회 상임대표 의장, 전 국회의원)

존경하는 박형규 목사님의 추모글을 쓸 수 있는 기회를 주신 기념사업회 측에 감사드린다. 원체 글재주가 없는 터에 목사님께 누를 끼치지 않을까 하는 우려가 앞서는 마음 널리 양해해 주시기 바란다.

박 목사님을 처음 뵙게 된 것이 1972년 4월로 기억된다. 그 당시 원주에서는 천주교 원주교구장이신 지학순 주교님께서 장기 군사독재 정권하에서 만연된 현실을 고발하고 규탄하는 미사를 집전하시고, 이어서 사제, 수도자, 신자들과 함께 부정부패규탄 플래카드를 앞세우고 거리 시위를 하였고, 그 다음날부터는 원동성당 마당에서 수백 명이 모여 농성을 하고 있었다.

박형규 목사님은 원주 농성장에 들러 지지성명을 발표하시고 격려 연설까지 하셨다. 이때 원주교구에서는 참으로 고마워하였고, 외로운 투쟁이 아님을 확신할 수 있었다. 박정희 정권의 부패규탄시위는 전국에 파장을 일으켰고, 교회를 초월하여 일반 시민에게까지 확산되었다. 나는 그 일로 서울제일교회 박형규 목사님을 처음 뵙게 되었고, 정의로운 성직자로 인식하게 되었다.

그 해 10월에 필자는 서울에 있는 가톨릭노동청년회 전국 회장으로 선출되어 활동을 하게 되었으나 11월에 박정희 정권이 장기집권을 획책할 요량으로 위수령을 발동하여 학생운동, 노동운동, 농민운동을 비롯한 사회 전반에 걸쳐 탄압을 노골화했던 것이다.

1973년 4월, 박 목사님께서는 남산 부활절 사건으로 구속되어 옥고를 치르시는 과정에서 목사님의 지칠 줄 모르는 정의와 진리의 외침은 청년들의 마음을 움직였고, 많은 감동을 주었다. 나는 비록 천주교 신자로서 가톨릭 단체를 중심으로 활동하고 있지만 박형규 목사님을 존경하게 되었다. 탄압이 엄중해지고 탄압의 강도가 높아짐에 따라 연대조직을 갖게 되었다. 그것이 신·구교 간의 에큐메니컬 운동으로 공동 행동조직인 크리스천 사회 행동체를 조직하였는데 이 조직에 가톨릭 측에서는 가톨릭노동청년회(J.O.C), 가톨릭학생회(PAX ROMANNA), 안양근로자회관, 가톨릭농민회, 가톨릭빈민선교 등이 참여하였고, 개신교 측에서는 기독학생회총연맹(KSCF), 영등포, 안양, 인천 도시산업선교회, 수도권특수선교위원회, 기독교회청년회(E.Y.C) 등이 참여하였다. 이사장은 박홍 신부님, 박형규 목사님, 지학순 주교님, 조화순 목사님, 김승훈 신부님이 차례로 맡아 주셨다. 이때 총무를 맡았던 나로서는 박 목사님과 지학순 주교를 같이 모시면서 자연히 만날 수 있는 기회를 자주 마련하였는데 때로는 원주 주교관에서, 때로는 서울에서 만나 시국에 대한 얘기를 나누면서 두 분이 친하게 지내시는 모습을

민운중경기도본부 결성대회
일시 : 1987. 7. 24

보았다. 지 주교님과 박 목사님은 호형호제하면서 시국을 어떻게 진단하고 해결할 것인가에 대해 진지한 의견을 나누시기도 했다. 특히 교단이 다른 터에 어려움도 없지 않았으나 두 성직자께서 가까이 지내셨음을 옆에서 볼 수 있었다는 것은 나의 큰 행복이었다.

박형규 목사님께서는 정보부의 공작으로 서울제일교회를 빼앗겼는데 줄기차게 회복하기 위한 투쟁을 하시는 것을 보면서 군사독재 정권의 탄압이 얼마나 가혹했을지 알 수 있었고, 교회를 빼앗긴 후에는 중부경찰서 앞에서 의연하게 그리고 꾸준하게 예배를 집전하시는 모습에서 고통받는 성직자의 고뇌를 읽을 수 있었다. 그 암울한 시기에 민중의 성직자로서 우뚝 서 계셨으니 참으로 존경 그 자체였다.

1982년경 청계노동조합 특히 노동교실이 폐쇄되고 이소선 어머니를 비롯하여 모든 간부들이 구속된 상태에서 청계노조의 부당한 탄압을 저지하기 위해 〈국민에게 드리는 글〉이란 성명서를 작성하고, 천주교 주교님들의 서명을 받기 위해 지학순 주교님께 말씀드렸던 적이 있었다. 지 주교님은 김수한 추기경님, 윤공희 대주교님, 지학순 주교님, 김재덕 주교님을 비롯하여 열두 분의 주교님의 서명을 받아 주셨다. 이것을 받아든 나는 조금 욕심이 생겼다. 박형규 목사님을 찾아가 뵙고 개신교 목사님들의 서명도 받기를 청했더니 박 목사님께서 문익환 목사님, 김관석 목사님, 안병무 교수님 등 10여 분의 서명을 받아 주셨다. 나는 이를 대량 인쇄하여 전국에 배포함으로써 청계노조 탄압을 저지하고, 구속자 석방을 촉구하고, 노동교실에 대한 폐쇄가 해제되기를 기대했다. 신구교의 고위 성직자의 성명이어서인지 이 사건으로 입건되지는 않았지만 실무자인 본인은 결국 경찰의 조사를 받은 바 있다.

2002년으로 기억되는데 박 목사님께서 민주화운동기념사업회 이사장으로 계실 때 국회로 기념사업회 예산 확보를 위한 로비를 하러 오셨다. 당시 국회의원이었던 본인은 기념사업회 초기 논의에 참여한 일이 있었고, 법을 제정하는 데도 힘 쏟은 바가 있었기에 목사님을 모시고 당 대표와 예결위 관련 위원을 만나시도록 주선했었다. 이때 노구를 이끌고 기념사업회의 안정적 기초를 닦기 위해 힘쓰시는 모습을 보면서 젊은 의원들이 무엇을 하고 있나 푸념하기도 했다.

목사님께서 돌아가시기 1년 전쯤이다. 서울제일교회 정진우 목사님을 통해 박형규 목사님을 모시게 되었는데, 목사님께서 막국수를 좋아하신다고 하셔서 청진동 상가 막국수 집에서 점심을 모신 것이 목사님과의 마지막 만남이었다. 나는 그때 박 목사님께서 내 주머니가 빈약함을 아시고 부담을 주지 않으려 막국수를 청하셨던 것이 아닌가 생각했다.

나는 박 목사님을 가까이서 모시는 기회는 그리 많지 않았다. 그러나 조직활동을 통해서 또는 집회에서 멀리 보는 일이 많았다. 목사님께서 서울제일교회에서 주일예배 설교하실 때라든가 기독교회관 목요예배에서 설교를 들을 기회가 있었다. 구체적인 내용은 기억에 없으나 기억나는 것은 위트 있으면서 힘 주어 열변을 토하신다는 것이다. 그럴 때마다 훌륭한 선동가였다고 느꼈다. 그런가 하면 걸어 다니기를 좋아하신다든지, 수수한 옷차림 그리고 대중과 관계를 가까이 하시는 모습에서 대중과 괴리가 있는 거룩한 성직자가 아니라 대중과 함께 잘 어울리시는 분이라고 생각했다. 목사님은 민중의 아픔을, 민족의 불행을, 나라의 흔들림을 보고 참지 못하는 진정으로 의로운 성직자이셨다. 지금도 존경하고 그 넋을 이어가고 싶다.

우리들 가운데 가끔 나오는 얘기 중에 "누구누구는 서울제일교회 출신이다"라는 말을 듣는다. 이 말은 민주화운동 인사 중에 서울제일교회에서 배출한 인사가 많다는 것이다. 이것이 그냥 이루어지는 것이 아니고 목사님의 신앙과 철학에서 나온 신념, 즉 반독재 민주화운동에 동참하는 젊은 활동가들을 많이 양성하고 보호하셨기 때문일 것이다. 사람을 모으고 사람을 기르고, 사람을 보호하는 목사님의 평소 목회 활동의 결과라고 생각한다.

존경하는 박형규 목사님! 목사님은 암울한 시기에 저희들을 깨우치셨고 움직이게 만드셨고 방향을 확실하게 제시해 주셨습니다. 아무쪼록 지상의 고통을 덜어 놓으시고 자유롭고 평화로운 저세상에서 평안히 계시옵소서.

삼가 명복을 빕니다.

# 한국의 본회퍼

## 차선각

### (목사)

나에게 기억되는 박 목사님은 투사의 이미지보다는 시골 학교의 인
자한 교장선생님쯤으로 투영됐던 분입니다.

내가 기독학생운동에 참여했던 60년대 전반부는 작고하신 손영걸
목사님이 우리들의 대부(代父)였습니다. 그런데 내가 KSCF-OB로 활
동하던 초기에 손 목사님이 갑자기 미국으로 활동무대를 옮기는 바람
에 후임자로 박 목사님께서 KSCM(한국기독학생회총연맹) 지도총무님
으로 오셨습니다. 이런 관계로 목사님과 저는 초기(60년대 후반부)에는
교제가 없었습니다.

60년대 후반부와 70년대 이후의 암울한 세월을 보내면서 SCM,
CLS, CBS, 서울제일교회 목회자로 활동하시던 면모를 투영해 보면 목
사님이야말로 촌장(村長) 어른이 아니라 감히 누가 흉내낼 수 없는 풍
운아였습니다.

다른 사람이 저질러 놓은 반동(反動)의 책임까지 뒤집어쓰질 않나,
기독학생들이 박정희 정권에 대항하는 음모를 꾸밀 때는 어디에서 생

겼는지도 모르는 자금을 덥썩 안겨 주시던 목사님은 분명 한국의 본회퍼 목사님이셨습니다.

만일 먹구름에 뒤덮여 있던 군사독재시절에 한국에 '박형규 목사님'이 계시지 않았더라면 반독재투쟁과 민주화쟁취를 위한 투쟁 또는 통일운동은 불가능하지 않았을까 하는 생각이 듭니다.

풍류를 즐기신 목사님은 가는 곳마다 새싹이 움터 오르게 하는 파종의 역사를 만드셨습니다. 감히 군사독재 정권하에서 태동하기가 불가능한 일이었다는 생각에 이 나라와 반독재운동 세력들에게는 행운이었습니다.

목사님은 20년 목회를 1년 앞두고 과감하게 서울제일교회 담임목회를 미련 없이 내어 던지셨습니다. 한편 이 나라 민주화운동의 풀뿌리들에게 버팀목이 되는 대부이셨습니다. 중앙정보부나 보안사에 끌려가 모진 고문에 견디기 힘들 때에는 자신에게 돌리라고 하신 '황야의 무법자'이셨던 목사님은 우리 후학들이 길이길이 추앙해야 될 걸출한 지도자이셨습니다.

만일 이 나라의 민주주의를 위한 기초작업에서 목사님이 계시지 않았다면 모래 위에 성을 쌓는 꼴이 되어 얼마 지탱하지 못하고 와르르 무너져 내려앉았을 것입니다.

목사님은 때로는 예수님처럼 버림받기도 하고 손가락질을 당하면서도 예수님의 뒤를 따르는 이 나라의 민주화운동과 통일운동의 베드로가 되기를 자초하신 분이었습니다.

목회와 사회의 변화 물결에서 한발짝 물러서서 다음 세대들에게 바톤을 넘겨 주시고, 은퇴 이후 노년의 삶을 살고 계실 때 나는 목사님께 근사한 점심식사를 대접해 드리고 싶어서 연락을 드렸습니다. 광화문에 위치한 '미진'이라는 식당에서 오전 11시 30분에 만나기로 해서 가 봤더니 6,000원짜리 메밀국숫집이었습니다. 그 후로 '미진'은 나의 단골식당이 되어 버렸습니다.

목사님은 나에게 괜찮은 식당만 소개하신 것이 아니라, 시대를 꿰뚫어 보는 분별력과 새로운 세상을 꿈꾸며 사는 역사의 참여자가 될 수 있도록 교훈하셨던 잊을 수 없는 은인이요, 스승이셨습니다.

목사님은 역사의 한복판에서 구심점이 돼야지 구경꾼이 되어서는 아니될 것을 유훈으로 남겨 주신 잊을 수 없는 스승이요, 삶의 모델이셨습니다.

두 눈 부릅뜨고 지켜보실 것 같아 오늘도 곁길로 샐 수가 없습니다.

'예'와 '아니오'를 분명히 외치도록 삶으로 교훈하신 깊은 뜻을 가슴에 새겨넣고 있습니다. 남이야 어찌하든 목사님이 걸어가신 그 길을 따라 뚜벅뚜벅 산(山)도 넘고 강(江)도 건너면서 후배들에게 떳떳한 선두주자가 되도록 열과 성을 다할 것을 다짐해 봅니다.

목사님을 흉내 내기에는 너무나도 부족하고 나약하지만 두 주먹 불끈 쥐고 뒤돌아보지 않고, 초지일관 갈릴리 백성으로 손색이 없는 차선주자로 열심히 살아 보겠습니다.

'사람은 이렇게 사는 거야'를 일깨워 주신 목사님께 거듭 감사하고 죽는 그 날까지 목사님을 잊지 않겠습니다.

미가 선지자의 외침처럼 주저앉은 이웃을 부둥켜안고 더불어 함께 사는 삶의 기쁨을 나누며 살도록 하겠습니다.

목사님, 고맙습니다.

박현규와 함께 그 길을 걷다

③

# 자유와 해방을
# 추구한
# 뿌리파

# 멀리, 길게 보는 그분의 눈

## 김학민

### (출판인, 전 학민사 대표)

　나는 학생운동 시절에는 박형규 목사님을 그렇게 잘 알지 못했다. 박 목사님의 글을 읽거나 주위 기독교 인사들의 목사님에 대한 전언을 듣고는 깊이 존경하고 있었지만, 대학시절 나는 가톨릭 동아리를 중심으로 활동하고 있었기 때문에 한 번도 목사님을 만나 뵙지 못했다. 내가 목사님을 가까이에서 뵙고 말이라도 몇 마디 섞을 수 있었던 것은 1974년 민청학련 사건으로 감옥에 갇혀 있을 때였다. 서대문구치소에서 나는 5사상 13방에, 목사님은 나와 통방이 가능한 5사하에 계셨고, 안양교도소를 거쳐 그해 10월부터는 영등포교도소에서 목사님과 함께 징역살이를 했다.

　1975년 2월, 박 목사님은 나와 함께 영등포교도소에서 석방되었지만, 목사님은 '선교자금 유용'인가 뭔가 하는 얼토당토않은 혐의로 또다시 구속되어서 상당 기간 뵐 수 없었다. 한참이 지난 후 내가 민청학련계승사업회 사무처장직을 맡았고, 박 목사님이 계승사업회의 공동대표이셔서 자주 뵐 수 있었고, 민주화운동기념사업회 이사장으로 재임하실 때는 가끔 찾아 뵙고 말씀을 나눌 수 있었다. 박 목사님의 생각과 삶 전체를 일별하고 분석하는 것은 나의 능력과 경험을 넘어서는 일이기 때문에 어두운 시대, 어두운 길목에서 접했던 목사님과의 일화 몇 가지를 소개하는 것으로 이 글을 한정할 수밖에 없다.

## 1972년 10월, 서울제일교회

1972년 10월 17일 박정희의 유신선포로 전국에 계엄령이 내려지고, 그 이튿날부터 학교는 무기한 휴교였다. 오후쯤 녹번동에 사는 고교동창 신동욱(당시 연세대 신학과 재학 중)을 찾아갔는데, 마침 고교 후배 이종만(당시 연세대 수학과 재학중)도 와 있었다. 셋이서 박정희의 폭거에 대해 흥분하여 이야기하다가, 이대로 있을 수는 없지 않겠냐는 데 의견이 일치했다. 당시 신동욱은 나치에 저항하다가 순교한 본회퍼와 독일 고백교회에 심취해 있어서, 한국 기독교의 사회참여도 적극 주장하는 입장이었다.

우리 셋은, 우선 박정희의 폭거를 반박하는 선언문을 작성, 시내 요소요소에 뿌리기로 했다. 내가 선언문을 쓰고, 이종만이 자기가 다니던 교회에서 등사기를 잠시 슬쩍해 오기로 했다. 10월 19일, 다시 신동욱의 집에 모여 선언문을 쓰고 이를 이종만이 '가리방'으로 긁어 몇백 장을 등사하였다. 그리고는 선언문 뭉치를 붕대로 묶고, 이를 저녁에 신세계백화점 옥상 난간에 묶어 놓은 다음 약국에서 쉽게 구입할 수 있는 황산을 붕대에 살짝 묻혀 끈이 삭는 사이 백화점을 빠져나왔다. 그러나 이것도 경계가 삼엄하여 더 이상 시도할 수가 없었다.

며칠을 빈둥거리다가 신동욱과 함께 김동길 교수 댁을 방문했다. 이런저런 이야기 끝에 김 교수는, 며칠 전 자기 책이 나왔는데 계엄령으로 서점에는 배포되지 못했다며 『길은 우리 앞에 있다』라는 책을 보여주었다. 신동욱과 나는 김 교수 댁에서 나와 다방에 앉아 잡담을 하다가 출판사에서 그 책을 가져와 서클, 교회 등을 찾아다니며 팔아 보자는데 의견을 모았다. '용돈도 벌고 의식화사업'도 하자는 맹랑한 생각이었다. 그 이튿날 당주동의 범우사를 찾아가 윤형두 사장을 만나 취지를 말하니, 당시만 해도 영세했던 출판사 사장으로서는 불감청고소원(不敢請固所願)이었다.

그날 바로 두 사람이 들고 다닐 정도의 20권을 가지고 나와 서울제일교회를 찾아갔다. 신동욱의 소개로 박 목사님께 인사를 드리고 취지를 말씀드렸더니 빙그레 웃으며 "김동길이가 낸 책이야? 그래 알아서 팔아 봐!" 하셨다. 대학생회 학생들이 모인 곳으로 가서 책을 팔려고 하는데, 학생들과 같이 앉아 있던 권호경 전도사께서는 시큰둥한 표정이었다. 속으로 '목사님께 허락도 받았는데, 왜 저러실까?' 불만스러웠지만, 개의치 않고 몇 권을 팔고 서울제일교회를 나왔다.

이렇게 신나게 '사업'을 벌이고 있는데, 며칠이 지나 사단이 났다. 저녁에 집에 들어갔더니 그 책 때문에 중앙정보부 직원이 기다리다가 내일 아침에 꼭 연락하라며 전화번호를 주고 갔다는 것이다. 중앙정보부라! 순간 당황스러웠다. 바로 집을 나와 신동욱을 만나 '대책'을 의논했지만 당황하기는 신동욱도 마찬가지였다. 우선 김동길 교수를 찾아가 자초지종을 말씀드리니, "그 정도 일로 우왕좌왕하지 말고 사실 그대로 대처하라"는 것이었다.

김 교수 댁을 나와 신동욱과 안면이 있는 봉원동 '퀘이커의 집'에 가서 하룻밤을 자고 이튿날 정보부원이 적어 준 번호로 전화를 거니, 명동의 어느 호텔 커피숍으로 오라는 것이다. 정보부에서 이런저런 조사를 하루 내내 받았다. 그들은 김 교수의 지시로 책을 팔았는지 계속 추궁했으나, 사실이 그렇지 않아 나는 휴교 중 아르바이트로 한 일이라고 계속 우겼댔다. 그들은 사건을 더 확대하지 않기로 방침을 정했는지, 그동안 나간 책을 회수하기로 하고 풀어주었다.

다음날부터 정보부원 두 명과 함께 책을 회수하러 다녔다. 그들은 이미 출판사에서 내가 몇 권을 가져왔는지 확인하였기 때문에 여러 권이 팔린 서울제일교회를 빼놓을 수는 없었다. 그 날 박 목사님이 교회에 계셨는지는 기억나지 않으나, 나는 권호경 전도사님으로부터 꾸지람을 들었다. 내가 그 꾸지람의 의미를 깨달은 것은 그 이듬해, 박 목사님과 권 전도사님 그리고 서울제일교회 소속 대학생들이 관련된 소위 '남산 부활절예배 내란예비음모 사건'이 발표되었을 때였다.

## 1974년 4월, 서대문구치소

1974년 4월 3일 아침, 도서관에서 책이나 읽을까 하고 앉아 있는데, 내 담당 남부경찰서 정보과 형사가 들이닥치더니 바로 연행해 갔다. 점심이 지나기까지 남부서 정보과에서는 아무런 조사도 하지 않았다. 정보과 형사들도 무엇 때문에 나를 연행해 오라고 했는지 모르는 눈치였다. 오후 3시쯤 남부서 형사들은 나를 지프차에 태우고 가 중앙정보부 6국에 인계하였다. 나를 인수받은 정보부원은 강당과 같은 곳에 데려가 벽을 향해 무릎을 꿇려 두어 시간 앉아 있게 한 다음, 조사를 시작하였다. 그들은 연세대 시위계획에 대해 추궁하면서, 그날 저녁에 선포된 긴급조치 4호 내용을 읽어 주며 사실대로 밝히면 자수처리를 해 주겠다며 회유했다.

이렇게 정보부에서 꼬박 밤을 새우며 이틀을 조사받고, 4월 5일 오후 서울구치소에 수감되어 있다가 4월 11일 보안사의 소위 '서빙고호텔'로 이첩되었다. '호텔'의 지하실에는 조사실이 열대여섯 개 있었는데, 가로 15cm, 세로 5cm 정도의 직사각형 감시구가 뚫려 있는 철문에 나머지 3면은 밀폐된 1.5평 크기였다. 어느 날 저녁, 처음 보는 수사관이 들어오더니 알 듯 모를 듯한 소리를 툭 던지고 나갔다. "야, 너희 학생들이 무슨 잘못이냐? 다 어른들 탓이지." 나중에 그 사람이 박 목사님의 사촌동생일 것이라는 말을 들었다.

5월 12일이었을 것이다. 그날도 '호텔'에서 호출하여 보안과로 가고 있는데, 앞에서 푸른 수의를 입은 김찬국 교수가 걸어오고 있었다. 김 교수도 나를 알아보았지만 제대로 인사도 못하고 엇갈렸다. 그날 오후에는 '호텔'에서 김동길 교수도 만났다. 나는 그때까지도 두 분이 구속된 것을 전혀 알지 못하고 있었는데, 나 때문에 두 분이 구속되었다고 생각하자 자괴감으로 죽을 지경이었다. 그날 저녁 '호텔'에서 돌아와 두 분의 구속을 알려드리자 박 목사님은 환호성을 지르셨다.

"야 김학민, 너 잘한 거야. 김동길, 김찬국 불알 꼭 잡고 있어!"

### 1974년 10월, 영등포교도소

민청학련 사건 구속자들에 대한 재판은 그야말로 개판이었다. 엄청난 고문으로 조작된 중정의 조서는 토씨 하나 바뀌지 않고 검찰의 공소장이 되었고, 이 공소장을 그대로 복사한 것을 판결문이라고 읽으며, 1심 재판부는 20대 초반의 학생들에게 사형, 무기, 징역 20년, 15년 등 중형을 선고했다. 기대는 하지 않았지만 '노느니 염불한다'고 항소했다. 그러나 항소심도 마찬가지였다. 그해 9월 28일에 항소심 선고가 있었는데, 우리들은 개정되자마자 일제히 일어나 애국가를 부르다

●민청학련 사건 배후로 지목되어 구속되었다가 풀려나는 박형규목사

가 법정에서 헌병들에게 끌려나왔다. 대부분 항소기각이었다.

대법원에 상고를 하자 10월 10일 안양교도소로 이감되었다. 박 목사님도 우리와 함께 안양으로 가셨다. 안양교도소에 모인 우리들은 더 이상 꼭두각시 재판에 참여하지 않기로 결의, 10월 21일 일제히 상고를 취하했다. 상고취하로 우리들은 기결수가 되어 전국 각 교도소로 분산 이감되었다. 박 목사님과 나, 최민화, 유홍준 등은 영등포교도소로 갔는데, 거기에는 백기완 선생, 김지하 시인, 이규상, 김동완 전도사 등이 먼저 와 자리를 잡고 있었다.

영등포교도소에서는 점심때 사식을 신청하면 교도소 내 작은 식당에서 함께 먹게 해 주어서 우리들은 매일 사식을 시켰다. 대체로 김지하 시인이 좌중을 사로잡았는데, 될 성싶은 나무는 떡잎부터 다르다고 학생 중에서는 유홍준이 끼어들기도 했다. 가끔은 김지하 시인 혼자만의 '판'을 못 참은 백기완 선생이 한말씀 하셨다. "지하야, 나도 말 좀 하자." 박 목사님은 자기주장을 하기보다는 남의 이야기를 경청하였다가 알아듣기 쉬운 내용으로 '종합결론'을 내리셨다.

90년대 중엽이든가, 박 목사님을 모시고 민청학련 사건 때 희생되신 대구의 인혁당 관련 인사들의 추도식에 간 적이 있었다. 목사님이

나 나나 그 이튿날 중요한 약속이 있어 추도식이 끝나고는 바로 서울로 올라갈 작정으로 항공편을 예약하고 내려왔다. 대구공항에 가서 예약된 티켓을 받고 탑승을 기다리는데, 젊은 남녀 둘이 우리에게로 오더니 비행기 티켓을 양보해 달라고 애원하는 것이었다. 둘은 그날 결혼식을 올렸는데, 친구들과 놀다가 김포행 비행기를 놓쳐 우리 비행기를 못 타면 신혼여행지로 떠나기로 한 국제선을 환승할 수 없다는 것이다.

사정이 딱하지만 우리 형편도 있어 정중하게 거절하고 있는데, 박목사님이 불쑥 한마디 하셨다. "야, 김학민, 우리 표 양보해 주자." 그들은 백배 감사하며 티켓 값에 얼마를 더 얹어 주었다. 대전이 종점인 기차가 있어 일단 대전으로 갔다. 그러나 대전역에 내려 백방으로 서울행 교통편을 알아보았으나 모두가 끊어졌다. 할 수 없이 대전역 근처의 허름한 여관에 들어가 목사님과 한 방에서 하룻밤을 보냈다. 박 목사님은 그날 참 대책 없는 분이었지만, 나는 잠들기까지 목사님과 이런저런 이야기를 나누는 귀한 시간을 가졌다. 박 목사님 하면, 그날 밤이 떠오른다.

# 감옥 안에서 용기를 북돋아 준
# 목사님의 찬송가 열창

김효순

(언론인, 전 한겨레신문 논설위원)

　우리 현대사에서 큰 발자취를 남긴 박형규 목사님에 대한 나의 첫
인상은 멋쟁이로 남아 있다. 장소는 목사님과 떼려야 뗄 수 없는 서울
중구 오장동의 서울제일교회였다. 거의 쉰 살에 들어섰을 무렵의 목사
님은 밖으로 나설 때 빵떡모자를 즐겨 쓰시곤 했다. 왠지 멋을 아는 분
이구나 하는 느낌을 받았다. 편하게 얘기를 나눌 수 있는 사이는 아니
었지만, 목사님은 놀랍게도 내 또래의 대학생들과 '맞담배질'을 태연히
하셨다. 어쩔 수 없이 응하시는 게 아니라 나서서 권하셨다. 성직자들
에 대한 나의 선입견은 목사님과의 접촉기회가 늘어나면서 그냥 사라
져 버렸다.

　초·중학교 때 잠시 다녔던 것을 제외하고는 거의 발을 끊고 있었던
교회에 다시 기웃거리게 된 것은 1971년 10월 15일 대학가에 발동된
위수령과 관련이 있다. 2학년이던 1971년은 대학문이 열린 봄부터 잠

시도 평온한 적이 없었다. 학원병영화에 반대하는 군사교련 반대시위, 대선과 총선의 부정방지를 위한 선거감시 활동, 광주단지 철거민 봉기와 한진노동자 농성투쟁, 사법파동 등이 잇달아 터졌다. 정국 불안이 계속되자 박정희는 탱크와 장갑차를 학교 정문 앞에 배치하고 무장병력을 학내에 진입시키는 무단정책을 썼다.

위수령 발동의 낌새조차 느끼지 못했던 나는 당일 아침 일찍 학교에 갔다가 '후진국사회연구회'라는 서클의 1년 선배인 김상곤(현 교육부총리)을 만났다. 당시 서울대 총학생회장을 맡았던 김 선배가 서울의대 함춘관에서 기자회견을 한다며 가자고 해 길 건너 의대 쪽 정문으로 향하다가 사복형사들의 습격을 받았다. 이때만 해도 혈기가 넘쳤는지 나는 멱살을 잡아채려는 형사를 뿌리치고 의대 안으로 달려 들어갔다. 뭔가 일이 터진 것 같아 숨을 헐떡이며 원남동 쪽 병원 정문으로 빠져 나왔는데 얼마 뒤 시내에 위수령 발동 호외가 뿌려지고 라디오는 서슬이 시퍼런 소식들을 뿜어냈다. 형사들의 주공격대상이었을 김 선배는 그 자리에서 체포돼 학교에서 제적되고, 강제징집되는 고난을 겪었다.

25일 뒤 위수령이 해제됐을 때 대학가는 쑥대밭이 됐다. '불온'으로 찍힌 학술서클은 해산됐고, 폭압통치를 비판했던 많은 학생들이 학원에서 쫓겨나 입영열차에 태워져 일선부대 소총수로 배치됐다. 운좋게 강제입영을 면한 이들은 갈 곳이 없었다. 학교 주변의 다방이나 술집에는 감시의 눈길이 번득였고, 이따금 세미나 장소로 이용하던 가톨릭회관도 더 이상 안전지대가 아니었다. 겨울 추위도 닥쳐와 아주 스산하던 그 시절 따뜻한 손길을 내주신 분이 바로 목사님이다. 오갈 데 없어 헤매던 학생들에게 피난처를 제공해 주신 거다. 목사님은 젊은이들

●1972년 대학 3학년때 경북지역 농활 당시(뒷줄 오른쪽 나명식, 앞줄 왼쪽 두번째가 김효순)

과의 교류를 즐기면서도 예배에 참석하도록 강권하지는 않으셨다. 당시 목사님의 신세를 진 후진국사회연구회의 동료들을 꼽자면 나병식, 정문화, 김경남, 강영원, 박원표, 이근성 등이 있다. 이 중에는 민주화운동에 헌신하다가 안타깝게도 일찍 유명을 달리한 이들도 있다.

서울제일교회 안의 모임을 디딤돌로 해서 해방신학, 산업선교, 특수선교, 솔 앨린스키, 본회퍼, 루돌프 불트만, 위르겐 몰트만 등을 귀동냥으로 알게 됐다. 학내의 학술서클에서는 별로 듣지 못했던 개념이나 사람들이다. 1년쯤 뒤에는 우연한 계기로 명륜동 창현교회 대학생부와 어울리게 돼 서울제일교회의 품에서 멀어졌다. 아쉽게도 목사님의 직접 가르침을 받는 기회를 놓쳤지만, 새 벗들을 만난 덕에 잃은 것을 상당히 보전할 수 있었다. 창현교회 팀과의 친목은 40

여 년이 흐른 지금도 꾸준히 이어지고 있다. 내 인생의 소중한 자산이라고 생각한다.

급기야는 1978년 8월 감옥에서 풀려났을 때도 목사님께 폐를 끼쳤다. 민청학련 사건 관련자 가운데 '낙동강 오리알' 신세가 된 이현배, 유인태, 이강철과 광주교도소에 함께 수용돼 있었다. 어느 날 중앙정보부 광주지부의 한 요원이 나타나 느닷없이 반성문을 쓰라고 해서 거부하자, 얼마 뒤 목사님께서 찾아오셨다. 아마도 중정에서 각계의 석방 요구에 반성의 태도를 보이지 않으니 어쩔 수 없다고 둘러댔고, 애가 탄 가족들이 목사님을 찾아가 하소연을 했던 모양이다. 이런 곡절을 거쳐 그해 8·15특사로 교도소 문을 나왔는데 무슨 영문인지 이강철 선배만 홀로 제외돼 3년을 더 감옥에서 지내야 했다. 목사님이 1976년 말 중앙정보부장에 임명된 김재규를 이따금 만나 시국현안에 대한 담판을 짓곤 했다는 얘기를 한참 후에야 들었다.

목사님의 회고록 『나의 믿음은 길위에 있다』는 2010년 창비에서 나왔다. 박정희의 유신통치 때 조선일보에서 쫓겨난 해직기자이자 '선비형 언론인'인 신홍범 선배가 수십 번의 인터뷰를 바탕으로 쓴 책이다. 처음에 책을 쥐었을 때는 목사님의 굵직굵직한 사회적 행동을 동시대로 체험했다고 생각해 대충은 아는 내용이리라고 짐작했는데 큰 오산이었다. 목사님이 식민통치 분단 독재 등 현대사의 질곡을 몸으로 겪으셨다는 것을 새삼 느꼈다. 아홉 살 때 오사카로 건너가 교토 료오[雨洋]중학교를 다니다 일왕의 사진에 강제로 절을 해야 하는 문제로 갈등을 겪었던 것, 폐결핵 환자인데도 일제의 징병 대상이 되자 나팔이 폐에 좋지 않다는 얘기를 듣고 트럼펫을 열심히 불어 결국 징병이 면제된 것, 태평양전쟁 말기 귀국 후 진영의 한 성당에서 한글을 배우다 밀정의 신고로 경찰서에 끌려가 무지막지한 고문을 당한 것 등은 생생한 아픔으로 다가왔다.

식민통치의 상흔이 우리 사회에 얼마나 뿌리 깊게 박혀 있는가도 목사님의 증언을 통해 알게 됐다. 한국교회를 대표하는 영락교회, 경동교회는 일본의 신흥종교인 덴리(천리)교 건물이 있었던 자리였다고 한다. 해방 후 미군정이 통치하던 시기에 일부 기독교 인사가 재빨리 불하를 받았다는 것이다. 일제 때 덴리대학의 전신인 덴리외국어학교의 조선어과정을 수료한 일본인들이 조선총독부의 하위관료나 경찰에 많이 채용됐던 점을 합쳐 생각하면 기묘한 역사의 흐름이다. 한국전쟁 직후 도쿄의 유엔군사령부 방송국에 가게 된 경위나 도쿄신학대학에 편입해 본격적으로 신학을 공부하게 된 과정도 흥미로웠다. 그때 일본에서 접했던 카를 바르트나 루돌프 불트만의 신학이 20년이 채 되지 않아 나 같은 문외한에게도 극히 일부나마 전수가 된 셈이다.

자유당 정권 말기인 1959년 3월 귀국한 목사님의 후반 생애의 방향을 결정지은 것은 역시 4·19혁명이었던 것 같다. 부정선거를 항의하는 학생들에게 발포하는 무자비하고 뻔뻔한 권력에 대한 분노를 억누를 수 없었다고 했다. 스스로 기독교 정권임을 내세우면서 학생들에게 총부리를 들이댔으니 더욱 가증스러웠을 것이다. 그 후의 행보는 기독교의 참된 정의 실현이라는 목표를 축으로 진행됐다.

나는 90년대 전반기 한겨레신문의 도쿄특파원으로 일하면서 일본의 시민운동 활동가나 지식인들과 교류가 잦아졌다. 이들과의 대화를 통해 박정희·전두환의 독재시절 한국의 민주화를 지원하는 한일연대운동, 특히 한일기독교 교류에 목사님이 중심적 위치에 있었던 것을 확인할 수 있었다. 히다 유이치 고베청년학생센터 관장은 한국의 도시산업선교 농촌선교그룹과 교류하면서 박형규, 조화순 목사 등을 접촉했다고 했다.

한국에서 정권에 밉보인 기독교 인사들과 만난 일본인은 귀국길에 공항에서 소지물을 수색당하거나 연행돼 조사를 받았고, 나중에 비자 발급이 거부되는 보복을 당했다.

목사님이 수난을 당할 때 서울제일교회를 찾아와 격려발언을 아끼지 않았던 야마모토 마사노부 목사는 감리교 계열의 유서 깊은 니시가타마치교회에서 시무했다. 그는 폐광지역에 들어가 선교를 하고 베트남전 반대운동, 야스쿠니신사 국가지원 반대운동에도 앞장섰다. 그가 도쿄 주재 한국대사관에 비자를 신청하면 서울제일교회에서 설교를 하지 않는다는 조건으로 비자가 나왔기 때문에 교회 강단에 서게 되면 자신이 말하는 것은 설교가 아니라 인사말이라고 전제를 하고 시작해야 했다. 그의 전임자였던 스즈키 마사히사 목사는 일본기독교단총회 의장을 맡고 있던 1967년 〈2차세계대전에서 일본기독교단의 책임에 대한 고백〉을 발표해 일본 사회에 큰 반향을 일으켰다. 이 고백은 전후 일본 종교계에서 전쟁책임 문제를 처음으로 공론화한 것이다. 이제 한일기독교 교류는 세대교체도 있고, 언어문제도 있어 열기가 예전 같지 않은 듯해 아쉽다.

목사님의 삶에 대한 나의 가장 강렬한 기억은 1974년 봄 서대문구치소 4사하 사동에서 울려 퍼지던 찬송가 열창이었다. 유신헌법 반대 데모를 하면 사형에 처할 수도 있다는 공갈과 함께 수많은 사람을 감옥에 처넣던 광기의 시대에 또 수감된 목사님은 저녁 무렵 사동이 좀 잠잠해지면 홀로 찬송가를 부르시곤 했다. 즐겨 부르시던 노래는 "뜻없이 무릎 꿇는 그 복종 아니요 운명에 맡겨 사는 그 생활 아니라…"

였다. 2절 후반부는 "해 아래 압박 있는 곳 주 거기 계셔서 그 팔로 막아주시어 정의가 사나니"라는 구절로 마무리된다. 이 찬송가처럼 목사님은 '그때 거기 계셔서' 수많은 청년 학생들을 감싸안아 주신 것이다.

박형규와 함께
그 길을 걷다

# 자유와 해방을 추구하신
# '뿌리파 목사님'

## 김종철
### (언론인, 동아자유언론수호투쟁위원회 위원장)

내가 박형규 목사님을 처음 뵌 것은 1975년 2월 중순이 지날 무렵이었다. 민청학련 관련 수감자 200여 명이 2월 15일 감옥에서 풀려난 뒤 서울 신문로의 새문안교회에서 개신교 석방자들을 환영하는 예배에 동아일보사 기자로 취재를 하러 갔던 것이다. 옥살이에서 막 풀려나신 몸으로 연단에 오르신 박 목사님은 카랑카랑한 목소리로 박정희 유신독재의 인권유린과 용공조작을 비판하셨다.

그로부터 채 한 달도 안 된 3월 13일, 나는 박 목사님을 아주 가까운 거리에서 뵐 수 있었다. 장소는 광화문 동아일보사 3층 편집국이었다. 그때 동아일보사 기자들과 동아방송 피디, 아나운서 등 160여 명은 경영진이 사원 다수를 강제해직한 데 항의하면서 신문과 방송, 잡지 제작을 거부하고 있었다. 편집국 바로 아래인 2층 공무국에서는 기자 23명이 물과 소금만 먹으며 단식 중이었다. 박 목사님은 목요기도회 참석자들과 함께 그 자리에 오셔서 편집국에서 공무국으로 뚫린 도르래 구멍을 통해 단식에 지친 기자들을 격려하셨다.

당시 동아일보사 경영진은 박정희 정권의 압력에 굴복해 자유언론 실천운동의 주역들을 대량 해직하고 있었다. 권력의 광고탄압에 맞서 '격려 광고'로 지면과 전파를 채워준 민중의 성원을 배신한 것이었다. 동아일보사 언론인들이 농성과 단식을 계속하던 엿새 동안 박 목사님은 거의 하루도 거르지 않고 현장을 찾아오셨다. 특히 기억에 남는 것은 그분이 미국 민요에 가사를 붙이신 〈뿌리파〉라는 노래를 가르쳐 주실 때 우리가 함께 따라 부르던 일이다.

**우리들은 뿌리파다 좋다 좋아 / 같이 죽고 같이 살자 좋다 좋아 / 무릎을 꿇고서 사느니보다는 서서 죽기를 원한단다 / 우리들은 뿌리파다.**

동아일보사에서 대대적인 언론인 추방이 벌어지기 직전인 1975년 초에 박형규 목사님은 『해방의 길목에서』라는 책을 펴내셨다. 그 책에는 가난하고 소외된 이들을 위해 기독교가 어떤 길을 가야 하는지가 명백히 제시되어 있었다. 1984년에 그분이 출간하신 저서 『해방을 위한 순례』는 그 후속편이나 마찬가지다.

동아일보사에서 해직당한 언론인들이 결성한 동아자유언론수호투쟁위원회(동아투위) 사람들은 1978년 10월 24일 저녁, 〈자유언론실천선언〉(1974년 10월 24일 발표) 4주년을 맞아 서울 명동의 한 식당에서 기념식을 갖고 박정희 정권의 긴급조치 9호라는 재갈을 문 '제도언론'이 단 한 줄도 보도하지 못한 지난 1년 동안의 주요 사건들을 모아 〈민

주·인권일지〉를 펴냈다. 그것이 긴급조치 9호 위반이라고 해서 동아
투위 위원 10명이 구속되어 서대문구치소에 갇히게 되었다. 1978년
11월 초였다. 그 가운데 한 명이던 나는 구치소 '4사상'(2층)에 수감되
었다. 바로 옆의 옆방에는 문익환 목사님이 계셨고 아래층에는 박형규
목사님이 자리 잡고 계셨다. 그분은 그 해 2월 종로5가 기독교회관에
서 박정희 유신독재체제를 비판하면서 새 민주헌법이 필요하다고 주
장한 〈민주선언〉을 발표하셨는데, 긴급조치 9호 위반 혐의로 구속 기
소되어 1심에서 징역 5년을 선고받으셨다.

유소년 시절, 시골 교회에 다닌 적밖에 없는 나는 어느 날 기독교회
관의 지인이 넣어준 구약성서를 열심히 읽기 시작했다. 매사를 따지기
좋아하는 기자라서 그런지 성경 구절 가운데 '의심스런 내용'이 나오면
아래층의 박 목사님과 통방을 통해 해답을 얻으려고 했다. 그것이 '교
리문답'이 되어 거의 한 달은 지속된 것 같다. 박 목사님은 성가실 텐
데도 언제나 자상하게 답을 해 주셨다.

1983년 들어 전두환 군사독재정권의 보안사령부는 박 목사님이 담
임을 맡고 계시던 중구 오장동 서울제일교회에 음흉한 탄압을 가하기
시작했다. 일부 신자들에게 "빨갱이 목사를 몰아내라"고 부추기면서
예배를 방해하도록 했던 것이다. 어느 날 갑자기 거리로 나서게 된 박
목사님과 많은 신자들은 교회 앞에서 항의시위를 하며 기도를 하다가
경찰에 의해 강제해산을 당하곤 했다. 그 시기에 문익환 목사님을 비
롯한 재야 민주화운동가들이 서울제일교회 앞에서 동조시위를 하던
광경이 지금도 뚜렷이 떠오른다. 박 목사님 일행은 1990년까지 무려 7
년 가까이 중부경찰서 앞에서 노상예배를 드렸다.

나는 1987년 6월항쟁 시기에 서대문구치소에서 다시 박 목사님을

● 왼쪽부터 김병모, 박형규, 계훈제, 뒷줄 오른쪽이 금영균

만나게 되었다. 이번에는 내가 먼저 거기에 있었다. 민주통일민중운동연합(민통련) 대변인을 맡고 있던 나는 1986년의 인천 5·3항쟁 주도자들 가운데 한 사람이라는 이유로 한 해 넘게 수배를 당해 있다가 1987년 6월 5일 경찰에 체포되어 6월 8일 서대문구치소 10사상에 수감되었다. 그로부터 며칠 뒤 아내를 접견하고 돌아오는데 한 '민주교도관'이 10사하에 박형규 목사님이 계시다며 나를 그리로 안내했다. 민주헌법쟁취국민운동본부(국본) 상임공동대표로서 6월 10일의 국민대회를 주도한 혐의로 투옥되셨다는 것이었다. 목사님은 감방 쇠창살 안에서 밝게 웃으시며 "이제 곧 우리가 승리할 것"이라고 말씀하셨다. 그것이 아마 그분의 여섯 번째이자 마지막 옥살이였던 것 같다.

박 목사님이 신학을 전공하기로 결심하신 것은 일본 도쿄의 유엔군사령부에서 군무원으로 근무하시던 1956년이라고 한다. 그때 도쿄에서 열린 아시아지역 기독교교육대회에 한국 대표로 참석하신 강원용·김관석 목사님을 만나 한국기독교장로회(기장)에 관한 말씀을 듣고 기장에 들어가기로 결심하신 것이다. 박 목사님은 만년에 한 기독교언론과 인터뷰에서 이렇게 고백하셨다.

나는 한국기독교장로회라는 양모 밑에서 강원용, 조향록, 김관석, 서남동, 문익환, 문동환, 안병무 등 형님들과 김익선, 이영민, 조덕현 등 동년배 목사들의 따뜻한 배려를 받으면서 급속도로 성장했다. 그리고 내가 민주화, 인권, 평화통일 등 교회의 사회 참여에 나서게 된 것은 마치 아버지가 아들을 꾸짖듯이 수시로 내게 가야 할 길을 제시해 주신 고 김재준 목사님의 훈시와 질책 때문이었다. '교회로 하여금 교회 되게 하라'(Let the Church be the Church)라는 모토를 따르려고 애썼다. 우리 기장이 그래도 이 목표에 가장 가까이 있고 또 가까이 가려고 정진하는 교회라 믿고 감사하는 바이다.

박 목사님이 '교회가 교회 되게' 하는 길은 억압과 착취와 소외를 당하는 약자들의 편에 서서 자유와 해방을 위해 노력하는 '목자'로서 몸과 마음을 바치는 것이었다. 목사님이 동지들의 곁을 떠나신 지 두 해가 되는 오늘, "무릎을 꿇고서 사느니보다 서서 죽기를 원한다" 하시던 그분의 노랫소리가 새삼스럽게 귓전을 울린다.

# 염화미소가
# 아름다웠던 목사님

### 지선
#### (스님, 민주화운동기념사업회 이사장)


제가 목사님과 처음 가깝게 인연을 맺은 것은 6월항쟁 때였습니다. 물론 그 이전에도 제가 민통련 부의장으로 있으면서 몇 번 뵌 적은 있었지만 그저 의례적인 자리에서 만남이라 인사를 나누는 정도였지요.

1987년 5월 말 향린교회에서 민주헌법쟁취국민운동본부(이하 국본)를 결성할 때 저는 진관 스님과 함께 참석했습니다. 거기서 상임공동대표 11명을 선출했는데 저는 불교계를 대표하여 상임공동대표로 선출되었습니다. 박형규 목사님이 기독교 대표로 뽑혔고요. 그리고 상임공동대표들은 그 자리에서 6·10국민대회가 열리는 성공회대성당에 대회 3일 전에 들어가기로 굳게 결의했습니다. 경찰들이 봉쇄할 것에 대비하여 미리 들어가 있자는 것이었지요.

대회 3일 전 6월 7일 어스름한 저녁 때쯤, 나는 진관 스님과 함께 성공회대성당으로 갔습니다. 진관 스님은 다른 사건으로 감옥에 갔다가 출소한 지 얼마 안 된 때라 저 혼자 들어가려고 했는데 진관 스님이 자기도 굳이 들어가겠다고 하여 함께 갔습니다.

예상대로 경찰들이 성공회대성당을 겹겹이 둘러싸고 출입을 막고 있었습니다. 가만히 주위를 살펴 보니 성당 뒤편에 담이 있고, 그 뒤로 약간 구릉진 곳이 있었습니다. 경비도 허술한 듯 보였습니다. 우리는 그리로 들어가면 되겠다 생각했습니다. 그래서 그 구릉으로 올라가 거기에서부터 막 달려가 담을 뛰어 넘었습니다. 우리가 뛰어 내린 곳은 성당 안 수녀원이었는데 쿵 소리에 놀란 수녀들이 뛰어 나와서 우리를 보더니 성당 안으로 들어가 박종기 주임신부께 알렸습니다.

저희가 박 신부 안내로 성당 안으로 들어가니 그곳에 박형규 목사님과 계훈제 선생이 먼저 들어와 우리를 반갑게 맞아 주셨습니다. 뒤이어 민주당 양순직 부총재, 김명윤 변호사, 오충일 목사, 금영균 목사, 유시춘 씨 등이 속속 들어왔습니다.

저희는 성공회 김성수 주교의 배려로 사제관에서 숙식하면서 6·10 국민대회를 준비할 수 있었습니다. 우리는 다음날부터 매일 아침이면 성당 안에 모여 출정식을 가졌습니다. 애국가도 부르고 토론도 하고 각오를 다지는 얘기도 나누었습니다. 긴 탁자 위에 서명첩을 펼치고 각자의 다짐과 이름을 쓰는 서명식도 가졌습니다.

드디어 6월 10일이 되었습니다. 예정대로 오후 6시 성공회대성당 안에서 국민대회를 거행했습니다. 박형규 목사님 등 70여 명의 참석자들이 대회를 거행하는 동안 저는 성당 꼭대기 종탑에 올라가 대형 스피커로 대국민 방송을 했습니다. "국민 여러분 지금부터 국민운동본부 방송을 시작하겠습니다. 장충체육관 4·13 호헌조치에 의한 노태우 대통령 후보 선출은 무효임을 선언합니다"라고 여러 차례 되풀이 방

● 1987년 7월 5일 석방 직후(왼쪽부터 진관, 박형규, 금영균, 지선)

송을 했습니다. 그리고 밖을 내다보니 온통 거리가 최루탄 가스로 자욱하고, 자동차 경적 소리가 요란했습니다.

국민대회를 성공적으로 마치고 우리 국본 대표 11명은 봉고차에 실려 남대문경찰서로 연행되었습니다. 그리고 거기서 몇 군데 경찰서로 나뉘어 조사받고 모두 서대문구치소에 수감되었습니다. 저와 진관 스님은 동대문경찰서와 남영동에서 온갖 공갈 협박, 험한 소리를 다 듣고 조사를 받았습니다. 그리고 서대문구치소로 이송되어 일제 강점기부터 있었다는 빨간 벽돌건물 사동 36호에 수감되었습니다.

서대문구치소에서 박 목사님을 다시 만났습니다. 제가 있는 방 바로 앞방에 박 목사님이 계셨고, 제 옆방에 양순직 부총재가 있었습니다.

구치소로 옮기니 천정은 높고 방은 좁지만 적막강산이라 참선수행하기는 참 좋았습니다. 그러나 분위기는 안 좋았지요. 교도관이 와서 스님들은 괴수니까 전두환이 처형할 거라는 등 살벌했습니다. '나오라는 날이 죽는 날이구나' 생각하며 지냈습니다.

아침이면 일어나 박 목사님께 문안인사 드리며 하루를 시작했습니다.

목사님께 "목사님, 잘 주무셨습니까?" 인사를 드리면 그분은 항상 미소를 지어 보이셨습니다. "어르신, 연세도 많으신데 괜찮으십니까?" 물으면 빙긋이 웃으시며 "나야 뭐 괜찮지" 하고 대답하셨습니다. 또 내가 "목사님, 어떻겠습니까? 하느님과 내통해 보셨습니까? 나가겠습니까, 죽겠습니까?" 하고 물으면, "죽고 사는 문제를 떠나서 일을 해야지. 이런 때는 모든 종교가 하나로 합하고 민주화하고, 통일해야지" 하시면서 또 씩 웃으시고, "스님은 수행이나 철저히 하세요" 하시는 것이었습니다.

구치소에서 한 보름쯤 지났을 때 누가 막 달려오는 군홧발 소리가 들렸습니다. 그러더니 교도관이 우리 앞에 와서 "스님, 목사님, 이제 살았습니다. 노태우가 6·29선언 한답니다" 그러는 거예요. 그래서 제가 박 목사님께 "목사님, 저 말을 믿을 수 있습니까?" 물었습니다. 그랬더니 목사님께서는 "사람 목숨을 자기들 마음대로 할 수 있나? 전 국민이 전국적으로 떠드는데 함부로 못할 거라 생각했지. 저 말이 전혀 거짓말은 아닐 거야"라고 하시는 겁니다.

그리고 며칠 지나서 7월 4일쯤 되는데 우리가 나가게 된다는 거예요.

제가 목사님께 "목사님, 목사님과 스님이 하나님께 기도하고 부처님께 기도해서 하느님과 부처님이 우리를 돌봐줘서 산 것 같습니다"라고 했더니, 목사님이 빙긋이 웃으시면서 "그것도 거짓말이야. 국민들이 우릴 살려 준 거야" 하셨습니다.

드디어 우리가 석방되었습니다. 우리가 감방에서 나와 줄을 지어 목사님이 맨 앞에 서시고, 내가 두 번째 서서 나오는데, 구치소 정문이 철커덩 하고 열리니까 그 앞에 얼마나 많은 사람들이 와 있는지 깜짝 놀랐어요. 많은 시민들이 박수를 치고 구호를 외치고 환영해 주었습니다. 그리고 그 맨 앞에 김대중, 김영삼 씨가 앞에 서서 웃고 계시더라고요. 우리는 서로 얼싸안고 기쁨을 나누었죠.

박 목사님은 말씀이 적으시고 남이 결정한 것을 잘 지켜보셨습니다. 국본 상임대표회의 할 때도 그분은 말씀을 줄이시고, 항상 미소 띤 얼굴로 남이 하는 말 다 들어 보시고 조심스럽게 결정을 내리셨습니다. 거기에 내가 감동을 하고 '역시 저 어른은 참 엄청나게 고생을 해서 저런 경륜이 쌓이셨구나. 훌륭하다' 하고 생각했습니다. 감옥에서나 나와서 회의할 때나 한결 같았습니다.

절집에는 염화미소(拈花微笑)라는 말이 있습니다. 수행을 많이 하신 스님이 자신의 마음을 먼저 내보이지 않고 대중들의 의견을 들어서 끝에 가서 조심스럽게 갈무리 짓는 모습을 일컫는 말입니다.

부처님이 제자를 모아 놓고 연꽃 한 송이를 들고 "이 이치를 알겠느냐? 이 도리를 알겠느냐?" 하고 물었어요. 아무도 대답을 못하는데 첫 번째 제자인 가섭 존자가 빙긋이 웃었어요. 그러니까 이심전심으로 통한거지요. 부처님이 "너는 내 말을 알아들었구나. 너를 상수제자(上首弟子)로 한다" 하시며 자기 법을 전수했어요.

그러니까 불교에서는 수행을 많이 한 스님이 조용히 미소짓는 웃음을 염화미소라고 합니다.

우리 운동권에서 그렇게 아름다운 미소를 짓는 분이 바로 박형규 목사님이셨습니다. 그분은 어떤 때는 부모님 같기도 하고, 어떤 때는 장형(長兄) 같기도 한 분이었습니다. 그분에게서 그런 것을 배웠습니다.

(이 글은 2018년 4월 10일 광화문 거리에 있는 민주화운동기념사업회 이사장실에서 권형택 편집위원이 구술 채록하여 정리한 내용입니다)

# 고통의 새벽, 빛으로 여셨던
# 목사님

## 명진
### (스님, 전 봉은사 주지)

거짓된 것, 불의에 대해서는 서릿발처럼 준엄히 꾸짖으시고 고통받는 이들에게는 방패처럼 든든하고 봄볕처럼 따뜻하셨던 박형규 목사님!

가신 지 벌써 두 해째라니, 믿어지지 않습니다. 아직도 하실 일이 많은 세상, 어째서 그리 급히 가셨는지 섭섭하고 허전한 마음 금할 길 없습니다. 계실 땐 몰랐는데 안 계시니 이토록 빈자리가 크게 느껴지게 하는 박형규 목사님!

목사님께서 시대의 아픔을 외면하지 않고 고난에 맞서 저만치 앞서 나가실 때 저는 말석에 있었습니다. 그때마다 목사님께서는 나이도 한참 어리고 종교도 다른 저에게 늘 먼저 다가오셔서 손내밀어 주시고 따뜻하게 손잡아 주셨지요. 넉넉함 품으로 안아 주시고 이끌어 주시던 그 모습 눈에 선합니다.

무엇보다 1980년대 전두환 정권의 탄압에 맞서 서울제일교회에서 물러서지 않고 싸우시던 모습은 불의의 시대에 종교인들이 어떻게 살아야 되는지 온몸으로 보여 주신 시금석이었다고 생각합니다. 깡패를 앞장세운 전두환 군사정권은 쇠몽둥이를 들고 박 목사님의 목숨을 위협하고 백주 테러까지 자행했지만 목사님의 뜻을 꺾을 수는 없었습니다.

서울제일교회에서 쫓겨나 6년간 거리에서 올리던 예배에는 남녀노소, 종교와 교파를 초월해 많은 이들이 함께 동참했습니다. 서울 오장동 서울제일교회에서 중부경찰서 앞으로 행진해 나가던 '정의와 평화를 위한 십자가 행진'은 동시대의 아픔을 함께 나누는 걸음, 걸음이었습니다.

4·19에서 피 흘리는 젊은이들을 목도하신 후 그러한 시대 종교의 역할에 대해 고뇌하신 박 목사님께서는 개인의 구원에만 빠진 작고 닫힌 교회가 아닌, 세상을 품어안은 크고 열린 교회를 만들려고 하셨습니다. 바로 그 교회가 중부경찰서 앞에 세워진 거리의 교회였습니다. 그 거리의 교회에서는 시대의 눈물이, 고통이 쏟아져 나왔습니다. 힘들고 아픈 노동자와 빈민의 목소리와 울분이 터져 나왔지요. 하지만 그 자리는 늘 목사님의 춤사위처럼 고통과 아픔을 즐거움으로, 더 큰 기쁨으로 만들어 내는 놀라운 역사로 회향이 되곤 했지요. 언제나 고통받는 이들과 함께 노래하고 춤추고 손잡으셨던 박 목사님의 모습은 흡사 우리 시대의 재림예수가 계셨다면 보여 주었을 바로 그 모습이었습니다.

후일, 서울제일교회에서의 일을 회고하시며 함께 고통받는 교인들을 염려해 전두환 정권의 요구대로 담임목사 직을 내던질까 고민도 하셨다고 하셨습니다. 그러나 불의한 권력에 꺾이고 나면 세상은 어둠

에 가득찰 것이고 세상을 위해 싸우는 많은 이들에게 절망을 줄 것 같
아 끝까지 싸웠노라고 하셨지요. 그랬기 때문에 그 후 수많은 종교인
들이, 민주인사들이 불의한 권력의 압력과 회유에도 굴하지 않고 싸워
나갈 수 있었던 것입니다. 그 힘이 있어 1987년 6월항쟁도 일어날 수
있었고, 민주정부도 세울 수 있었고, 마침내 촛불항쟁도 일어날 수 있
었다고 생각합니다.

역사의 물길을 여는 데는 늘 앞장서 그 길을 걸어가는 한 사람이 있
는 법입니다. 우리 역사에서 수많은 선구자들이 있어 왔기에 고난에
찬 우리의 역사가 밝은 빛을 향해 갈 수 있었습니다. 목사님은 선구자
이셨습니다. 목사님께서 세상의 고통을 온몸으로 껴안은 걸음걸음은
역사의 신새벽을 여는 깨우침의 종소리였습니다. 목사님이 아니셨다
면 누가 또 그렇게 하실 수 있었겠습니까. 백낙청 교수님의 말씀처럼
박 목사님의 삶은 "한국 민주화운동의 대서사시"였던 것입니다.

여섯 번의 구속, 저들은 박 목사님의 몸은 가두었지만 목사님의 뜻
을 가둘 수는 없었습니다. 수없는 고난과 고통 속에서도 쓰러지지 않
고 한눈팔지 않고 그 길을 간다는 것은 말처럼 쉬운 일이 아닙니다. 수
많은 이들이 이탈하고 변절해 나가는 동안 박형규 목사님께서는 단
한 번도 한눈을 팔지 않으셨지요. 그랬기에 종교를 넘어 수많은 사람
들이 목사님을 그리워합니다.

앞서 나가 길을 열어 주셨고 끝끝내 한길을 감으로써 사표가 되신
박형규 목사님!

무엇보다 목사님은 이웃종교인들에게도 귀감이 되어 주셨습니다.
기독교니 불교니 하는 종교에 갇히지 않고 진리와 정의의 길에 함께

손을 맞잡아주신 큰 품을 보여 주셨지요. 특히 시대의 고통에서 한 걸음 떨어져 있던 저희 불교인들에게는 많은 가르침을 주셨습니다. 저희를 부끄럽게 만들었고 분발토록 죽비를 내리치셨습니다. 말이 아니라 오직 당신의 삶으로 말입니다.

목사님께서는 "나의 시대는 끝났다. 나의 고난도 끝났다. 나의 수고가 헛되지 않았다"라는 말을 남기고 우리 곁을 떠나셨습니다. 한 사람의 일생으로서 쉬이 감당하지 못할 수많은 일들을 기꺼이 감당하고 가신 박형규 목사님께 감사하다는 말씀을 꼭 드리고 싶습니다.

목사님이 가시고 얼마 지나지 않아 촛불혁명이 일어났습니다. 살아 계셨으면 얼마나 좋아하셨을까 생각해 봅니다. 거짓과 불의를 불태운 촛불혁명으로 위선과 탐욕으로 가득찼던 이명박근혜 시대는 막을 내렸습니다. 하지만 아직 완연한 봄이 오지 않았습니다. 세상의 곳곳에 아직 묵은 적폐가 숨어들어 있습니다. 그중에는 종교도 있습니다. 오직 진리와 정의, 양심, 고통 받는 자들과 함께하는 것을 사명으로 삼고 있는 종교도 이명박근혜시대를 거치면서 제대로 된 역할 못하고 있습니다. 생전에 박형규 목사님이 세상에 대해 아파하고 함께하면서 세상을 걱정하던 종교는 이제 세상이 걱정하는 종교가 되어버렸습니다.

그렇기 때문에 박형규 목사님께서는 가셨지만 저는 아직 가지 않으셨다고 생각합니다. 교회는 교회다워야 한다고 하시면서 시대의 고통에 함께하셨던 그 뜻이 바로 지금 우리 시대 종교에 가장 필요한 빛이 아닐까 생각해 봅니다. 비록 목사님의 육신은 떠나셨지만 뜻으로 지금도 함께하고 계시다고 저는 믿고 있습니다.

교회가 교회답고, 절이 절다운 세상. 고통 받는 사람들, 눈물 흘리는 사람들이 없는 세상을 위해 오늘도 우리는 목사님께서 가셨던 것과 같이 쉼 없이 나아갈 뿐입니다. 오늘을 사는 이들이 다 못다 가면 내일을 살 이들이 이어가면서 끝없이 아름다운 세상을 향해 나아가는 것, 그것이 목사님이 저희에게 삶으로 보여 주신 길이 아닐까 생각해 봅니다.

# 민주화운동의 상징

## 이명남

(목사)

나는 고향이 대전이고 충청도 사람입니다. 목사가 되어 처음 8년을 충북에서 그리고 1979년에 전북 임실로 내려가 2년간 목회를 했습니다. 농촌목회를 하면서 가농(가톨릭농민회)에 관여하게 되었고, 점차 사회문제에 관심을 가지게 되었습니다.

그러다 1980년 5월 당진의 지금 있는 교회에 담임목사로 부임하게 되었습니다. 이때부터 NCCK에도 관여하기 시작했는데, 내가 박 목사님을 뵙기 시작한 것도 이때부터인 것 같습니다.

1984년에 목정평(전국목회자정의평화실천협의회)이 만들어질 때 저는 예장(대한예수교장로회) 대표로 참여했습니다. 기장(한국기독교장로회) 대표는 장성룡 목사였고, 초대 회장은 김동완 목사로 기억합니다. 이때부터는 모임이 있을 때마다 곳곳에서 박 목사님을 뵐 수 있었고, 박 목사님으로부터 영향을 많이 받았습니다.

군사정부 시절에 박 목사님은 집회가 있을 때면 언제나 앞에 계셨습니다. 그 담대한 모습이 지금도 생각이 납니다. 그분이 집회에 나와 계시기만 해도 안심이 되고 마음이 든든했습니다. 그래서 그런지 저도 나이가 들어 여든을 바라보는데도 박 목사님이 안 계시니 허전한 생각이 듭니다.

언젠가 광화문에서 집회에 참석하고 돌아오는 길에 박 목사님을 만나 길거리에 앉아 이야기를 나눈 적이 있었습니다. 그때 박 목사님이 "기장 쪽은 장성룡 목사가 열심인데, 예장에서 이명남 목사가 목회도 열심히 하면서 잘한다"라고 칭찬해 주셨던 기억이 납니다.

박 목사님을 내가 모시고 함께 일한 것은 재일선교위원회에서였습니다. 이 위원회는 청량리에 사무실을 두고 있었는데, 처음에는 김찬국 교수가 위원장을 하고 내가 부위원장을 했습니다. 그 다음에 위원장을 9년간 했는데, 내가 위원장이 되면서 이름도 한일선교인권위원회로 이름을 바꾸었습니다.

내가 위원장일 때 박 목사님을 일본에 두 번 모시고 갔습니다. 일본에서 재일동포 지문날인 철폐운동을 활발하게 벌일 때인데, 한국교회도 이에 동참하여 서명운동을 벌였습니다. 일본의 최창화 목사 말에 의하면 일본에서는 범죄자들만이 하는 것인데, 그것을 우리 재일동포에게 강요한다는 것이었습니다. 그래서 한국교회도 적극적으로 협조했습니다.

일본에 가면서 나는 박 목사님께 일본 사람들에게 한국교회 입장을 대변해 주시길 요청드렸습니다. 박 목사님은 일본어를 잘할뿐더러 이인하 목사님 등 일본의 목사님들과도 친분이 두터워 큰 도움을 주셨습니다. 박 목사님을 모시고 징용으로 탄광과 철광에 끌려왔다 죽은 한국 사람들의 무덤도 방문하고, 일본 전역을 다녔습니다.

한일선교인권위원회는 당시 3년 주기로 1년은 한국, 1년은 일본에서 모이고, 한 해는 쉬었습니다. 이 위원회에서 위안부 문제도 다루었습니다. 지금 정신대대책위 대표로 있는 윤미향 대표도 당시 실무자로 우리와 함께 일본에 두 번 갔습니다. 우리는 박 목사님으로부터 많은 자문을 받고 도움을 받았습니다. 저도 박 목사님 노상예배에 한 번 참석한 적이 있습니다.

6월항쟁 당시 박 목사님이 국본(민주헌법쟁취국민운동본부) 상임 공동대표로 활동하실 때 나는 김순호 신부와 함께 대전충남국본 상임대표를 맡아 충남지역의 투쟁을 지원했습니다. 저는 그 뒤로도 예장통합 인권위원장, KNCC 인권위원장, 통일위원장을 맡아서 일했습니다.

내가 이렇게 민주화운동에 앞장섰던 것은 아무래도 목사가 기독교 배경이 있다는 것만으로도 힘이 된다는 것을 알았기 때문입니다. 충남민협(충남민주화운동협의회) 강구철 사무국장은 플래카드 한 개만 만들어도 툭하면 구속되곤 했는데, 우리 같은 목회자들이 앞에 나서면 그런 일이 없었습니다. 그래서 거리집회는 거의 빠짐없이 참석했죠.

저는 당진에서 서울과 대전을 오가며 활동했습니다. 그러나 목회를 했기 때문에 무슨 일이 있어도 꼭 집에 들어갔습니다. 서울 모임이 늦게 끝날 때는 차가 끊어져 천안으로 가서, 거기에서 택시 타고 집에 가는 일이 많았습니다. 민주화운동을 하면서도 아침 5시 교회 새벽기도에 빠지지 않았습니다. 교인들에게는 성실한 목회자가 되어야 한다고 생각했기 때문입니다. 박 목사님도 그런 저를 보시고 "그게 진짜 민주화운동이다"라고 칭찬해 주셨습니다.

저는 2011년 당진에서 32년간의 목회를 마치고 은퇴했습니다. 처음에 당진에 와서 직원 한 명 두고 시작한 신협이 지금은 두 개 점포에 직원 30명, 1,100억 원 잔고를 가진 큰 금융기관이 되었습니다. 지금은 마을금고로 이름을 바꿔서 운영하고 있는데, 이 신협이 충남지역에 민주화운동이 뿌리내릴 수 있도록 하는 데 음양으로 큰 도움이 되었습니다.

나는 담임목사로 재임 중에 교회 교인이 죽으면 염도 직접 했습니다. 제 손을 거쳐간 교인들만 해도 100명이 넘었습니다. 신자가 아닌 사람들도 교회 목사가 염을 해 주는 것을 원했습니다. 옛날에는 내가 직접 염을 해서 꽃상여에 태워 장례를 치르곤 했습니다. 아마도 이런 일들이 제가 서울과 대전을 오가며 민주화운동을 하고, 끊임없이 정부 당국의 감시를 받는 입장에 놓여 있는 걸 알면서도 우리 교인들이 저를 믿고 따라 준 이유가 되지 않았나 생각합니다.

박 목사님은 항상 인자하고 자상하셨으며 유머가 많았습니다. 그분은 민주화운동의 상징이었습니다. 그리고 사상을 초월해서 사신 분이었습니다. 그래서 비교적 앞서 나가는 기장교단의 목사였지만 목사로서도 많은 수난을 겪으셨던 것 같습니다.

박 목사님은 민주화운동 1세대 어른입니다. 그리고 기장뿐만 아니라 전 한국 교단의 큰어른입니다. 아무쪼록 그분의 뜻이 계승되기를 바랍니다. 아무리 좋은 사상과 목회철학이 있어도, 아무리 훌륭한 신앙과 인격이 있어도 계승자가 없으면 끊기고 말 것입니다. 좋은 계승자가 나와 박 목사님의 뜻을 이어 나가길 바랍니다.

박형규목사기념사업회에서 장학재단이나 학술대회를 통해서 그분의 뜻을 기리고 계승하고 뿌리내릴 수 있는 기회를 많이 마련하기를 바랍니다. 자기 재산을 자녀에게만 물려주지 말고, 이런 재단이나 교회에 기부하는 분이 많이 나오길 바랍니다. 저 역시 힘닿는 대로 참여 하겠습니다.

(이 글은 2018년 5월 8일 오후 4시 20분 서울제일교회에서 이명남 목사님이 구술하고, 권형택 편집위원이 정리한 내용입니다)

# 김대중-박형규,
# 박형규-김대중의 굴곡

## 김상근

### (목사, 한국방송공사 이사장)

저도 자서전을 쓰라는 권유를 가끔 듣습니다. 자서전을 못 쓰겠거든 회고록이라도 쓰라고 합니다. 자서전은 물론이고 회고록도 쓸 자신이 없습니다. 제 나이에 이르러 제 삶을 성찰해 봅니다. 자서전을 쓸 만큼 제 삶을 평가하게 되지 않습니다. 온 삶을 던져 산 이들이 저리도 많지 않은가. 그들의 삶을 생각하면 나의 삶이란 부끄럽기 짝이 없다는 자성을 하게 됩니다. 저는 그렇게 산 저들을 부러워합니다. 뭔가를 꼭 쓰게 된다면 그리 살지 못했던 일들을 뉘우치는 참회록을 써야 마땅할 것입니다. 그러나 그리 할 용기도 없습니다. 회고록도 쓰지 않겠다는 데는 이유가 있습니다. 어떤 기록거리에 대해 관련한 이들의 기억이 제각각 다르기 일쑤입니다. 경우에 따라서는 상충합니다. 팩트는 이러이러하다는 식으로 거기 끼어드는 것이 마치 무슨 공을 다투는 것 같아 그 일에도 마음을 닫고 있습니다.

그러나 지난날에 대한 인터뷰 요청이 오면 그것까지 손사래를 치지 못합니다. 응하고 보면 그게 회고록 파편이 됩니다. 수주 목사님을 회고하는 글도 그런 범주에 들 겁니다. 기억과 관점에 따라 회고가 서로 다를 수 있는 것이 회고록일 것입니다.

사실 저는 수주 목사님의 직계가 못 됩니다. 언젠가 수주의 방계라고 스스로 제 자리를 밝힌 적이 있습니다. 빈민운동을 하실 때 저는 거기 선뜻 섞여 들지 못했습니다. 신앙고백에 동의하고 함께하는 친구들이 높이 보이면서도 저는 몸을 던질 신앙적 숙성이 한참 모자랐던 것입니다. 목사님을 한국기독교장로회 총회장으로 옹립하던 그룹의 행동대장(?)을 했고, 목사님의 강력한 요청으로 총회 총무 직을 감당했으니 목사님과의 관계를 각별하다 해도 무리가 없을 것입니다. 개인적으로는 목사님의 자당께서 별세하셨을 때 발인 예식을 제가 주례로서 집례했습니다. 각별하다고 할 만합니다. 서울제일교회에 정보기관이 공작을 펼치고 국군보안사가 폭력사태를 일으켰을 때 저는 교단 총회 총무로서 분명하게 목사님을 지켰습니다. 저는 깊은 신앙을 지속하시는 목사님을 존경합니다. 자유한 신앙인 박형규 목사님을 존경합니다. 자신을 던져야 할 때 머뭇거리지 않으십니다. 그 품에 안겨오는 민중을 가리지 않고 품으십니다. 감옥 가는 일도 누군가에게 도움이 되면 피하지 않으십니다. 어떤 때는 놀라움을 금하지 못합니다. 경탄하지 않을 수 없습니다. 목사님의 이러한 삶을 옆에서 지켜보게 된 제가, 그러나 함께하지 못한 제가 어찌 감히 직계라고 하겠습니까. 저는 박형규 목사님의 방계입니다.

목사님께 감히 입장을 달리했던 적이 있었습니다. 1987년 김영삼-김대중, 김대중-김영삼 이른바 양 김의 대통령후보 단일화 때였습니다. 대통령 직선을 앞둔 1987년은 그야말로 '서울의 봄'이었습니다. 야당 후보가 대통령에 당선되는 것은 너무도 당연한 추세였습니다. 그러나 이른바 양 김이 동시 출마를 하면 두 분 다 낙선할 것이라는 것은 누구나 다 알고 있었습니다. 그러나 양 김은 서로에게 양보를 요구할 뿐 자신이 불출마하려고 하지 않았습니다. 김종필 씨까지 끼어들어 3김이 제각각 후보로 나서는 형국이 되었습니다. 재야는 이로 인해 몸살을 앓았습니다. 김영삼 후보를 지지하는 '후보단일화' 그룹과 김대중 후보를 비판적으로 지지하는 '비판적지지' 그룹으로 양분되었습니다. 전자를 '후단', 후자를 '비지'라고 했습니다. 목사님은 후단에 함께하셨고, 저는 비지 그룹에 몸과 마음을 실었습니다. 민주화운동을 함께해 오던 오랜 동지들은 대부분이 비지였습니다. 양측 간 갈등은 심화되었고, 골은 깊어져 갔습니다.

역사적인 6월 민주항쟁으로 쟁취한 대통령 직선제가 군부세력이 정권을 다시 휘어잡는 도구가 될 위기에 놓였습니다. 그러나 뾰쪽한 대책이 없었습니다. 어느 날이었던지 기억하지 못합니다만 저는 거산(김영삼)에게 이끌려 한 한정식 집에 가게 되었습니다. 평창동 어디쯤이었습니다. 점심상에 마주 앉았습니다. 거산은 후광(김대중)을 주저 앉혀달라고 했습니다. 점심에 들어갔던 집을 저녁때가 다 되어서야 나왔습니다. 저는 한 잔밖에 거들지 못했는데 포도주는 두 병이나 비워졌습니다. 거산이 걱정하는 것은 군부가 후광을 비토하고 있다는 것이었습니다. 자기가 후보를 거둬들이면 물론 후광이 당선될 것이지만 군부가 일어나 반드시 저항하는 사태가 일어날 것이라는 것이 거산의 논지였습니다. 거산은 주한 미대사관에서 열렸던 미국독립  기념일 리셉션 장면을 소개했습니다. 리셉션에 참석한 한국군 장성들이 모두 후광의 뒤를 따르고 있더라는 것이었습니다. 후광과 마주치지 않으려는 고육지책 아니었겠느냐고 저에게 물었습니다. 만약 후광이 후보를 사퇴하면 당신이 나서서 이러이러한 반대급부를 확보해 내겠다고 조건도 제시했습니다. 저는 거산의 주장을 받아들일 수 없었습니다. 이견을 말씀드렸습니다. "우리가 군부집권과 싸우고 있지 않습니까. 군부가 비토하면 또다시 비민주적 방법을 동원하는 군부와 싸워야지 않겠습니까. 거기 굴복하는 것은 옳지 않다고 생각합니다."

양 김 문제를 푸는 출발점에 큰 차이가 있었던 것입니다. 저의 비지는 민주화운동의 연장이었지만, 거산의 주장은 민주화운동 연장선에 있지 않다고 생각했습니다. 정치적 접근이었습니다. 그런데 목사님이 후단과 함께하신다는 것이 아쉽고 불편했습니다. 마침 박 목사님께서 양 김 문제 해결방안을 찾자고 하셔서 몇 번 상의하는 자리를 가졌습니다. 사퇴 가능성은 어찌되었건 후광에게 있지 거산에게는 없다는 것이 목사님의 판단이셨습니다. 저도 동의하는 지점이었습니다. 그러니 후광에게 사퇴를 간청해 보라는 것이었습니다. 만약 성공하지 못하면 거산이 사퇴토록 해 보겠노라고 하시는 것이었습니다.

저는 깊이 생각하고, 기도하고 또 기도했습니다. 후광에게 뵈러 가겠다고 전화했습니다. 집에서 만날 시간이 없으니 제 사무실로 오겠다고 하시는 겁니다. 드리고자 하는 말씀이 사퇴인데, 제 집무실로 오셔서 들으시게 하는 것은 도리가 아니라고 생각했습니다. 그러나 일단의 국회의원들과 수행원들을 대동하고 한국기독교장로회 총회 총무실로 오셨습니다. 자리에 앉아마자 권하는 물 한 잔도 사양하고 시간이 없으니 할 말을 하라고 하셨습니다. 저는 여러 번 속으로 반복 연습했던 대로 짧게 그러나 분명하게 사퇴하실 것을 간곡하게 말씀드렸습니다. 후광은 물 한 잔을 청해 마시더니 물으시는 것이었습니다. "누구와 상의하고 말하는 것이냐, 아니면 혼자 기도하고 말하는 것이냐?" 저는 솔직하게 말씀드리지 않을 수 없었습니다. "박형규 목사님과 상의했습니다." "목사님 혼자 기도하고, 또 내게 할 말이 있으면 부르십시오. 다시 와서 듣겠습니다." 그리고 휭하니 방을 나가셨습니다. 제 짧은 고백으로 인해 후광은 목사님에 대해 나쁜 감정을 가지게 되었을 것입니다.

저는 박 목사님께 후광 설득 실패를 보고하고, 말씀하신 대로 거산과 씨름해 달라고 했습니다. 여러 날이 지났는데 아무런 소식이 없었습니다. 박 목사님께 재촉했습니다. 거산을 만나려고 노력했지만 만나지 못해서 편지를 보냈노라 하시는 것이었습니다. '만나서 설득해도 될까 말까 한 일을 편지로 하시면 과연 좋은 답을 얻을 수 있겠습니까?' 그날 이후 박 목사님과 저는 대단히 소원해졌습니다. 목사님과 저는 오래 만나지 않았습니다.

김영삼 대통령 이후 대선이 다시 왔습니다. 저는 후광에게 박 목사님과 화해할 것을 간청했습니다. 두 분과 제가 점심상을 사이에 두고

마주 앉았습니다. 후광은 여러 말로 자신의 그간의 행보와 집권 후 구상을 길게, 퍽 길게 설명하고 있었습니다. 목사님은 들으시는 둥 마시는 둥 앉아 계시더니 갑자기 거부감을 거침없이 드러내시는 것이었습니다. 아차, 싶었습니다. 겨우 겨우 만든 자리인데 큰 역효과를 낸 자리가 되고 말았습니다. 매우 어색하게 헤어졌습니다. 후광과 목사님, 목사님과 후광의 거리는 더더욱 멀어졌습니다.

김대중 정부가 들어서고 민주화운동기념사업회가 발족했습니다. 김대통령은 이돈명 변호사님을 첫 이사장으로 내정했습니다. 저는 재고를 완곡하게 간했습니다. 민주화운동은 동교동과 상도동 그리고 수많은 이들의 피땀으로 이룬 운동이라고, 그런데 이 변호사님을 이사장으로 세우면 기념사업회는 동교동계의 기념사업회로 축소될 것이라고. 대통령은 대안이 있느냐고 물으시는 것이었습니다. 박형규 목사님을 첫 이사장으로 세워 주시라 했습니다. 대통령은 딱 잘라 말씀했습니다. "박 목사는 안 됩니다." 거절과 재추천을 몇 번인가 거듭했습니다. 그런 끝에 김 대통령은 박형규 이사장 안을 승인했습니다.

이로써 김대중-박형규, 박형규-김대중 관계가 복원되었습니다. 저도 박 목사님과의 관계를 복원했습니다. 두 분 모두 민주화운동의 동지로 생을 마치신 것은 참으로 좋은 일이었습니다.

박형규와 함께
그 길을 걷다

# "목사의 자리는 휴전선 한복판이다"
## – 박형규 목사와 남북평화재단

### 김영주

(목사, 전 한국기독교교회협의회 총무)

우리는 지금 남북정상들이 판문점에서 만나 민족의 평화통일을 위한 판문점 선언을 하는 모습을 본다. 온 국민들이 박수를 치며 즐거워한다. 얼마 전만 해도 전쟁의 공포가 한반도에 팽배했다. 놀라운 전환이다. 하나님께서 민족분단을 극복하기 위해 노력했던 많은 분들의 땀과 헌신을 어여삐 보신 것 같다. 문득 박형규 목사님께서 이 장면을 보셨더라면 어떤 반응을 보였을까 생각해 본다. 만면에 웃음을 머금고 흐뭇하게 바라보셨을까, 덩실덩실 춤을 추셨을까, 아니면 감격의 눈물을 흘렸을까.

목사님의 말씀이 생각난다. "목사의 자리는 휴전선 한복판이다."

목사님 가신 지 2주년을 맞이하여 추모문집을 발간하기로 하였다. 그분을 추억함으로 오늘 우리의 과제를 발견하고 미래에의 비전을 설정하기 위함일 것이다. 박형규 목사님은 큰 분이어서 각계각층의 많은 분들이 다방면으로 추억할 것이다. 나 역시 기독교운동의 한모퉁이에서 그분을 뵙고, 또 크고 작은 경험이 있어 그분에 대해 말하고 싶은 바가 많다. 그렇지만, 나는 박형규 목사님께서 이사장으로 헌신하셨던 남북평화재단을 중심으로 박 목사님의 통일운동을 말하고자 한다. 엄밀히 말하면 민주화운동과 통일운동은 동전의 앞뒷면 같아 구분하기가 어렵다. 특히 목사님에게서 민주화운동과 통일운동을 구분하기는 더 어렵다. 이를 전제로 이 글을 서술하고자 한다.

## 한국교회의 통일운동

한국교회가 민족의 평화와 통일운동에 적극 참여하게 된 것은 1980년 이후라 할 수 있다. 당시 군사독재 정권은 남북분단을 이용하여 민주화운동을 국가보안법으로 탄압했기 때문에 통일문제를 운동의 중심과제로 삼는 것은 어려운 일이었다. 한국교회 역시 인권운동과 민주화운동에 매진했지만, 통일문제를 본격적으로 그 중심과제로 받아들이지는 않았다. 이른바 '선 민주화운동, 후 통일운동' 입장이었다. 그러나 1980년 광주민중항쟁으로 한국교회의 민주화운동은 새로운 국면을 맞이한다. 한국교회는 민족의 원죄인 분단을 극복하지 않고는 이루어질 수 없다는 자각을 한다. 즉 민주화운동과 통일운동을 동시적 과제로 인식한다. 한국기독교교회협의회는 1982년 통일위원회를 조직하여 통일운동에 적극적으로 앞장선다. 한국교회의 통일운동은 한국 사회의 시민 학생들의 통일운동의 견인차 역할을 했다고 해도 과언이 아니다. 한국교회 통일운동의 백미는 1988년 2월 한국기독교교회협의회 총회에서 발표된 〈민족의 평화와 통일에 대한 한국교회 선언〉(이하 88선언)이다. 88선언은 국내외 교회뿐 아니라, 한국시민, 학생들의 통

일운동 지침이 되기도 했다.

당시 시민, 학생들의 평화통일운동에 대한 정부의 탄압도 여전했다. 정부는 한총련을 비롯한 통일운동단체를 반국가단체로 규정하고 지도자들을 지명수배하는 등 집요하게 탄압했다. 그러한 여건에서 한국교회는 88선언을 근거로 해서 국제협의회 등 각종 협의회를 열어 통일운동의 기반을 공고히 하는 노력을 하는 한편, 당시 시민 학생들의 통일운동을 지원하는 등 최선의 노력을 다한다. 그 과정 속에서 통일운동의 중요한 과제를 발굴했고, 많은 통일운동 인사들을 배출한다.

### 남북평화재단 조직

한국교회의 통일운동은 많은 사람들의 공감을 얻게 되었지만, 동시에 많은 견제와 반대에도 직면한다. 정부 당국은 합법, 비합법적으로 민간의 통일운동을 견제하거나 탄압했고, 기독교 보수 진영에서는 노골적인 반감을 보이고 있었다. 한국교회 통일운동 앞에 놓인 과제는 북측과 협력을 도모하면서 남북 정부의 정책적 변화를 촉구하고 사회와 교회를 설득하는 일이었다. 이는 각 교단 파송위원과 전문위원으로 30명 내외의 인원으로 조직된 한국교회협의회 통일위원회가 감당하기에는 일정 부분 한계가 있는 일이었다. 그 한계를 극복하기 위해서 좀 더 다양한 활동을 할 수 있는 통일운동체가 필요했다. 즉 기독교뿐 아니라 다양한 영역에서 활동하는 인사들이 자발적으로 참여할 수 있고, 한국 사회의 통일운동 단체와 긴밀히 협력할 수 있으며 나아가 북측 당국과도 다면적으로 관계할 수 있는 통일운동체가 필요했던 것이다.

이를 위해 그동안 통일운동에 참여했던 종교계, 시민사회, 학계의 지도급 인사 약 625명을 발기인으로 2007년 5월 14일 남북평화재단이 조직된다. 주요 발기인으로 백낙청 서울대 명예교수, 임동원 전 장관, 박원순 희망제작소 상임이사, 이돈명 변호사, 오충일 목사, 서광선 교수, 오재식 선생, 함세웅 신부, 양길승 원장, 청화 스님, 조화순 목사, 민영진 박사, 이삼열 교수, 박만희 구세군사령관, 권호경 목사, 홍정길 목사, 신경하 감독, 박인제 변호사, 조용한 변호사, 김영주 목사 등이 참여한다.

남북평화재단은 15명의 이사진을 구성하고, 박형규 목사님을 초대 이사장으로 추대했다(2007~2011). 남북평화재단은 주요 주제로 한반도 핵 위기, 환경, 종교, 양성평등, 인권, 교육, 국제정치 질서 등의 평화를 정하고, △통일일꾼 10만 명 양성 △청소년 시민 등의 평화교육과 훈련 △국내외 평화 네트워크 설치 △새터민과 더불어 살기 위한 평화운동 △남북 장애인 협력 지원사업 △남북한 농촌 살리기 등을 사업 방향으로 정하고 활발하게 활동한다.

## 주요사업

남북평화재단은 참여 인사들의 면면과 그 사업 내용으로 많은 주목을 받았다. 박형규 목사님의 삶에 대한 깊은 신뢰와 리더십이 발현된 것이다. 박 목사님의 지도하에 남북평화재단은 많은 사업을 진행했다. 각종 세미나를 통해 통일담론을 생산하고 미래 통일세대들을 교육하고 북의 민경련과 협력사업을 활발하게 진행했다. 주요 사업 중 지면 관계상 타 통일단체와 다른 사업의 일부분을 소개하고자 한다.

## 1) 북한 수해복구 차량 지원

남북평화재단은 대우자동차판매주식회사의 지원을 받아 북한에 중고자동차 420대를 보낸다. 북한 수해복구 차량 지원은 대우회사가 보유하고 있던 수출용 중고자동차(승용차, 승합차, 버스 등 380대, 대형트럭 50대)를 2007년 12월 12일부터 3일간 개성을 통해 북한 민경련 측에 전달하였다. 당시 언론(노컷뉴스)은 다음과 같이 보도했다.

소형중고차(승용, 승합, 1톤 트럭)를 실은 카 캐리어 26대와 화물연대 소속 트럭 기사들이 자원봉사자로 직접 운전하는 대형트럭의 차량 행렬이 약 4km에 이르는 장관을 이루며 경인고속도로, 자유로, 도라산역을 거쳐 개성공단에 도착했다.

북한에 도착한 수해복구 차량은 북한 측의 민경련 총사장 등의 주요 인사 20여 명과 사회단체 인사 200여 명이 참석한 가운데 '키 전달식'을 갖고 북한에 전달하였다.

이번 차량 지원은 남북 민간교류협력이 한단계 발전할 가능성을 보여준 것으로 평가된다. 이번에 지원하는 중고차가 내구성 소비제로 산업연관 효과가 큰 데다가 정비 및 부품 문제를 해결하기 위해서는 지속적인 교류협력이 필수적이기 때문이다.

## 2) 북한청소년을 위한 농구공 전달

남북평화재단은 한국프로농구연맹과 함께 북한 청소년들을 위해 농구공 3,000개를 전달한다. 이어 프로농구연맹과 북한 농구공보내기운동을 하기로 하고 '평화의 3점슛 운동'을 실시하기로 협약했다. 프로 농구경기에서 선수가 3점슛을 성공시키면 북한에 농구공 한 개를 기증하는 방식이다. 이를 계기로 남북은 남북 청소년 길거리농구대회를 개최하기 위해 긴밀히 협의했다. 평화의 3점슛 운동과 남북청소년 길거리농구대회는 이명박 정권의 등장으로 아쉽게 무산되었지만, 향후 통일 미래세대를 양성하는 데 촉매제가 될 것으로 기대된다.

### 3) 새터민 남한 사회 정착을 위한 사업

당시 새터민 14,000여 명이 남한사회에 정착하고 있었다. 그들이 남한으로 오게 된 이유가 어떠했던 남한사회 정착은 무척 어려운 일이었다. 그들이 남한사회에서 잘 적응하여 살아갈 수 있도록 돕는 일이 필요했다. 남북평화재단은 통일부와 협력하여 자동차 정비기술을 갖고 싶어 하는 이들을 모집해서 전국의 자동차 정비공장에서 일정기간 기술을 습득한 후 본인의 의사에 따라 카센터를 운영하게 하는 프로젝트를 진행했다. 그 결과 약 24명의 자원자들을 전국의 자동차정비공장에 취업하게 했다.

### 4) 북한 어린이를 위한 우유 지원사업

북한 어린이들의 건강 증진을 위해 남한의 우유를 북한에 보내기운동을 전개하여 상당 부분 북측에 전달했다. 이 운동은 남북평화재단 산하에 '함께 나누는 세상'을 조직, 정창영 전 총장과 한인철 교목실장 등이 주도적으로 참여하여 활발한 활동을 한다. '함께 나누는 세상'은 인천항을 통해 매주 우유(2,000만 원 상당)를 북한에 보낸다.

지금 생각해 보면, 남북평화재단이 짧은 기간 동안 조직이 안정되고, 당시 신생조직으로서 크고 많은 일들을 감당할 수 있었던 것은 박형규 목사님께서 앞장서 주셨기 때문이었다. 늘 존경과 감사의 마음을 전한다. 사족 같지만, 박형규 목사님은 평양을 방문하신 적이 없었다. 내가 한국기독교교회협의회 통일국장으로 일할 때 박형규 목사님, 조용술 목사님, 노정선 박사, 김언영 목사님의 평양 방문을 돕기 위해 북경까지 갔다가 북측에서 비자가 도착하지 않아 무산된 적이 있어, 당시 담당국장으로 매우 죄송한 적이 있었다. 그 후 북한 수해 복구 지원 차량을 보내면서 개성에 도착한 목사님은 남북분단 이후 처음으로 북녘을 방문한 것이라고 말씀하셨다.

박형규 목사님! 보고 싶습니다.

# 연어의 꿈, 천국 그리고
# 박형규 목사님

## 정성헌

### (농민운동가, 한국DMZ평화생명동산 이사장)

벌써 21년 전의 일입니다.

박형규 목사님과 우리들 연어사랑시민모임 일행 150여 명은 대한
민국 동해안 최북단 마을 명파리(강원도 고성군)에 모였습니다. 명파천
(배봉천이라고도 합니다)에 새끼 연어를 놓아 주는 행사를 하기 위해서
입니다. '연어의 꿈'입니다.

4월 초, 날씨는 화창하고 온갖 풀과 나무는 푸른 생명의 기운을 자
랑합니다. 명파천은 깨끗하고 찬물을 자랑합니다. 명파천은 1급수 냉
수대 어족인 연어가 노닐 정도로 깨끗한 개울입니다(2000년대 들어 금
강산 관광이 왕성할 때 관광객이 늘어 수질이 좀 나빠졌지만).

연어라고 하면 많은 이들이 노르웨이나 알래스카, 캐나다 또는 러
시아의 캄차카 반도를 떠올리실 것입니다. 북극곰이 큰 강에서 연어를
잡아먹는 광경이나 고향의 강(모천)으로 회귀하기 위한 힘찬 도약과

기나긴 귀향여정을 생각하는 분들도 많지요.

특히 알을 낳기 위해 천신만고를 피하지 않고, 새끼 연어를 세상에 내보내기 위해 자신의 몸을 온전하게 바치는 모습을 보고 '헌신과 희생의 어머니의 표상'을 깨닫곤 합니다.

지난 기록을 보면 우리나라의 북으로는 두만강, 남으로는 섬진강까지 동·남해안 큰 개울이나 강에는 다 연어가 올라왔습니다.

6·25전쟁, 물의 오염, 하천의 여러 시설(특히 큰 강의 하구언 등) 같은 것으로 연어 서식조건이 망가져 그렇지, 지난 기록을 보면 연어는 낙동강 밀양까지도 올라왔다고 합니다.

연어는 자기가 첫 출발한 하천으로 반드시 돌아오는 '약속의 물고기'입니다. 사람들은 이를 모천(母川) 회귀본능이라고 합니다.

우리는 이런 연어를 더 많이 북태평양으로 내보내고, 점차 북한과 함께하고 동시에 우리나라 하천을 연어가 살 수 있는 1급수로 만들자는 뜻에서 '연어의 꿈' 행사를 갖게 된 것입니다. 1997년 '연어의 꿈' 행사에 오신 박형규 목사님의 모습이 지금도 눈에 선합니다. 칠십대 중반이신데도 20~30년 후배들인 저희들과 똑같이 도구를 운반하고 연어를 방류하셨습니다. 축하의 말씀을 두 분에게 부탁드렸는데 박형규 목사님과 그 행사에 참가한 제일 어린 초등학생이었지요.

박 목사님은 이런 요지의 축하말씀을 하신 것으로 기억합니다.

**연어는 약속의 물고기입니다. 인간세상에는 약속을 지키지 않는 일이 흔해도 연어는 반드시 약속을 지킵니다. 오늘 우리가 방생한 새끼연어는 3~4년 후에는 반드시 이곳으로 돌아올 것입니다. 연어가 돌아오는 시점은 21세기 새로운 밀레니엄이 시작되는 시기입니다. 약속의 연어**

와 함께 21세기의 한반도 평화, 세계의 평화를 기약합니다.

지금도 분명히 기억하는데 새끼연어 방류라고 했더니, 박 목사님은 방류가 아니라 방생(放生)이라고 하셨습니다. 그렇습니다. 방류는 흐르는 물에 물고기를 놓아 주는 행위이고, 방생은 생명을 놓아 주는 즉 '생명 해방'의 뜻이지요.

그날 새끼연어 방생행사 이후 십 년 넘어 그와 같은 행사가 계속되었습니다. 2002년에는 섬진강 지류 탐진강에서도 새끼연어 방생행사가 벌어졌지요. 강원도는 1998년 남북강원도 교류협력위원회가 출범하였습니다. 2000년 당시 도지사 김진선을 단장으로 원산과 평양을 방문하여 남북 강원도 협력사업이 시작되었습니다.

2001년에는 새끼연어 55만 마리를 수조차에 싣고 방북(訪北)하여 금강산의 남강 하류와 안변의 남대천에서 남북 강원도 새끼연어 방생행사를 개최하였습니다. 2003년에는 아예 북한의 강원도 안변군 남대천 주변에 새끼연어를 연 500만 마리씩 부화할 수 있는 부화장을 건설하고 후속사업으로 사료공장까지도 지어 주었습니다. 처음에는 물고기를 주었지만 나중에는 물고기 잡는 방법을 알려 준 것이지요.

이명박 정부의 5·24조치로 북쪽 강원도 연어 후속사업인 송어양식장 건설사업과 남북 강원도의 동해어업협력사업은 중단되었습니다.

올해 평창겨울올림픽을 계기로 천신만고 끝에 남북 간의 평화만들기가 새로운 지평을 열어 가고 있는 요즈음, 이제 본격적으로 새끼연어 '방생'이 시작되는 요즈음 박형규 목사님은 어떤 방생을 계획하고 계신지, 박 목사님의 어린이 같은 순수한 꿈과 소망이 그립습니다.

그렇습니다. 새끼연어 방류가 아니라 방생입니다. 흐르는 하천에 새끼연어를 그냥 놓아주는 인간의 행위—그것도 경제적 행위—가 아니라, 생명을 해방하려는 인간의 의지와 새끼연어의 몸짓이 큰 내, 큰 강에서 하나되는 '해방의 의지이며 행동'이 돼야 합니다.

목사님은 새로운 21세기의 꿈, 새천년 밀레니엄의 소망으로 한반도 평화와 세계평화를 기도하셨습니다. 지금 남북의 평화와 인류의 평화는 어떤 모습이며 어디로 가고 있습니까?

목사님은 교회 건물 안에 신이 계시는 것이 아니라는 당신 말씀대로 교회 안팎을 두루 드나드시며 길 위에서 많은 이들과 함께 가는 분이셨습니다.


목사님께서 21년 전 분단의 현장, 동해안 최북단 마을 명파천에서 말씀하신 생명 해방과 평화의 길은 아직도 험난하고, 멀고, 좁습니다. 목사님의 소망과 기도를 많은 이들이 받아들이기를 간절히 빕니다. 특히 예수님의 가르침을 업으로 하는 큰 교회의 목사님들이 그러하시기를 간구합니다.

성서에서도 생명에 이르는 길은 '좁은 길'이라고 말씀하셨지요. 목사님 당신은 스스로 좁은 길을 택하셨고, 많은 이들은 좁은 길을 선택한 박 목사님 같은 의로운 이들 덕분에 좀 더 넓은 길을 걷고 있습니다. 저도 그런 대중의 한 명입니다.

목사님! 저는 모처럼의 남북평화 기운을 조금이라도 키우기 위해 저와 견해를 달리하는 이들을 만나 그들의 얘기를 경청하겠습니다. 그래서 그들 중의 한 명이라도 함께 평화의 길을 넓히는 데 동참하도록 노력하겠습니다.

9년 전 한국DMZ평화생명동산 교육마을 개관식 현장에 오신 박 목사님! 그때는 목사님과 사모님이 함께 오셔서 지금 제가 살고 있는 DMZ평화생명동산의 서화재에서 묵으셨습니다. 9월 한낮이라 햇살은 따갑고, 주위의 잣나무 숲은 늦더위 매미 우는 소리에 시끄러울 때입니다. 이곳의 풍광을 그렇게 좋아하시면서, 박 목사님이 저에게 하신 말씀이 지금도 생생합니다. "여기가 천당이지, 천국이 따로 있는 게 아니야…."

DMZ평화생명동산 교육마을에서 북쪽으로 3분만 차로 달리면 민간인통제선(민통선) 초소입니다. 전쟁과 파괴의 현장을 평화와 생명의 터전으로 바꾸는 일을 하기 위해 1998년부터 시작한 일이 조금씩 자라고 커져서 우선 교육운동을 할 수 있는 교육공간이 완공된 것입니다. 평화·생명·통일교육운동의 공간!

목사님은 예의 그 천진한 모습으로 '이곳이 천당이다'라고 말씀하셨습니다. 우리들이 이곳 인제군 서화면 서화리에 평화생명동산을 터잡고 일을 시작한 까닭은 단순합니다. 내금강 직행로(승용차로 40~50분 거리)이고, 또한 60년 이상 민간인의 출입이 통제되니 남북의 식물점이지대인 이곳은 우리나라에서 생물종의 다양성과 풍부성이 제일이기 때문입니다.

우리의 구호는 '생명의 열쇠로 평화의 문을 연다'입니다.

우리는 이곳에 생명에 이롭고 평화에 도움이 되는 일을 하기 위해 민관이 협력하여 DMZ평화생명동산의 1단계 사업인 교육마을을 조성하였습니다. 2단계는 민통선 이북지역(민북지역)에 지뢰생태공원과 생명연구동산을 만드는 것이고, 3단계는 내금강 장안사를 복원하고 그 주위에 이곳과 같은 DMZ평화생명동산 교육마을을 만드는 것입니다.

목사님께서는 이런 계획을 들으시고 기쁜 나머지 '이곳이 천당이다'라고 말씀하셨을 겁니다.

"천당이 어디에 있습니까?" 제가 물었습니다.

"좋은 마을, 하늘·땅·사람이 어우러지는 곳이 천당일세."

그분은 하느님 나라를 이 땅에서 실현하고자 애쓰신 분입니다. 그러니 유신독재 시절에 그런 고난을 겪으셨지요. 심지어 민주화 이후 민주화운동기념사업회 초대 이사장직을 수행하실 때에도 극단적 우파 국회의원 내지 생계형 극우파들에게서 모욕을 당하셨습니다.

1987년 6월 민주항쟁 이후 대통령 선거국면에서 양김(김대중, 김영삼)이 갈라서고 민주화운동권도 같이 분열되었을 때, 박형규 목사님은 후보단일화의 입장을 견지하시고 '군정종식 대통령후보단일화쟁취 국민협의회' 공동대표직을 맡으시고 고군분투하셨습니다.

이미 고인이 된 조영래 변호사가 홍보위원장을, 홍성우 변호사는 상임집행위원장을, 저는 사무처장을 맡았었지요.

수많은 이들이 애썼지만 대통령후보 단일화는 실패하였습니다.

6월항쟁의 열매는 양김의 분열과 민주화운동권의 잘못으로 전두환의 후계자 노태우 후보의 당선이란 결과로 귀착되었습니다. 민주화를 향한 국민의 열망을 받들어 모시기는커녕, 엉터리 계산과 욕심으로 분열의 길을 간 어리석음이 그 이후의 우리 역사를 규정합니다. 냉전해체, 독일통일 등 대전환의 격류 속에서 소위 군부독재의 잔당인 노태우 정부도 중국, 소련과 수교하고 남북기본합의서, 한반도 비핵화를 타결했습니다.

만약 1987년에 군정을 제대로 끝장내고 새로운 민주정부 그리고 영남과 호남의 지역감정을 극복한 민주적 국민통합정권이 들어섰다면 최소 10년은 집권하였을 것입니다. 역사에 만약은 없지만, 민주적 국민통합정부가 권력을 획득했다면 대통령 선거 유효투표의 65~70%를 획득하고 국민의 압도적 지지와 국제적인 협력 속에서 북·미수교, 북·일수교까지도 이루어 냈을 것이고, 그 과정 속에서 북핵문제는 전혀 다르게 결말이 났을 것입니다.

박형규 목사님!

살아 계셨을 때 좀 더 잘해드리고, 좀 더 가르침을 구해야 할 것을 하지 못해 송구스럽습니다. 목사님은 스스로를 드러내시지는 않았지만 '길 위의 목자', '민중의 벗'이셨습니다. 최근 십수 년 간의 종교계를 보십시오. 대형 교회의 목사세습, 부의 세습은 절망과 타락의 표상입니다. 목사님은 크게 꾸짖으실 것입니다. 그리고 진심으로 권고하실 것입니다.

'너 자신과 세상을 망치는 헛된 욕심을 버려라.'
'낮은 곳으로 가라. 그곳에서 천국 건설을 시작하자.'

# 목사님, 대통일의 길 열리도록
# 이끌어 주소서

오길석

(민족일보 조용수사장기념사업회 운영위원장)

수주(水洲) 박형규 목사님은 경남 마산 인근 진북면 정현리 여항산 두메산골에서 태어났다.

모친의 지극한 사랑과 부친의 교육열 덕분에 50여 리나 더 떨어진 마산 창신학교에서 공부하고 부산대에서 철학을 수학했다. 일본으로 건너가 일본신학대학을 졸업하고 미국으로 유학하여 유니언신학대학에서 석사학위 취득과 목사 안수를 받은 후 귀국하여 서울의 공덕교회에서 부목사로 시무하였다.

1972년부터는 그 유명한 오장동 서울제일교회 당회장으로 20년간 봉직하셨다. 특히 1973년 유신 선포 후 최초로 유신반대 데모를 남산 야외음악당에서 열린 부활절연합예배 중에 과감히 감행했다. 그 후 독재자 박정희·전두환 정권과 사사건건 충돌하면서 여섯 차례에 걸쳐 구속과 석방을 반복하였다. 이 시절 노상에서 6년간이나 예배를 드리는 최악의 사태에 직면하여 '길 위의 목사'라는 영광스러운 별명도 얻게 되었다.

이제 이런 일들은 어지간한 사람들은 다 아는 이야기이고, 진정 목사 박형규의 위대성은 목회자 이전에, 노자·공자·맹자 사상을 지닌 유교적 선비의 삶을 살아온 유학자로 유교의 '인'(仁)과 기독교의 '은혜'를 결부시키고자 노력한 분이라는 것이다.

삶의 족적을 살펴보자면, 목사님은 해방 직전 2~3년간 마산 인근 진영에서 농장을 경영하는 지주였다. 이때 헐벗고 굶주리고 못 배운 소작인들의 비참한 삶을 접하고 이들을 도와 인간 이하의 삶을 벗어나게 하는 것이야말로 정의라고 판단했다. 소작인들에게 멍에가 되는 과도한 소작료를 내리고, 자녀가 출생, 입학, 질병으로 지출이 가중되면 소작료를 감면해 주는 배려 등으로 약관 20세에 주민들의 신망을 받았다.(실제로는 소작료 감면을 부모님께 건의하였으나 받아들여지지 않았다고 합니다.)

1945년 해방정국에서 목사님은 진영의 청년을 규합해 일본인들의 안전한 귀국을 돕기 위해 적극적인 보호 활동을 했다. 당시 일본인 중에는 악덕 지주가 상당수 있었지만 그들을 미워하기보다는 '시대의 아픔'으로 돌려서 가능한 한 너그럽게 보호해 주었다.

목사님은 한국전쟁의 발발로 조국이 풍전등화의 위기에 처하자 일본으로 건너가 고 문익환 선생, 정경모 선생(세계 최장기 망명자로 46년째 귀국지 못하고 체류 중) 등과 같이 도쿄의 극동군사령부에 일하면서 맥아더 사령부의 막료들과 함께 미군과 유엔군의 참전에 협력하면서 조국을 국란 위기에서 구하는 데 일조를 하였다.

하지만 박정희·전두환 정권은 도리어 무지막지한 탄압과 고통을 안

● 민족일보 조용수사장 추모기념식에서 오길석 등과 함께

겨 주는 것으로 그 보답하였던 것이다. 그러나 목사님은 이에 괘념치 않고 묵묵히 감옥을 제집 드나들듯이 하면서 오로지 조국의 민주화와 통일을 향한 고난의 길을 갈 뿐이었다.

특히 4·19 당시 피 흘리는 학생을 목격하면서 '아! 저것이 바로 예수의 참모습'이라는 깨달음과 5·16 때는 군홧발에 짓밟히는 민주주의를 경험하면서 참된 민주주의와 국민이 주인되는 정의로운 사회의 구현을 위해 온몸을 바쳐 투신하리라 결심하고 행동하게 된다. 이런 와중에 1973년 남산 야외음악당 부활절 유신반대 독재타도 사건이 일어나고, 곧이어 소위 민청학련 사건 배후조종자로 몰려서 15년 징역형을 선고받았으니, 이 사건은 그야말로 개가 웃고 소가 웃을 일이 아닐 수 없었다.

이제 다시는 목사님을 뵙지 못하게 되매 목이 메어 온다. 중년이 지난 이후 목사님을 모실 때마다 받아 온 뜨거운 희열과 감동도 이제 다시는 느낄 수가 없다.

목사님! 부디 영면하시고 하늘나라에서도 조국분단 해소와 민족 대단결로 대통일의 길이 열리도록 이끌어 주시고 편달하여 주기를 바라옵고, 이제 마지막으로 보내는 날 통곡으로 큰절을 올립니다.

박형규와 함께 그 길을 걷다

**4**

# 화해와
# 사랑의
# 목회자

# 믿음의 길로 인도해 주신
# 고마운 목사님

## 강영원

### (기업인)

내가 너와 함께 있어 네가 어디로 가든지 너를 지키며 너를 이끌어 이
땅으로 돌아오게 할지라 내가 네게 허락한 것을 다 이루기까지 너를 떠
나지 아니하리라 하신지라(창 28:15).

박형규 목사님을 처음으로 만나 뵌 것은 김경남 목사의 고백처럼
우리가 원해서 이루어졌던 것도, 박 목사님이 원해서 이루어졌던 것도
아니고, 당시 위수령을 선포하고 군대를 대학 구내에 진주시켜 대학에
서의 학생회를 비롯한 모든 학생들의 자치활동이 강압적으로 금지되
던 삭막하고 살벌했던 상황에서 모여서 토론하고 세미나 활동을 계속
할 수 있는 장소를 찾다가 이루어진 것이었습니다.

결국 이러한 만남으로 대한민국은 선하신 하나님이 인도하시는 민
주화의 길을 걸었고, 이 길 한가운데에 박 목사님께서 서시게 되신 것

이었으며, 서울제일교회와 민청학련 사건의 주모자들이 함께하게 되었던 것입니다. 박 목사님이 투철한 혁명가이거나 사상가였기 때문이 아니라 인간을 사랑하시어 그들을 구원의 길로 인도하시기 위해 하나님이신 예수님께서 인간의 몸으로 가장 낮은 자의 모습으로 오셨던 그 예수님의 마음과 생각을 따르기를 간절히 기도하며 순종하셨던 목사님이셨기 때문인 것으로 생각합니다.

이길 것을 미리 알고 택하셨던 희생의 길이 아니고 칠흑같이 어두운 독재의 철권 아래에서 오직 하나님의 말씀에 순종하신 확고한 믿음, 가난한 자와 소외된 자들을 사랑하시고 십자가의 길을 가셨던 예수님의 담대한 믿음을 닮으려는 노력의 결과라고 생각됩니다.

저 역시 여러 가지 이유로 김경남 목사와 함께 1974년에 가기로 했던 신학교의 길을 접을 수밖에 없었으나, 교역자의 길이 아닌 세속의 다른 길로 갔음에도 불의한 권력과 세력으로부터 자유로울 수 있었던 것은 박 목사님으로부터 세례 받음으로써 확증되고 시작된 믿음의 결과입니다.

제가 알기 전부터 저를 택하시고 인도하시고 이끌어 오신 분이 있음을 깨달을 수 있도록 인도하시고, 보이지 않는 세계가 보이는 세계보다 더 소중하다는 믿음을 주시고, 제가 믿음을 고백하자마자 성령의 세례를 베풀어 주셨던 1973년 12월 크리스마스의 사건을 잊을 수가 없습니다. 1972년 이후 본격적인 박형규 목사님과의 만남, 설교를 통한 말씀, 영어 성경공부를 통해 알게 된 예수님 등, 이미 믿음의 씨앗을 갖게 되었으나 부족한 성경 지식, 기독교 역사에 대한 공부의 부족 등, 당시로서는 미처 깨닫지 못한 것이 많아서 세례를 받겠다는 생각을 갖지 못한 채 서울제일교회 대학생회의 간부로서의 역할에는 충실

● 서울제일교회 청년회 수련회에서

했습니다. 그러는 와중 1973년 부활절예배 시 소위 내란예비음모라는 보안사범의 주모자로 영어의 몸이 되신 박형규 목사님과 권호경 목사님의 석방을 위한 대학생회 헌신예배의 준비과정과 헌신예배를 통해 하나님의 살아 계심을 체험하는 커다란 은혜의 사건을 경험했습니다. 많은 학생들이 진리와 정의 앞에 함께했던 현장의 생생한 경험을 바탕으로 고 김대중 대통령의 동경 납치 사건의 폭거에 항의하고자 고 나병식 등과 함께 유신반대 1호 데모 준비를 하며, 매우 열악한 환경과 조직이라고 말할 수조차 없는 달랑 다섯 명 전사들의 위험천만한 불장난(?)에 주동으로 참여하는 영광(?)을 가질 수 있었습니다. 어떻든 우리의 힘이 아닌 하나님의 역사하심이 함께하는 과정을 목도하고 경험함으로써 저의 믿음은 확고하게 뿌리 내릴 수 있었습니다.

1972년 이후 침묵의 대학가에 서울대학교 동숭동 문리대 캠퍼스에서 거행되었던 1,000여 명의 데모의 외침으로써 대한민국의 유신 타도, 민주화의 길이 성공했다는 것은 결코 논리적인 설명으로 해석할 수는 없습니다. 약 한 달여간의 도피는 이미 당시 안기부에서의 진술처럼 미리 짜인 계획은 전혀 없이 오직 눈에 보이지 않는 세계의 힘에 의해 이끌렸습니다. 그동안 이화여대의 채플 시간을 통해 이루어진 10.2 데모의 자세한 내막과 제 개인의 집과 현재 처, 여동생, 누나 등이 안기부에 끌려갔던 사실의 폭로로 전국 대학생들에게 큰 소용돌이처럼 알려지게 되는 계기가 되었습니다. 신문지상이나 어떤 언론에도 보도됨이 없이 깜깜한 독재의 시대에 이 사실들이 구전에 의해 널리 퍼지고, 자극을 주어 당시 당국자들에게는 걷잡을 수 없는 형국이 되었고, 서대문형무소에 구속되었던 고 나병식, 고 정문화 그리고 당시 문리대 학생회장 도종수와 저는 모든 기소의 백지화 조치로 학교로 돌아왔습니다. 이 사건이 바탕이 되어 소위 민청학련 사건으로 불리는 학생들의 전국적 연락과 연대를 이룰 수 있는 힘이 이철 선배와 고 나병식 등에 의해 조직되어 갔습니다. 우리의 박형규 목사님은 이 사태에 윤보선 대통령을 설득하여 필요한 자금을 연결하시는 역할을 시작으로 대한민국의 민주화의 길을 예수님이 걸으셨던 십자가의 사건으로서 받아들이시고 민주화의 역경을 맞으신 것입니다.

야곱이 에서의 분노를 피해 무작정 떠나갈 때 하나님의 말씀을 받으신 것처럼, 10.2 데모에 아무런 대책도 없이 주동으로 참가한 후에 정처 없이 떠돌 때 참으로 평안한 마음으로 한 달여간의 소위 도피생활을 할 수 있었던 모든 과정이 항상 함께하시는 하나님의 손길이었음을 믿음생활 중에 깨닫게 되었습니다. 그뿐만 아니라 이의 한가운데에 박형규 목사님의 인자하신 모습이 항상 함께하고 계신 것을 여러 동지들에게 이제는 간증할 때가 된 것 같습니다. 참으로 이기적이고 탐욕으로 가득찬 저희를 부르셔서 박형규 목사님을 만나 믿음을 갖게 하시고 박 목사님의 석방운동을 통해 정의와 진리가 이길 수 있음을 확신케 해 주시고 10.2 데모의 주동으로 참가할 수 있게 허락하신 이 모든 것이 저에게는 진정 감사와 은혜의 순간이었음을 고백합니다.

1974년 2월 대학을 졸업하고, 소위 1974년 4월 민청학련 사건으로 동지들과의 연락이 완전 두절되어 고립된 순간에도 좌절하지 않으며 반드시 진리는 승리한다는 믿음을 갖고 기업활동 쪽으로 개인적인 살 길을 찾아 나섰습니다. 하지만 그 과정에서도 맡은 일들을 잘 수행하고 크게 성장할 수 있도록 하나님께서 이끌어주시고 기도에 응답해 주시고 복 주셨음을 감사드리며, 이 커다란 믿음의 길을 열어 주신 박 목사님의 중보의 기도를 잊을 수 없습니다.

감사합니다.

# 박형규 목사님 그리고
# 나의 학창시절

강정례

(미국 거주)

## 내 삶의 방향을 찾아 준 시기

1972년 여름방학이 지난 9월, 서울제일교회에서 처음으로 예배를 드리기 시작한 후 약 8년의 시간은 내 삶에 있어 가장 중요한 시간이었다고 말할 수 있겠다.

한국의 정치적 상황이 박정희 전 대통령의 장기집권으로 점점 독재화 되고 있던 시절, 대학에 입학했다. 초등학생 때부터 대학에 들어올 때까지 대통령이 늘 같았고, 투표할 나이도 아니었고 아무 세상물정 모르던 중고교 시절을 지나 대학에 들어갔을 때 바로 위의 오라비가 당부해 주었던 말이 대학생활 첫걸음에 무게를 얹어 주었다.

교회의 예배실은 보통의 교회와 다르게 외양이 그냥 사무실 같은 빌딩의 제일 위층에 있었고 예배실 내 중간층의 작은 방이 목사님 사무실 겸 교회 사무실이었고, 더불어 대학부 모임의 장소였다.

유신헌법을 공포하기 전 대학생들의 반대시위를 미리 막으려고 가을학기에 갑작스레 학교의 문을 닫고 군인들이 지키는 계엄령이 내려졌고, 이유를 모른 채 가을학기를 수업도 없이 보내다 모자란 수업 일수를 레포트를 제출하게 하여 한 학기를 마감했고 겨울방학으로 연결되었다. 겨울이 되자 교회 대학부는 성탄을 위한 연극 연습에 들어갔다. 그 당시엔 아무 생각 없이 대학부의 활동이려니 하며 참여한 연극이 김지하 씨의 〈오적〉을 각색한 〈금관의 예수〉라는 작품이었고 그 연극으로 대학가 문화운동에 연결된 선배들을 만났고 사회문제에 대한 표현의 다양성도 깨닫게 되었다.

준비 기간이 짧았던 연극을 교회 내에서 밤을 세우며 연습하였는데 박 목사님의 전적인 지지 가운데 교인들의 긍정적인 후원으로 난방과 간식이 해결되었다. 작고 가난한 교회였으나 성탄절에 보통 공연하는 성극이 아닌 한국 사회의 문제를 담은 희곡으로 종교와 사회 지도층의 부패를 풍자적으로 이야기하는 연극을 올렸다. 이는 박 목사님과 당시의 권호경 전도사님의 전적인 지지와 신앙관으로 인해 가능했다. 덕분에 교회를 배타시했던 깨어 있던 대학생들이 서울제일교회로 몰려들었고 대학부 참여자들이 늘고 신앙에 대해 생각하게 하는 계기가 되었다고 생각한다. 연극공연 후 가졌던 대학부 뒷풀이 수련회는 목사님 주선하에 천호동에 있던 아주 작은 베다니수양관에서 열렸다. 교회와 신앙에 금을 그었던 분들도 많이 참여했고, 그 자리에 같이 계셨던 목사님은 흔히 생각하는 세상과 별개의 모습을 보여 주는 그런 근엄한 성직자의 모습이 아니라 형식에 매이지 않는 자유로운 영혼이요, 널널하여 우리 모두를 품어 주는 파격의 청년 목사님이셨다. 이는 당시엔 깨닫지 못했으나 내 신앙생활에 기준이 되어 일반적인 기독교인이라는 틀에서 자유로울 수 있게 해 주었다.

이듬해 선배가 아르바이트를 해보자 하여 따라 나섰던 일이 송정동 판자촌 실태조사였다. 어려서 학급 친구 중 고아원에서 다니던 아이가 있어 고아원도 가보고 가난한 사람들도 접해 보았었는데 그곳 판자촌에서의 실생활을 접하면서 내가 누리는 대학생활이 얼마나 미안했던지 분식집도 못 갔고, 흔히 말하는 다방에서 커피 한 잔 사 마시는 것이 호사요, 사치임을 깨달았다. 그 조사를 통해 지역의 어려움과 저소득층의 어려움이 그냥 생겨난 것이 아니라는 것을 알게 되었고, 그런 활동이 박 목사님이 관련하신 도시산업선교회의 선교였음을 알게 되었다. 기독교가 개인 신앙만을 다루는 것이 아니라 사회문제에 참여하는 것이 선교의 한 장이었음을 인식한 것이다.

1973년 4월 부활절연합예배가 남산야외음악당에서 있다는 광고에 따라 연합예배에 참석했는데 그 자리에서 유신헌법의 부당성을 선언하고 목사님은 연행되셨다. 온 교인들은 기도하며 더 단단해졌으나 교인들 중 일부 사업하시는 분들은 세무사찰을 받게 되었고 목사님의 목회를 반대하며 교인들을 분리시키는 이들도 있었다. 그러나 교인들은 이로 인해 신앙인으로서 잘못된 것을 부당하다 외치는 단체행동과 신앙인으로서의 정체성을 세워 갔다. 비단 서울제일교회뿐 아니라 기독교장로회에 속한 교회와 일부 다른 교파의 역사의식이 있던 목사님들을 중심으로 억울하게 수감된 사람들을 위해 기도회를 계속 이어갔고, 사회의 지도자들도 뜻을 모아 동참하였다.

그해 가을 서울문리대에서부터 시작된 유신헌법 반대 데모로 학생들과 지식인, 문인, 언론인 등이 수감생활을 하면서 구속자가족대책위원회도 발족되었고, 서울제일교회 대학부도 할 일들이 많아졌다. 개인적으로는 우리 문화에 대한 관심으로 민속극회 클럽을 만들고, 당시에 살아 계셨던 인간문화재 선생님들을 찾아다니며, 전수자는 아니었지만 전수자만큼 배워 창립공연도 하면서, 대학가에 민속극에 대한 관심과 참여를 고조시켰다. 더불어 당시 신학계에선 민중신학과 해방신학 등에 대한 이해와 관심 가운데 우리 정서에 맞는 신학을 찾으려는 노력으로 마당극, 탈춤, 민요 등과 접목한 공장의 노동문제, 빈민문제 등의 창작극 시도도 있었고, 기독청년들도 그런 문화운동을 시작하였다. 박 목사님의 주선으로 NCCK 모임에서 탈판의 형식으로 사회와 시대에 대한 풍자를 연희했고, 그로 인해 문화운동과 기독교 사회운동이 연대하게 되었다. 어쩌면 그 중간자 역할을 했다고 혼자 자부하기도 했다. 그럼에도 불구하고 개인적인 신앙고백은 박 목사님께서 몸으로 보여 주신 틀을 벗어나는 자유로운 모습과 학교에서 접한 민중신학과 축제, 해방신학 등 거대한 담론에 버거워하면서 확신을 갖지 못한 채 세례도 받았고, 성가대와 주일학교 반사도 하였으며, 대학부의 세미나도 열심히 참여했다.

한국신학대학 부설 선교원에서 한 학기 동안 공부하다가 대학원 진학을 하고 나서 결혼을 하게 되었는데 박 목사님께서는 주례조차 향린교회 목사님께 부탁하라고 양보하셔서 결혼식을 향린교회에서 하게 되었다. 서울제일교회 예배는 간간이 참석했는지라 박해받던 시기는 같이하지 못했고, 부모님을 통해서 소식만 듣다가 노상예배도 어쩌다 한 번 참여했던 기억이 전부다. 그 후 미국에 살며 신앙생활을 하면서 확실하게 알게 된 것은 기독인으로서 박해받는 자들과 함께한다는 신앙관은 서울제일교회를 다니면서 박 목사님으로부터 알게 모르게 몸으로, 생각으로 익혀 배어 있었다는 것이다. 그 연유로 미국에서 교회에 다니면서도 신앙생활에 무언가 빠져 있는 것 같은 생각이 들었다. 이제 시간이 흘러 지내 놓고 보니 정말 중요한 시기에 박 목사님을 만나 바른 신앙인으로서의 정체성을 형성하게 된 것을 감사드린다. 딸과 아들 아이도 목사님을 몇 번 만나 뵙지 못했지만 집에 오셨을 때 며칠 지내면서 참 목회자의 열린 마음을 경험했던지라 사회문제나 약자의 문제에 항상 같이하려는 모습을 보며 '길 위의 신앙인'인 목사님은 작은 예수가 아닐까 생각해 본다. 아이처럼 웃으시며 항상 긍정의 마음으로 품으시는 박 목사님이 더욱 그립다.

# 교회와 민중문화가 접목하다

한승호

(녹색소비자연대 전국협의회 공동대표, 서울제일교회 제3대 대학생회장)

## 들어가며

고 박형규 목사님(이하 목사님으로 표기)은 젊은 시절 내 인생을 바꾼 내 신앙의 아버지이자 스승이시다.

나는 1973년 대학 1학년 때 난생 처음 다니기 시작한 서울제일교회의 대학생회 세미나 자리에서 처음 목사님을 만났다. 그 해 남산 부활절예배 사건으로 박정희 유신독재 정권에 의해 투옥되신 목사님의 삶을 보고 예수님을 한번 믿어 보겠다고 결심하게 되어 그해 감옥에서 나오신 목사님으로부터 크리스마스에 세례를 받았다.

1974년 민청련 사건으로 목사님을 비롯한 대학생회 선배·동료들이 대부분 구속·투옥·잠적됨에 따라 쑥대밭이 된 서울제일교회를 그분들이 감옥에서 풀려나오실 때까지 지키겠다는 일념으로 능력과 자격은 안 되지만 어쩔 수 없이 서울제일교회 대학생회 3대 회장직을 맡았다. 목사님은 마침내 풀려나오셨고, 1977년 대학 졸업식에도 오셔서 축하

해 주시고, 1984년 결혼식의 주례를 서 주셨으며, 1987년 부활절에 하나뿐인 아들 은석의 유아세례를 주셨던 분으로서 제 인생의 중요한 시점마다 함께해 주셨다.

그러던 중 전두환의 신군부독재 정권에 의해 자행된 소위 '녹화사업'의 일환으로 서울제일교회에서 목사님과 목사님을 따르는 교인들과 민주세력을 축출, 파괴하려는 공작이 자행되었다. 당회장실에 며칠씩 강제 감금되었던 시간, 이후 군보안사의 사주와 경찰의 비호를 받은 서진룸살롱 사건의 조직폭력배들에 의해 강제로 추방되어 7년간 중부경찰서 정문에서 노상예배를 드리던 시절 그리고 김영삼 정부가 들어서고도 교회에 들어가지 못하고 기독교회관 조에홀을 빌려 예배드리던 시절을 거쳐 다시 서울제일교회 본당에 들어가서 감격의 예배를 함께 드리던 시절, 또한 직장 발령으로 1997년 대전에 내려와서도 1년간 매주 예배드리러 서울에 오가기 힘들어 대전에서 목사님이 정해 준 기장 교회에서 예배를 드리게 되기 전까지 25년간의 다사다난했던 격동의 세월을 목사님과 함께했다.

목사님은 단 한 번도 나를 붙잡지 않으셨으나 나 스스로 붙잡혀 서울제일교회의 주일학교 초등부 교사, 대학생회 회장, 성가대원과 성가대장, 집사로 살아 왔던 시절들이 돌이켜 보면 하나님의 인도하심이 아니었나 생각된다.

## 서울제일교회와 목사님과의 만남

저의 부친은 이북 실향민 출신으로 해방과 함께 단신 월남, 6·25전쟁에 일선 소대장으로 참전하여 중공군과의 전투에서 총상을 입고 몇달간 병상에 있다 다시 군대로 복귀, 종전 후 화랑무공훈장을 받고 직업군인으로 근무하다 제대하였으나, 사회에서는 반복된 사기와 사업 실패를 겪고 경제적으로 무능한 가장이 되었다.

몰락하고 가난한 집안의 2남 3녀 중 장남으로 태어난 저는 오로지 대학입학만이 집안을 살리는 지상목표로 교육 받고 학교, 도서실, 집 사이를 쳇바퀴 돌듯 다니며 세상 돌아가는 것도 모르던 순진한 범생이로 살다가 꿈도 없는 고교생활을 마치고 마침내 (부모님이) 원하던 대학에 입학했다.

입학 후 찾아뵈었던 고3 담임선생님(입학 후 알았지만 KSCF의 이사이셨던)의 권유로 종로5가 기독교회관의 KSCF 학생사회개발단(학사단)에 새내기로 들어가게 되었고, 인천 도시산업선교 현장과 청계천 집창촌, 판자촌의 사람들을 접하며 큰 충격을 받았고, 우리 사회의 어두운 현실에 접하며 사회정의와 기독교 신앙에 조금씩 눈을 뜨기 시작했다.

학사단에서 만난 서울문리대 황인성 선배의 소개로 1973년 대학 1학년 1학기 초 서울제일교회 대학생회의 세미나에 참석하며 처음으로 목사님과 훌륭한 많은 선배들을 만나게 되었다(손학규, 이창식, 김경남, 나병식, 강영원, 박원표, 이미경, 신철영, 구창완, 조중래, 윤관덕, 차옥숭, 임상택, 민인기, 강정례, 정인숙, 김혜숙, 박혜숙 등).

불교 집안에서 태어나 초등학교 입학 전부터 부모님 손에 이끌려 방학 때마다 절에 다녔던 나로서는 교회 예배나 목사님에 대해 정서적인 거부감도 있었고, 비판적이기도 했기에 처음부터 예배에는 참석

● 서울제일교회 청년회의 야학 선생들과 함께

하지 않았고, 세미나에만 참석했으나 목사님과 선배들 아무도 강요하지는 않았다

내가 고교 때까지 살았던 짧은 인생을 통해 알았던 세상과는 다른 이 사회의 현실과 보통사람들과는 달랐던 목사님과 선배들의 삶을 보면서 한동안 세미나에만 참석했던 것이 조금은 미안했고 또 그분들을 저렇게 살게 하는 믿음의 세계와 기독교가 조금씩 알고 싶어져서 예배에도 참석하게 되었고 성가대에도 서게 되었다.

부끄럽지만 믿음이 생겨서라기보다는 가난한 대학생의 점심 한끼를 해결할 수 있었기 때문이었다.

점심을 먹고 나서 시작되는 대학생회 세미나에서는 『역사란 무엇인가』, 『후진국 경제론』, 『뜻으로 본 한국역사』 외에도 신학, 문학서적 등을 읽고 열띤 토론이 저녁때까지 이어졌고, 대부분 인근 중부시장에서의 저녁식사 후 뒷풀이까지 이어지며 선배, 친구들과 토론과 친교를 나누었다.

목사님께서는 남산 부활절 사건으로 투옥도 되고, 수도권 특수지역 선교위원장 등 우리가 모르는 많은 일을 하시는 바쁜 중에도 틈틈이 대학생 세미나에 참석하셔서 젊은 대학생들과 사회와 정치, 기독교, 교회에 대해 열띤 토론을 하셨다.

그런 심각하고 힘든 일을 하시면서도 늘 웃음과 유머감각을 잃지 않으셔서 세미나의 분위기를 진지하면서도 화기애애하게 만들어 주셨고, 대학생 수양회에도 늘 참석하셔서 찬송가보다는 학생들과 함께 운동가요를 부르고 흥이 오르면 멋들어진 전통춤을 추시며 함께 어울리셨다. 한 세대의 차이가 느껴지지 않을 정도로 우리보다 더 젊고 열정적이고 진보적이고 실천적이고 낙천적이고 신실하셨다. 돌이켜 보면 요즘보다 더 암울한 시대에 그런 모습과 태도는 어디에서 나왔을까 생각해 보니 그것은 인간에 대한 예수님의 사랑과 희생, 하나님 나라와 정의, 구원에 대한 믿음에서 비롯된 것이었다고 믿는다.

그렇게 매주 일요일마다 바쁘고 치열한 서울제일교회에서의 활동 (주일학교, 성가대, 예배, 성가대 연습, 대학생회 세미나, 뒷풀이 등)은 하루 종일 계속되었고, 대학 1학년 시절이 끝나가던 중 내 인생의 전환점이 될 운명의 사건이 다가왔다.

## 성탄절의 마당극, 〈진오귀굿〉

1973년 1학년 겨울방학 때 세상의 모든 교회들이 하는 크리스마스 성극 대신 가난하고 소외된 농민문제와 사회구조적 모순을 고발하는 김지하 원작 〈진오귀굿〉 연극을 대학생회 회원들이 공연하기로 결정하고 준비에 들어갔다.

이 연극은 임진택(당시 서울문리대 외교학과 4학년 재학 중, 현 박형규 목사기념사업회 공동위원장) 선배가 연출하였고, 대학가에 최초로 탈춤반을 만들어 탈춤을 보급하고 민속문화운동을 시작했던 채희완(당시 서울문리대 미학과 4학년 재학 중, 현재 부산대 무용과 교수. 정년퇴임 후 경주 남산 사저에 거주하며 부산·경남지역 문화운동을 통해 후진들을 양성) 선배가 안무를 맡았다. 서울제일교회 대학생회의 구창완(당시 대학생회 2대 회장, 현 대만 선교사, 72학번), 강정례(당시 이화여대 탈춤반 및 학생운동서클 파워 회원, 현 미국 뉴저지 거주 중, 72학번) 선배 및 필자와 동기인 양두석, 김기정(73학번) 등이 출연하였다. 배우가 부족하여 객원배우로서 박우섭(당시 서울문리대 연극반, 전 인천 남구청장), 홍성원(당시 이화여대 탈춤반 회장, 현 채희완 부인) 및 임명구(문화운동, 춤꾼) 선배들이 참여한 우리나라 최초의 민속 창작마당극으로 평가되고 있다

이 마당극은 당시 4·19세대로 반독재 민주화운동 전력과 정치비판 서사시의 작가로서 옥고를 치른 요주의 인물로 당국의 감시를 받고 도피 중이던 김지하 시인의 작품이기에 기성극단과 극장에서는 공연할 엄두도 못 내던 시절이었으나 전문 연극인도 아닌 대학생들이 전문 극장도 아닌 서울제일교회 대예배실에서 장구와 꽹과리를 치며 당시로서는 파격적인 마당극 형식으로 공연할 수 있었던 것은 목사님의 청년문화예술운동에 대한 애정과 전폭적인 지원 덕분이었다.

서울제일교회에서의 초연은 성황리에 끝났고, 출연했던 객원배우들도 대학생회도 모두 각자의 자리로 돌아가 활동을 했으나 이 공연을 시작으로 이후 가톨릭농민회, 기독교농민회, 기장청년연합회 목포대회, 광주 피정센터 KSCF 수련회, 계훈제 선생 피로연 위장 재야인사 명동 모임 등에서 요청이 들어올 때마다 흩어져 있던 배우들을 모아

서 며칠 연습하고 공연을 하고, 다시 각자의 자리로 돌아가는 게릴라식 공연이 되풀이되었다.

이렇듯 서울제일교회는 한국의 민주화운동 과정에서 정치·사회적인 역할뿐 아니라, 과거 선조들의 전통민속문화를 이 시대에 재창조해 당시의 정치 사회 체제 속의 억압받고 신음하는 소외계층의 문제를 고발하는 민족·민중문화운동에서도 작은 역할을 하였고, 그것은 목사님의 전통 민중문화예술에 대한 애정과 관심에서 비롯된 지원의 덕분이라고 생각한다.

이제는 사물놀이, 전통마당극이 세계적인 명성도 얻고 알려졌지만 당시만 해도 장구와 북, 꽹과리, 징 등을 무속문화로 인식하는 보수적이고 전통적인 교인들의 편견을 깨고, 당시 군사독재 정권 치하 어디에서도 사회·인권 문제를 다루는 작품의 공연 장소를 얻지 못했던 젊은 문화운동가, 예술가들에게 기독교적인 편견과 독재정권의 감시와 처벌의 위험을 무릅쓰고 목사님께서 초연의 기회를 주셨던 것이다.

필자는 이 마당극에서 농민을 못 살게 만드는 사회·정치 구조적 모순을 상징하는 도깨비 대장(재해귀) 역을 맡게 됨으로써 탈춤을 배우고 마당극을 통해 문화운동의 의의와 힘, 역할에 대해 처음으로 경험하게 되었고, 그때의 경험과 인연으로 후일, 내 인생에서 가장 의미 있고 길이 남을 기독교 민중문화운동을 시작하게 된 것이다.

## 기청탈(춤)반의 창립과 〈예수뎐〉

필자가 서울제일교회 제3대 대학생회장 임기를 마친 1976년 여름에 재건된 기청(한국기독교장로회 청년회 전국연합회) 성해용(당시 기청회장, 후일 국가청렴위원장) 선배의 부름을 받고 기청 임원진으로 활동권유를 받았을 때 나는 서울제일교회에서의 창작민속마당극 출연의 경험을 살려 선뜻 문화선교분과위원장을 선택(당시 기청 지도부에는 교회/노동/농민/빈민/문화의 5개 분과 선교위원장의 선택 기회가 있었으나 약간의 전문 기능이 필요한 문화선교분과를 선택)했고, 첫 사업으로 1976년 기청전국대회 목포대회 때부터 그해 겨울까지 서울대, 연세대, 서강대, 아주대, 숙명여대, 홍익대, 동덕여대, 한신대, 경희대, 외국어대, 한양대 탈춤반 및 교회 대학생회원들을 공개모집하여 한국기독교계 최초로 '기청탈(춤)반'을 조직하였다.

초대 멤버는 다음과 같다. 한승호(초대 문화선교분과 위원장 73학번, 서울대), 김상복(75), 김경희(76, 동덕여대), 이상훈(76, 연세대), 최재은(76, 숙명여대), ○○○(75, 한신대), 안동환(76, 서강대), 현광일(77, 연세대), 김진순(77, 경희대), 석원정(77, 숙명여대), 김용태(77, 아주대), 김해중(77, 서울대), ○○○(77, 서울대), 박종관(78, 한신대), 민경서(78, 아주대), 신재걸(78, 인하대), 이종회(78, 서강대), 최종성(78, 연세대), 양원모(78, 홍익대), 김수호(78, 중앙대), 백원담(78, 연세대), 서정심(78, 성신여대), ○○○(78, 숙명여대), 이정림(78, 성신여대) 등이다

1977~1979년 브레히트의 집단창작 방식과 일본의 신학자 아라이 사사구의 저서『예수와 그의 시대』를 함께 공부하며 예수의 일생을 담은 창작마당극 〈예수뎐〉을 한국기독교계 최초로 창작하고 장구와 꽹과리 악기로 반주하여 서울제일교회에서 초연을 했다. 이 〈예수뎐〉은 1978년에는 〈예수의 생애〉로 재창작되어 기청대회에서 공연되었고, 다시 EYC(기독청년협의회) 전국대회, 감청(감리교청년연합회)대회, 예장 청년대회 등에서 공연되었다. 1981년에는 다시 각색되어 〈죽은자 가운데서 일어나〉라는 제목으로 기청대회와 각 기독청년 전국대회에서

공연되었다. 이는 기독청년들이 끊임없이 성경을 공부하며, 시대의 상황과 성경의 가르침을 연결시키려는 노력과 이를 민중의 문화와 결합시키려는 노력이었다.

우리나라 전통탈춤에서 당시의 부패한 정치·종교계의 지도자인 양반, 선비, 고승들의 무능과 부패를 고발하고 징치하던 민중지도자의 상징인 말뚝이를, 로마의 식민통치 아래에서의 부패하고 무능한 정치·종교계의 지도층들에게 경종을 울리고 피폐해진 민중들에게 하나님의 나라와 비전을 전파한 예수와 대비하여 창작하였다. 이 역시 서울제일교회에서 초연을 하고 이후 기장교단과 위에 언급한 한국의 진보적인 교단들의 진보적인 교회에서와 기청전국대회 및 교회 대학생회의 농촌봉사활동 현장, 허병섭 목사의 동월교회, 김동완 목사의 형제교회, 서대문 감리교신학대학 인근 판자촌 지역, 야학현장 등에서 공연을 하며 계속 작품을 고쳐 나갔다.

● 기청탈춤단들

기독교계에서 신성시되는 예수님을 전통탈춤을 추는 민중지도자인 말뚝이로 표현한 작품을 전통 교회의 문화 속에서는 받아들이기 어려운 시도였겠으나 그래도 여러 교회로부터 공연 요청이 들어왔다는 것은 여러 가지 평가가 가능한 부분으로 생각된다.

### 원풍 노동자탈반과 노동마당극

교회와 청년운동 및 농촌활동에서의 이러한 창작공연으로 가능성을 본 기청탈반은 이제 다시 새로운 도전을 하기로 했다.

과거 봉건시대의 양반, 승려 등 당시 지배세력들에 대한 고발과 풍자, 저항수단으로 민중들이 즐겼던 탈춤을 다시금 이 시대의 민중이라 할 수 있는 노동자들에게 돌려 주기 위해 당시 가장 노동운동이 치열했던 노동조합 중의 하나인 원풍노조(당시 방용석 위원장, 후일 노동부장관)와 접촉하여 노조원들에게 탈춤을 가르쳐서 최초의 노동자탈춤반을 조직하였고, 원풍노조 탈춤반원들과 휴일과 밤을 이용해 탈춤반 전원이 참석한 집단창작 방식으로 마침내 노동자에 의한, 노동자를 위한, 노동자의 창작 탈춤 마당극을 노동자 농성현장, 축제 현장, 노조원 교육현장 등에서 공연을 함으로써 노조원의 의식화, 화합, 단결 및 투쟁의 매개 역할을 하게 되었다.

이러한 성과에 자신감을 얻은 기청탈춤반은 그 이후 아리랑모방, 삼양화학, 동광모방, YH, 삼성제약 등 상대적으로 덜 조직화된 노조에 접근하여 탈춤을 가르치며 노조운동을 지원하였다.

YH 노동조합은 기청 재건 역할을 했던 고 황주석 선배(71학번, 한신대, 창현교회)의 소개로 연결되었다. 당시 1학년이던 박종관(목사님 차남)이 조합원들에게 풍물과 탈춤 기본 춤 정도를 가르쳤으며, 시작한

지 한 달만에 공장 폐쇄에 따른 파업투쟁을 하게 되었다. 이때 탈춤과 풍물을 배운 노동자들이 후일 파업의 전면에서 투쟁을 이끌게 되었다.

또한 원풍모방 노동자들은 1983년 회사의 이전과 노조 파괴에 맞선 해고투쟁 과정 속에서도 조합원들의 투쟁을 지속적으로 이끌었으며, 그 어려운 과정에서도 '원산총파업'을 창작 마당극으로 꾸미며, 1984년 기청전국대회에서 공연하였다.

이는 그 당시 2대 기청문화 선교분과위원장이었던 김상복(76학번) 후배가 노동자들과 함께 원산총파업을 공부하며 대본을 구성하였고, 현광일(77, 연세대), 신재걸(78, 인하공대), 김진순(77, 경희대) 등이 결합하여 조합원들과 공동연출을 하였다. 이때의 춤사위는 노동자들의 작업 동작을 춤사위로 만들어 내고자 노력하였다. 이러한 기청문화분과의 활동이 기독청년운동과 노동조합운동의 활성화에 큰 성과를 이루자, 그 당시 KNCC 총무이신 권호경 목사님이 해외에서 들어온 선교자금을 기청문화분과에 대여하여 성수동에 문화공간을 전세로 얻게 되었다. 이곳에서는 성수동을 중심으로 한 서울 동부지역 노동조합들의 문화활동을 지원하고, 각 교단, 각 지방의 청년문화운동의 지도력을 배출하는 역할을 담당하였다. 그러나 이 공간이 타 기독청년 운동 단체에게 알려지면서 공간을 폐쇄하고 전세금을 반환하게 되었다.

이후 기청문화분과 청년들은 노동자가 아닌 대학생으로서 한계를 느끼고, 노동자의 삶을 직접 살아보기로 하며 위장취업을 하는 그룹과 그들을 경제적으로 지원하기 위해 번역 사업과 아르바이트 등을 담당하는 그룹으로 나뉘어, 당시 유일하게 졸업해서 회사에 다니던 내 이름으로 은행 융자를 받아 신월동에 반지하 연립을 구해 노동 현장에 취업한 후배들의 숙소 및 번역 사무실 겸 일주일마다 모여 현장 보고

와 세미나 장소로 사용하며 활동하였다. 그러던 중에 신군부 독재정권의 탄압으로 노동운동이 어려워지고 일부 반원들이 이태복(후일 국회의원, 노동부장관) 사건에 연루되어 구속, 도피하며 현장이 발각되어 그 '아지트'는 유지하기 곤란하여 매각하고, 은행 빚을 갚고 문을 닫았다. 신군부정권에 의한 노동운동 및 광주민주화운동까지 기청탈반은 대외적인 공연활동을 할 수 없었고, 반원들은 노동자로 취업해 노동운동계로 나갔거나 아직도 노조들에게 노동문화운동을 하거나 시민방송 운영, 아름다운 가게 등 다양한 문화운동을 하며 살아가고 있고, 지금까지도 만남을 유지하고 있다.

기청탈반에도 필자를 비롯 박종관(목사님 차남), 박경란(목사님 차녀), 석원정(박석운의 처) 등 서울제일교회 대학생회 소속 대학생들이 주요한 역할을 하였고, 목사님이 시킨 것은 아니지만 목사님의 두 자녀도 참여하게 된 것이다.

기청탈반은 교계와 노동계의 창작탈춤 외에도 학생·청년 문화계와도 참여를 통한 협력 역할을 하였다

우리나라 최초의 노동자문제를 다룬 창작노래극 김민기 선배의 〈공장의 불빛〉(후에 노찾사에 의해 음반으로 더 알려진) 작품에도 필자를 비롯한 많은 기청탈춤반 후배들과 대학가 문화운동권의 선후배들(채희완 안무, 홍성원, 이연영, 박우섭, 김봉준, 박종관, 임명구, 고 이연수 등)이 출연하였으나, 이 역시 공연 장소를 찾지 못하던 것을 목사님께서 서울제일교회 예배실을 초연 장소로 제공함으로써 세상에 노동자문제를 다룬 최초의 노동노래극이 빛을 보게 된 것으로 그 의미가 크다 하겠다. 이것 역시 민중문화예술을 이해하고 스스로도 즐기셨던 목사님의 역할이 크셨다고 감히 말씀드리고, 그런 역사에 길이 남을 의미 있는

작품에 출연하고 작은 역할이나마 하게 되는 영광을 누린 것 역시 목사님의 덕으로 감사드리고 싶다.

## 교회를 넘어 세상으로

우리는 각 대학의 탈춤반 학생으로 구성된 기청탈춤반의 특성을 활용하여 수도권 대학탈춤반연합을 조직하고 연합세미나, 공연 등으로 소통을 하였고, 훗날 서울의 봄이 왔을 때 서울의 각 대학 탈춤반, 농악반, 연극반 등 문화운동 세력들이 선봉에 서서 대학생들의 거리투쟁을 이끈 역할을 했다고 자평한다.

기독교의 토착화 또는 문화선교 관점에서 기청탈반의 이런 활동을 위해 독일의 선교자금을 유치, 지원하는 역할을 박 목사님과 권호경 목사, 고 허병섭 목사가 해 주셨다.

허병섭 목사는 그후 민중교육연구소를 만들어 필자를 그 첫 간사로 내정하였으나, 장남으로서 가난한 집안의 부모 동생들의 부양의무를 차마 떨치지 못해 함께 민중교육·문화운동의 뜻을 펼치지 못한 것이 참으로 죄송스럽고 필자에게도 이루지 못한 미완의 꿈이자 사명으로 남아 있다.

민청학련 사건으로 고 박형규 목사님과 권호경 전도사님을 비롯한 고 나병식, 김경남, 황인성, 구창완 등 대부분 선배들이 투옥되어 단지 그분들이 나오실 때까지 교회를 지키는 것이 그분들에게 입은 은혜에 보답하는 길이라는 단순한 생각으로 능력도 안 되면서 어쩔 수 없이 서울제일교회 대학생회의 제3대 회장(1974년 여름~1976년 여름)을 맡게 되었다. 그로 인해 신동욱 전도사의 지도로 사당동 빈민촌 실태조사를 했다. 또 김지하 선생의 작품 〈금관의 예수〉(필자의 당시 배역은 주인공 문둥이 거지 역)를 한 달여간 준비했다. 당시 민청학련 사건으로 투옥되어 실형을 살고 나온 지 얼마 안 된 채 연출을 맡게 된 구창완 선배를 구속하겠다는 당국의 압력으로 인해 결국 공연은 못 하게 되었다. 하지만 그 대신 김민기 작곡 〈금관의 예수〉를 출연진과 관객들이 한 목소리로 제창을 하고, 이어서 김지하의 작품 〈육혈포 선교〉를 창작판소리(임진택 지도, 양두석 완창)로 하게 된 것도, 당시 군부독재 정권 치하의 민중의 삶을 고발한 서사시를 전통판소리 형식으로 표현하게 된 기회를 얻었다는 데 나름 또 하나의 저항적인 민중문화운동의 의미가 있다고 평가한다.

### 마치며

지금까지 기독교계의 민주화운동 과정에서 잘 알려지지 않았기에 제대로 조명되지 못했던 기독교 청년 민중문화운동 관련 활동 위주로 기술했다. 하지만 필자가 서울제일교회 대학생회 제3대 회장을 맡았던 당시 대학생회에는 황은선 부회장, 학술부장(조현석-세미나 등 담당), 선교부장(양두석-중량천 뚝방 야학 등 담당), 봉사부장(고 신희춘-농촌봉사활동 등 담당), 대외협력부장(김연수-EYC, 교청 등 담당) 및 4대 대학생 회장(고 오세구) 및 부회장(백미서-백승연으로 개명) 등이 역할을 분담하여 다양한 활동을 전개할 정도로 서울제일교회 대학생회가 성장한 것도 이 나라의 정의와 민주화를 위해 싸우시다 핍박과 고문을 당하고 투옥되신 목사님과 선배들의 삶을 보며 더욱 결의를 다진 결과가 아니었나 생각합니다.

"고난도 내게는 유익이라"는 사도 바울의 말씀처럼 필자가 대학생 회장으로 재임 당시에는 목사님께서 오랜 기간 영어의 몸으로 계셔서 저희들을 직접 지도는 많이 못하셨다. 하지만 예수님처럼 또 사도 바울처럼 하나님의 나라를 위해, 이 땅의 소외받은 민중들을 위해 옳은 일을 하시다 투옥되어 고난을 받는 모습을 손수 보여 주심으로써 감옥 속에 갇혀서도 저희들을 지도하신 결과라고 믿는다.

목사님에 대한 회고의 글을 쓰다 보니 목사님이 다시 더욱 그립고 그런 목사님께 부끄럽지 않도록 여생을 참되게 잘 살아야겠다고 다시 한번 다짐하게 된다.

# 내 인생의 전환점, 서울제일교회

## 주재석
### (노동운동가)

이제 내 나이 육십둘, 작년 말 노동자로서 정년을 맞았다. 어쩌면 인생의 재출발이라고도 할 수 있다. 얼마 전까지 누가 뭐라고 하면 나는 "이제 인생 3기를 새롭게 출발하려 합니다"라고 대답하곤 했다.

이제까지 내가 살아온 삶은 크게 나누어 보면 두 기간으로 나뉜다는 뜻이다. 나는 내 인생을 이렇게 나누어 생각한다. 대학교 마칠 때까지의 1기 약 24년의 인생과 그 이후 노동자로 살아온 37년의 인생, 이렇게 두 개의 기간으로.

이렇게 나누는 계기가 된 것은 서울제일교회 생활을 포함한 대학생활이다. 1956년생, 시골인 경기도 평택에서 크게 이름이 알려지지 않은 중·고등학교를 나온 나도 그 시대의 여느 사람들과 똑같이 원래가 '대통령은 박정희'인 줄로만 알고 초중고교 학교생활을 하였던 세대이다. 마음 밑바탕에 '진실되게 살고 싶다. 깨끗하게 살고 싶다'는 생각을 가지고 있었지만 크게 알려지지 않은 시골 고등학교에서 서울대를 갔다는 말은 '모범생으로 생활하였다'는 말이다. 소위 '모범생'이란 '의식적으로 학교에서 이야기하는 것만을 생각하려 노력하고 학교 공부 이외에는 일부러 비켜 가는 생활'을 했다는 말이다.

## 우스운 이야기 하나

우리가 입학한 1975년은 민청학련 사건이 일어난 다음 해로 서울농대 김상진 열사의 할복사건 등 학년 초부터 학교가 시끄러울 때였다. 아는 선배 하나 제대로 없었던 나는 학교 수업을 듣고 남는 시간마다 좋아하는 책을 읽으려 도서관에 가는 재미로 살았다.

어느 날 도서관에서 책 읽기에 빠져 있던 나는 점심을 사 먹으려 학교 식당으로 내려가고 있었다. 그런데 식당 앞에서 학생들이 웅성거리는 등 묘한 분위기가 연출되는 광경을 보았다. 무엇일까? 궁금했던 나는 옆에 서 있던 나이 지긋한 이에게 물었다, 뭐하는 거냐고?

그런데 이 아저씨, 대답도 안 하고 아래위로 흘끗흘끗 훑어보더니 그냥 다른 곳으로 가 버리고 말지 않나? 나는 내가 뭘 잘못을 한 줄 알고 얼굴이 빨개져서 식당 안으로 들어가고 말았다.

나중에 알고 보니 그것이 김상진 열사 할복 문제를 다루었던 오둘둘 학생 데모, 선배 하나 제대로 없었던 나는 데모가 어떻게 하는지도 모르고 있었던 것이다. 그 아저씨는 내가 무슨 '프락치'라도 되는 줄로 알았던 것이고.

하여간 이렇게 세상물정 모르고 살았던 내가 학교 잘리고 그 이후 복학하여 졸업하고 인생 2기를 현장 노동자로 살아가는 계기를 만들어 주었던 중요한 요소가 서울제일교회 생활이다.

## 서울제일교회를 알다

1학년 2학기부터 친구들과 어울려 학교의 서클에서 공부하던 나는 2학년 1학기 서클 선배였던 동양사학과 박혁순 선배의 손에 이끌려 서울제일교회를 처음 찾았다. 거기서 본 자유로운 대학생부 분위기와 같이 세미나하고 공부하는 일들에 끌려 대학생부 활동을 계속하였다.

아마 당시의 선배님들이나 동기들은 충청도 시골 촌놈 냄새 풀풀 나는 주재석을 지금도 기억하고 계신 분들이 많으시리라. 그런 나를 잘 이끌어 주신 대학생부 지도선배 김경남 선배님, 구창완 전도사님, 오세구, 신희철, 한승호, 기길동, 정창균 선배님, 최규덕, 박세현, 이경숙 등 동기들께 감사를 드린다. "같이 어울려 주셔서 고맙습니다."

그 후 3학년 2학기에 긴급조치 위반으로 제적, 서울제일교회 대학생부에 있었던 인연으로 기독교장로회 선교교육원에 입학, 1980년까지 형제의집 생활 등이 제일교회에서 내가 관계 맺었던 생활들이다. 그러다가 부마 민중항쟁과 10·26의 덕분으로 1980년 서울대 철학과에 다시 복학하여 학교를 졸업하고 바로 경남 창원으로 내려오면서 여느 위장취업자들과 마찬가지로 서울제일교회 등 그전에 했던 생활을 정리하게 된다(당시는 일단 위장취업을 하면 그전의 모든 관계를 끊고 현장에 잠적하는 것이 일반적인 분위기였다).

## 박형규 목사님

그렇게 눈에 띄는 학생은 아니었던 탓인지, 아니면 내성적인 성격 탓이었는지 나는 박 목사님과 개인적인 관계를 깊이 가지지는 못했다. 우리보다 한참 높으신 어른이셨고, 교회의 종교적 활동에는 그리 열성적이지도 못했던 내 탓도 있었으리라. 그러나 교회 대학생부에 자유로운 분위기를 만들어 주신 것은 박형규 목사님 덕이라고 생각한다.

교회 생활에서 목사님은 아직 어렸던 우리들이 여러 가지 마음에 차지 않는 일을 많이 벌였는데도 한 번도 이를 꾸짖으시거나 어떻게 하라고 자신의 주장을 강하게 요구하는 일이 없으셨다. '내 안에서 너를 자유롭게 하리라'는 예수님 말씀대로 목사님은 우리를 자유롭게 생각하고 자유롭게 행동하고 자유롭게 클 수 있도록 돌보아 주셨다. 가끔 대학생부, 형제의집과의 회식 같은 자리에서도 누구에게 강요하거나 강하게 주장하는 것을 보지 못하였다.

각자가 자유롭게 자신의 생각을 발전시킬 수 있도록 분위기를 만들어 주시는 것이 목사님이 하시는 일의 전부였다. "나이가 들면 자신의 얼굴에 책임을 져야 한다"라는 말이 있다. 맺힌 데 없는 목사님의 얼굴, 목사님의 표정, 목사님의 웃음이 바로 '자유'를 삶에서 구현하셨던 목사님을 그대로 나타내는 것 아닌가 한다.

한번은 어느 해 겨울, 형제의집에서 저녁에 형제의집 식구들이 모여 놀다가 난로 관리를 잘못한 탓으로 불을 낼 뻔한 적이 있었다. 당시에 나는 형제의집 관리 담당자로 얼마간 활동비를 받고 일하고 있었으며 교회로 보면 굉장히 중요한 사건이었는데도 이 일 이후 나를 대하는 목사님의 표정이나 얼굴에는 변함이 없으셨다. 다만 그날 그 자리에 없었던 탓으로 나중에 이 사건을 안 나에게 권호경 부목사님께서 한번 질책하신 기억이 난다.

## 형제의집

교회에서 형제의집이 만들어지면서 나는 '형제의집 강학'(당시에 야학에 참여했던 대학생들을 강학이라고 불렀다)에 참여했다. 서울대 근처

신림동 골짜기에서 자취생활을 하던 나는 근처에서 야학을 하는 여러 학생들과 친분이 깊었다. 그런 탓으로 야학에 재미를 느끼고 형제의집 활동에 즐겨 참여하다가 1977년 학교를 제적당한 이후에는 형제의집에서 야학반을 운영하였다(그 이전에는 야학반은 없었고 중부시장, 방산시장, 평화시장 노동자들의 쉼터, 놀이터로 형제의집을 운영했다).

야학반에서 만난 4년 어렸던 1학년 후배가 바로 내 아내 안향미이다. 안향미도 나와 마찬가지로 '촌순이'였는데 그런 점들에서 서로에게 끌렸던 탓인지 6년 후인 1985년 우리 둘은 결혼을 했다. 그러니 우리 부부의 인연을 처음으로 맺어 준 자리가 형제의집이고 서울제일교회이다. 안향미는 형제의집 강학을 그만둔 이후에는 초등학교 교사로 일하면서 교회의 주일학교 반사 등으로 활동했다.

형제의집 활동으로 좀 더 깊이 노동자의 삶을 알게 된 나는 서울시내의 다른 야학 강학들과 어울려 노동야학(당시에는 검정고시공부보다는 노동자를 둘러싼 삶과 사회적 문제들을 공부하는 곳을 노동야학이라고 불렀다. 그 대비되는 야학이 '검정고시야학'인데 검정고시 볼 시험 준비를 해 주는 곳이다)을 위한 교재를 만드는 작업을 시작하였다. 주로 사대 출신의 노동야학 강학들이 중심이 되어 만들었는데 이것이 이후에 서울시내의 '야학연합회'로 발전하였다. 1983년인가 공안사건인 '야학연합회' 사건은 노동자들의 운동에 위협을 느낀 당시의 정권에서 이후 그 그룹 후배들에게 가했던 탄압으로 나타났던 사건이다.

이런 활동들이 이후 내 인생 2기인 37년을 현장 노동자로 살아갈 수 있는 힘을 만들어 주었다. 인생 2기, 37년을 나는 1/3은 현장 노동자로서 현장에서 일하며, 1/3을 해고 노동자로서 복직운동과 사회운동, 노동자 교육운동을 하며, 1/3을 노동조합 간부로서 좀 더 나은 사

회를 만들어 나가는 유용한 무기로서 노동조합을 만들어 나가는 일에
힘쓰며 살다가 작년에 정년을 맞았다.

## 목사님은 사람을 키우는 품이셨다

그동안 나는 시대에, 또 사회와 역사에 죄 짓지 않고 살아가려 조금
이나마 노력하며 살아왔다.

사람이 크는 곳은 어디인가? 아기가 어머니의 품에서 크듯이 사람의
품속에서 크는 것이 사람이다. 이렇게 조금이나마 제대로 살려고 노력
하며 살아온 나를 키운 품은 어디인가? 말할 것도 없이 내가 살아온 시
대의 모든 것, 모든 사람들이지만 그중에서도 꼽을 수 있는 것이 당시
시대의 표상으로 사셨던 박형규 목사님과 서울제일교회의 품이다.

서울제일교회와 박 목사님이 가지고 계셨던 역사에 떳떳하고자 하
는 삶의 태도, 수도권 빈민 노동자 선교와 같이 민중과 삶을 같이 살려
는 자세, 그럼에도 불구하고 모든 것을 열어 놓고 사고하고 행동하는
자유롭고 열린 생각과 행동, 이런 모든 것들이 나를 만든 품이다. 박
목사님 같은 분을 만나지 못했다면 내가 이만큼이나마 살아올 수 있
었으랴?

목사님의 넉넉한 품이 서울제일교회와 떨어져 멀리서 살아왔지만
이렇게나마 살아오게 만들었다. 나만이 그런가? 많은 이들이 그런 것
으로 알고 있다. 여러 해 전 목사님의 책이 출판된 후 출판기념회를 경
남 마산에서 연 적이 있었다. 목사님 고향이 마산 근처인 진영이셨다.
목사님 부부가 같이 오셨다. 서울이 아닌데도 많은 분들이 참석했다.
우리 부부도 함께 참석했다.

부드럽고 편하게 해 주시는 마음 씀씀이와 얼굴, 말씀들, 넉넉한 목

사님의 웃음을 다시 뵐 수 있어서 우리 부부는 그날 너무 좋았다. 좀 더 잘해 드렸으면 좋았을 걸, 자주 찾아뵈었으면 좋았을 걸… 그날 생각했던 것들이다. 멀리 시골 산다는 핑계, 생활의 다른 영역에서 살고 있다는 핑계로 잘 찾아뵙지도 못하였다.

지금도 목사님을 생각하면 먼저 떠오르는 것이 부끄러움이지만 어쩌랴, 이제 나에게 주어진 나머지란 앞으로 내가 좀 더 열심히 살아가는 것 밖에는 없는 것을….

박형규와함께
그 길을 걷다

# 노동해방과 함께하신 목사님

정창균

(서울제일교회 집사)

**하느님은 붉은 깃발을 통해서도 역사하셔서 천국을 이루시는 분이**
**라네.**

  사실 저는 대학 신입생 시절인 70년대 후반에 서울제일교회를 다니
면서도 목사님을 자주 뵙지도 못했고, 박 목사님께 사감을 가질 기회
나 여유도 없었습니다. 그도 그럴 것이 독재정권 종말기에 정권의 폭
압의 강도가 워낙 세고, 시국이 어수선하여 목사님은 연일 사건과 탄
압으로 일상적인 목회 활동이 어려우셨기 때문입니다. 제가 대학에 입
학했던 1974년은 4월에 민청학련 사건이 터져 정계와 학원과 지식 사
회가 일대 혼란에 빠져들었던 시기였습니다. 철부지 대학생에게 모든
게 혼돈이고 비정상이었으며, 학교는 군인이 문 앞을 지키고, 신문사
는 기자들이 매 맞고 거리로 쫓겨나고, 교회에서는 연일 석방과 탄원
의 기도 소리만 들렸습니다. 끝없이 밀려드는 두려움 속에 일말의 호
기심조차 가질 수 없었던 대학생활의 시작이었습니다.

제가 서울제일교회와 박 목사님을 알게 된 것은 1974년 늦은 봄이었습니다. 대학의 봄학기에는 학회나 동아리 등이 신입생을 회원으로 맞으려고 고학년들이 틈만 나면 신입생의 교실 문턱을 넘나들곤 했습니다. 저는 당시 서울제일교회 고등부를 거쳐 대학생부 회원이 된 고교 동창생 정광서 군(현재 경동교회 협동목사)과 교양과정부의 같은 학급에 배치돼 수업을 들었는데, 어느 날 이곳에 산업사회연구회라는 학회 사람들이 홍보차 몰려왔습니다. 당시 교실을 찾아왔던 이들은 이영우, 조중래, 최준영이라는 분들이었는데, 글쎄 이분들이 모두 정광서 군이 다니던 서울제일교회 대학생부 회원들이었던 것입니다. 그날 이후 정광서 군의 친절한(?) 인도로 앞뒤도 헤아리지 못한 채 저는 학회는 물론 교회까지 생활공간이 확장될 수밖에 없었습니다. 나중에 알게 된 것이지만, 당시는 정치탄압이 엄혹하여 학교 내 학생 집회가 봉쇄되었기에 교회를 이용하여 모임을 이어갈 수밖에 없었고, 제가 가입한 서클 역시 그러해야 했으며 이러한 이유로 당시 서울제일교회에는 이미 박 목사님에게 설득된 기라성 같은 선배들이 결사와 항쟁을 해 오고 있었습니다.

　초창기 비신앙인이었던 저의 관심은 교회의 주일예배보다는 이후에 열리는 학습모임이었는데 공교롭게도 교회에서의 토의 내용이 학회와 너무도 흡사하여 마치 사회과학공부의 예습과 복습을 이중으로 하는 것 같았고, 도대체 주일날 교회에서 만나게 되는 학생들과 그리고 이따금 은근히 학생들 틈에 끼어드시던 박 목사님이 아주 의아하게 느껴지기도 했습니다. 당시 박 목사님의 행적을 잘 알고 있던 교회 선배님들도 목사님에 대해 소상히 밝혀 주지 않았습니다. 당시의 정치 상황이 엄중했고 엄청난 무게감을 갖는 일들이 긴장 속에 일상적으로 일어났기 때문이었을 것입니다.

그해 초짜 기독교 신자가 되어 두어 달 지나면서부터 주일예배의 목사님 설교 그리고 교회 대학생 수련회 등에서의 목사님 말씀을 통해 교회와 하나님의 사업은 모든 것을 넘어서는 초역사성을 갖는다는 것을 서서히 깨닫게 되었습니다.

2차 세계대전 전후로 반제식민지 해방운동이나 시대를 풍미한 사회주의 혁명투쟁은 대체로 유물론적 세계관과 교조주의의 틀을 벗어나지 않았는데, 이러한 철학과 이념은 70년대 초부터 우리 사회 학생들 사이에 대중화되기 시작해 변혁운동에 나선 많은 학생들 역시 그러한 경향이었고, 교회라는 것은 그저 자본주의를 떠받치는 이데올로기 구조의 하나에 지나지 않는다고 여길 때였습니다. 한마디로 교회를 통한 변혁은 무망하다는 생각을 했을 때인 것입니다.

그러던 어느 주일 오후의 세미나가 끝나갈 무렵, 민주화운동에서의 교회의 역할을 논하는 토론 말미에 "하나님은 붉은 깃발을 통해서도 역사하시어 천국을 이루신다"고 목사님은 설파하셨습니다. 처음 이 말씀은 어느 큰 스님의 "산은 산이요 물은 물이로다"라는 설법같이 생뚱맞게 들려왔고, 저는 교회의 현실 참여에 대해 종잡을 수 없는 혼란스러움을 느끼게 되었습니다. 그러나 해방신학의 존재와 의의를 알려 주시는 목사님과 악의 무리에 대한 거침없는 목사님의 실천을 목도하면서 사회주의를 이해하여 주시는 분께 대한 믿음을 갖기 시작했고, 많은 신학과 사회과학 학도들에게 교회를 통한 사회변혁에 헌신하는 지혜를 일깨워 주고 계시다는 걸 알게 되었습니다. 이로써 목사님은 사회주의 변혁운동에 뜻을 세웠던 청년들이 피압박 대중과 함께 하느님나라 건설의 혁명군으로서 함께 나아갈 수 있는 단초를 마련해 주셨던 것이고, 목사님의 말씀과 실천은 우리들의 삶의 지표가 될 수밖에 없었습니다. 이제 그때부터 수십 년을 지나 공산주의혁명의 한계와 허구성을 지켜보고, 민주화를 달성해 오며 인류의 진정한 구원이 무엇임을 대충 이해하는 지금이야말로 당시의 말씀의 큰 의미를 알게 되었지만, 당시의 목사님의 말씀은 많은 사회학도를 쓸어 담는 블랙홀이 되기에 충분했습니다.

그렇지만 목사님에 대한 절대적 흠모와 존경은 거기에서 시작된 것은 아니었습니다. 저는 이듬해인 1975년 목사님으로부터 세례를 받고, 교회와 선배들이 마련해 주는 인천 노동현장과 청계천 뚝방에서의 현장체험과 실천을 통하여 민중해방을 위한 방도를 찾곤 했지만 그것은 사회과학적 신념이나 목사님 말씀에 대한 이론적 추앙에서라기보다 목사님께서 인간해방을 위해 길을 나서는 청춘들에 대한 위로와 격려 그리고 사랑의 공감대에서 비롯되었다고 생각합니다. 70, 80년대 서울제일교회는 독재의 탄압으로 내외로 많은 어려움을 겪고, 많은 신도들은 힘들고 고통스러웠지만 그 정신세계는 수정처럼 맑고 강철처럼 단단했고, 한치의 흔들림 없이 하나님나라 혁명군이 되어 나아갈 수 있었습니다. 그것은 오로지 목사님의 커다란 위로와 사랑이 있었기에 가능했고, 목사님께서 친히 드러내신 세상의 모든 이들을 향한 차별 없고, 아낌없는 배려와 지극한 사랑의 실천에 그 원동력이 있었던 것입니다.

목사님의 말씀과 미소를 접하면 하늘에서 떨어져도 구름 속에 떠 있을 것만 같은 안도감을 갖게 되고, 예수님 앞에서 마주서서 어떠한 실수와 죄도 용서받는 것과 같은 기쁨을 갖게 되는 것은 저뿐만이 아닐 것입니다. 어떤 고난에도 굴하지 않고 사람을 섬기시고 포용하면서도 악한 자에게는 무쇠보다도 강한 도전을 손수 보이신 목사님의 삶은 우리들 삶속에 영원히 살아 움직이는 생생한 기억으로 남을 것을 확신하며, 천국에서 영생을 누리고 계실 목사님의 미소를 그려봅니다.

# 미싱사에서 노동운동가로

## 이주열

### (형제의집 2기모임 회장)

오장동 서울제일교회의 박형규 목사님, 성도님들, 대학생부 형들….
생각하면 오직 감사와 고마움뿐이지요.

"교회 맞아? 무슨 교회가 십자가도 없어?"라고 중얼거리며 하루 일
을 끝내고 공장에서 같이 일하는 친구의 손에 이끌려 들어선 지하공
간(당시 중고등부실인 듯)은 그 흔한 빨간 네온사인 십자가도 달아놓지
않은 오장동 서울제일교회였다. 내 나이 십대 후반이던 1977년, 약 40
여 년 전에 오장동 서울제일교회 형제의집과의 만남은 이렇게 시작되
었다. 그곳은 탁구대, 통기타, 장기, 바둑, 도서 등이 비치된 휴식공간
'쉼터'였다. 그리고 '쉼터'를 통해 다른 직장에 다니는 또래들과 말동무
를 하고 도움(?)을 주고 있는 '대학생 형들'을 만나곤 했다. 방산시장에
있는 공장에서 하루 10시간 넘게 일하고 지친 끝에 찾아가는 '쉼터'에
서의 휴식은 달콤한 것이었다.

그 달콤함은 하루일과의 보상과도 같았고 이후 나는 퇴근길에 늘

이 쉼터를 들락거리게 되었다.

이후 나는 이 '쉼터', 즉 형제의집을 통해서 여러 가지 활동들을 하게 되었는데 신문 만들기, 통기타 배우기, 독서, 탁구, 등산, 성경공부 등 많은 취미활동과 대학생 형들을 통해서 예전에는 나 개인이나 우리 같은 근로청소년에게는 상관없는 것 같던, 알려지거나 알려지지 않은 사회 정치적 일들이 나와 밀접하게 연관되어 있다는 것을 서서히 알게 되었으며, 형제의집을 통해 세상을 바라보는 '눈'이 열리기 시작했다. 또한 그때는 몰랐지만 나중에 알게 된 박형규 목사님 아드님이신 박종렬 목사님이 후원하셔서 비록 중도에 그만두었지만 우리들끼리의 '자율공장'(?)도 운영해 보았다. 아울러 근로기준법을 알게 되고, 8시간 노동제, 퇴직금 등 생소한 단어는 물론, 부당노동행위 고발과 준법투쟁 등 노동자로서의 권리도 거리낌없이 주장할 수 있게 되었다. 나중에 우리 중에 어떤 이들은 노동조합 조합장까지도 진출했다. 봉제공장의 미싱사가 노동운동가로 거듭난 것이다.

형제의집이 설립되고 운영되는 것이 박형규 목사님의 참 예수님 사랑의 실천이라고 굳게 믿고 그에 뜻을 같이하시는 교인들의 지원으로 교회 안팎의 온갖 방해와 협박에도 굴하지 않고 형제의집이 순탄하게 유지 운영되는 것에 우리 형제의집 회원들은 너무 감사히 생각했다. 우리는 단순히 먹고 살기 위해 돈만 버는 '공돌이, 공순이'가 아닌 하나의 독립된 인격체이며, 노동자로서 또한 이 사회의 주인이라는 생각을 서서히 갖게 되고 ,각종 노동자 집회 및 시국 기도회, 정치 행사모임에 적극 참여하며 성장하기 시작했다.

불의에도 무릎 꿇지 않는 정의가 무엇인지도 알게 되었고, 평범한 노동자에서 사회가 개혁되어야 한다는 것을 깨닫고 그 운동에 참여하는 사람으로 바뀌었다.

그러나 우리들에게 새로운 세상을 보여 주신 목사님의 '참 예수님 사랑 실천사업'에 악감정을 가진 군사쿠데타 독재정권에서는 어떻게 해서든 서울제일교회라는 성전을 없애 버리고 목사님의 뜻을 꺾으려고 집요하게 방해공작을 하였다. 형제의집 내에 위장 회원이 들어오는가 하면 급기야는 조폭깡패들이 예배당을 침탈하여 매주 교회가 전쟁터 같은 상황이 됐으며, 깡패들이 휘두른 각목에 맞아 형제의집 회원 한 명은 팔이 부러져 몇 달을 깁스를 해야 했다. 또 여자 회원들은 깡패들로부터 목사님을 보호하기 위해 주변을 에워쌌다가 깡패들한테 머리채를 잡힌 채로 끌려다니기도 했지만, 이에 대항해 우리 회원들은 무자비한 폭력과 공포에 맞서 끝까지 싸웠다.

또한 이러한 교회 탄압에 저항하여 광화문 치안본부 앞에서 시위를 하다 종로경찰서로 연행되기도 하였다. 그러나 국내외 민주화운동 세력과 교인들의 투쟁으로 교회가 끝까지 버티자 끝내 뜻을 못 이룬 폭력배들은 박 목사님과 일부 교인들을 교회건물 4층 당회장실에 10여 일을 감금했고, 우리는 문익환 목사님 등 어르신들과 함께 교회 문밖에서 목사님을 비롯한 감금당하신 분들을 위한 기도회와 집회를 해나갔다. 우리는 조금도 위축되지 않았고 각자 자기가 속한 직장이나 단체 및 개인생활에서 불의에 굴하지 않는 자세로 박 목사님께서 즐겨 부르시던 찬송가 "뜻 없이 무릎 꿇는 그 복종 아니요…"처럼 각자의 활동에 매진했다. 형제의집 야학 졸업예배에서 목사님께서 말씀하신 대로 모든 것으로부터 소외된 사람이나 가난해도 행복할 수 있는 세상을 위해 노력하며 살아가려고 다짐하기도 했다.

지금 와서 생각해 보면 만일 내가 그 청년기에 서울제일교회의 형제의집을 몰랐다면 과연 지금 나는 어떤 모습으로 살아가고 있을까? 그냥 되는 대로 하루하루 생각없이 사는 그런 사람이 되지 않았을까 하는 생각을 해 본다. 목사님께서 뜻하신 바가 계셔 많은 반대와 위험 속에서도 교회에 형제의집을 설립하여 지켜 주시고 이에 뜻을 같이하신 교인들과 무엇보다 형제 간 의리와 믿음으로 강학을 맡아 주던 대학생들이 있어 오늘날 세상을 올바로 살아갈 수 있게 된 것 같다. 이에 대해 지금도 나와 형제의집 회원 모두는 무한히 고마운 생각과 그 은혜에 보답을 드리고 싶을 뿐이다. 또한 나뿐 아니라 우리 형제의집 회원들은 모두 이러한 경험과 자기성찰을 통하여 거듭날 수 있었고, 앞으로도 노동이 당당히 대접받는 그 날을 위해 박 목사님의 뜻을 온 천하에 길이길이 받들고 전파하며 살아갈 것이다.

지난 2014년, 한 친구의 죽음을 계기로 우리 회원들은 머리가 희끗희끗한 반백의 중년의 남녀로 제2의 인생을 살아가면서 다시 모여 정기모임을 갖기로 하였다. 예전처럼 서울제일교회 내 형제의집에서는 아니지만 창신동 식당에서 형제의집 제2기 모임을 만들었고, 이 자리에는 거동이 불편하신 박 목사님께서 참석하셔서 회원으로 가입하시어 자리를 크게 빛내어 주셨다. 우리 모두에게 큰 영광스런 일이다. 그러고 나서 불과 2년 후 목사님께서는 부르심을 받으셨지만 목사님께서는 그날 우리와 같은 형제의집 회원이 되셨고 형제의집을 처음부터 끝까지 같이하여 주신 셈이 아닌가. 영원한 형제의집 회원으로서….

2017년 탄핵정국, 광화문 촛불집회에서 40여 년 전부터 함께였던 형제들이 다같이 촛불을 들 때에 훤한 달 속에서 빙긋이 미소로 답하시는 목사님을 바라보며 나는 중얼거렸다.

"목사님, 정말 감사드립니다. 아주 많이 많이 존경하며 사랑합니다."

2018년 5월의 화창한 어느날


사족: 이 지면을 빌어 그동안 형제의집을 지켜봐 주시고 성원해 주신 서울제일교회외 여러분들께 진정으로 감사의 말씀을 드리고 싶습니다. 또한 강학으로 활동해 주신 많은 당시 남녀 대학생 여러분들께도 머리 숙여 감사의 말씀을 전하고 싶습니다. 정말 감사드립니다. 그리고 사랑합니다.

# 목사님의 부드러운 미소와 사랑

황영혜, 진희

(형제의집 출신)

참 오랜만에 중년의 나이를 훌쩍 넘어 목사님의 부드러운 미소와 사랑을 기억해 보는 시간을 갖습니다.

중부시장에서 많은 노동자들이 고단한 삶을 이어가던 그 시절, 서울제일교회 형제의집은 열악한 노동현장에서 힘들고 지칠 때 편히 쉴 곳이 되고 희망이 되어 주었습니다. 그리고 좋은 사람들과의 만남 속에 세상을 배우며 참된 신앙과 참다운 삶을 살아가는 길을 알게 된 귀한 계기가 되어 주었습니다.

목사님께서는 서울제일교회의 지리적 여건에 맞게 사랑을 더하시는 혜안을 내시고 낮고 어두운 곳에 사랑을 주셨지요.

한번은 인도를 여행 중이시던 목사님께서 형제의집 앞으로 엽서를 보내 주셨습니다. 인도의 풍경과 날씨, 그곳 사람들의 여러 어려운 환경과 힘든 생활 등에 대한 이야기를 소상히 적어 보내 주셨습니다. 저희는 그 속에서 넓은 세상을 만날 수 있었고, 목사님께서 형제의집 식구들을 생각하시는 사랑을 느낄 수 있었습니다.

그런 사랑의 힘이 제게 큰 배움이 되고 제가 속한 삶 속에 이웃을 생각하며 사랑하며 살아가려 애쓰는 원동력이 되었습니다. 세상을 올바로 알고 새로운 삶의 도리를 깨닫게 하여 주신 목사님께 감사를 드립니다.

당시 저희로서는 헤아릴 수 없었던 목사님에 대한 정치 탄압과 고통이 있으셨음에도 형제의집을 품어 안아 주셨습니다. 그래서 저희 형제의집 식구들은 쉬고, 배우고, 성장하고, 또 행복할 수 있었습니다.

꽃이 피는 이 예쁜 봄날에 그때 그 시절과 목사님을 기억하는 시간 여행이 여간 행복하지 않습니다.

목사님, 언젠가 하늘나라에서 다시 만날 날을 기원하며, 천국에서 영생을 누리시길 기원합니다.

# 나의 첫 번째 인생학교
# 형제의집 야학

## 이승숙

### (노동운동가, 형제의집 출신)

1977년 여름 열다섯 살이던 나는 집안 사정으로 중학교 진학을 포기하고 평화시장 노동자가 되었다. 처음에는 내가 일해서 번 돈으로 집안에 보탬이 된다는 사실이 신기하고 뿌듯했다. 그러나 시간이 지날수록 스스로 초라해지는 내 모습을 발견하게 되었다. 출퇴근시간에 마주치는 교복 입은 또래 학생들을 보면서 내 평상복이 그렇게 부끄러울 수가 없었다. 혹시나 내 옷에 실밥이나 묻지 않았을까 하고 전전긍긍하는 내 모습에 항상 주눅이 들었던 것 같다.

그러던 어느 날 우리 공장에 노조 간부들이 와서 여러 야학을 소개했다. 하지만 그 당시 공장 관리자들은 노조와 관계된 것에 대해서 악선전(쟤들은 빨갱이다. 쟤네들과 엮이면 너네 인생도 조진다 등)을 하며, 어울리지 말라고 윽박지르며 행여 어울릴까 감시도 하였다. 하도 겁을 주는 통에 나도 모르게 노조 간부들이 오면 피해 다니기 일쑤였다. 그렇지만 속으로는 너무 공부가 하고 싶었다. 다음에 노조 간부가 오면 관심 있다고 말할까, 망설이며 시간만 보내다가 1978년 겨울, 야학이 너무도 궁금하고 가고픈 마음이 솟구쳐 혼자서 불쑥 찾아간 곳이 서울제일교회 지하에 있었던 형제의집이었다. 혼자 찾아온 조그만 여자아이에게 그곳에 있던 언니, 오빠들은 너무 반기며, 친절하게 대해 주었고 귀여워해 줬다. 하루하루가 즐겁고 행복했다. 물론 검정고시야학인 줄 알고 찾아 갔다가 아니라는 것을 알고 실망하긴 했지만, 그것보다도 내 말에 귀 기울여 주고 칭찬해 주고 예뻐해 주는 사람들을 만나는 것이 더 좋았다. 지금도 가끔 생각해 본다. 내가 서울제일교회 형제의집(야학)을 안 다녔으면 지금 나는 어떤 모습으로 살아갈까? 사람 일은 모르지만 내내 불행했을 것 같다. 가난하고 못 배운 노동자인 나를 부끄러워하면서….

서울제일교회 야학을 통해 나는 정말 많은 것을 얻었고, 보람된 삶을 살 수 있었다고 자부할 수 있다. 우선 자존감 있는 인간으로서, 노동자로서 삶을 깨닫고 실천하는 삶을 살 수 있게 되었다. 무엇보다 내 인생에서 가장 소중한 인연들을 만난 것은 야학을 통해 받은 가장 큰 선물이다. 평생의 친구들과 동지 선배, 지인들. 이들은 지금도 여전히 내 곁에서 항상 힘이 되어 주고 있다. 또한 말할 수 없는 행복한 추억을 만들어 주었다. 서울제일교회 야학은 내게 있어 중학교, 고등학교였으며, 의미 있는 삶이 어떤 것인가를 깨닫게 해 준 인생학교였다.

그 중심에는 박형규 목사님이 계셨다. 철없는 나이에 그저 야학에 다니는 것만 좋아해서 예배도 안 드리고 신앙도 갖지 않고 있어도 목사님께서는 언제나 인자하신 모습으로 모진 압박과 탄압에도 불구하고 우리에게 든든한 울타리가 되어 주셨다. 그 모든 탄압에도 굴하지 않고 조용하시지만 굳건하게 맞서시던 목사님이 눈에 선하다. 그 당시 나는 박형규 목사님께서 훌륭하신 분이라는 것은 알았지만 우리 민주화 역사에 그렇게 큰 역할을 하신 분인 줄은 몰랐다. 지금에 와서 목사님의 삶을 다시 돌아보고 알게 되었을 때 내가 노동운동을 하게 된 것은 다 그런 연결이 있구나 하고 생각하고 새삼 목사님의 실천적 삶을 존경하게 되었다.

또 개인적으로 지금도 가끔 생각이 나면서 죄송한 것은 그때 나는 결혼을 하면 꼭 목사님께 주례를 부탁드리겠다고 장담하고 다녔는데 막상 결혼을 전통혼례로 치르면서 백기완 선생님께서 길잡이를 해 주셨다. 너무 죄송한 마음으로 결혼 소식을 전해드렸는데 목사님께서 직접 오셔서 큰 축복과 축하를 해 주셨다.

돌이켜 보면 목사님께서는 우리에게 너무도 많은 것을 주셨는데 서울제일교회를 떠나 노동운동을 하며 나름대로 치열하게 살다 보니 그런 사실도 희미하게 기억되었다. 우리 역사의 큰어른이신 목사님을 알게 되고 그 뜻과 함께한 시간이 나의 인생에 있어 가장 큰 행운의 시간이었고, 잊지 못할 시간이다.

# 목사님, 목사님, 저의 인생의
# 길잡이셨던 목사님

### 한석희

(교사)

제가 올해 환갑의 나이가 됐습니다. 제가 환갑이란 나이가 새삼스
러운 것은 서울제일교회 예배방해 사건이 시작된 때가 고 박형규 목
사님의 회갑 날을 바로 전후해서였기 때문입니다. 제가 이 나이가 돼
보니 정말 박 목사님께서는 그 연세에 감당하기엔 너무 힘든 탄압을
권력으로부터 당하셨다는 생각이 듭니다. 목사님께서 70년대 오십대
의 연세에 다섯 번이나 투옥되셨던 일을 말해 주는 재미있는 이야기
가 있습니다. 우리 교회에서 80년대 초반 교회 승합차를 운전하며 목
사님을 존경해서 성심으로 모셨던 심병두 씨가 들려 준 이야기입니다.

우리 교회에 웬 사람이 오더니 행패를 부리면서 자신이 별을 몇 개
단 전과 몇 범이라며 구걸 아닌 협박을 해서 지금은 심병두 씨의 부인
이 된 교회 사무직원이었던 김혜화 씨가 우리 목사님은 별이 다섯 개
라며 호통을 치니 그 사람이 놀라서 가 버렸다는 일이 있었다고 합니

● 서울구치소 앞에서 한석희 집사와 부친, 이계현 집사 등과 함께

다. 목사님께서는 엄혹했던 70년대에 이미 엄청난 고초를 겪고 견뎌 내셨지만 목사님께서 육십대에 겪으신 예배방해 사건은 정말 감당하시기 어려운 사건이었을 겁니다.

80년대 전두환의 무리에게는 70년대에 다섯 번이나 투옥을 시켜도 저항을 멈추지 않는 박형규 목사님이 정말 눈엣가시 같은 존재였을 겁니다. 그래서 고도의 술책으로 탄압해서 교회에서 내쫓아 교인들과 분리하여 고립시켜서 제거하는 방법을 궁리한 것이 서울제일교회 예배방해 사건의 본질이라고 생각합니다. 70년대 투옥 당하실 때에 대부분의 서울제일교회 교인들은 예언자적 사명을 감당하시는 목사님을 자랑스럽게 생각했습니다. 그러나 80년대 전두환 군부독재세력은 민·관 정보기관인 중앙정보부와 국군보안사령부를 통하여 교회 내의 불만 있는 사람이나 권력의 조종을 거부할 힘이 약한 교인들을 회유, 공갈, 협박하여 마치 교회 내의 내분인 것처럼 포장하는 나름 고도의 음모를 꾸몄던 것입니다. 이러한 사실은 서울제일교회 예배방해 사건이 진행되면서 구체적으로 드러났습니다. 정모 장로라는 분이 있었는데 아들 둘이 서울제일교회 대학생부 활동을 하면서 반독재시위를 하다가 학교에서 제적되고 감옥에 가는 일이 있었습니다. 이 정 장로가 당회 석상에서 주먹으로 박 목사님의 안면부를 구타하여 이가 부러지는 부상을 입어 '표면적으로'는 서울제일교회 예배방해 사건이 시작된 것입니다. 권력의 조종에 거부할 힘이 없던 교인들을 정보기관원들은 직장으로, 가정으로 찾아다니며 소극적인 사람은 교회에 못 나오게 하고, 보다 적극적인 사람은 교회에 나와서 예배를 방해하게 하고 직장에서의 자리 보존, 승진 등의 회유, 사업하는 사람은 사업의 흥망을 가지고 미끼를 던졌던 것입니다.

목사가 예언자적 사명을 감당하기 위해 목소리를 내다가 정권의 탄압에 의해 구속되었을 때 부끄러움보다는 오히려 떳떳하고 당당할 것입니다. 70년대 서울제일교회 상황은 그러했습니다. 그러나 교인에게 그것도 당회석상에서 구타를 당하는 새로운 상황에서 박 목사님의 마음은 얼마나 참담하셨을까요? 정권이 노린 것도 바로 이런 것이었을 겁니다. 전두환 군사독재 정권이 들어서기 전만 해도 목사님께서 투옥되시면 함께 기도하고 걱정하며 예언자적 사명을 감당하시는 목사님으로 존경하던 일부 신도가, 바로 그 목사님 면전에서 얼굴을 구타하고, 예배를 방해하고, 시간이 감에 따라 도를 더하여, 거룩한 예배시간에, 찬송가 189장 "마음에 가득한 의심을 깨치고"를 반복하여 부르고, 의자에 달린 받침대를 손바닥과 주먹으로 치면서 정상적인 예배를 방해하였습니다. 예배방해는 도를 더해가면서 어떤 이는 지하층 식당에서 쓰는 커다란 솥뚜껑 두 개를 들고 와서 심벌즈를 치듯이 솥뚜껑으로 소음을 내는 등 어찌 보면 장난스러운 모습으로 하느님께 드리는 예배방해를 넘어 예배를 희화해 버렸습니다. 소음 예배방해의 강도는 그 당시 유흥장에서나 볼 수 있었던 대형 스피커를 이용해 "마음에 가득한 의심을 깨치고" 찬송가를 부르며 더 심해졌습니다. 몇 달이 지나며 예배방해자들은 급기야는 박 목사님의 강단 앞으로 나가서 삿대질을 하며 "박형규 물러가라!", "마귀 사탄!…" 운운 심지어는 쌍소리로 모욕을 주는 소리를 지르며 설교하고 계신 강대상을 치고 끌어내리려고 멱살을 잡기도 하여 교인들이 나가서 막으면서 몸싸움을 하기도 했습니다. 목사님께서는 마음이 얼마나 갈기갈기 찢어지는 심정이셨을까요! 저는 그때 속으로 정말 많은 눈물을 흘렸습니다. 앞에 나가그들을 몸으로 저지하고 때리는 대로 맞을 수밖에 없었습니다.

모든 예배 순서를 주보에 적어 읽는 식으로 진행되는 예배가 끝나고 당회장실에 3일간 목사님, 박준옥 전도사님, 청년, 학생들 등 15명 정도가 감금되어 있었던 사건이 있었습니다. 마치 사극에서 군사들이 성문을 부수는 것처럼 옥상의 창문을 여러 명이 쇠기둥을 들고 부수었습니다. 부수어진 틈으로 분말소화기도 안으로 쏘아댔습니다. 그때가 마침 추석이기도 하였는데 창문 부수는 무리 중의 한 사람은 화투를 하자며, "형규야, 놀자…!"라면서 목사님을 계속하여 조롱하기도 했습니다. 저에게는 그 말이 너무도 충격적으로 들렸기 때문에 35년 정도가 지난 지금도 그 목소리가 생생하게 기억되는 것 같습니다.

마침내 보안사 소속 군인들과 서진룸살롱 사건으로 유명한 폭력조직원 중의 한 명인 목포 출신 조직원이 예배를 인도하기 위하여 당회장실에서 계단을 내려오시던 목사님의 복부를 강타하여 내장이 파열

하여 생명이 위중한 상태에 이르는 사태가 일어났습니다. 20대 초반의 혈기왕성한 조직폭력배(얼마 전까지만 해도 제가 그놈 이름을 기억했는데 이제는 기억이 안 납니다)가 두 개의 계단 위에 위치하셨던 목사님을 왼발을 들어 힘을 모아 오른손으로 정확히 복부를 가격한 것입니다. 사실 이 장면을 제가 들은 것인지 눈으로 직접 본 것인지는 지금 정확히 기억이 없지만 앞에 묘사한 부분이 머릿속에 잔상처럼 남아 있습니다. 이 사태 이후로 목사님 신변에 대한 우려로 예배를, 그래도 폭력으로부터 안전한 중부경찰서 바로 앞 노상에서, 드리기 시작한 것으로 생각됩니다.

전두환 군사독재정권을 대리하는 정보기관들과 그 하수인들은 목사님께서 수치심과 모멸감을 느껴 항복하기를 바랐을 겁니다. 그 정도로 안 되니 살인에 가까운 폭력으로 목사님을 폭력의 두려움과 공포로 폭력 악신에게 굴복하게 하려 했을 거라고 생각합니다. 목사님께서 이런 말씀을 하신 적이 있습니다. 당신을 감시하며 따라다니는 시경 정보과 담당형사가 "목사님 저는 도저히 이해가 안 됩니다. 서울공대 나오고 졸업하면 성공이 보장되는 학생이 데모를 해서 인생을 망치려고 하느냐 말입니다"라고 목사님께 말을 하더랍니다. 그래서 목사님께서는 "하느님을 믿지 않는 사람들은 도저히 이해하지 못한다"라고 말씀해 주셨답니다.

정말 그렇습니다. 저는 목사님께서 모욕을 당하고 수치심을 느끼고 두려움과 공포를 느끼시는 현장에서 도망가지 않고 오히려 더욱 가까이 갔습니다. 교회 지하식당에서 아무도 없는 곳에서 서진룸살롱 사건의 행동대장 홍성규에게 맞아서 기절할 지경에까지 가기도 했고, 명동에서 개업하고 있는 반대파 교인이었던 치과의사 김재곤에게 맞아서

앞니가 부러지기도 하면
서도 저는 굴복하지 않
았습니다. 이런 저를 무
모하다고 핀잔을 주고
질타를 하는 주위 사람
들이 있기도 했습니다.
오히려 이런 사건들을
통해서 저는 박형규 목사님에게서 예수님의 모습을 보았습니다. 그래
서 목사님을 조금이라도 닮는 목회자가 되기 위하여 한신대학교 신학
대학원 M.Div.과정에 입학하기도 했습니다.

저의 세 명의 동생들도 예배방해 사건을 전후해서 서울제일교회에
다니게 됐습니다. 박 목사님께서 저와 제 동생들 모두 결혼주례도 해
주셨습니다. 저의 부모님은 당회장실에 제가 목사님과 함께 감금되어
있을 때 자식이 다니는 교회에 왔습니다. 오셔서 당회장실을 예배방해
자들과 폭력배들이 둘러싸고, 이들을 또 경찰이 둘러싸고, 경찰을 민
주시민 청년 대학생들이 둘러싼 상황을 보고 서울제일교회에 출석하
기 시작했습니다. 또 결혼 후에 저의 장인, 장모님은 다니던 송암교회
에 출석은 하면서도 서울제일교회 노상예배에 자주 오셨습니다. 박 목
사님과 조정하 사모님과도 매우 가깝게 지내셨고, 연세도 많으신 목사
님께서 너무 고생을 많이 하신다며 물심양면으로 후원을 해 주셨습니
다. 더욱이 장인이 일본에서 태어나고 해방 후 미군정 통역도 한 적이
있어 박 목사님과는 서로 잘 통하시기도 했습니다.

또 70년대 장인 집에 도피하는 인연이 있으셨던 문익환 목사님과도
박 목사님을 통해서 다시 연락하여 인연을 이어가고, 처가가 미국으로

이민을 가면서 미국에서 생활하시던 문동환 목사님과도 새로운 인연을 맺고, 문동환 목사님 사모님께서 하시던 미군과 결혼한 부인들 모임에 장모님이 기부도 하는 등 예수님 사랑 실천을 통해서 인연을 키워나가기도 했습니다.

박 목사님 말씀대로 예수를 믿지 않으면 이해할 수 없는 사연, 인연들입니다. 예수를 단순히 믿는 것을 넘어서 삶에서 실천하시는 박 목사님을 통해서 예수를 제대로 알고 믿게 되어 예수의 삶이 나의 삶의 푯대가 되었습니다.

# 광주항쟁 이후 목사님을 찾아가다

## 송영길

### (국회의원, 전 인천시장)

독실한 기독교인인 큰형의 전도로 초등학교 때부터 교회에 다녔습니다. 광주 대광교회, 동명교회를 다니는 동안 1980년 고등학교 3학년이 되었습니다. 예비고사를 앞두고 열심히 공부하기 위하여 밤늦게 산에 올라가 간절히 기도하기도 하였습니다.

그러던 5월이었습니다. 이상한 공기가 밀려오기 시작했습니다. 광주천을 지나 시내버스를 타고 광주일고 쪽으로 가는 길에 대학생들의 데모대를 쫓는 공수부대를 보았습니다. 커다란 곤봉으로 피곤죽이 되도록 두들겨 맞는 대학생들을 보면서 너무도 큰 충격을 받았습니다. 피비린내가 거리에 퍼졌습니다. 시내버스 안에서 "야, 이 나쁜놈들아!"라고 소리치는 청년이 있었습니다. 그 소리를 듣던 공수부대원이 버스 안으로 들어왔습니다. 공포에 휩싸인 나는 소리를 친 청년이 원망스럽기 했습니다. 그 청년은 두들겨 맞고 끌려갔습니다. 분노와 공포가 같이 밀려왔습니다.

학교로 돌아와 시위를 조직했습니다. 광주에 있는 고등학교 중 가장 먼저 계엄해제를 촉구하는 시위를 하였습니다.

피비린내 나는 광주를 겪고 나서 친구 전영진이 계엄군 총탄에 쓰러졌습니다. 그의 빈자리에 하얀 꽃을 놔두고 〈부다페스트 소녀의 죽음〉이라는 김춘수 시인의 시를 낭송했습니다. 밤마다 전두환을 죽이는 꿈을 꾸기도 했습니다.

그런데 어느 날 텔레비전을 보니 악마와 같은 전두환 당시 국보위 상임위원장이 한경직 목사를 비롯한 교계지도자들을 초청하여 조찬 기도회를 하였습니다. 아노미에 빠졌습니다. 한경직, 박조준 목사님을 존경하여 서울에 갈 때면 큰형과 함께 영락교회에서 예배를 자주 드렸습니다. 그런데 그 목사님들이 살인자의 손에 피도 마르기 전에 축복기도를 하다니. 엄청난 배신감에 치를 떨었습니다. 교회에 다니기가 싫었습니다. 셋째형이 다니던 무진교회에서 강신석 목사님을 만났습니다. 당시만 해도 강 목사님은 사회선교 민주화운동에 앞장섰던 분입니다.

1981년 대학에 입학했습니다. 강 목사님으로부터 박형규 목사님을 소개받고 서울제일교회 대학생부에 다니게 되었습니다. 박형규 목사님의 설교를 들으면서 많은 위로를 받았습니다. 광주가 고립되어 처참하게 유린당할 때 외면하고 모른 체하였던 서울 사람들에 대한 서운함이 그래도 이런 목사님이 계신다는 점에서 위안을 얻게 되었습니다. 암하렛츠, 땅의 사람들, 천대받던 갈릴리 땅에서 태어난 예수님의 의미를 일깨워 주었습니다. 많은 은혜를 받게 되었습니다. 서울시내 많은 학교에 의식화된 학생들이 교회라는 보호막, 소도가 필요하여 찾아들었습니다. 박형규 목사님은 빨갱이 목사라는 말을 들어 가면서 이들을 안아 주었습니다. 슈바이처 박사를 꿈꾸며 가난한 사람들과 함께하

●노상예배

고자 했던 목사님이었습니다. 수도권빈민선교를 하고 야학을 하였던 〈형제의집〉이라는 곳을 만들어 많은 활동가들이 공간을 찾을 수 있게 해주었습니다. 이곳에서 저는 사랑하는 아내 남영신을 만날 수가 있었습니다.

"눈에 보이는 형제를 사랑하지 않으면서 어떻게 보이지 않는 하느님을 사랑한다고 말할 수 있겠는가?"라는 성경말씀을 박 목사님이 들려주실 때 충격을 받았습니다. 이 성경말씀은 지금도 학생운동, 노동운동을 거치고 정치를 하면서 저의 행동과 의사를 결정하는 중요한 지침이 되고 있습니다.

목사님은 해맑은 분이었습니다. 소년과 같은 순수한 모습과 인자하고 자비로운 모습은 엄혹한 시기에 고통받고 투쟁하던 노동자 학생들에게 아버지의 품과 같은 느낌을 주었습니다. 보안사의 공작으로 교회가 분열되고 중부경찰서 앞 노상예배를 하면서도 목사님은 신앙의 원

●송영길과 남영신, 박형규 목사님 주례로 결혼

칙과 지조를 지키고 권력과 타협하지 않았습니다.

학생운동을 마치고 박형규 목사님의 큰아드님인 박종렬 목사님을 모시고 약혼식을 치르고, 1987년 6월항쟁을 앞둔 2월 28일 기독교백주년기념관에서 박형규 목사님의 주례로 결혼식을 했습니다. 박형규 목사님과 서울제일교회는 저희 부부를 만나게 해 준 소중한 인연입니다.

인천으로 내려와 박종렬 목사님과 함께 인천기독교민중교육연구소를 만들어 활동하고 송림동 사랑방교회에서 민중교회 활동을 하였습니다. 아내 남영신도 사랑방교회에서 활동하였습니다. 이후 목사님도 은퇴하시고 인천으로 이사오시어 저와 함께 인천에서 살게 되어서 목사님과는 인연이 참 깊고 길다는 생각을 했습니다. 얼마 전 3·1운동 99주년 기념식과 문익환 목사님 탄생 100주년 기념행사에 다녀왔습니다. 당시 3·1 구국선언을 주도하였던 박형규 목사님이 다시 떠올랐습니다. 시대의 현장에서 거리에서 억압된 자, 가난한 자와 함께 예수님처럼 실천하며 살아오셨던 목사님의 가르침이 지금도 저희 부부의 소중한 삶의 지침이 되고 있습니다.

# 노상예배 속에서도
# 화해와 사랑을 외치신 분

오세웅

(서울제일교회 권사)

1970년 3월 초순 경 서울제일교회 설립자이신 이기병 목사님이 돌아가신 후 1972년 10월 하순경 박형규 목사님과 권호경 전도사님이 정식으로 서울제일교회에 시무하시게 되었습니다.

박형규 목사님은 도시빈민에 대해 각별한 관심을 갖고 계셨습니다. 노동자들을 대상으로 한 산업선교는 이미 많은 사람들이 관심을 갖고 활동하고 있었지만 급증하는 도시빈민, 그들이 살고 있는 무허가 판자촌 슬럼 지역에 대해서는 아직 아무도 관심을 기울이고 있지 않다는 걸 알고 계셨습니다. 도시는 모순의 전시장과 같았습니다. 고층빌딩과 호화주택들이 건설되고 있는 반면 곁에는 판자촌들이 빽빽하게 들어차고, 그들은 아무런 시민적 권리와 혜택을 누릴 수 없는 무권리 상태에 놓여 있었습니다. 그것을 보시고 권호경 전도사로 하여금 도시 빈민들의 지역 사회에 대한 선교활동에 힘을 실어 주도록 하셨습니다.

1976년경이 되어서야 가난한 이웃들과 함께하는 교회를 만들기 위한 구체적인 사업을 시작할 수 있었습니다. 1차적으로 교회는 지역사회의 근로자들을 위한 지속적인 선교를 목표로 '형제의집'이라는 야학교실을 운영하기 시작하였습니다. 교회가 지역 주민들과의 꾸준한 접촉을 통해 복음을 전파하기 위하여, 가난한 자를 사랑하고 그의 벗이 되기 위하여, 갇힌 자들에게 해방을 주고, 눈먼 자들에게 빛을 주기 위하여 무엇을 해야 할 것인가 하는 물음과 반성을 계속해 온 결과로서 형제의집은 중부시장, 방산시장, 청계천 빈민촌, 평화시장 등에 있는 지역 주민들을 대상으로 하였습니다. 거기서 가르친 교사나 배우는 학생들은 세상의 그 어느 것과도 비교할 수 없을 만큼의 사랑과 열정으로 끈끈하게 맺어져 있었습니다.

형제의집은 처음에는 대학생들이 근로자들에게 지식을 전달하는 단순한 과정으로부터 출발하였지만, 시간이 지남에 따라 교사와 학생 간의 인간적인 교류를 통해 정서적, 문화적, 교육 훈련을 쌓는 공동체로 발전되었습니다. 이것은 70년대에 근로자들을 대상으로 한 많은 노동야학을 낳는 데 기여했을 뿐 아니라 교회가 지역사회 내에서 어떠한 역할을 해야 하는가에 귀중한 체험을 제공하였습니다.

그 이후 유신정권의 의해 탄압을 받기 시작하였습니다. 결국 군사정권은 박형규 목사님의 교회를 파괴하기 위한 공작을 시작하였지요. 1983년 8월 하순경 정성국 장로가 교인들 보는 앞에서 당회장이신 박형규 목사님의 멱살을 잡고 안면을 구타한 사건이 발생하였습니다. 외부 사람들이 보기에는 교회의 내부 갈등으로 보였겠지만 이 사건은 우발적으로 발생한 것이 아닙니다. 군사정권의 철두철미하고 계획적인 서울제일교회 및 박형규 목사님에 대한 탄압 및 파괴음모가 처음으로 표면화된 사건임과 동시에 이후부터는 예배방해와 불법 감금, 조직폭력배의 개입, 성직자 테러 및 교회당 점거로 발전하였습니다. '반독재 민주화'를 부르짖던 박형규 목사님, 권호경 전도사님, 대다수 대학생들이 줄줄이 투옥되는 과정이 반복되었습니다. 특히 형제의집을 운영하는 서울제일교회는 요주의 대상이 되었지요. 극소수의 교인들의 반대가 있었지만 형제의집은 날로 발전하여 갔습니다. 군사정권은 예배방해를 하여도 서울제일교회 교인들의 마음을 당하지 못하니 정치깡패를 동원하여 대로변에서 무자비하게 무기를 들고 서울제일교회 교인들을 구타하기 시작했습니다. 경찰서에 신변보호요청을 하면 한없이 늦게 출동하거나 되레 깡패들을 비호하였지요. 예배방해는 새로운 국면으로 발전되어 갔고, 이제 그들은 "내 뒤에는 경찰들이 있다… 빨리 가서 고발해 봐!"라고 소리치며 의기양양하게 외쳐대었습니다. 그 후 알아보니 그 우두머리는 국군 보안사령부 서빙고 요원임을 자처하는 조동화라는 자로 드러났습니다. 결국 박형규 목사님은 당회장실에 60여 시간 동안 감금되어 생명의 위협을 당하는 상황에 처하게 되었지요.

이와 같이 법치국가라는 대한민국 수도 서울 한복판에 있는 서울제일교회에서 폭도들이 60여 시간을 폭력으로 교회를 점거하고 목사와 신도들에게 살해 위협을 가하였다는 사실이 해외에 크게 보도되자 해외 기독교 연합 및 인권단체들이 군사정권에 항의전문을 보내옴으로 해서 조금은 수그러들었습니다. 그 후 결국 1984년 12월 초순경 서울제일교회 교인들은 예배방해 및 조직폭력배의 구타의 못 이겨 중부경찰서 앞에서 노상예배를 드리기로 했습니다. 중부경찰서로 쫓겨가면서 했던 교인의 기도가 생각이 나네요.

나의 하나님 원수에게서 나를 구하소서

나에게 달려드는 자들에서 나를 보호하소서

악을 꾸미는 자들에서 나를 구하소서

피를 보려는 자들에게서 나를 살려 주소서


저는 서울제일교회에 모여 잠시 기도를 드린 후 중부경찰서 앞으로 행진할 때면, '아! 이것이말로 바로 예수가 가던 십자가 행진이 아닌가' 하는 생각이 들 때가 많았습니다. 박 목사님은 민주화운동을 하실 때나 설교를 하실 때나 항상 자유, 평화, 평등, 사랑, 구호를 외치셨습니다.

조현순 장로와 저의 결혼식 주례를 하실 때 말씀이 기억이 납니다. 실천하는 사랑, 행동하는 사랑, 봉사하는 사랑, 배려하는 사랑 이 네 가지를 꼭 실천하라고 당부하시던 말씀이 지금 가슴에 남아 있습니다.

십자가 행진!

특별히 구약에서는 하나님의 사람들의 모습이 나그네로 많이 표현됩니다. 아브라함, 모세, 사회적으로 의지할 곳 없는 사람들, 부자유한 사람들, 자기권리를 당당히 행사하지 못하는 사람들을 나그네로 표현하고 있습니다. 서울제일교회가 매 주일 노상에서 예배드리는 모습이 바로 나그네의 모습이 아닐까요! 비록 십자가 행진은 피와 땀과 눈물을 흘리는 고통의 행진이었지만, 그 행진을 통해서 마지막 하나님께서 찾아오시는 그 날에 하나님께 영광을 돌리는 것이 아닌가 생각해 봅니다.

박형규 목사님은 민주화의 밑거름이 되어주시고 서울제일교회 교인들을 참 신앙인의 나아갈 길로 인도하여 주셨습니다. 아직까지 1부,

2부 예배를 따로 드린다는 것이 다소나마 하나님에게 죄를 짓고 있는 것이 아닌가 합니다. 서로 간의 죄를 용서하고 사랑으로 감싸주고 하는 것이 예수님의 가르침이 아닌가요! 하루 속히 예배를 다같이 드리는 것이 박형규 목사님의 희망사항이 아닌가 생각을 합니다.

박형규와 함께
그 길을 걷다

# 목사님과 함께한 마지막 해외여행

정진우

(목사, 민주화운동기념사업회 상임부이사장)

사람의 예감이란 것이 다 맞는 것은 아니겠지만, 어쩌면 이번 여행이 박 목사님과의 마지막 해외여행이 될지도 모른다는 생각은 누구나 할 수 있는 생각이었다. 이미 한국 나이로 아흔이셨고, 2010년 겨울 조정하 사모님이 돌아가신 후 목사님의 건강이 예전 같지 않으셨다. 목사님의 회고록 『나의 믿음은 길 위에 있다』 일본어판 출판 기념회를 준비하며 목사님을 모시고 일본을 다녀와야 한다고 생각할 때 든 첫 번째 생각은 그런 것이었다. '어쩌면'이라는 단서가 달리긴 했지만 실제로 그런 생각으로 여행을 준비해야 하니 신경 써야 할 일이 한두 가지가 아니었다. 그러나 고마웁게도 한국에서도 일본에서도 많은 분들이 나서서 모든 일정에 편의를 제공하며 뜻깊은 행사가 되도록 물심양면으로 마음을 써 주셔서 행사도 풍성하고 목사님도 건강한 모습으로 모든 일정을 무사히 잘 마치실 수 있었다.

박형규 목사의 회고록 『나의 믿음은 길 위에 있다』 일본어판 출판기념회는 2014년 5월 12일(토) 동경의 니시카타마치교회에서 열렸다.

책의 번역은 오랫동안 박 목사님과 교분을 맺어 온 야마다 사다오 선생이 맡았고, 일본의 대표적 기독교 출판사인 신교출판사에서 한국의 창작과비평사의 협조를  받아 일본어 출간을 하게 된 것이다.

원래 한국에서 책이 출간된 것은 2010년 5월이었다. 책이 나오자마자 오랫동안 목사님을 존경해 온 야마다 사다오 선생이 일본에서도 꼭 필요한 책이라고 생각해서 일본어 출간을 서둘렀다. 물론 미리 준비된 것은 아무것도 없었다. 야마다 선생은 자신의 한국어 실력을 백분 발휘해서 번역 작업에 들어가는 한편 일본에서의 출판사 섭외, 창작과비평사와의 저작권 협의 그리고 일본에서의 출판 준비위원회 구성 등의 일을 거의 혼자 도맡아 처리해냈다. 거기에 니시카타마치교회의 야마모토 유지 목사를 비롯한 교우들의 적극적인 협력이 더해져서 한국에서 책이 출판된 지 불과 2년 만에 일본어 변역본이 나올 수 있었던 것이다. 한국에서는 서울제일교회 교인으로서 민주화운동기념사업회에서 일하던 권형택 선생, 서울제일교회 사무간사였던 박숙희 선생 등이 사무적 연락 및 번역상의 문제 등에 대해 자문과 협력을 아끼지 않았다.

내가 직접 야마다 선생에게 들은 이야기로 야마다 선생은 박 목사님의 회고록을 매일 하루에 한 장씩만 번역을 해 가셨다고 한다. 그렇게 함으로써 몸은 비록 한국과 일본으로 멀리 떨어져 있지만, 자신은 매일 박 목사님을 만나는 경험을 하고 있다는 것이었다. 두 분의 친교를 가까이서 지켜본 나로서는 늘 국경을 넘는 두 분의 우정과 존경에 깊은 감명을 받곤 했다. 그것은 성서가 늘 이상으로 그리는 그리스도 안에서 이루어지는 참된 친교의 모범, 유대인이나 헬라인이나. 자유인이나 종이나, 남자나 여자나(갈 3:28) 그런 민족, 계급, 성별을 넘어서는 참된 하나님의 자녀로서 사랑과 친교가 무엇인지를 생생하게 증언하는 것이었다.

출판기념회가 열린 동경대학교 바로 앞에 위치한 니시카타마치교회는 120여 년의 전통을 이어가는 일본 그리스도교단의 유서 깊은 교회 중의 하나였다. 일본 교회사의 소중한 역사적 자산으로 자리매김된, 1967년에 발표된 일본 교회의 전쟁 책임에 대한 죄책 고백을 했던 스즈키 목사께서 목회하시던 교회이다. 또한 박 목사님이 서울제일교회에 시무하면서 박정희 군사독재로부터 탄압을 받던 1970년대부터 양 교회가 자매관계를 맺어 물심양면으로 서울제일교회의 민주화운동을 지지, 지원한 오랜 민주화의 친구인 교회이기도 하다. 두 교회의 우정은 이후 개교회 차원을 넘어 양 교회가 속한 한국기독교장로회 서울노회와 일본 그리스도교단 동경북지구회의 파트너십으로 발전해 가게 되었다.

일본에서 박형규 목사님의 회고록 출판기념회가 열린다는 소식이 전해지자 한국에서 많은 분들의 참여 문의가 들어왔지만 일본 측의 입장을 고려해서 약 10명의 참가를 결정했다. 아마도 이번이 목사님의 마지막 해외여행이 될지도 모른다는 생각을 모두가 하고 있었다. 한국 참가자는 박형규 목사님과 목사님의 둘째 아들 박종관 선생 그리고 서울제일교회 담임목사인 필자와 아내 김미선, 오랫동안 한일관계를 위해 수고해 오신 박성자 목사 그리고 원로 언론인 임재경 선생,

교육운동가 채현국 선생, 언론인 성유보 선생 이렇게 8명이 최종적으로 결정되었다. 원래 이철 민청학련 동지회 회장과 정성헌 민주화운동 기념사업회 이사장이 동행하기로 했으나 여러 사정이 생겨 마지막에 동행하지 못하게 되었다.

일본에서는 니시카타마치교회의 담임목사인 야마모토 유지 목사님과 교우들 그리고 서울제일교회가 노상예배를 드리던 당시 니시카타마치교회 담임목사를 하시다가 은퇴하신 야마모토 요시노부 목사님을 비롯한 많은 일본 교회 지도자들과 한국의 민주화를 지원했던 일본 측 인사들이 참여했고, 릿교대학에서 교수로 일하는 이종원 선생이 출판기념회 강연을 맡아 주셨다. 더욱 뜻깊었던 것은 평생에 민주화와 통일을 위해 헌신해 오시면서 한국으로 들어오지 못하고 일본에 머물고 계시는 정경모 선생이 멀리 요코하마에서부터 참석해 주신 것이었다.

출판기념회는 1부 출판기념회와 2부 친교 시간으로 진행되었다. 박목사님은 인사말을 통해 그동안 한국의 민주화운동의 친구로서 많은 지원을 아끼지 않았던 일본 친구들에게 감사를 드리고 자신은 아주 작은 사람으로서 별로 크게 한 일이 없는데 하나님이 자신을 사용해 주시고

한국 민주화를 이루어 주신 것에 대해 감사한다는 말씀을 하셨다. 이어진 특별 강연으로 이종원 교수는 책의 의미에 대해 설명하고 비단 박형규 목사 개인에 대한 이해만이 아니

라 한국 현대사를 바르게 이해하는 일에 이 책이 일본 사회에서도 소중하게 읽혀지기를 바란다는 취지의 말씀을 주셨다. 또한 원로 언론인 임재경 선생이 이 책이 만들어지기까지 대담자로 참여하며 느낀 점, 특별히 어떻게 박 목사님의 연애담 등 개인사적 기억을 이끌어 냈는지에 대해 설명하여서 좌중의 웃음을 자아내기도 하였다. 번역자로서 야마다 선생이 책이 출판되기까지의 경위와 이 책이 일본 사회에 널리 읽혀서 박 목사님의 삶과 한국의 민주화운동 경험이 일본 사회에서도 교훈이 되었으면 좋겠다고 하는 바람의 말씀을 전해 주셨다.

교회의 친교실로 자리를 옮겨 이어진 2부 친교의 시간에는 좀더 자유롭게 참석자들의 소회와 추억을 나누는 자리가 마련되었다. 이 자리에서 정경모 선생은 한국전쟁 당시 맥아더 사령부에서 함께 일하던 문익환, 박형규 목사님과의 인연을 소개하여 청중의 관심을 사로잡았다. 특별히 야마모토 요시노부 목사는 서울제일교회와 박 목사님이 80년대 전두환 군사독재 시절, 정치적 탄압으로 교회에서 쫓겨나 중부경찰서 앞에서 노상예배를 드릴 때 서울제일교회 방문을 위해 한국대사관에서 설교하지 않는다는 조건으로 비자를 받아 교회에서 가서 설교 대신 긴 인사말을 해야 했던 사연들을 소개하며 어려운 시절에 어떻게 한국 민주화를 위한 노력을 기울여 왔는지에 대해 추억담을 말씀해 주셨다.

공식적인 행사를 마친 후 저녁식사 자리에서 술이 한 순배 돌기 시작하자 자연스레 누가 먼저라 할 것도 없이 여기저기서 노래가 시작되었다. 정경모 선생이 그 자리에서 부르신 "여호와는 나의 목자시니 내게 부족함이 없으리로다"로 시작되는 〈여호와는 나의 목자〉라는 기독교 성가는 충격과 감동 그 자체였다. 이 노래는 내가 이제껏 수백,

수천 번도 넘게 듣고 읽은 구약성서 시편의 노래지만 그 어떤 자리에 서도 그날만큼 그 성경의 말씀의 의미가 또렷이 새겨진 적은 없었다. 겉으로 보면 대단히 목가적이고 낭만적인 노래처럼 보이지만 이 시의 저작자인 다윗의 파란만장한 삶과 정경모 선생의 삶이 중첩되면서 이 시의 진정한 의미인 하나님을 따라 사는 삶, 신앙인으로서 모순 가득한 세상에서 겪는 시련과 위로의 의미가 가슴 뭉클하게 전해지는 노래였다. 40년 넘는 세월 고국으로 돌아가지 못한 채 평생을 시대의 불침번으로 민주화와 통일운동에 헌신해 온 노 혁명가의 진정한 힘의 근원이 어디에 있는가 하는 것을 깊게 깨닫게 하는 숙연한 시간이었다. 지금도 그날 그 장면을 떠올리면 가슴이 벅차오르고 그 노래를 녹음해 오지 못한 것이 못내 아쉽기만 하다. 박성자 목사도 깊은 감명을 받으셨는지 자청해서 〈내 고향 남쪽 나라〉를 불러 고국으로 돌아가지 못하는 정 선생님을 위로했다. 아마 이 어른들은 이 세상에서는 다시 만나지 못 하실지도 모른다고 생각하니 가슴이 서늘해지고 있었다.

다음 날 니시카타마치교회에서 예배를 마치고 야마다 선생이 정성스럽게 마련한 후지산 근처의 하코네 온천 여행에 올랐다. 온천 여행에는 박 목사님과 아들 종관, 나와 처 그리고 박성자 목사, 야마다 선생님이 동행하였다. 야마다 선생은 최고의 숙소와 식사를 준비해 주셨다. 흔히 일본의 온천장에서는 유카타라고 하는 온천복을 입고 로비나 식당에 드나들 수 있는데 그곳의 식당은 일본 최고급 요리를 하는 곳이어서 정장을 하고나 들어가야 하는 고급 식당이었다. 나름대로 나도 일본을 자주 다니고 고급 음식들도 먹어봤다고 생각했는데 그날 먹은 일본의 정식 요리는 단연 으뜸이었다. 야마다 선생이 이 여행을 얼마나 정성스럽게 준비해 두었는지 깊이 느끼게 하는 자리였다.

마지막 날 하코네를 둘러보면서 한 찻집에서 차를 마시는데 박 목사님은 창밖의 새가 나는 것을 유심히 지켜보시면서 "아! 저 새는 얼마나 자유로울까?" 하는 말씀을 혼잣말처럼 하시는 것을 우연히 듣게 되었다. 언젠가 조화순 목사님께서 박 목사님에 대해서 "나도 많이 잡혀갔는데 그때마다 담대할 수 있었던 것은 박형규 목사 때문이다. 박 목사는 매우 자유로운 사람이다. 나는 박 목사를 닮아 웃으면서 자유롭게 살아가려고 했다"라는 말씀을 한 것이 기억났다. 목사님의 범상치 않은 믿음의 여정, 스스로 "나의 믿음은 길 위에 있다"라고 하신 노상의 신앙의 요체는 그리스도 안에서 꿈꾸는 참된 자유가 아니었을까? 그래서 그분은 그 누구도 쉽게 흉내 내거나 따라할 수 없는 고난과 역경을 넉넉한 웃음으로 넘기시며 믿음의 길을 달려오신 것이 아니었을까? 목사님이 끝끝내 평생을 붙잡고 씨름하신 그리스도 안에서 누리는 참된 자유를 향한 치열한 혼의 불꽃이 마침내 독재에 잠들어 있던 한국교회와 사회를 깨우고 한국 현대사에 민주주의의 새 길을 열어낸 것이리라.

이제 목사님은 우리 곁에 계시지 않지만 목사님께서 온 삶으로 증언하신 그리스도 안에서 누리는 자유의 혼은 결코 사라지지 않은 영원한 불꽃이 되어 다시 역사를 이어갈 것이라고 굳게 믿으며 목사님에 대한 그리움을 추슬러 본다.

박형규와 함께
그 길을 걷다

# 박형규 목사님의 리더십

## 구창완

(전 서울제일교회 목사, 대만 선교사)

사람들은 흔히 좋은 지도자를 영웅이라고 불렀다. 그리고 좋은 지도자나 영웅은 태어날 때부터 남다른 면을 지니고 태어나며, 따라서 지도자나 영웅은 하늘이 내려주는 것이지 개인의 노력이나 의지에 의해 만들어지는 것이 아니라는 게 지도자나 영웅에 대한 전통적인 생각이었다. 또 지도자의 역할이란 압도적인 능력과 탁월한 판단력으로 다른 사람들을 지도하고 이끄는 것이라고 생각했다.

그런데 20세기에 들어 지도자와 지도력에 대한 새로운 인식이 나타나기 시작했다. 그 시발점은 1930년대의 한 연구에서 찾아볼 수 있다. 1930년대에 미국의 독일계 사회심리학자인 커트 레윈(Kurt Lewin: 1890~1947)은 동료들과 함께 지도자들의 의사결정방식에 대한 연구를 진행했다. 1939년에 발표된 연구 보고서에서 그들은 지도자들 사이에는 의사결정방식과 관련해서 세 가지 다른 리더십 스타일이 있다고 결론지었다. 그가 발견한 리더십의 세 가지 유형은 1) 전제적 리더십(autocratic leadership), 2) 민주적 리더십(democratic leadership) 그리고

3) 자유방임적 리더십(laissez-faire leadership)이었다. 전제적 지도자는 모든 것을 혼자 결정한다. 그리고 그 결정을 다른 사람에게 강요하며 복종을 요구한다. 민주적 지도자는 의사결정과정에서 중요한 역할을 수행하지만, 다른 사람들을 그 과정에 참여시킨다. 그리고 다른 사람과 함께 실행과정을 수행하고 책임진다. 자유방임적 지도자는 의사결정과정에 별로 개입하지 않고 다른 사람들에게 맡긴다. 그리고 실행과정에도 깊이 관여하지 않는다. 얼핏 보면 자유방임형 지도자도 지도자라고 말할 수 있을까 싶지만, 구성원들에게 능력이 있는 경우 개입하고 통제하기보다는 내버려 두는 것이 더 좋은 결과를 낳을 수도 있고, 그렇게 하는 것이 간섭하고 개입하고 통제하는 것보다 더 좋은 지도력일 수 있다.

아무튼 레윈과 그의 동료들의 연구는 지도자와 지도력에 대한 종래의 고정관념에 새로운 통찰을 주었고, 그 후 지도자와 지도력에 대한 많은 연구들의 시발점이 되었다. 사람들은 지도자의 유형에 대해 다양한 이론을 제시했고, 또 그들이 갖추어야 할 조건과 특성들에 대해서도 다양한 이론을 내 놓았다. 가령 2002년에 출간된 『원초적 지도력』(*Primal Leadership*)에서 대니얼 골만(Daniel Goleman: 1946~ )과 그의 동료들은 지도자가 그의 추종자들에게 미치는 영향과 관련해서 지도자를 다음 여섯 가지 부류로 구분했다: 1) 비전을 주는 지도자(the visionary leader) 2) 코치 같은 지도자(the coaching leader) 3) 친화력을 고취하는 지도자(the affiliative leader) 4) 민주적 지도자(the democratic leader) 5) 선도적 지도자(the pace-setting leader) 6) 명령적 지도자(the commanding leader).

리더십에 대한 다양한 연구들이 진행되면서 사람들이 깨닫게 된 사실은 지도력의 스타일은 다양하다는 점, 그 가운데 어느 한 스타일만이 좋다고 말할 수 없고, 상황에 따라 각기 다른 리더십과 지도자가 필요하다는 점 그리고 좋은 지도자는 단지 태어나는 것이 아니라 노력에 의해 만들어질 수 있다는 점 등이었다. 이처럼 리더십에 대한 그간의 연구는 지도자와 관련해서 우리들이 갖고 있던 인식과 관련한 신화들을 걷어내는 데 기여했다.

리더십에 대한 이야기를 조금 길게 늘어놓는 이유는 박형규 목사님의 리더십에 대해 이야기하고 싶어서다. 적어도 박형규 목사님을 아는 사람이라면 그 분이 좋은 지도자였다는 데 동의하지 않을 사람은 없을 것이다. 앞에서도 이야기했듯이 좋은 지도자가 더 이상 완벽하거나 특출한 사람만을 의미하지는 않는다. 특정 상황에서 그 상황이 요구하는 특별한 과제를 잘 수행한 사람이라면 우리는 그 사람을 좋은 지도자라고 평가할 수 있다. 박형규 목사님은 우리 사회가 민주주의 구현과 발전이라는 과제를 안고 있을 때, 국민들이 그 과제를 수행해낼 수 있도록 하는 데 특별한 기여를 하신 분이시다. 그런 점에서 박형규 목사님은 그 시대의 좋은 지도자이셨음에 분명하다.

좋은 지도자란 단지 결과론적인 측면에서만 말할 수는 없다. 성공적인 결과를 이루었다고 해서 다 좋은 지도자라고 말할 수는 없다. 반면에 성공적인 결과를 이루어내지 못했다고 해서 좋은 지도자로 평가받을 수 없는 건 아니다. 가령 김구 선생 같은 경우를 보자. 조국의 독립을 위한 그분의 노력이 직접적으로 해방을 가져오지는 못했다. 그리고 상해임시정부가 남·북한 어디에도 정부를 수립하지는 못했다. 그러나 그분을 좋은 지도자로 평가하는 데 이의를 제기할 사람은 없을 것이다. 성패 여부를 떠나, 자기 시대가 요청하는 이상을 얼마나 바르고 분명하게 제시했는가 그리고 얼마나 처절하고 성실하게 그것을 추구했는가 하는 것도 분명히 좋은 지도자를 판단하는 중요한 요소이고, 어쩌면 그런 요소들이 성패 여부보다 더 중요한 요소일 수도 있다.

우리가 박형규 목사님을 좋은 지도자였다고 말하는 것도 단지 그분이 이루려고 하셨던 민주화를 이루는 데 기여하셨기 때문만은 아니다. 우리가 생각해 봐야 할 더 중요한 점은, 그분이 얼마나 확고하고 성실하게 시대적 이상을 추구했느냐 그리고 어떤 방식으로 그것을 추구했느냐 하는 점일 것이다. 그분이 가지신 리더십은 어떤 것이었으며, 그의 지도자로서의 자질은 무엇이었을까?

내가 박 목사님을 처음 만난 것은 대학교 1학년이던 1972년 겨울, 서울제일교회 대학생부 모임에서다. 그전까지 박형규 목사님의 성함도 들어본 적이 없었다. 나는 정통 기독교단이 아닌 소위 이단(박태선 장로교)을 통해 기독교 신앙에 접한 사람이라 일반 기독교계의 상황에 거의 무지했고, 대학에 들어오기 전까지 정치에 대해 배우거나 생각해 본 적이 거의 없었다. 대학에 들어온 후 연극반 활동을 하며 철학적인 사고를 해 보기 시작했지만, 사회 문제나 정치에 대해서는 여전히 무지했다. 그러다 제일교회 대학생부 모임에

●구창완 목사, 서울제일교회에서의 청년시절

참석하고 있던 고등학교 동창인 조중래(고 조영래 변호사의 동생)의 소개로 성탄절 연극에 참여하기 위해 서울제일교회에 발을 들여놓게 되었다.

당시 서울제일교회 대학생회는 교내에서 스터디 모임이 불가능해진 서울 문리대 학생들을 중심으로 학생운동을 이어가려고 하는 여러 대학 학생들이 모여 함께 사회과학 공부를 하고 있었다. 당연히 기독교인 학생들만 모인 게 아니었다. 그보다는 오히려 비기독교인 학생들이 많았다. 박형규 목사님은 그런 젊은이들이 교회에서 모임을 가질수 있도록 장소를 제공했고, 그들의 울타리가 되어 주셨다.

대학생부 모임에 참석해서 신학책과 사회과학책들을 읽으며 연극준비를 하는 동안 박형규 목사님과 만날 기회는 그리 많지 않았다. 박목사님은 매번 대학생부 모임에 참석하지는 않으셨다. 대학생부는 거의 자율적으로 운영되었고, 박 목사님은 대학생부의 활동에 세세히 간섭하지 않으셨다. 내가 박 목사님을 뵙는 중요한 기회는 주일 예배뿐이었다. 그 외에는 이따금 모임에 참석하셔서 토론하는 내용을 들으시고 약간의 코멘트를 해 주시는 게 전부였다.

리더십 스타일로 말하자면 자유방임형 리더십에 가깝다고 해야 할것이다. 그러나 자유방임형 리더십이 수수방관이나 방치를 의미하는건 아니다. 수수방관은 리더십이 아니다. 자유방임은 추종자나 구성원들에 대한 신뢰를 토대로 한다. 그리고 공동의 가치관과 목표에 대한확신에 기초한다. 내가 목격한 바로는, 박 목사님의 리더십은 바로 그런 확신과 신뢰에 기초한 것이었다.

나의 활동은 주로 교회 내 영역에 국한되었기 때문에 박 목사님의 사회에서의 활동에 대해서는 자세히 알지 못한다. 그러나 짐작건대 사회에서도 역시 그런 지도력으로 민주화운동을 이끌어가셨다고 믿는다. 달리 말해서 그것은 친화력을 강화하는 지도력이었다. 그리고 부단히 공동의 목표를 확인하면서, 그 공동의 선을 이루기 위해 다름보다는 같음에 주목하도록 격려하는 지도력이었다. 포근하게 모든 것을 감싸되 중심을 망각하지 않는 지도력이었고, 공동선을 이루기 위해서는 개인의 이익을 포기하고 오히려 자신을 내던지고 희생할 수 있는 지도력이었다. 이는 요즘 자주 거론되는 '섬기는 지도력'(servant leadership)이라고 말할 수 있을 것이다. 이는 바로 예수께서 제자들에게 요구한 지도력이기도 했다.

보수는 필요한 때면 잘 연합하는데, 진보는 늘 분열해 있어서 수가 많을 때도 패배한다는 말을 듣는다. 그래서 박 목사님의 지도력을 다시 한번 생각하게 된다.

# 박형규 할아버지와 조정하 할머니

### 최요한

(전 예수마실교회 교인)

여러분~ 안녕하세요? 저는 이 글을 쓰고 있는 최요한 씨의 아들 최한결입니다. 저는 지금 중학교 2학년이고요, 제 동생들(은결, 윤결)은 이제 초등학교 6학년과 5학년이에요.

아빠 말씀으로는 저 어릴 때, 그러니까 막내 윤결이가 태어나기 전에 우리 가족이 모두 '가나안교회' 교인이 되었다고 해요. 다들 잘 아시죠? 가나안 교회는 하느님과 예수님을 믿지만, 너무나 타락한 교회의 모습에 실망한 사람들이, 그런 교회에는 안 나간다고 해서 '안나가'를 거꾸로해서 '가나안교회'가 되었다고 합니다.

그러다가 아빠가 예수마실교회를 소개받았대요. '예수님은 어떤 종파나 교의(dogma)에 머물기를 거부하시고, 거의 무제한적으로 마실을 다닌다'는 건전한 상상력을 기반으로 한 교회라고 말씀하셨어요.

여기서 바로 박형규 할아버지와 조정하 할머니를 뵙게 되었답니다. 아빠는 박형규 할아버지와 조정하 할머니는 옛날부터 그 무서운 박정희·전두환 같은 독재자와 맞서 싸운 분이라고 그러셨는데, 저는 솔직히 잘 모르겠어요. 그냥 할아버지, 할머니이셨거든요.

아빠는 가끔 말씀하세요. 예수님은 아이들이 예수님에게 다가오는 것을 절대로 막지 않으셨대요. 오히려 막는 사람들을 호통치셨대요.

**야! 이놈들아~ 어린아이들이 나한테 오는 것을 왜 막느냐? 절대 그러지 마라. 하느님의 나라는 이런 어린아이 같은 사람들의 것이다!!**(막 10: 14).

저는 예수님이 왜 이런 말씀을 하셨는지 이해할 것 같아요. 어린애들은 속으로 계산할 줄 몰라요. 그냥 마음 가는 대로 움직이고, 장난치고, 웃고, 떠들고… 그게 어린애들이죠. 저도 이제는 조금 커서 알 것

같습니다. 조정하 할머니 댁에 가서 공놀이하면서 정신없이 막 뛰어 놀았는데, 박형규 할아버지는 우리 말썽꾸러기 하나하나 안아 주시면서 칭찬해 주셨거든요. 너무 잘 놀아 주어서 고맙다고요… 그리고 손잡고 같이 나들이를 갔답니다. 아이들은 또 어른들이 이끌어 주면 아무소리 안 하고 그냥 같이 가잖아요? 그게 아이들에게는 자연스럽잖아요? 손잡고 가자고 하면 어

른들처럼 속으로 '이 사람이 왜 이러지? 뭘 바라는 걸까? 뭘 해 줘야 하나?' 등등 생각을 하지 않지요. 아마도 잘 모르긴 해도 하느님이 바라는 우리 사람들의 마음이 이런 것 아닐까 생각이 드네요.

저는 아직 어리기 때문에 예수님께서 말씀하신 '하느님 나라'나 '천국' 등에 대해서는 잘 모르겠는데요, 하느님 나라는 좋아하는 사람과 '사진 찍기'가 아닐까 하는 생각이 들어요.

박형규 할아버지께서 우리 막내 윤결이가 두 살 때, 이런 말씀을 하셨어요.

"윤결이하고 나하고 같은 동시대 사람이에요. 겨우 84년 차이밖에 나지 않네요. 허허허."

아빠는 무엇보다 이 말씀이 그렇게 마음에 남더래요. 거창하게 민주화운동이니 사회민주화니 이야기하는 것보다 아주 어린 사람과 친구하는 것이, 실제 박형규 할아버지의 삶과 딱 일치하더라는 겁니다.

물론 저 무서운 군사독재자들이 자기들의 마음에 들지 않으면 무조건 '빨갱이'로 몰아서 감옥에 보내고 소리 소문 없이 납치해서 사단을 내던 때에, 우리 박형규 할아버지도 여섯 번이나 감옥에 가고 고생을 많이 하셨다고 합니다. 그런 선지자로서의 모습은 매우 훌륭하지만, 그 모든 박형규 할아버지의 수고, 그리고 같이 고생하신 조정하 할머니의 모습은 '낮고 약한 사람'을 섬기고 함께하는 데에서 비롯되었다, 라는 것이 아빠의 결론이었습니다.

지금은 제게 너무 오래되어서 기억이 가물가물하지만, 아빠는 굉장히 자랑스러워합니다. 저도 이담에 커서 박형규 할아버지처럼 낮은 사람, 힘들어 하는 사람과 함께 비를 맞는 사람으로 크겠습니다.

아! 또 다른 천국 모습 보여 드리며 이야기 마치도록 할게요. 안녕히 계셔요.

아들 최한결 대신 아빠 최요한 씀

박형규와 함께
그 길을 걷다

# 박 목사님을 기리며 기도합니다

함세웅

(신부, 주권자전국회의 상임대표)

박 목사님, 저 어제 성수 아트홀에 다녀왔습니다. 〈감옥에서 부른 노래〉, 우위영 콘서트 행사에 많은 분들이 함께하셨습니다. 우위영은 이석기 의원 내란음모 사건으로 2년 반 동안 억울한 옥살이를 하면서 다시 살기 위해 노래를 불렀습니다. 그 노래는 부활과 희망의 찬송가였습니다. 제가 여는 말 축사를 했는데 공연 내내 목사님의 모습이 제 앞에 아주 크게 다가왔습니다. 양심수후원회, 구속자가족협의회, 민가협, 목회자들, 청년들, 통일꾼들, 회원들이 객석에 꽉 찼습니다. 그 한가운데 목사님이 우뚝 서 계시는 겁니다. 한 시간 30분 동안 노래를 들으면서 목사님의 삶과 가르침이 제 머릿속에 맴돌며 제 귓전을 때렸고 한복 입으신 환한 모습의 목사님이 제 앞에 환시로 다가왔습니다. 그 순간 저는 광주 망월동 5·18 묘역에서 목사님의 설교를 듣고 있었습니다.

**이곳이 바로 갈릴래아입니다. 부활하신 예수님께서 제자들보다 먼저**

4부 화해와 사랑의 목회자　347

가시여 그곳에서 나를 만날 수 있다고 선언하신 바로 그 갈릴래아입니다. 고난의 땅, 척박한 땅, 버림받고 짓밟힌 한반도, 그 한가운데에서 민족의 십자가를 짊어진 이곳 광주 망월동이 바로 갈릴래아입니다. 이곳에서 우리는 부활하신 예수님을 뵙고 민족의 부활을 확신합니다. 광주의 영령들이 우리 앞에 부활하고 계십니다. 아멘. 알렐루야!

그날의 설교는 청천벽력과 같은 말씀으로 지금까지 제 머릿속에 각인되어 있습니다.

목사님, 첫 노래 제목은 〈주위를 둘러보세요〉였습니다. 목사님의 설교 주제이기도 합니다. 목사님의 존재 자체가 이웃을 보살피는 삶이었기 때문입니다. 목사님이 저희의 귀감이며 길잡이인 이유입니다. 목사님, 저희 모두 주위를 둘러보며 이웃을 잘 보살피도록 하느님께 간구해 주십시오!

그런데 두 번째 노래는 더욱 묘하게도 〈고등어 두 마리와 찹쌀떡 다섯 개〉였습니다. 해설을 듣는 순간, 아, 정말 '박 목사님의 설교가 오늘 이렇게 노래로 재현되는구나' 하고 생각했습니다. 오천 명을 먹이신 예수님의 오병이어(五餠二魚) 기적사화에서 암시받아 만든 노래랍니다. 목사님께서 서울제일교회에서 아니, 전국 방방곡곡에서 한평생 동안 강조하셨던 나눔의 삶입니다. 서울제일교회를 빼앗기시고 5년 이상 서울 중부경찰서 노상예배와 곳곳에서 올리셨던 기도와 설교 주제를 되새깁니다. 목사님의 가르침이 노래를 통해 공연장 한 복판에서 이렇게 아름답게 재현되는구나 하면서 묵상했습니다.

목사님이 계셨더라면 하는 상상과 함께 저는 실제로 그 시간에 목사님과 함께 많은 대화를 나누었습니다. 목사님은 춤꾼이시기도 하시잖아요! 춤과 노래가 한짝이니 목사님이 계셨더라면 이 자리가 얼마나 더 빛났겠습니까! 목사님께서는 일본 유학시절에 나라를 빼앗긴 아픔과 우울함을 안고 계시던 어느 날, 일본을 찾아 펼친 우리 명창의 춤을 보시고는 민족의 긍지, 대륙의 긍지를 갖게 되셨다고 토로하셨습니다. 일본인들의 가식적 작은 몸짓의 춤을 대하다가 부채를 들고 양팔을 벌리며 두 발을 크게 내딛는 우리 고전 춤 속에서 학이 날개를 쫙 피고 하늘을 높이 나르는 듯한 모습을 확인하면서 민족의 긍지를 느끼셨다는 목사님, 그 몸 한가운데 단군의 피가 솟구쳐 옴을 느끼시고 확인한 '민족애 체험'은 바로 목사님의 정체성, 목사님의 열정, 목사님의 힘, 아니 그것이 바로 하느님께서 우리 안에 내재하시는 귀중한 실존 증거입니다. 목사님의 그 체험을 들으며 저는 공감의 전율을 느꼈습니다. 그것이 바로 민족애, 문화의 힘임도 새삼 깨달았습니다. 목사님은 실천적 신앙인이십니다.

1973년 7월, 저는 로마 유학 8년을 마치고 귀국해서 서울 연희동성당 보좌로 일했습니다. 8년 만에 귀국해 다소 낯선 한국 땅에서 제 나름대로 사목의 꿈을 펼칠 때 본당 신부님은 목사님보다 10여 년 연상이셨는데 현실과는 전혀 무관한 분이시기도 했습니다. 그러던 어느 날 신문을 펼치니 부활절 사건으로 박 목사님 등 여러분이 재판을 받고 계신 기사가 다가왔습니다. 저는 아픈 마음으로 화살기도만 올리고 참으로 부럽고 '대단한 분이시구나'라고만 생각했지 목사님 곁으로 다가갈 생각은 감히 하지도 못했습니다. 그 순간 저는 1968년 로마 유학시절 스페인 바스크 지방의 사제들이 독립운동을 펼치다가 프랑코 총통정부에 체포돼 재판받고 사형선고를 받는 장면이 떠올랐습니다. 학창

시절, 제 공부에 몰두하느라고 훌륭한 이 사제들의 아픔을 체화하지 못했던 부끄러운 기억을 떠올리면서 그분들이 바로 이제 한국 땅에서 박 목사님과 같은 목회자들의 모습으로 새롭게 제게 다가오고 계심을 확인했습니다. 그때 저는 인도의 마더 데레사 소책자를 번역하면서 제 나름대로 직무에 충실하려 했습니다. 그러나 마더 데레사의 한계를 깨닫게 된 것은 훨씬 뒤 브라질의 정의와 평화 사도 헬더 까마라 주교의 행업을 확인하고 난 뒤였습니다. 헬더 까마라는 이렇게 말했습니다.

> 내가 '가난한 사람들을 도와주십시오' 하고 강론하면 많은 이들이 나를 향해 훌륭한 성직자라고 예찬합니다. 그런데 '그들이 왜 가난한지 그 이유를 알고 가난한 이들이 없도록 이 세상과 체제를 바꿔야 합니다'라고 말하면 사람들은 나를 사회주의자 또는 공산주의자라고 수군수군 합니다.

목사님이 바로 그렇게 살아오신 예범적 목회자이십니다. 목사님은 언제나 '자선은 물론 아름답지만 왜 우리 주변에 가난한 이들이 있는지 그 근본 이유를 알아야 한다'고 설교하시고, 몸소 실천하신 분입니다. 목사님은 한국교회에 신선함을 불러일으킨 선구자, 선각자입니다. 그러나 이른바 크게 지적받고 있는 대형 교회 목회자들을 만나게 되면 예수님께서 무엇보다도 먼저 바리사이들과 사두가이, 율법학자 등 종교 지도자들을 무섭게 꾸짖으셨던 복음 말씀, 곧 '회칠한 무덤, 위선자, 가식자'라는 말이 떠오릅니다. 목사님께서 늘 강조하신 말씀을 되새기며 새삼 종교인으로서 저도 깊이 성찰하며 철저한 삶을 다짐합니다. 사실 마더 데레사의 경우, 훌륭하긴 했지만 자선이란 자본주의의 쓰레기를 치우는 일로서 쓰레기를 치우는 일도 좋고 아름다운일이지

만, 그에 앞서 원천적으로 쓰레기를 줄이는 작업, 오늘날 환경학자들이 강조하는, 예방책이 더 중요합니다. 의학에서도 치료 이전에 예방의학을 강조하는 이유가 여기에 있습니다. 따라서 종교와 믿음은 사후 처방도 중요하지만 이제는 사전 예방에 더욱 치중해야 할 때입니다. 부정과 불의를 퇴치하고 정의를 실천하는 일, 이것이 그리스도교의 핵심임을 늘 목사님께서 강조하셨습니다.

목사님께서 민주화운동기념사업회 초대 이사장을 맡으시고 어느날 밤 상도동 성당으로 저를 찾아오셔서 가톨릭 사제들도 이 일에 함께해야 한다고 간곡하게 말씀하셨습니다. 당시 김승훈 신부님이 편찮으셔서 제가 목사님의 간청으로 일하게 되었습니다. 저는 뒷발치에서 목사님을 도와드렸습니다. 그런데 어느 날 송두율 교수 사건 때 당시 여당이던 한나라당 국회의원들 앞에서 당당하게 손을 들어 탁자를 내리치시며 호통치시는 TV 장면을 보고 저는 내심 환호했습니다. 목사님은 과연 대단한 분이시구나, 성전 정화를 위해 채찍을 내려치신 예수님 모습이 떠올랐습니다. 그러나 그 일로 이사장직을 떠나셔야 해서 제가 목사님의 후임으로 일을 맡게 되었습니다. 목사님을 모실 때, 그 후 목사님께 자문을 구할 때, 저는 목사님의 새로운 모습을 발견했습니다. 언제나 다정다감하시고 신중하신 모습을 보았기 때문입니다. 겸손하시고 늘 상대방을 배려하고 감정적 표현을 삼가시는 목사님의 인품과 큰 덕을 확인했습니다.

목사님께서 수차례 옥고를 치르실 때 밖에서 헌신하셨던 사모님의 모습을 늘 생각합니다. 목사님의 자서전 『나의 믿음은 길 위에 있다』에서 엠마우스 두 제자가 길 위에서 부활하신 예수님을 만났듯이 목사님께서는 늘 일상의 삶, 길 위에서 예수님의 부활을 체험하셨습니다. 1960년 4월 경무대 앞에서 경찰의 총격으로 죽어가는 학생들의 피를 목격하시고 목사님께서는 역사 현장에 뛰어드셨습니다. 목사님의 귀중한 시대적 체험입니다. 늘 그 체험을 기초로 돌아가실 때까지 한결같은 신앙인으로 사셨던 그 삶을 마음속에 되새기면서 목사님을 기립니다.

목사님, 지금 남북대화의 물꼬가 트이고 있습니다. 하늘나라에서 우리 민족의 일치와 화해를 위해서 기도해 주십시오. 우리 그리스도인들과 국민 모두를 깨우쳐 주십시오. 그리고 저희 모두 목사님과 같은 열정적 그리스도인 그리고 시대의 증언자, 실천자가 되도록 하느님께 전구해 주십시오. 성령 안에서 우리 주 그리스도를 통하여 비나이다. 아멘.

2018년 4월 6일
예수님 부활 첫 주간 목요일에 드립니다.
함세웅 신부

# 길 잃은 양을 인도하는
# 목자 같은 분

### 정해숙

#### (전 전교조 위원장)

박형규 목사님을 가까이에서 처음 뵈었던 것은 1994년 1월 초 이대 후문 근처 한식당에서였습니다. 새로 교육부장관으로 취임한 김숙희 장관이 전교조위원장인 저를 점심식사에 초청했습니다. 당시 전교조 선생님들의 복직 문제가 뜨거운 이슈가 되어 있던 참이라 신임장관이 이 문제를 풀기 위해 조용한 자리를 만든 것이었습니다. 그래서 저는 부위원장 유상덕 선생과 함께 갔습니다. 식당 종업원의 안내로 방에 들어가니 장관과 함께 김숙희 장관의 큰오빠 김용준 고려대 교수와 박형규 목사님이 계셨습니다. 김용준 교수는 해직교수 출신으로 여동생 김 장관에게 여러 가지 조언을 해 주고 있다고 들었습니다. 두 분 원로를 초청한 것은 아마도 날카로운 이슈를 다루는 자리에 조언을 기대하는 뜻이었을 것이라고 생각합니다.

박 목사님은 그전에도 행사 자리에서 뵌 적은 있지만 사석에서 이렇게 가까이 뵌 것은 처음이었습니다. 목사님은 우리 사회의 어른으로 소외된 사람들을 위해 민주화운동을 하고, 탄압받는 사람들을 감싸 주시는 목회자로서 평소 존경해 오고 있었습니다. 가까이서 뵈니 역시 '길 잃은 양을 잘 이끌어 주시는 목자 같은 분이구나' 하는 생각이 들었습니다.

이 자리가 있기 바로 전 해인 1992년 2월에 저는 전교조 8대 위원장에 당선되었습니다. 김영삼 씨가 대통령으로 막 당선되고 난 직후였습니다. 김영삼 대통령은 전교조에 대해 부정적인 생각을 가지고 있었습니다. 그 해 3월 김영삼 대통령이 대학 수석졸업자들을 청와대로 초청하여 만찬을 베푼 적이 있었습니다. 이때 한 여학생이 "존경하는 전교조 선생님이 해직되었는데, 언제 복직시켜 주시겠습니까?"라고 질문하니 김 대통령이 "학교 선생님이 무슨 노동자냐?"라고 대답했다고 합니다.

새로 전교조 위원장이 된 저는 그 해 4월 오병문 장관과 전교조 복직문제로 장관을 공식적으로 면담했습니다. 그리고 그해 10월 15일에 기자회견을 열어 정부 입장을 상당 부분 수용하여 복직 교사의 전교조 탈퇴를 수용하겠다고 발표했습니다. 그러나 복직신청서 속에 탈퇴한다는 두 줄을 넣는 것으로 하고 별도로 탈퇴서는 내지 않겠다는 조건이었습니다. 해직된 1,600여 선생님들이 생활고에 시달려 그중 15명이 사망한 상태였습니다. 15명 중 13명이 암으로 돌아가셨습니다. 제가 발표한 내용도 수용하지 못하겠다는 선생님들도 계셨지만 제가 "선생님도 장례위원장 한번 해볼 거야?"라고 하면서 설득했습니다. 그래서 결국 각 시도 대표들과 전국 본부 간부들을 제외한 선생님들 전원이 복직하는 것으로 됐습니다.

그러나 그게 끝이 아
니었습니다. 선생님들
이 모두 교육청에 복직
신청서를 냈지만 신청
자가 가장 많은(500명
이상) 서울시에서 교육
감이 선생님들을 면담
하고 나서 상당수 선생님들의 복직을 불허하는 쪽으로 방침을 정했다
는 것입니다.

저는 김숙희 장관과 식사하는 동안 그런 전후 사정을 상세히 말씀
드리고, 전원 복직시켜줄 것을 장관께 요청했습니다. 박형규 목사님은
옆에서 별 말씀 없이 조용히 웃고 계셨습니다. 그리고 간혹 몇 마디 조
언하셨는데, 그 말씀이 저희에게 큰 힘이 되었습니다.

이 모임 직후에 김숙희 장관은 이준해 서울시 교육감에게 직접 전
화를 걸었다고 합니다. 교육감이 복직문제에 대해 "두고 봐야 한다. 지
금 복직시킬 수 없다"고 하자 김 장관이 "그럼 내가 선생님들을 직접
면담하겠다"고 했다고 합니다. 그래서 결국 교육감이 신청서를 낸 전
교조 선생님들을 전원 복직시키는 쪽으로 방침을 바꾸게 되었습니다.

저희가 복직방침을 세울 때에도 재야원로들을 만나 뵙고 조언을 청
했습니다. 박형규 목사님을 비롯한 재야 원로들이 대부분 "링 밖에서
소리쳐야 무슨 소용 있나. 링 안에서 싸워야 선수지. 명분싸움하지 말
고 들어가라"고 말씀하셨습니다. 그래서 저희가 철야대책회의 끝에 복
직신청하기로 결정한 것입니다. 전교조 선생님들이 복직하기까지 박
목사님 같은 재야원로들과 민주단체들의 도움이 컸습니다.

다음으로 박 목사님에 대해 인상 깊게 남아 있는 기억은 2001년 지리산에서입니다.

이 해 5월 26일 지리산에서 '생명평화 민족화해 지리산 위령제'라는 큰 행사가 있었습니다. 불교, 천주교, 개신교, 유교, 천도교, 원불교 등 7대 종단에서 5,000여 명이 지리산 달궁 주차장에서 행사를 했습니다. 지리산토벌대가 빨치산을 잡는다고 지리산에 불을 질러 죄 없는 원주민들뿐만 아니라 수많은 나무들과 숲에 사는 동물들이 죽었는데, 이때 억울하게 죽어간 수많은 생명들 그리고 토벌로 죽은 빨치산들과 군인, 경찰들의 영혼을 위로하는 행사였습니다.

저는 교직에서 정년퇴임하고, 청화 큰스님의 영향으로 불교 공부도 하고, 도법 스님이 이끄는 불교계의 생명평화운동에 동참하고 있을 때였습니다. 이날 기독교의 박형규 목사님, 천주교의 문규현 신부님, 원불교의 이선종 교무님 등 많은 재야원로들이 참석하셨습니다. 저는 7대 종단이 주최한 이 행사에 참여하면서 너무 좋았습니다. '우리나라에도 희망이 있구나' 하는 생각이 들었습니다.

각 종단별로 종교의식을 가졌는데, 박형규 목사님이 기독교 대표로 설교하셨습니다. 저는 박 목사님을 오랜만에 뵙고 어떻게 이렇게 멀리 오셨느냐고 반갑게 인사를 드렸습니다. 이날 설교하시던 모습을 찍은 사진을 지금도 가지고 있습니다.

2002년 박형규 목사님이 민주화운동기념사업회 초대 이사장에 취임하고 나서 제게 전화를 하셨습니다. 여성 이사 안배가 필요하니 정위원장께서 이사로 참여해줘야겠다는 부탁 말씀이었습니다. 지역에서 오르내리기도 힘들고 해서 정중히 사양했습니다. 그랬더니 다음날 또 다시 전화를 걸어 간곡히 부탁하셨습니다. 저는 어른의 부탁을 계속 사양하는 것도 도리가 아니라 생각해서 결국 수락하게 되었습니다. 그래서 신인령 당시 이화여대 국제대 학장, 지은희 전 여성부장관 등과 함께 여성 이사로 참여했습니다. 함께한 이사로는 배다지 선생, 성유보 선생, 이해동 목사, 함세웅 신부님, 김용태 선생, 나병식 선생 등이 기억에 납니다.

민주화운동기념사업회는 초창기라 일이 많았습니다. 여러 가지 일을 많이 했습니다. 제가 계속 감당하기는 힘들 것 같아 1년 후에 사퇴하려고 하니 박형규 목사님이 "정 위원장, 나랑 끝까지 같이 하고 끝내" 하시면서 붙잡는 것이었습니다. 저는 하는 수 없이 박 목사님 그만둘 때까지 계속 이사로 남아 일했습니다. 그러다 2대 함세웅 이사장 초기까지 일하다가 두 번 이사회에 참석하고 그만두었습니다.

이사로 재임하는 동안 박 목사님은 저에게 항상 넉넉하게 해 주셨던 기억이 납니다. 2002년 어느 날 이사회가 끝나고 식사 자리에서 박

형규 목사님이 "우리 종렬이가 불자가 다 됐어. 설교 후 법구경 한 구절씩 읽어준대" 하시며 웃으시던 기억이 납니다. 그러고 보니 1994년 전교조 인천지부 사무실 개소식 때 한 장면이 떠올랐습니다. 고사(告祀)를 지내는데 박 목사님 큰아들 박종렬 목사가 참석해서 "우리 교회 신도들이 어떻게 생각할지 모르지만 선생님들과 함께 절하겠다" 하시며 고사상에 절하는 것이었습니다. 그때 속마음으로 '열린 목사님이 계시는구나'라고 생각했습니다. 이렇게 박형규 목사님 부자분처럼 종교의 경계 없이 화합하는 모습이 저에는 보기에 좋았습니다. 우리 사회에도 절실히 요청되는 것이 아닌가 생각합니다.

박 목사님 자서전 『나의 믿음은 길 위에 있다』 출판기념회에도 참석했던 기억이 있습니다.

박 목사님은 저희가 어려울 때 늘 도움 주시고, 언제나 바른 길로 인도해 주셨던 큰어른이셨습니다.


(이 글은 2018년 3월 13일 오후 3시 서울제일교회에서 정해숙 선생이 구술한 것을 권형택 편집위원이 정리한 내용입니다)

# 멀리 있어도 한자리에

## 송기인

### (신부)

1975년 부산 전포성당 유신반대 기도회 자리에 박형규 목사님도 초
대되었다. 미리 설교를 부탁받지 않았는데 설교를 하실 기회가 있어
30여 분간 얘기를 하셨는데 성서의 본문을 인용하지 않으면서도 거기
에 절어 사는 삶을 보여 주셨다. 5세기의 레오 교황은 "정의의 양식을
탐하고 그런 음료를 목 말라 하는 사람은 '네 마음을 다하고 뜻을 다
하여 주님이신 너의 하느님을 사랑하라'는 첫째 계명의 진리를 충분히
이해한다. 하느님을 사랑하는 것은 정의를 사랑함과 다를 바 없다"라
고 강론했다. 전포성당에서 박 목사의 설교도 그런 느낌이었다.

그분은 마산 진동 쪽 태생으로 마산을 중심으로 사셨고, 어릴 적 진
영에서의 추억을 가끔 말씀하셨는데, 진영성당의 젊은 정요셉 신부님
(1909년생)의 영향이 컸노라고 했다. 일제 말기 정 신부는 민족사관은
물론 성서 말씀을 생활로 보여 주셨고, 젊은이들에게 매력의 포인트
였다고 했다. 결국 개신교 목사의 길을 걸으면서도 한 생을 통해서 성
당이 별로 남의 집처럼 여겨지지 않았다고 한다. 옛날에도 있어 왔지

만 60년대 바티칸공의회 이후 교회 일치운동이 많이 운위되어 왔는데 실상 뚜렷한 열매를 본 적은 없다. 또 실제로 종파들이 일치될 리도 없다. 그러나 어떤 일을 뜻을 모아 실행할 때 ―인권, 반독재, 봉사문제 같은 데에서― 함께 노력하는 데에는 아무런 장애도 없었다. 특히 우리나라 민주화나 노동자들의 향상을 위한 문제 등에서는 마찰 없이 협력할 수 있었다.

심오한 신학 교의나 굳어진 종파집단으로서는 엄두를 낼 수 없는 일에도 선을 행하는 데서는 얼마든지 일치되어 공동노력이 가능했다. 다르더라도 상관없다. 구원을 위해 함께 노력할 수 있으면 된다.

실제로는 같은 종파 안에서도 다를 수 있는 과제는 많다. 사목현장에서는 별로 느끼지 못했는데 물러나서 보니 사목자의 성향에 따라 신도들이 적잖이 당황하는 것을 보게 된다. 특히 전례에서 같은 교육을 받은 사목자라도 본인의 취향이나 방침에 따라 신도들은 그대로 수용하길 힘들어 함을 보면서 '다양성도 용인되어야 하는데'라고 생각

을 하지만 양갱수미 중구난조(羊羹雖美 衆口難調, 양고깃국이 맛있지만 여러 사람의 입맛을 맞추기는 어렵다)라고 성당에 같이 앉아 있어도 사람마다 달리 받아들일 수도 있을 터다. 개별 성당 안에서도 그러한데 종파들이 하나를 이루기란 결국 꿈이 아닌가 싶다.

우리는 유신시대와 군사독재를 거치면서 개신교나 성당을 상관 않고 많이도 모였다. 박 목사님은 천성이 낙관적이셔서 언제나 밝은 얼굴로 많은 이를 편케 했다.

한번은 출감 후 "감옥이 참으로 편한 것은 설교 준비가 필요없어서였다"라고 했다. 그분이 평소 사목에서 설교에 얼마나 고심하셨는지를 엿볼 수 있는 대목이다.

수감자뿐 아니라 그 가족들도 못잖은 고통을 겪게 마련인데 그런 뒷바라지에 앞장선 분이 조정하 사모님이었다.

한번은 부산에서 늦은 모임을 마치고 헤어지는 자리에서 "사모님, 신랑도 없는데 제 방에 가서 같이 잡시다"라고 하니 "아니, 목사님이 옥 안에서라도 들으시면 어떻게 감당하시려고 그런 말을 하느냐" 하고 너스레를 떠는데 옆에 있던 조화순 목사가 "나는 그런 애물이 없으니 같이 가자"라고 해서 웃은 적이 있다. 어떤 경로로 전해졌는지는 모르지만 목사님이 출감 후에 "송 신부가 집사람에게 신랑도 없으니 함께 살자고 했다며" 하고 추달하기에 "아니, 혼자 사는 사람들이 합쳐서 사는데 좋은 일 아니냐" 하고 웃었다.

몇 번을 벼르다가 인천의 아파트로 방문을 했다. 길이 어려워서 김병상 신부가 안내했는데 내가 맨손으로 가니 김 신부는 노인 방문을 그렇게 가는 법이 있느냐며 타박을 했다. 나는 사람이 사람 만나러 가는 건데 무슨 선물이니 뭐니 하는 것은 모르노라고 하고 방에 들어서니 참으로 썰렁했다. 그런데 목사님께서 "송 신부는 모를 거야. 혼자 산다는 게 얼마나 힘든지를…" 하시는데 그 말보다 표정에서 정말 불편함에 절어 계심을 느낄 수 있었다. 거기서 부부간의 금슬도 생각하게 되었다.

교회사를 뒤적일 적에 안중근 의사의 행적에 멈칫거리곤 한다. 그분의 신앙이나 겨레 사랑은 물론이려니와 못다 쓴 '동양평화론'을 생각하게 된다. 그 짧은 생애에 그처럼 긴 여운을 던질 수 있는 삶…. 만약 그 원고를 완성했더라면 지금 우리가 평화 교재로 사용하리라.

박 목사님은 긴 생을 사셨다. 그러나 원하던 과제를 마쳤다고 하지는 못할 게다. 그분이 염원한 사회, 그분이 이룩하려고 했던 나라는 우리에게 남겨진 과제이다.

박형규와 함께
그 길을 걷다

# 독재정치에 저항한 역정치의 길

한용상

(언론인, 서울제일교회 원로장로)

## 길 위에 세워진 운동하는 교회

내가 박형규 목사님의 회고록『나의 믿음은 길 위에 있다』라는 제목을 보는 순간, 한국 최대의 화려한 교회 앞 노상에서 예배 드리던 초라한 서울제일교회의 모습이 선명하게 다가왔다. 그러나 공간 위에 세워진 웅장한 교회보다 길 위에 서 있는 이 초라한 교회가 해외에서까지 훨씬 더 크게 인정받았다는 역설적 사실이 떠올랐다. 이 교회는 세계로 뻗어나간 끝이 없는 길 위에 세워졌기 때문에 세계적인 교회였다.

박형규 목사님이 선택한 이 길은 이웃을 지배하고 억압하는 정치권력을 이웃을 섬기고 봉사하는 사랑의 권력으로 바꾸기 위해 투쟁하는 저항의 길이었다.

이를 설명하려면 60년대 한국교회를 주도하고 있었던 '길이 없는 목회'의 실상을 먼저 더듬어 보는 것이 좋을 것 같다.

## 60년대의 한국교회

1960년대 말 한국교회의 부흥운동이 절정에 이르고 있을 때, 흔히 목사들이 강조하는 목회의 초점은 세속 세상을 멀리하고 하나님이 계시는 성스러운 교회에 봉사하는 믿음이었다.

여기서 하나님에 대한 신앙이란 대체로 교회 출석과 봉사 열심히 하고, 교회 성장을 위해 전도 열심히 하고, 간절히 구하기만 하면 모든 것 다 들어주시는 전능한 하나님께 기도 열심히 하고, 바치는 것의 갑절로 갚아 주시는 하나님께 주일헌금, 감사헌금, 십일조, 건축헌금, 선교헌금 등을 열심히 내고, 새벽기도, 금식기도, 기도원의 산기도까지 열심히 하는 것, 이것이 하나님에 대한 신앙이었다. 이렇게 하면 구원받고 천당 간다는 신앙이었다. 물론 이런 면도 있어야 한다.

그러나 여기에는 모이는 교회(Ecclesia)만 있고 흩어지는 교회(Diaspora)는 없다. 이런 목회는 길이 없고, 길이 필요하지도 않다.

그런데 내가 박형규 목사님을 만나면서 새로운 길을 발견했다. 기독교가 가야 할 길은 악마의 속성을 가진 정치권력과 부딪치고 저항해야 하는, 이 길을 피해서는 안 되는 역정치의 길이라는 사실이었다. 사탄의 통치를 하나님의 통치로 바꾸기 위해서는 반정부 투쟁과 비판을 넘어 하나님의 정치를 해야 가능한데 나는 이것을 역정치의 길이라고 부르고 싶다.

## 50년을 함께한 나의 스승

내가 박형규 목사님을 처음 만난 것은 1968년 이른 봄이었다. 그가 한국기독학생회(KSCM) 총무 시절 기독교 청년단체들의 통합 작업을 추진하고 있을 때였다. 그는 결국 대학 YMCA총연맹과 통합대회를 이끌어냄으로 한국기독학생회총연맹(KSCF)이 탄생되었다.

이 조직이 후일 박정희 군사 독재정권의 횡포에 대항하는 대학가 민주화운동의 중심세력이 되었고, 그 중심에 역시 박형규 목사가 있었다. 그는 목회를 하면서도 학생운동의 대부역을 계속해 왔음을 뒤늦게 알게 되었다.

나는 교계 기자(교회연합신보)로서 기독학생운동에 대한 취재를 위해 그를 만났다. 청색 코트에 적갈색 머플러를 한 그의 첫 인상은 아주 부드럽고 온화한 느낌이었다. 사회운동가나 투사 같은 모습은 전혀 없었다. 그러나 그의 느리고 나지막한 음성 속에는 매우 단호한 의지가 숨어 있었다. "모든 비인간화 세력에 대항해서, 모든 악마의 세력에 맞서 싸우는 것이 기독자의 사명이지요"라면서 대학가를 돌며 강연하는 내용을 설명해 주었고, 나는 이를 열심히 보도했다. 그 당시 대학가는 여전히 집단 시위와 데모가 끊이지 않았다.

이렇게 인터뷰를 한 후 몇 개월 만에 박형규 목사는 월간「기독교사상」편집장으로 자리를 옮겼다. 우리는 그가 한국전쟁 당시 일본에 있었던 유엔군사령부 방송에서 근무한 방송인이라는 것을 이미 알고 있었는데 이번에는 월간 잡지의 편집책임자로 왔으니 같은 언론인이라는 동질감이 생겨 더욱 반가웠다. 나는 대학시절부터「기독교사상」지의 고정 독자였다.

## 삼선개헌 반대 특집

박 목사가 취임 후 편집 방향이 어떻게 달라질까? 궁금했다. 아니나 다를까 서서히 종교잡지의 테두리를 벗어나 도시빈민과 노동문제 등을 다루더니 드디어 박정희 정권의 장기집권 음모로 추진되고 있었던 삼선개헌 문제를 다루기 시작했다. 1969년 중반 중앙정보부의 압력이 거센 상황 속에서 개헌반대 특집을 내 놓았다. 종교 잡지가 교회 밖의 첨예한 정치문제를 다루어 세상의 관심을 끌고 있었다. 우리는 그가 가중되는 언론탄압의 그물 속으로 밀려들어가고 있음을 실감할 수 있었다.

바로 이 해 11월이었다. 박형규 목사님이 내게 전화를 했다. 그의 사무실로 좀 오라는 것이다. 종로5가 기독교회관 2층이었다. 나는 퍽 궁금했다. 내가 쓴 기사에 문제가 있을까. 박 정권의 삼선개헌 반대투쟁에 좀 더 적극적으로 도와 달라는 부탁일까.

그런데 의외였다. 박 목사님은 나에게 "교회연합신보 지면은 한 기자가 거의 다 메꾸고 있더구만, 내가 잘 읽고 있네"라며 운을 떼더니 "거기 사표 내고「기독교사상」지로 와서 나를 좀 도와줄 수 없겠나"라고 말했다.

전혀 예상치 못한 충격적인 제안이었지만, 나는 서슴없이 "좋다"라고 대답했다.

철학과 방향과 노선이 나하고 일치하므로 늘 존경심을 갖고 있던 박 목사님과 함께 일할 수 있다는 것이 너무 좋았기 때문이다.

## 함께 근무하게 된 인연

1970년 1월부터 기독교서회 기상편집실로 출근했다. 그런데 내가 이곳으로 오자마자 박 목사는 나와 함께 제대로 일을 해 볼 겨를도 없이 기독교방송(CBS) 상무로 발탁되어 떠나버렸다. 기독교회관 2층에서 8층으로 올라가셨다. 나는 크게 사기가 저하되어 외국 유학이나 가야겠다며 결심하고 있었다.

그랬는데 그해 12월 어느 날, 박 목사님이 나를 또 불렀다. 기독교 사상사에 사표 내고 CBS방송 기자로 오라는 것이다. CBS가 종교방송의 제한된 탈을 벗고 일반방송 프로그램으로 발전 확대된다면서 보도국이 신설된다는 설명을 했다.

보도국에는 정치, 경제, 사회, 문화부와 편집부 기자 40여 명을 뽑아야 하는데 나를 차장대우급 경력기자로 특채하겠다는 것이었다. 나는 얼른 좋다고 대답하고 신년부터 출근하기로 했다.

대답을 쉽게 해 놓고 보니까 다소 걱정스런 면이 있었다. 신문이나 잡지는 내가 쓴 글과 보도가 자료로 남는데 방송은 단 한 번의 음성을 타고 날아가 버리고 없어지는 것 같아 허전했고, 잡지는 마감시간이 한 달이고, 주간신문은 한 주일, 일간신문은 하루인데 방송은 매시간을 다투어 보도 경쟁을 해야 된다는 것이 부담스러웠다.

내가 방송국에 출근할 때 박형규 목사는 기독교방송 상무로 있으면서 담임목사를 잃은 서울제일교회의 주일설교를 맡고 있었다. 박 목사는 가끔 자신이 바쁘다면서 나에게 저녁예배 설교를 부탁했다. 신학을 전공한 나를 인정해 주시는 것 같아 고마웠다.

내가 처음 서울제일교회에 저녁 설교를 하러 갔을 때 매우 좋은 인상을 받았다. 우리의 고등학교 독일어 교사였던 윤치덕 목사와 중학교 생물 교사였던 서경륜 장로가 이 교회에 출석하고 있었고, 나를 반갑게 맞아 주었기 때문이다.

나는 출석 교회를 경동교회에서 이곳으로 옮겼다. 경동교회 강원용 목사의 박력 있는 설교는 주로 개인 구원보다 이웃 사랑에 역점을 두는 것이 좋았는데 서울제일교회 박형규 목사의 설교는 이웃을 억압하는 악의 세력에 저항하는 정의에 역점을 두는 것이 더 좋았다.

## 집요한 권력의 압력에 의해 해임된 슬픔

박형규 목사님은 불과 일 년 반 만에 박정희 정권의 집요한 압력에 의해 CBS 상무직을 떠나게 되었다. 이 부분은 뒤에서 좀 더 구체적으로 설명하겠다.

드디어 1980년 언론통폐합 때 박형규 상무가 심어 놓은 비판정신의 CBS는 보도국이 폐쇄되었고, 나는 계엄포고령 위반으로 투옥되었다.

수감 6개월 만에 풀려난 나에게는 공민권이 제한되어 아무 일도 할 수 없게 되자 박형규 목사님은 나에게 캐나다 유학을 갔다 오라고 제안했다. 나는 전혀 생각지 못했으나 우리 집사람과는 이미 협의한 후였다. 나를 이처럼 생각해 주시는 목사님이 너무 고마웠다. 곧이어 스콜라십이 도착했고 여권을 신청하게 되었다.

나를 감시하는 남산(중정 분실)의 김모 형사가 만나자고 전화가 와서 나갔더니 그는 나에게 이미 여권수속 중임을 다 알고 있다고 말하고, 그들 간부회의에서 우리 식구들도 함께 다 내보내기로 결정했다고 통고했다. 나는 직감적으로 이는 영구추방이구나 싶어 착잡했다.

박형규 목사님과 상의했더니 "가족과 함께 떠나라"고 했다. 나에게는 그의 음성이 아브라함에게 가나안으로 떠나라고 명령한 하나님의 음성처럼 들렸다.

1984년 7월 우리는 망명길에 올라 캐나다에서 6년을 보냈다. 해직기자 복직정책에 의해 귀국했으나 서울제일교회는 아직도 노상 예배를 드리고 있었다.

이 노상 교회에서 나는 장로로 피택되어 교회 운영을 위한 당회에 참석하게 되었는데 여기서 당회장인 박형규 목사님을 사사건건 괴롭히는 장로가 있어 매우 안타까웠다. 불의의 반민주세력과 대결하는 그 어렵고 절박한 상황 속에서 다섯 명의 장로 가운데 한 명이 가롯유다 같은 배반자였기 때문이다. 매 당회 때마다 우리는 내부의 적과 다투어야 하는 데도 박형규 목사님은 화내는 법 없이 항상 감싸고 가는 모습을 보였다.

박 목사님은 파란 많은 노상 목회의 역정을 마치고 정년은퇴 후에도 비로소 안정을 찾은 이 서울제일교회를 떠나야 하는 아픔을 안고 가셨다. 그는 아무런 내색 없이 한결 같은 맘으로 소박하게 여생을 마치고, 이 세상을 떠나셨다.

나는 지금까지 내 인생 중 약 50년 동안 박형규 목사님과 지근거리에서 그의 영향을 받으며 살아왔다. 우리 부모보다도 더 내가 의지해온 정신적 기둥이었다. 돌이켜보면 박 목사님이 나에게 가장 큰 혜택을 준 사건은 나를 CBS 정치부 기자로 발탁해 준 것과 서울제일교회 교인으로 이끌어 주신 것이다.

나는 여기서 정치적 시각과 그 역시각으로 기독교 진리를 이해하는 길을 배웠고 이것이 정치부 기자 30년 동안의 보도 기준이 되기도 했다. 이 길 위에 서 있는 나의 모델은 두말 할 나위 없이 박형규 목사님이었다.

## 암울한 언론계에 빛을 던진 방송인

먼저 방송의 예를 들어 보자. 70년대 문턱 내가 CBS방송 보도국에 출근하니까 제일 먼저 피부에 느껴지는 것이 박정희 정권의 언론에 대한 탄압이었다. 기자들이 열심히 취재해서 기사를 만들어도 방송되지 못하는 예가 허다했다. 중앙정보부와 문화공보부 등에서 수시로 보도통제 지침이 내려오고 있기 때문이다. 기자들은 자기가 쓴 기사가 거세되면 사기가 거세된다. 저녁종합뉴스 때면 보도국 분위기는 열에 바친 기자들의 침통한 모습으로 안타까웠다. 보도통제지침을 받고 보도하지 못하도록 지시한 보도국장은 기자들의 눈치를 실실 보면서 괴로운 표정이다.

이런 분위기 속에 하나의 충격적인 사건이 터졌다. 노동자 전태일의 분신자살이었다. 모든 언론들이 당국의 보도통제로 침묵하고 있을 때 박형규 상무가 보도국장에게 보도하도록 지시했고 일종의 특집방송까지 내보냈다.

세상이 발칵 뒤집어졌다. 기자들도 신이 났다. 각 대학교의 항의 시위가 들불처럼 번졌다. 당국은 무기한 휴교령을 내리고 학생들은 철야농성으로 맞섰다. CBS가 불을 지른 셈이다. 그 중심에 박형규 상무가 있었다.

## 상무가 책임질 테니 소신껏 방송하라

그 이후 박 상무에게 가해지는 당국의 압박은 끈질겼다. 그럼에도 박 상무는 굴하지 않았다. 그는 며칠 후 저녁때쯤 기자들이 출입처에서 돌아와 부별회의를 하고 있는데 보도국에 들어와 보도국장에게 민주운동 단체 기사가 왜 저녁종합뉴스에 안 나갔느냐고 호통쳤다. 그는 눈이 휘둥그레진 기자들을 향해 돌아서서 "앞으로는 당국이 통제하는 기사들은 모두 내가 책임질 테니 소신을 갖고 보도하시오"라고 단호하게 한 말씀 던지고 나갔다.

보도국기자들에겐 이것이 복음이었다. 희색이 만면했다. 열심히 취재하고 신나게 방송을 해댔다. 중앙정보부 요원들이 보도국을 공공연히 드나들며 압박했다. 하루는 야당 당수(김홍일)의 삼선개헌 반대 기자회견이 계획된 날이었다. 당국의 신경이 날카로웠고 엄격한 보도통제 지침이 전날부터 내려와 있었다.

박형규 상무는 이때 기습적으로 중계방송을 하도록 지시했다. 중계 장비를 위장해서 설치했으니까 누구도 그 엄중한 상황 속에서 중계를 하리라고 예상한 사람은 없었던 것 같다. 제일 당황한 곳은 당연히 남산(CIA), 여러 명의 정보요원이 방송실에 들이닥쳐 협박과 항의를 하는 바람에 중계방송이 도중에 중단되는 사건이 벌어지기도 했다.

방송 상무가 방패막이가 되니까 CBS는 다른 신문 방송에 나가지 못하는 뉴스를 방송할 수가 있었고, 이 소문이 전국으로 퍼지면서 청취자가 크게 확산되고 있었다. 특히 관공서에서는 CBS방송을 듣지 않으면 세상 돌아가는 것을 알 수가 없다는 분위기였다.

결국 박형규 상무는 당국의 압력에 의해 삼선 개헌 후의 대통령 선거를 앞두고 잘리고 말았다. 떠난다는 인사도 못하고 비밀리에 슬그머니 사라졌다. 이를 뒤늦게 알게 된 보도국의 분위기는 침통했다.

그러나 박 상무가 불과 일 년 반 동안에 심어놓은 불의에 대한 저항의 생명은 시들지 않고 유신체제의 흉폭한 탄압 속에서도 그 전통을 이어 갔다. 군사독재가 무너지고 민주주의가 회복될 때까지 CBS가 가장 용감하게 싸운 언론이란 영광스런 기록을 남기게 되었다.

## 세상 구원을 위한 저항의 목회

그 다음은 서울제일교회에 대한 국군보안사 프락치들의 예배방해와 노상예배 사건이다. 이는 너무나 잘 알려진 세계적 이슈였기 때문에 여기서는 생략하겠다.

다만 박형규 목사가 믿는 하나님은 성전의 공간 속에 앉아 헌금 체크하고, 고과표 메기고, 기도 들어주는 식의 신이 아니라, 휘장을 찢고 역사의 현장 속으로 나아가 세상을 사랑하는 길 위에 계시는 신이라는 것을 나는 깨달았다.

그가 믿는 예수는 성전을 박차고 나와 민중 속으로 들어가 그들과 함께하면서 세상을 구하기 위해 오신 구세주였다. 교회의 교주만이 아니다. 세상을 구하기 위해 역사 속으로 나아간 신은 세상을 억압하는 정치권력과 필연적으로 부딪칠 수밖에 없다.

나는 박형규 목사님을 통해 기독교와 정치는 분리될 수 없다는, 분리해도 안 되는 실천신학을 배웠다. 바로 왕에 저항하며 탈출에 성공한 모세의 출애굽이나, 예수를 죽이기 위해 베들레헴의 유아를 대량 학살하는 헤롯 왕의 무서운 음모를 뚫고 탄생한 기독교는 그 태생부터 정치권력과의 대결이었다.

결국 죄 없는 예수의 십자가 처형은 전형적인 정치재판이었다. 이런 의미에서 흉포한 권력에 저항하는 길은 세상 구원을 위한 기독교 진리의 기초란 확신을 갖게 했다. 나의 축복, 나의 구원에만 몰두하는 신앙은 궁극적으로 나의 탐욕일 뿐이고, 이는 비그리스도적 사이비란 것을 깨닫게 했다.

## 희생의 길, 승리의 길

박형규 목사가 선택한 목회 방식은 불의의 권력에 저항하는 정의의 길 위에 있었다. 이는 서울제일교회 강단의 설교로 끝나는 것이 아니라 저항의 정치였다. 박 목사님의 목회는 서울제일교회를 중심 센터로 해 다양한 민주단체들을 동원하고 있었다. 즉 한국기독학생회총연맹, 수도권도시선교위원회, 민주수호국민협의회, 삼선개헌반대범국민투

쟁위원회, 민주수호청년협의회 등 많은 민주운동 단체들을 결성하거
나 참여하여 조직적인 저항운동을 전개해 나갔다.

이처럼 조직적 저항운동을 전개해 나가는 한 이는 또 하나의 정치
다. 그러나 이 정치는 집권당의 폭력정치를 누르고 더 큰 권력을 추구
하는 정당의 정치가 아니다. 여기에는 더 큰 권력과 지배를 쟁취하기
위한 악마의 본질과 협잡성이 잠재되어 있기 때문이다

박형규 목사의 저항의 목회는 폭력에 대결하는 비폭력의 정치였다.
이 정치는 폭력에 의해 부당하게 당하고 희생되므로 그 폭력을 이기
고 승리하는 역설의 정치다. 나는 이것을 박형규 목사님이 선택한 '역
정치의 길'이라고 해석하고 싶다.

민중을 억압하는 폭력의 힘과 민중에게 봉사하기 위한 사랑의 힘
이 대결하는 정치다. 다시 말하면 악의 권세가 지배하는 사탄의 세상
을 사랑이 지배하는 하나님 나라로 개혁하고 창조하려면 하나님의 정
치가 없이는 불가능하다. 하나님의 정치는 폭력을 폭력으로 이기는 정
치가 아니라 불의의 폭력에 의해 정의롭게 희생되므로 폭력을 이기고
승리하는 역설적인 정치다. 이것이 역정치의 길이다.

독재정치가 지배와 탐욕의 길이라면 여기에 저항하는 역정치의 길
은 희생과 죽음의 길이요, 수난의 길, 십자가의 길(Via Dololosa)이다.
박형규 목사님의 목회는 바로 이 '비아 돌로로사' 위에서 전진하는 '역
정치의 길(Via)'이었다.

# 박형규 목사님을 수행해온 41년
## – 잠잠히 떠오르는 선생님과의 에피소드

### 야마모토 마사노부
(일본 기독교단 은퇴 목사, 전 니시카타마치교회 목사)

**에피소드 1**

박형규 목사님과의 첫 만남은 서울역 앞이었다. 서울제일교회와 니시카타마치교회가 자매결연을 체결한 것이 1975년이었는데 목사님도 부목사님도 감옥에 계셨다. 목사님이 풀려났다는 소식을 듣고 교회 임원과 함께 문안을 갔다. 이유는 기억나지 않지만 부산에서 기차를 타고 서울로 향했다. 역 앞으로 목사님이 마중을 나와 주셨는데 나는 잔뜩 긴장하고 있었다. 내가 38세 때이고, 박 목사님은 52세였다. 긴장한 것은 목사님이 나보다 아득하게 손 위이기 때문만 아니라 독재자 박정희 대통령을 떨게 하는 투사와 만나기 때문이었다.

만난 순간, 약간 맥이 빠졌다. 사람을 압도하는 투사와는 거리가 먼 자연인 그 자체의 목사님이었기 때문이다. 친분이 깊어지면서 목사님의 강함은 이 자연스러움에 있다는 것을 알았다. 우선 격앙된 군사정

# 朴炯圭牧師に
# 随伴させていただいた41年

－ 徒然なるままに思い出される先生のエピソード

山本将信

**(日本基督教団 隠退牧師 前 西片町教会牧師)**

## エピソード、その１

　朴炯圭先生との初対面はソウル駅頭だった。ソウル・チェイル教会
と西片町教会とが姉妹関係を締結したのが1975年で、先生も副牧師
も獄中だった。先生が釈放されたと聞き、教会役員と共に問安した。
理由は思い出せないが、釜山から列車でソウルに向かった。そして駅
頭で先生に迎えられたのだが、私はかなり緊張していた。私が38才
のときなので、朴先生は52才であった。緊張したのは、先生が私よ
り遥かに年長であるからばかりでなく、朴正熙独裁大統領をして怯え
させる闘士に会うからであった。

　会った瞬間、いささか拍子抜けをした。人を圧する闘士とはほど遠

권 대통령은 이 자연인 박형규 목사님에게는 이길 수 없다. 때려 부수려고 도끼를 들고 물에 덤벼드는 것과 같다. 물은 물보라를 일으킬 뿐, 내려친 도끼는 기세가 지나쳐 자신의 다리를 세게 베는 것이다.

목사님은 모두 여섯 번의 체포당한 경력이 있다. 체포될 때마다 "좀 별장에 가서 휴양하고 오겠소"라는 말을 남기고 초연히 연행되어 가셨다. 이것은 사모님으로부터 들은 이야기다. 그 사실을 선생님에게 말했더니 웃으며 "맞아요. 적당량의 건강식을 매일 차려 주지, 독서 시간은 충분히 있지, 삼국지를 전부 읽었어요. 거기다 전화도 걸려오지 않지." 이 자연인을 독재자 대통령도 이길 수가 없고, 사실 이기지 못했다.

### 에피소드 2

1980년 5월 '광주사건'이 일어났다. 때마침 박형규 목사님은 호주에서 개최된 세계교회회의의 주제 강연자로 가고 있었는데 급히 도쿄로 돌아오셨다. 김대중 씨와 연좌될 우려가 있으니 귀국은 보류하라는 서울에서의 연락이 있었던 것 같다. 그러나 한국정부는 회의 참석을 위한 단기여권밖에 발급하지 않았다. 도쿄에서 대기하려면 여권 기한을 넘겨 불법 체류자가 된다.

나카히라 켄키치 변호사(고인)와 상담했는데, 나카히라 변호사는 법무국에 가서 체류기간 연장을 협상했지만, 법무국은 이를 위한 편법은

い自然体の先生だったからだ。付き合いが深まるにつれ、先生の強さ
はこの自然体にあることがわかった。いきり立つ軍事政権大統領は、
まずこの自然体の朴炯圭先生には勝てない。叩きつぶそうと斧をもっ
て水に襲いかかるようなものだ。水はしぶきを上げるだけで、振り下
ろした斧は勢い余って、自分の足をしたたか切りつけることになる。

　先生は計6回の逮捕歴がある。逮捕される度に「ちょっと別荘に行
って休養してくるよ」と言い残し、飄々と連行されて行かれた。これ
はサモニムから聞いた話である。そのことを先生に告げると、笑いな
がら「そうなんだよ。適量の健康食を毎日振る舞われ、読書の時間は
たっぷりあるしね。三国志が全部読めたよ。それに電話もかかってこ
ない。」この自然体には独裁大統領も勝てっこないし、事実勝てなか
った。


エピソード、その2

　1980年5月、「光州事件」が起こった。時あたかも、朴炯圭先生は
オーストラリアで開催された世界教会会議の主題講演者として赴いて
おられ、急きょ東京まで帰って来られたが、金大中氏と連座する恐れ
があるので、帰国は見合わせるようにとの連絡がソウルからあったよ
うだ。しかし韓国政府は会議出席のためだけの短期旅券しか発給して
いなかった。東京で待機するには旅券期限を越えて不法滞在になる。

　中平健吉弁護士（故人）に相談したところ、中平弁護士は法務局に
出向き、滞在期限延長を交渉されたが、法務局はそのための便法はな
いと断った上で、係官は「独り言をいいます。病気の場合は期限超過
をされる人もいます。その場合は黙認せざるをえませんでした」との

없다고 거절했다. 그때 담당관이 혼잣말로 "질병의 경우 기한 초과를 하는 사람도 있습니다. 그 경우는 묵인할 수밖에 없었습니다"며 응답했다.

나카히라 변호사는 시나노마치교회 신도이고, 국립도쿄병원 원장인 신카이 선생님에게 상담했다. 신카이 선생님은 "박형규 목사님은 젊었을 때 결핵을 앓은 적이 있었군요. 재발 가능성이 있으니까 입원해서 검사를 받으셔야겠습니다. 결핵균 배양 검사는 1개월 이상 걸립니다. 의심스러운 경우 다시 검사하는 것으로"라고 지혜를 내 주셨다. 그래서 박 목사님은 검사를 위해 입원하여 서울의 상황을 관망하게 되었다. 입원비는 교회 교인들에게 호소하여 모금으로 조달했다.

목사님은 검사 대기를 위해 입원을 하게 되었다. 어디 나쁜 곳도 없는데 입원생활을 하는 것은 꽤 괴로운 일이라고 목사님은 술회했다. 한국 대사관에서는 빨리 귀국하라고 성화 같은 재촉이 있었다고 한다. 대사관과 목사님이 주고받은 대화는 주예수와 바리새파와의 주고받음과 닮아 실로 절묘했다.

대사관에서 박 목사님에게 전화를 걸어 "빨리 귀국하라"고 재촉했다. 그러면 목사님은 "빨리 귀국하고 싶습니다. 그러나 의사가 허가해 주지 않습니다"라고 응답했다. 이번에는 대사관이 신카이 원장에게 전화하여 "본인은 빨리 귀국하고 싶다고 말하고 있습니다. 퇴원 허가를 내주세요. 한국도 일본 못지않은 훌륭한 병원이 있습니다"라고 하니 신카이 원장은 "물론 잘 알고 있습니다. 그러나 의사의 양심상 결핵균을 퍼뜨리지 않는다고 확신할 수 없어 퇴원 허가는 내줄 수 없습니다. 밀실인 비행기 기내는 특히 감염시킬 위험이 높으니까요. 다만 의사는 경찰이 아니기 때문에 강제퇴원은 시킬 수 없습니다. 멋대로 퇴원해

応答だった。

　中平弁護士は信濃町教会員で国立東京病院院長の新海先生に相談された。新海先生は「朴炯圭先生には若いときに結核をされた病歴ありましたよね。再発の可能性がありますから、検査入院していただきましょう。結核菌の培養検査は1ヶ月以上かかります。怪しい場合は再検査ということで」と知恵を出して下さった。それで朴先生は検査入院をして、ソウルの様子見をされることになった。入院費は教会員に呼びかけて募金をして賄った。

　先生は待機のために検査入院をされることになった。どこも悪くもないのに、入院生活はなかなか苦しいものだと、先生は述懐されていた。韓国大使館から早く帰国するようにと、矢のような催促があったそうだ。大使館と先生たちのやり取りは、主イエスとファリサイ派とのやり取りに似て、実に絶妙であった。

　大使館から朴先生に電話がかかり、「速やかに帰国しなさい」と催促があった。すると先生は「すぐにも帰国したいです。しかしドクターが許可してくれないのです」と応答された。今度は大使館は新海院長に電話。「本人はすぐにも帰国したいと言ってます。退院許可を出してください。韓国にも日本に劣らぬ立派な病院があります。」新海院長「もちろん良く存じています。しかし医師の良心として、結核菌をばらまいていないと確かめないで、退院許可は出せません。密室の飛行機内は特に感染させる危険が高いですから。ただし、医師は警察ではありませんから、強制退院はさせられません。勝手に退院されてしまえば、それを引き留める術はありません。」

버리면, 그것을 붙잡을 방법은 없습니다"라고 답했다고 한다.

## 에피소드 3

광주사건이 일어난 것은 1980년 5월이었다. 박형규 목사님이 귀국을 결심한 것이 9월이었던 것으로 기억한다. 박 목사님에 따르면 망명을 결심한다면 국제적십자사가 무기한 여권을 교부하겠다고 제안했던던 것 같다. 이 여권이 있으면 어떤 나라도 자유롭게 갈 수 있지만, 모국인 한국에는 입국할 수 없다. 목사님은 국제적십자 여권을 사양하고 귀국을 결심했다. 그것에 앞서 내가 서울로 가서 관계자에게 목사님의 생각을 전달하고 정보를 최대한 수집하기로 했다.

서울의 버스 안에서 흘러나오는 라디오 방송을 들었다. 쿠데타를 일으킨 전두환 씨는 김대중 씨를 광주사건의 선동자로 몰아 체포, 사형을 선고했다. 그리고 압수수색한 결과 김대중 대통령 정권 출범 시의 장관 목록이 압수되었고, 그 장관의 한 사람으로 박형규 목사가 거론되었다는 것이다. 그런 취지의 라디오 방송이었다. 서울의 박 목사님 관계자는 한결같이 귀국은 위험하므로 잠시 대기하라는 것이었다.

나는 귀국하여 그런 서울의 상황을 목사님에게 보고했다. 그러나 목사님의 귀국 의지는 변함이 없었다. 목사님에 의하면, "내가 장관이나 정부 요인이 될 생각이 만에 하나도 없음을 정부도 알고 있을 것이다"라고 하셨다. "나는 목사로 부름 받은 것이지, 정치에 부름 받은 것은 아니다"라는 것이 목사님의 일관된 태도였다. "세간에서는 (나를) 킹 메이커라고 수근대지만, 요청받는다고 해도 장관 자리에 앉을 생각은 추호도 없다"라는 것이 목사님의 흔들림 없는 소신이었다. 사실 김영삼 대통령 때도 그리고 김대중 대통령 때도 (장관으로) 요청받았다

エピソード、その3

　光州事件1980年5月であった。朴炯圭先生が帰国を決意されたのが9月だったと記憶する。朴先生によれば、亡命を決意されるならば、国際赤十字社から無期限旅券を交付してよいとの申し出があったらしい。この旅券があれば、いかなる国にも自由に行くことができるが、ただし母国なる韓国には入国できない。先生は国際赤十字旅券を謝辞して、帰国を決意された。それに先だって、私がソウルに行き、関係者に先生の思いを伝え、情報をできる限り収集することにした。

　ソウルのバスで、車内に流されるラジオ放送を聞いた。クーデターを起こした全斗煥氏は、金大中氏が光州事件の煽動者とみなして逮捕、死刑を言い渡していた。そして家宅捜索した結果、金大中大統領誕生の際の大臣リストが押収され、その大臣の一人に朴炯圭牧師が挙げられていた。その趣旨の内容のラジオ放送であった。ソウルの朴先生の関係者は一様に帰国は危険なので、しばし待機するようにとのことであった。

　私は帰国して、そのソウルの状況を先生に報告した。しかし、先生の帰国の意志は変わらなかった。先生によれば、「ボクが大臣など政府の要人になるつもりは、さらさらないないことを政府は知っているはずだ」と言われる。「自分は牧師に召されているのであって、政治家に召されているわけではない」が先生の一貫した態度であった。キングメーカーだと巷では囁かれる先生であったが、乞われても閣僚の地位につくつもりはない、それは揺るぐことはなかった。事実、金泳三大統領のときも、金大中大統領のときも、乞われたとは思うが、閣僚になられることはなかった。

고 하는데, 그러나 장관이 되는 일은 없었다.

드디어 목사님의 귀국 날이 다가왔다. 서울의 동료들뿐만 아니라 목사님의 지원자인 일본 측 우리들도 귀국에 반대했다.

사도행전 20장에는 모은 헌금을 바울이 예루살렘의 형제들에게 말 그대로 목숨을 걸고 보내려고 했던 것이 기록되어 있다. 보내는 에베소의 장로들은 "다 크게 울며 바울의 목을 안고 입을 맞추고 다시 그 얼굴을 보지 못하리라 한 말로 말미암아 더욱 근심하고 배에까지 그를 전송하리라"고 쓰여 있다. 이 바울과 에베소 장로들의 이별이 생각 나서 나도 통곡했다.

귀국하자마자 공항에서 조사가 제일 까다롭다는 군보안사로 직접 연행되었지만, 다행히 목사님은 일주일 정도 유치, 취조를 받은 뒤 풀려났다.

## 에피소드 4

나에게 박형규 목사님은 둘도 없는 평생의 형님 목사였다. 여러 가지 일을 상담해 주었다. 또 묻지 않아도 자신의 경험이나 생각을 이야기해 주셨는데, 그것이 얼마나 나에게 교훈이 되고, 격려가 되고, 위로가 되었던지… 목사님의 유머는 빨갛게 타오르는 장작 난로 앞에 있는듯한 편안한 휴식을 주었다.

들으면서 나도 모르게 웃고, 웃으면서 눈물이 번지는 이야기 중 하나가 사모님 얘기였다. "군사독재정권 아래에서의 민주화는 먼저 우리 안사람부터 시작된 거죠. 우리 안사람은 매우 내성적인 사람이에요. 그보다는 어머니가 옛날풍의 기가 센 분이어서 안사람은 절대 복종해야 했고, 자유란 없었습니다. 그 고부간의 상하관계는 엄격해서, 내가

いよいよ、先生の帰国の日が近づいた。ソウルの仲間たちばかりでなく、先生の支援者である日本側の私たちも帰国に反対だった。

使徒言行録20章には、集めた献金を、エルサレムの兄弟たちに、文字通り、パウロは命がけで届けようとしていたことが記されている。送り出すエペソの長老たちは「皆激しく泣き、パウロの首を抱いて接吻した。特に、自分の顔をもう二度と見ることはあるまいとパウロが言ったので、非常に悲しんだ。人々はパウロを船まで見送りに行った」と記されている。このパウロとエペソの長老たちの別れと重ね合わせて、私も激しく泣いた。

帰国されると、最も取り調べが厳しいと聞く陸軍情報部に、空港から直接連行されたが、幸いなことに、先生は小一週間ほど留置、取り調べを受けた後、釈放された。

## エピソード、その4

私にとって朴炯圭先生はかけがえのない終生の兄貴牧師だった。いろいろ相談にのっていただいた。また問わず語りに、自分の経験や思いを話していただき、それがどれだけ私への教訓となり、励ましとなり、慰めであったことか。先生のユーモアは赤々と燃える薪ストーブの前にいるような寛ぎを与えてくれた。

聞きながら思わず笑い、笑いながら涙がにじむ話の一つが、サモニムのことだった。「軍事独裁政権の下での民主化は、まずウチの人から始まったのですよ。ウチの人はとても内気な人でね。というより私の母は昔風の強い人で、ウチの人は絶対服従、自由はありませんでした。その嫁姑の上下関係は不動のもので、ボクは外国生活が長く、姑

외국 생활을 오래했는데 그동안 시어머니를 받들면서 애들 키우느라 고생이 많았지요."

사모님은 친구를 만나기 위해 외출하는 일도 없었던 것 같다. 목사님이 처음 체포되었을 때 사모님에게는 하늘이 무너지는 일이었든지, 매일 훌쩍훌쩍 울며 살았던 것 같다. 남편을 면회하기 위해 구치소를 찾은 것이 첫 외출이었던 것 같다. 그러나 같은 구속자 가족과의 교류가 시작되면서 사모님의 세계는 급속히 넓어지기 시작했다. '남편을 위해'라는 대의명분의 깃발을 세우고 뻔질나게 외출했다. 무서운 시어머니도 아들 때문이라는데 (외출을) 반대할 수 없었다. 사모님의 행동은 점점 대담해져서 입는 옷도 한복에서 양복으로 바뀌었고, 거기에 박 목사님도 놀랐다고 한다. 나아가서 사모님은 경찰과 법무부의 간부들과도 당당히 다투기까지 이르렀다. "한발 앞서, 안사람에게 민주화 해방이 찾아왔습니다. 나도 쩔쩔맬 정도가 되었답니다"라면서 수줍지만 기쁘게 웃으셨던 목사님의 표정이 잊히지 않는다.

경찰에게는 매일의 스케줄을 신고해야만 했고, 언제나 젊은 경찰관이 따라다녔다. 우리가 여럿이서 서울을 방문했을 때, 목사님은 옥중에 계셨기 때문에 사모님이 안내 담당이었다. 귀국할 때 공항으로 가는 택시를 못 잡아서 고생하고 있었더니 사모님이 "염려 말아요. 도움될 사람이 나를 항상 따라다니고 있으니 그 사람을 써 봅시다"라고 하시더니 항상 저만큼 떨어져서 뒤를 따라다니는 젊은 경찰관을 불러 "택시를 두 대 잡아 주세요"라고 명령했다. 젊은 경찰관은 마치 상사의 지시라도 받은 것처럼 나가서 택시 두 대를 잡아 왔다. "이렇게 해도 괜찮습니까?"라고 내가 걱정하면 "괜찮아요. 그 사람도 내가 협력하지 않으면 곤란하니까요. 기브 앤드 테이크의 관계죠" 하며 웃어넘겼다.

に仕えながら子どもを育てさせ、苦労させましたよ。」

　サモニムは友達と会うために外出することもなかったらしい。先生が最初の逮捕をされたときは、サモニムにとって驚天動地、毎日めそめそ泣いて暮らしておられたらしい。夫に面会するために拘置所に訪ねたのが最初の外出だったようだ。しかし同じ拘束者家族との交流が始まって、世界が急速に広がり始めたという。「夫のために」と大義名分の御旗を立てて、しげしげと外出である。怖い姑も、我が息子のためとあらば、反対はできません。その行動はだんだんと大胆になり、着る服も韓国服から洋服に変わったのには、朴先生も驚いてしまったそうだ。警察官や法務省の役人たちと堂々とやり合うまでに成られた。「一足先に、ウチの人に民主化解放がやってきました。ボクもタジタジするほどになりましたよ」と恥ずかしそうに、しかし嬉しそうに笑っておられた先生の表情が忘れられない。

　警察には毎日のスケジュールを届けなければならなかったそうで、いつも若い警察官が随伴していた。私たちがソウルをグループで訪問したとき、先生は獄中にあったので、サモニムが案内役だった。帰国するとき、空港に行くタクシーがつかまえられなくて困っていると、サモニムが「大丈夫よ。便利な男が私をつけ回していますから。彼を使いましょう」といって、付かず離れず、つけ回している若い警察官を呼びつけ、「タクシーを二台捜してきてちょうだい」と命令。若い警察官はまるで上司に指示されたかのように、出て行って、タクシーを2台拾ってきた。「そんなことして大丈夫ですか」と私が心配すると、「大丈夫です。彼だって私の協力を得られなければ、困るだけですから。ギブ、アンド、テイクの関係ですからね」と笑い飛ばされ

나는 그렇게 호쾌한 사모님밖에 뵌 적이 없다.

## 에피소드 5

박형규 목사님과 때로 술 한잔 기울이며 허물없이 이야기를 듣기도 했는데 재미있고 통쾌했다. 민주화운동가들을 축출시키거나 자유자재로 조종하는 권력 기관의 방법은 어느 나라나 공통되는 것 같다. 그것은 스캔들이다. 그래서 (민주화운동가들에 대한) 전화 도청과 미행은 다반사이고 어떤 약점을 잡으면 그것을 꼬투리로 활동가들을 제어한다. 뿐만 아니라 허니 트랩(Honey Trap)과 머니 트랩(Money Trap, 여자나 돈으로 매수하는 것)을 장치하여 이에 빠지면 완전히 약점을 붙잡히게 된다. 경우에 따라서는 활동가의 약점을 쥐고 컨트롤하고 스파이로 사용하기도 한다.

그 함정에 빠진 몇 가지 예를 듣게 되었다. 목사님은 이 두 가지 함정에 세심한 주의를 기울이고 있다고 말했다. 목사님에 의하면, 조금 똑똑한 사람은 허니 트랩에 걸리고 조금 어리석은 사람은 머니 트랩에 걸린다는 것. "나는 조금 똑똑하지도 않고 조금 어리석지도 않다는 것일까"라며 웃었다. 그렇다 목사님은 '조금 똑똑한 분'이 아니라 '뛰어나게 똑똑하고', '약간 어리석은'이 아니라 선교라는 '어리석은 수단'(고전 1:21)으로 사는 "위대한 어리석음"이 몸에 배어 있는 분이었다.

목사님은 트랩을 매우 구체적이고 흥미진진한 이야기로 해 주셨는데 드라마로 만들어도 좋을 만큼 스릴 넘치는 이야기였다. 세상에는 흥미로운 이야기를 재미없게 말하는 사람도 있고, 시시한 일이라도 흥미진진하게 이야기하는 활력을 가진 사람도 있다. 목사님은 틀림없이

た。私は豪快なサモニムしか見たことがない。

### エピソード、その5

　朴炯圭先生と、時には一献傾けながら聞いた打ち解け話は面白く痛快だった。権力側を悩ます民主化運動家たちを失脚させたり、自在に操ったりする方法はどの国も共通しているらしい。それはスキャンダルである。そのために電話盗聴や尾行は日常茶飯事で、何らかの弱みを握れば、それをネタに活動家をコントロールする。それだけではなく、ハニー・トラップとマネー・トラップを仕掛ける。これにはまると完全に弱みを握られることになる。場合によっては、活動家の弱み握ってコントロールしてスパイとして使う。

　その罠にはまった幾つかの例を聞いた。先生はこの二つの罠には細心の注意を払ったと言われた。先生によれば、少し賢い男はハニー・トラップに引っかかり、少し愚かな男はマニー・トラップに引っかかるそうな。「ボクは少し賢くもなく、少し愚かでもなかったということかな」と笑われた。しかり、先生は「少し賢い方」ではなく「ずば抜けて賢く」、「少し愚か」ではなく、宣教という「愚かな手段」(1コリ1:21)に生きる「偉大な愚かさ」を身に帯びた方だった。

　先生はトラップをかなり具体的に興味深く話をされ、ドラマに仕立てあげられるほどスリルに富む話だった。世の中には、興味深い話をつまらなくしか話せない人もあり、つまらないことでも、興味津々に話せる話力の人もいる。先生は紛れもなく後者なのだが、ましてや興味津々の話題である。いやが上にも話は面白く、時の経つのも忘れたものだ。

후자인데, 더구나 흥미진진한 화제임에야. 이런 이야기는 너무 재미있어서 시간이 가는 것조차 잊어버리게 된다.

목사님을 취조하는 담당관이 어느 날 나직이 중얼거렸다고 한다. "박 씨는 여자와 돈에 강해. 도대체 걸려들지 않으니, 망했다." 이 두 가지 유혹은 동서고금을 통해 비장의 카드인 것 같다. 목사님은 그 비장의 카드가 통하지 않았다. 이것은 한국의 민주화운동의 표면에는 드러나지 않는, 그러나 큰 사건이었다고 나는 생각한다.

### 에피소드 6

잡범 방에서의 경험담.

여섯 번의 체포, 복역 가운데 단 한 번, 잡범 방에 들어간 일이 있었다. 독일의 지원단체는 기아에 처한 사람에게 구호자금을 지속적으로 보내고 있었다. 민주화운동의 활동가들이 다수 체포되어 그 가족의 생활이 곤궁해지는 상황이어서 구속자 가족의 생활 자금으로도 이 구호자금을 사용했다. 당국은 이것이 범죄에 해당된다며 자금운용 책임자였던 박형규 목사님을 횡령죄의 죄명으로 체포했다. 구호자금을 송금한 독일의 단체는 정당한 사용법이라고 말하고 있음에도 불구하고 말이다. 아마도 잠입해 있던 스파이가 있는 일, 없는 일을 꾸며 당국과 내통했다고 생각된다.

지금까지의 체포는 모두 정치범이므로 금고형으로 독방에 수감되었지만, 이번에는 파렴치범이기 때문에 잡범 방에 수감되었다. 감옥의 밤은 길다. 일찌감치 소등은 되지만, 아직 잠들 시간은 아니다. 그래서 매일 밤 죄수 동료는 순서대로 '자랑 이야기'를 했다고 한다. 죄수의 '자랑'은 자기가 지은 죄이다. 절도죄로 죄수가 된 사람은 도둑질의 성

先生を取り調べる係官がある時、ぼそっと呟いたそうだ。「朴さんは女とカネに強いね。決して引っかからなかったから、まいったね。」この二つの誘惑は古今東西の切り札であるようだ。先生にはその切り札が通用しなかった。これは韓国の民主化運動の表面には現れない、しかし大きな出来事だったと私は思う。

### エピソード、その6

　雑居房での経験話。6回あった逮捕、服役経験のうち、一度だけ雑居房に入れられたことがあった。ドイツの支援団体が飢餓に瀕した人へ救援金を継続的に送っていた。民主化運動の活動家が数多く逮捕され、その家族が生活に窮する場面があった。その拘束者家族の生活資金にも、この救援金を使用した。

　これが犯罪に該当すると当局は見なし、横領罪の類の罪名で、資金運用責任者だった朴炯圭先生を逮捕した。救援金を送金したドイツの団体は正当な使い方であると言っているにも拘わらずである。たぶん送り込まれたスパイが、在ること無いことをでっち上げて、当局に内通したと思われる。

　今までの逮捕はみな政治犯なので禁固刑であり、独房に収監されたが、このときは破廉恥罪なので、雑居房に入れられた。刑務所の夜は長い。早々と消灯されるが、まだ眠れる時間ではない。それで毎晩、囚人仲間は順番で「自慢話」をしたそうだ。囚人の「自慢話」は犯した罪である。窃盗罪で囚人になった人は、盗みの成功の仕方をうんちく傾けて話すという具合である。

　そして先生の順番になった。自分がなぜここにいるかの「自慢話」

공 방법을 있는 지식을 다 동원해 이야기하는 식이다.

그리고 목사님의 차례가 되었다. 자신이 왜 여기에 있는가라는 '자랑이야기'를 하게 되었다. 목사이기 때문에 성경 강해도 했다. 어찌어찌, 몇 번인가 박형규 목사의 '자랑 이야기'를 듣고 세례를 받은 사람이 세 명이나 나왔다고 한다. 마치 사도행전을 이 땅에서 행한 것 같은 일이다. 그중 한 사람이 백덕운 씨였는데 백덕운 씨는 조폭 간부 중 하나였던 것 같다. 출옥 후에는 충실한 교인이 되셨다.

전두환 정권은 교회 내부의 반박 목사파를 부추기고 폭력배를 잠입시켜서, 예배를 폭력이 발호하는 자리로 만들었다. 덤벼드는 폭력배로부터 박 목사님을 몸으로 지킨 사람이 백덕운 씨였다. 잠입한 폭력배 두목은 한때 조폭 세계에서 이름을 날렸던 백덕운 씨를 보고 주춤거렸다고 한다.

결국 박 목사님과 교인들은 폭력을 피해 중부경찰서 앞에서 노상예배를 매주 드리게 되었고, 그것이 끝날 때까지 6년이라는 세월이 흘렀다. 그 충실한 노상예배자 가운데 백덕운 씨도 물론 계셨다. 백덕운 씨는 나와도 친밀한 교류가 이어졌지만 그도 불행히 박 목사님을 따라 지난해인 2017년 하늘 본향으로 돌아가셨다.

をすることになった。牧師なので聖書講話もされた。何と何と、何回か朴炯圭牧師の「自慢話」を聞いて、受洗者が3人も現れたという。まるで使徒言行録を地で行ったような出来事である。その一人に白徳雲さんがおられた。白さんはヤクザの幹部の一人だったらしい。出獄後は忠実な教会員となられた。

教会内部の反朴牧師派をそそのかして、全斗煥政権はヤクザを送り込んで、礼拝を暴力が跋扈する場にした。朴先生に襲いかかるヤクザから、身をもって守ったのが白さんだった。送り込まれたヤクザのニイサンは、ヤクザ界で名をなしたことがある白さんを見てたじろいだそうだ。

結局、朴先生たちは暴力を逃れて、中部警察署前で路上礼拝を毎週するようになって、それが終わるまで6年間という歳月が経った。その忠実な路上礼拝者の一人に白さんもむろんおられた。白さんとは私とも親密な交流が続いたが、残念ながら朴先生を追うように、昨年、天の故郷に帰っていかれた。

# 내 인생을 바꾼 박형규 목사 · 서울제일교회와의 만남

## 야마다 사다오
### (일본 니시카타마치교회 교인)

박형규 목사 그리고 서울제일교회와의 만남에 의해서, 과장이 아니라 내 인생은 바뀌었다. 한국·조선에 대해 완전히 무관심하고 한 사람의 친구도 없었던 내가 한국어를 배우고, 종종 한국을 방문하고 여행했다. 그리고 나이 들어 은퇴한 후 유학까지 했다. 그것을 통해서 한국·조선을 알았고, 그것을 기준으로 일본을 생각하게 되었다. 한국·조선이 좀 보이게 되자 일본이 보이게 되었다. 보이지 않았던 눈이 뜨이고, 들리지 않았던 귀가 들리게 되었다. 오키나와·후쿠시마가 조금이나마 보이고, 거기에 사는 사람들의 목소리가 조금이나마 들리게 되었다.

### 한국어를 배우다

박형규 목사·서울제일교회와의 만남은 내가 속한 니시카타마치교회와 서울제일교회가 1975년 자매 관계를 맺을 때부터 시작되었다.

# 人生を変えた朴烔圭牧師・ソウルチェイル教会との出会い

山田貞夫

(日本 西片町教會 教会員)

　朴烔圭牧師・ソウルチェイル教会との出会いによって、大げさではなく、私の人生は変えられた。韓国・朝鮮に対して全く無関心であり一人の友人もいなかった私が、韓国語を学び、度々韓国を訪れ、旅行し、年を取り仕事を辞めてから留学までした。それらを通して韓国・朝鮮を知り、それを基準にして日本を考えるようになった。韓国・朝鮮が少し見えるようになることによって日本が見えるようになった。見えなかった目が開かれ、聞えなかった耳が聞こえるようになった。沖縄・福島が少しではあっても見え、そこに住む人たちの声が小さくではあっても聞こえるようになった。

## 韓国語を学ぶ

　朴烔圭牧師・ソウルチェイル教会との出会いは、私が属している

자매결연을 한 두 교회는 1978년 8월 제1회 합동수양회를 서울에서 개최했다. 여기에 참가한 것이 최초의 서울 방문이고, 박형규 목사·서울제일교회와의 만남의 시작이었다. 합동수양회 주제는 〈신앙과 행동〉(약 2:22)이었고 강사는 안병무 교수였다. 그러나 합동수양회 때문에 니시카타마치교회가 뭔가 준비했던 기억은 없다. 준비도 없이 참가하여 언어도 통하지 않았고, 왜 이 주제로 합동수양회를 열고 있는지 거의 이해할 수 없었다. 또한 안병무 교수가 어떤 사람인지 알 리도 없었다. 합동수양회의 마지막에 니시카타마치교회에서 온 참가자를 대표하여 인사를 하게 되었는데 합동수양회 내용은 잘 모르겠지만 "잘 들어라"라는 말이 귀에 남아 있어서 그 이야기를 했다. 지금 야고보서를 보면 "나의 사랑하는 형제들아, 잘 분별하라. 누구든 듣기에는 빠르고, 말하기에 더디고, 노하기를 더디하라"(약 1:19)가 있습니다.

인사가 끝난 뒤 당시 권호경 부목사가 "좋았다"고 하셨다. 합동수양회의 내용을 거의 몰랐던 나에게는 뭐가 좋았는지 알 수 없었다.

그래도 합동수양회에 참가하여 느낀 것, 생각하게 된 것은 많아 흥미를 느꼈다. 서울제일교회의 청년에게 "뭐 하러 왔느냐"라는 질문을 받은 것은 충격이었다. 일부러 한국까지 오지 않아도 일본에는 많은 한국인이 있지 않느냐는 것이 발언의 취지였다. 지금 생각해도 매우

西片町教会とソウルチェイル教会が1975年に姉妹関係を結んだこと
に基因する。姉妹関係を結んだ両教会は、1978年8月に第1回の合同
修養会をソウルで開いた。それに参加したのが最初のソウル訪問であ
り、朴炯圭牧師・ソウルチェイル教会との出会いの始まりであった。合
同修養会の主題は「信仰と行動」（ヤコブ書2：22）であり、講師
は安炳茂教授であった。しかし、合同修養会のために西片町教会が何
か準備したと言う記憶はない。準備もなく参加し、言葉も通じず、な
ぜこの主題で合同修養会を開いているのかが、ほとんど理解できなか
った。また、安炳茂教授がどんな教授であるかなど分かる筈もなかっ
た。合同修養会の終わりに西片町教会からの参加者を代表してあいさ
つをすることになり、合同修養会の内容はよくわからなかったが、
「よく聞きなさい」という言葉が耳に残っていたのでその話をした。
いまヤコブの手紙を見ると「わたしの愛する兄弟たち、よくわきまえ
ていなさい。だれでも、聞くのに早く、話すのに遅く、また怒るのに
遅いようにしなさい。」（ヤコブ書1：19）とあります。

　あいさつが終わってから、権皓景副牧師（当時）が「良かった」と
言われた。合同修養会の内容がほとんどわからなかった私には、何が
良かったのか理解できなかった。

　それでも、合同修養会に参加して感じた事、考えさせられたこと
は多くあり、興味を覚えた。ソウルチェイル教会の青年から「何しに
来たのか」と訊かれたのは、衝撃であった。わざわざ韓国に来なくて
も、日本には多くの韓国人がいるではないかというのが発言の趣旨で
あった。今考えても、とても重みのある発言であった。

　もう一つ衝撃的だったことがある。朴炯圭牧師夫妻にそれぞれ、監

무게 있는 발언이었다.

또 하나 충격적인 것이 있었다. 박형규 목사 부부에게 각각 감시 경찰이 붙어 있었던 것이다. 일본 교회에서는 상상도 못할 일이었다. 그런데도 박형규 목사 부부는 아무런 긴장감도 없이 웃는 얼굴을 하고 계셨다. 시내관광을 하기로 했던 날 아침, 박형규 목사를 감시하는 경찰이 와서 그날의 일정을 확인했다. 박형규 목사가 "일본에서 온 손님과의 시내 관광"이라고 대답하니 "자유 관광은 안 된다. 이 자동차로 참관하라"고 하며 경찰차를 보냈다. 경찰차로 시내 관광을 하게 되었는데, 아주 특이하고 복잡한 관광이었다.

서울제일교회에 대한 인상은 '노래를 자주 부르는 교회'였다. 수양회 도중 끊임없이 노래를 불렀다. 〈오! 자유〉를 많이 불렀다. 악보를 받아 니시카타마치교회에서도 연습한 바 있다. 나에게 이 노래는 한국어로 배운 최초의 노래로 지금도 부른다.

1980년 3월 서울제일교회에서 제2회 합동수양회를 열게 되었다. 서울에서 계속 열게 된 것은 서울제일교회 교인들이 출국할 수 없었기 때문이다.

제1회가 준비 없이 이루어졌던 것을 반성하여 1979년 9월 야마모토 마사노부 목사와 둘이서 준비차 방한했다. 그때 호텔에서 한국어 공부가 필요하다는 것을 논의했다. 박형규 목사를 비롯하여 일본어 잘하는 사람이 몇 명 있어 불편은 없었다고 하지만, 그들은 일제하에서 강제로 배운 사람들이고, 우리가 한국어를 배울 필요가 있다고 의논했다.

귀국해서 한국어 공부를 시작했다. 내 나이 42세였다. 당시 한국어를 가르치는 학교가 없어 독학으로 문법책을 공부했다. 반 년 후 한국 YMCA에서 가르치는 것을 알고 주 2회 야학을 다니며 초급·중급을 마

視の警官が付いていたことである。日本の教会では想像もできないことであった。それでも、朴烱圭牧師夫妻は、何の緊張感もないかのようにニコニコ顔で接しておられた。市内観光を予定していた日の朝、朴烱圭牧師監視の警官が来てその日の日程を確認した。朴烱圭牧師が「日本からのお客さんと市内観光」と答えられると、自由な観光はだめだ、この自動車で見学しなさい、と言って警察の車をよこした。警察の車で市内観光をすることになったが、とても特異で複雑な観光であった。

ソウルチェイル教会に対する印象は、「良く歌を歌う教会」であった。修養会の最中、のべつ歌を歌った。「おお！自由」をよく歌っていた。楽譜をもらって帰り西片町教会でも練習したことがある。私にとってこの歌は、韓国語で覚えた最初の歌で、今でも歌える。

1980年3月、ソウルで第2回の合同修養会を開くことになった。ソウルで続けて開くことになったのは、ソウルチェイル教会の教会員が出国できなかったからである。

第1回が準備なしに行われたことを反省し、1979年9月、山本将信牧師と二人で準備のために訪韓した。その時ホテルで、韓国語の勉強が必要であることを話し合った。朴烱圭牧師をはじめとして、日本語のできる人が数名おられ、ある意味不便はなかったが、その人たちは日帝下で強制的に学ばされた人たちであり、わたしたちが韓国語を学ぶ必要があるのではと話し合った。

帰国して韓国語の勉強を始めた。42歳であった。当時、韓国語を教える学校が見つからず、独学で文法書を学んだ。半年後、韓国ＹＭＣＡで教えていることを知り、週2回の夜学に通い、初級・中級を終

쳤다. 상급반이 해체되어 배울 곳이 없었다. 할 수 없이 한국 유학생에게 부탁해서 퇴근 후에 커피숍에서 회화를 배우고, 조선일보를 매일 구독하며 독해를 공부했다. 박형규 목사와 제일교회 교인들의 표정을 떠올리며 계속했다.

니시카타마치교회에서도 사와영 목사를 강사로 하여 한국어 학습을 시작했다. 20명이 넘는 학생이 있었다. 사와 목사의 사정으로 2년여 만에 중단됐으나 그 뒤 각각 연구하고 공부를 계속하여 그것이 서울제일교회와의 멋진 관계를 40년 이상 지속할 수 있었던 원인이었다고 생각된다.

## 한국·조선을 배우다

한국어를 배우면서 점차 한국에 몰두하게 되었다. '몰두했다'라는 표현이 가장 적합하다고 생각된다. '몰두했다'고 해도 나는 연구자도 학자도 아니어서 뭔가를 파고들어가는 그런 것은 아니다. 그냥 빠져서 말을 배우고, 영화를 보고, 책을 읽었다. 그리고 한국을 자주 여행했다. 박성자 목사님 집을 거점으로 여행했다. 당뇨병 진단을 받고부터는 걸어서 여행했다. 3박 4일로 100km를 걷는 도보여행을 다섯 번 했다. 남원에서 구례, 하동을 거쳐 남해대교까지 임진왜란 때 일본군이 침략했던 역코스를 걸었다. 또 어떤 때는 충무시에서 해금강까지 걸어갔다. 이때 새벽, 북한 간첩으로 오인받아 경찰 조사를 받은 적도 있다. 태백시에서 조탄, 구절리를 거쳐 정선까지 걷기도 했다. 이때 조탄의 여인숙에서, 근처의 할머니들 4~5명이 신기한 사람이 묵고 있다는 소문을 듣고 방에 들이닥쳤다. 영월 근처의 농가에서는 팥 탈곡하는 걸 보고 그 방법이 내 고향의 방법과 똑같아서 정겹게 느껴져 한참 보

えた。上級は崩壊し、学ぶところが無くなった。仕方なく、韓国から の留学生にお願いして仕事帰りに喫茶店で会って会話を学び、朝鮮日 報を毎日購読して読解を学んだ。朴炯圭牧師とソウルチェイル教会の 教会員の表情を思いだしながら続けた。

　西片町教会でも、沢瓔牧師を講師にして韓国語の学習を始めた。 20名を超える生徒がいた。沢牧師の都合で、2年余りで中止になった が、その後、それぞれ工夫して勉強を続けており、それがソウルチェ イル教会との素晴らしい関係を40年以続けることができている原因 だと考える。

### 韓国・朝鮮を学ぶ

　韓国語を学ぶようになって、徐々に韓国に没頭していった。「没 頭した」という言葉が最もふさわしいと考えている。「没頭した」と 言っても、私は研究者でも学者でもないので、なにかを突き詰めたと いうわけではない。ただ夢中になって言葉を学び、映画を見、本を読 んだ。そして何より韓国を旅行した。朴聖慈牧師の家を拠点にして 旅行した。糖尿病と診断されてからは、歩いて旅行した。3泊4日で 100km歩く徒歩旅行を5回した。南原から求礼, 河東を経て南海大橋 まで、壬辰倭乱の時日本軍が侵略した逆のコースを歩いた。また、あ る時は忠武市から海金剛まで歩いた。この時、早朝、北の間諜(スパ イ)に間違えられて警官の調査を受けた。太白市から 助呑、九切里を 経て 旌善 まで歩いたこともある。この時助呑の旅人宿では近所のハ ルモニたちが、珍しい人が泊まっているとの噂を聞いて部屋に4−5 人押しかけてきた。寧越の近くの農家では小豆の脱穀をしていたが、

고 있었더니 점심을 먹고 가라고 하여 대접을 받은 적도 있다. 여행을 하면서 많은 사람을 만났다.

매년 두 번은 한국을 방문했다. 그때마다 서울제일교회의 예배에 참석했다. 중부경찰서 앞의 노상예배에도 참석했는데 니시카타마치교회의 월보 등에 보고된 것만도 다섯 번이었다. 한국 드라마에 "보고 있어도 보고 싶다"라는 대사가 있는데 한국에 가도 가도 또 가고 싶어져 지금까지 93회 왕복했다. 여행을 자주 하다 보니 아예 살아 보고 싶어졌다. 55세에 일을 그만두고 한국에서 살아 봐야겠다는 생각을 했다. 한국에서 생활하려면 장기 비자가 필요한데 그걸 받으려면 유학밖에 없었다. 그런 이유로 유학을 진지하게 고민하기 시작했다. 55세부터 할 계획이었으나 일의 뒷정리가 생각대로 되지 않아, 59세가 되어서야 드디어 소원이 이루어졌다.

1년간 서울대의 어학연구소에서 한국어를 배우고, 충북대학교 대학원에서 한국미술사를 공부했다. 미술사를 배우고 싶어서 유학한 것이 아니라 생활하고 싶어서 유학한 것이었다. 한국 여행을 할 때 거의 빠

その仕方が私の田舎の仕方とそっくりなので懐かしくなり見学していると、昼を食べて行けと言ってご馳走になったこともあった。旅をして多くの人に出会った。

　毎年2度は韓国を訪問した。その時、ソウルチェイル教会の礼拝に出席した。中部警察署前の路上礼拝にも、西片町教会の月報等で報告されているだけで5回出席している。韓国のドラマに「보고 있어도 보고싶다」(今見ていてももっと見たい)といった内容のものがあったが、韓国に行っても行ってもまた行きたくなり、これまで93回往復した。旅行しているうちに、住んでみたくなった。55歳で仕事を辞めて韓国に住んでみようと思うようになった。韓国で生活するには長期のビザが必要であり、それを得るには留学しかない、ということで留学することを真剣に考え始めた。55歳でするはずが仕事の後片づけが思うように進まず、59歳になってやっと願いがかなった。

　1年間ソウル大の語学研究所で韓国語を学び、忠北大学の大学院で韓国美術史を学んだ。

　美術史が学びたくて留学したのではなく、生活したくて留学したのであった。韓国に旅行する度、ほとんど欠かさず国立中央博物館に行き陶磁器を見学していたので、陶磁史ならなんとかついて行けると考え、美術史を専攻した。入学してみて分かったことだが、陶磁史だけ勉強すればよいのではなかった。陶磁史の他7科目履修しなければならなかった。それだけではなく、学部の必修科目を8科目履修しなければならないことが分かった。日本の大学で美術史を専攻しておればその単位が使えるのだが、法学部出身だったので、何の役にも立たず、学部の科目も履修する羽目になった。3年かけて16科目を履修した。

지지 않고 국립중앙박물관에 가서 도자기를 둘러봤는데 도자사(陶磁史)라면 어떻게 따라갈 수 있겠다고 생각해 미술사를 전공했다. 입학해서 알게 된 것이지만 도자사만 공부한다고 되는 게 아니었다. 도자사 외에도 7과목을 이수해야 했다. 뿐만이 아니라 학부의 필수과목 8과목을 이수해야 된다는 것을 알게 되었다. 일본의 대학에서 미술사를 전공했으면 그 학점이 인정되지만 나는 법학부 출신이었기 때문에 아무 도움도 되지 않았다. 학부의 과목까지 포함하여 결국 3년에 걸쳐 16과목을 이수해야 했다.

한국에서 생활하기 위해 유학을 했지만 막상 미술사를 공부하고 보니 한국·조선을 아는 데는 더할 나위 없는 좋은 과목인 것을 알게 되었다. 첫 대학원 수업은 '공예'였다.

금속공예, 유리공예, 목공예가 있어 그중 하나를 선택해 리포트를 써서 발표하라고 했다. 나이 먹은 일본 노(老)학생도 예외가 아니었다. 할 수 없이 마지막 시간에 발표하는 목공예를 택했다. 조사해 보고 깜짝 놀랐다. 사랑방 가구, 안방 가구, 부엌 가구에 따라 사용되는 목재가 완전히 달랐고, 사랑방 가구는 대부분 먹감나무가 사용된 것을 알았다. 먹감나무는 매우 아름답고 귀한 목재이다. 그 먹감나무를 아끼지 않고 써서 만든 19세기 조선 가구. 그 사치함과 사용한 사람의 미적 센스에 경탄했다. 먹감나무로 만든 뭔가 한 점 갖고 싶었으나 고가라서 손에 넣지 못했던 나에게는 충격적이기조차 했다.

고려대학교 세종캠퍼스에서 받았던 변영섭 교수의 수업에는 몸을 떨었다. 한국 회화에 나타난 한국성, 그것은 '맑음 투명성'이다. 그것은 시대나 사회 변화에 의해서도 바뀌지 않는다. 따라서 고대부터 현대까지 해당하며 또한 북한에도 해당된다. 그런 주장에 근거해 고대부터

韓国で生活するために留学したのであるが、いざ美術史を勉強してみると、韓国・朝鮮を知るにはこの上ない科目であることが分かった。最初の大学院の授業は「工芸」であった。

　金属工芸、ガラス工芸、木工芸であり、何か一つを選んでレポートを書き発表しなさいと言われた。年取った日本からの老学生も例外扱いはされなかった。仕方なく、最後の時間に発表の木工芸を選んだ。調べてみて脅かされた。サランバン家具、アンパン家具、台所家具によって使われた材木が完全に異なっており、サランバン家具の多くに黒柿が使用されていることを知った。黒柿は大変美しい貴重な木材である。その黒柿をふんだんに使った19世紀朝鮮の家具。そのぜいたくさと使った人の美的センスに驚嘆させられた。黒柿製の何かを一点ほしいと思いながらも高価で手に入れられないでいた私には、衝撃的でさえあった。

　高麗大学鳥致院キャンパスで受けた邊英燮教授の授業には身体を震わせた。韓国絵画に表れた韓国性、それは「맑음 투명성」(澄んだ透明性)である。それは時代や社会の変化によっても変わらない。したがって古代から現代にまで当てはまり、また、北朝鮮にも当てはまる。そう言って古代から近代までの700枚を超える絵画を解説する授業であった。韓国性がこのようなものであれば、それは絵画だけでなく、陶磁器や建築、彫刻、工芸など、全ての分野に共通するはずである。いずれにせよ、この授業が私に与えた影響は大きく、韓国・朝鮮とは何かを考えるとき、一度は「맑음 투명성」という物差しに当てて考えることにしている。

　朴炯圭牧師・ソウルチェイル教会や旅行で出会った人や物を通して

근대까지의 700장이 넘는 회화를 해설하는 수업이었다. 한국성이 이러한 것이라면 그것은 회화뿐만 아니라 도자기나 건축, 조각, 공예 등 모든 분야에 공통되는 것이다. 어쨌든 이 수업이 나에게 준 영향은 커서 한국·조선이란 뭔가를 생각할 때 한번은 '맑음 투명성'이라는 잣대에 비춰 생각하게 되었다.

박형규 목사와 서울제일교회나 여행에서 만난 사람이나 물건을 통해서 알게 된 한국과는 다른 한국·조선을 미술사를 통해서 배웠다.

또한 건축사나 불교조각사의 수업에서 6~7세기 일본의 사원 건축이나 가람, 불상이 한국으로부터 얼마나 큰 영향을 받았는지 배웠다. 귀국 후 아스카나 나라를 종종 찾아 그것을 확인했다.

### 일본을 배우다

박형규 목사와 서울제일교회를 만나 말을 배우고 여행을 하면서 수많은 사람을 만나 한국을 알게 되고 젊은 학생들과 함께 한국미술사를 배우며 한국을 알았다. 한국·조선을 다 알았다고 단언할 자신은 없지만 그래도 접했다. 조금이긴 하지만 알았다. 그리고 접하는 것, 아는 것이 즐거운 일이고 기쁨이라는 것을 체험했다.

지금 한일 간에 가로놓인 문제는 한마디로 '역사인식의 차이'이다. 그러나 문제는 "왜 역사인식에 차이가 생기는가"이다.

16세기 일본의 무로마치시대, 아즈치모모야마시대 일본의 다인들은 한국의 그릇을 선호하고 사용했다. 집 다섯 채 값에 거래됐다는 기록도 남아 있다. 참고로 조선의 찻잔 여러 개가 일본의 국보로 지정되었는데 그중의 하나인 '기자에몽이도'는 시가 6억 엔으로 알려졌다. 도심의 아파트 다섯 채 분이다. 이 정도로 한국의 그릇을 사랑한 사람들

知った韓国・朝鮮とは違った韓国・朝鮮を、美術史を通して学んだ。

また、建築史や仏教彫刻史の授業で、6－7世紀日本の寺院建築や伽藍、仏像が韓国から如何に大きな影響を受けたかを学んだ。帰国してから飛鳥や奈良へ度々足を運び、それを確認した。

## 日本を学ぶ

朴炯圭牧師・ソウルチェイル教会に出会い、言葉を学び、旅行をし、多くの人に出会って韓国・朝鮮を知り、また、若い学生たちと一緒に韓国美術史を学んで韓国・朝鮮を知った。韓国・朝鮮が分かったと断言する自信は勿論ないが、それでも触れた。少しではあっても知った。そして、触れること、知ることが楽しいことであり、喜びであることを体験した。

いま、日韓の間に横たわる問題を一言で言えば、「歴史認識のずれ」である。しかし問題は、なぜ歴史認識にずれが生じるかである。

16世紀日本の室町時代、安土桃山時代、日本の茶人たちは韓国の器を好んで使った。家5軒分の値段で取引されたと言う記録も残っている。ちなみに、朝鮮の茶碗がいくつも日本の国宝になっているが、そのうちの一つ「喜左衛門井戸」は時価6億円と言われている。都心のマンション5軒分である。これほどまで韓国の器を愛した人たちが壬辰倭乱をおこし、人の鼻や耳をそぎおとして持ち帰り、褒賞をもらった。

また、植民地支配下では、新羅や伽耶の墓を暴き、埋葬品を掘り出して日本に持ち帰った。それがいま、東京の国立博物館に展示されている。大阪の東洋陶磁美術館に展示されている。

이 임진왜란을 일으키고, 사람의 코나 귀를 도려내 가져가 포상을 받았다.

또 일제하에서는 신라와 가야의 무덤을 파헤치고 매장품을 파내어 일본으로 가져갔다. 그것들이 지금 도쿄 국립박물관과 오사카의 동양 도자미술관에 전시되어 있다.

무로마치시대의 다인들이나 식민지 지배자들은 한국·조선의 문화 재를 좋아하기는 했지만 그것을 만든 국가나 사람들을 이해하지 못했다. 그것은 오만의 죄가 그들을 지배하고 있었기 때문은 아닌가? 그것은 지금도 변함없다. 식민지 지배가 청산되지 않는 근원은 여기에 있다. '역사인식의 차이'는 여기에서 나온다. 한국을 보아도 보이지 않고, 들어도 들리지 않는 것은 그 오만 때문이다.

지금 일본이 안고 있는 가장 심각한 문제는 오키나와와 후쿠시마의 빈곤(격차)이다. 오키나와나 후쿠시마의 빈자의 목소리는 들리지 않고, 그 모습은 보고 있어도 보이지 않는다. 한국·조선에 접하고 알아가면서 이러한 일본의 모습이 조금이나마 보이게 되었다.

## 마지막으로

박형규 목사·서울제일교회와 만나 말을 배우고 여행을 했고, 수많은 사람과 만나서 한국·조선을 알았고, 또 젊은 학생들과 함께 미술사를 배워 한국·조선을 알았다. 그것을 통하여 일본의 모습이 보였다.

지금 나는 서로 함께 배우는 관계야말로 최상의 관계이며, 배우고, 상상하며 사람이나 나라가 가진 고유의 가치와 미를 발견하는 것이 인생이 아닌가 생각하고 있다. 그것을 방해하는 것이 오만의 죄이고 그것을 제거하는 것이 사랑이라고 생각한다.

室町の茶人たちや植民地の支配者たち、彼らは韓国・朝鮮の文化財を好みはしたが、それをつくった国や人たちを理解することはできなかった。それは、傲慢の罪が彼らを支配していたからではないか。それは今も変らない。植民地支配が清算できないでいる根源はここにある。「歴史認識のずれ」はここから生まれている。韓国・朝鮮を見ても見えず、聞いても聞こえないのは、その傲慢のためである。

　いま日本が抱えている最も深刻な問題は、沖縄、福島、貧困（格差）である。沖縄や福島、貧者の声は聞こえず、その姿は見ていても見えない。このような日本の姿が、韓国・朝鮮に触れ、わずかではあっても知ることによって見えてきた。


## おわりに

　朴炯圭牧師・ソウルチェイル教会に出会い、言葉を学び、旅行をし、多くの人に出会って韓国・朝鮮を知り、また、若い学生たちと一緒に韓国美術史を学んで韓国・朝鮮を知った。それを通して日本の姿が見えてきた。

　いま私は、互いに学び合う関係こそが最上の関係であり、学び、想像し、人や国が持っている固有の価値や美を発見することが人生ではないかと考えている。それを邪魔するのが傲慢の罪であり、それを取り除くのが愛であると考えている。

　ある種の恥ずかしさを感じながらこの文章を書いてきた。しかし、書いたことに心の偽りはない。正しいかどうかはともかく、本当の思いを書いてきた。立派に生きているとは思わないが、自分なりに、あくまでも自分なりにではあるが、本気で生きている。それ

어떤 부끄러움을 느끼면서 이 글을 썼다. 그러나 이 글에 마음의 거짓은 없다. 옳은지는 몰라도 진짜 생각을 썼다. 훌륭하게 살고 있다고는 생각지 않지만 내 나름으로, 어디까지나 내 나름이지만 진심으로 살고 있다. 그것이 가능해진 것도 박형규 목사·서울제일교회와의 만남이 있었기 때문이다. 그 만남을 빼고는 생각할 수 없는 것이 나의 인생이다. 그 감사의 마음이 박형규 목사님에게 전해지기를 바라면서 이 글을 마친다.

ができているのも、朴炯圭牧師・ソウルチェイル教会との出会いが
あったからである。この出会いなしには考えられない私の人生で
す。それに対する感謝の気持ちが朴炯圭牧師に伝わることを願いつ
つ、この文章を閉じる。

# 자매 관계 2대째의
# 박형규 목사와의 만남

야마모토 유지

(니시카타마치교회 담임목사)

니시카타마치교회는 1975년부터 박형규 목사가 목회하시는 서울제일교회와 자매 관계를 맺었습니다. 저는 한참 뒤인 19년이 지난 1994년 봄에 니시카타마치교회에 초빙되었습니다. 부임하자마자 인사차 서울을 방문했던 때가 저의 태어나서 첫 해외여행이었습니다. 이후 몇 번 서울을 방문했는지는 헤아릴 수 없을 정도입니다. 그리고 지금 드는 생각은 이 자매관계가 없었다면 또 박형규 목사와의 만남이 없었다면 지금의 나는 목사로서도 개인으로서도 존재하지 않는다, 그렇게 말할 수밖에 없을 정도입니다. 하나님이 인도하신 만남의 크기를 새삼 깨달으며 깊은 감사를 드립니다.

그 시기는 이미 박 목사님도 서울제일교회를 사임한 뒤였습니다만 서울에서도 도쿄에서도 목사님과는 거듭된 교제를 통하여 그 따뜻한 인품에 접하고 목사님의 높은 학식과 실존적 경험에 뒷받침된 신앙과

# 姉妹関係2代目の
# 朴炯圭牧師との出会い

山本裕司

**(西片町教会 牧師)**

　西片町教会は1975年から朴炯圭牧師が牧されるソウルチェイル教会と姉妹関係を結びました。私はそれから遅れること19年を経た1994年春に西片町教会に招聘されましたが、着任早々挨拶のためにソウルを訪問した時が生まれて始めての海外旅行でした。爾来、何度ソウルを訪れたか数えきれません。そして今思うことは、この姉妹関係なしに、また朴炯圭牧師との出会いなしに、今の私は、牧師としても個人としても存在しない、そう言わざるを得ない程です。神の導きなる出会いの大きさを改めて覚え深く感謝をしています。

　その時代は既に朴牧師もソウルチェイル教会を辞任された後でしたが、ソウルでも東京でも先生とは繰り返しお交わりを頂き、その暖かいお人柄に触れ、また先生の高度な学識と実存的経験に裏付けられた

신학을 알게 되어 깊은 감명을 받아 왔습니다.

양 교회가 자매관계를 체결했을 때의 목사들, 박형규 목사와 야마모토 마사노부 목사가 연달아 사임했을 때 박 목사님은 이 관계가 후임 목사들에 의해 계승될 수 있을 것인지 매우 우려하셨다고 들었습니다. 자매관계 2대째 목사는 서도섭 목사와 저였습니다. 그 후에 서울제일교회에서는 구창완 목사, 정진우 목사, 현재의 정원진 목사로 교체되었습니다. 그러나 박 목사님의 불안은 기우로 끝나고 43년이 지난 지금도 관계가 계속되는 것은 초대 사람들의 화해의 뜻 그리고 서울과 도쿄에서 '진정한 교회'로 서기를 희구하며 서로 기도하고 지지해 왔던 그 본연의 자세가 진실이었음을 증명하고 있다고 생각합니다.

박형규 목사님이 목숨을 걸고 씨름했던 것은 '진정한 교회' 건설, 즉 '교회를 교회되게 하기'를 위한 책무였습니다. 저는 박 목사님이 하신 말씀을 잊을 수 없습니다.

나는 4·19에서 받은 충격 속에서 진정한 목사가 되겠다고 결심했다. '값싼 복음'을 파는 목회를 청산하고 카를 바르트의 말처럼 '교회를 교회되게 하라'는 책무에 자신을 바치겠다고 맹세했다.

이 맹세를 실현하기 위하여 (박 목사님은) 서울제일교회에서 청빙

信仰と神学を知らされ、深い感銘を受けてきました。

　両教会が姉妹関係を締結した時の牧師たちである朴炯圭牧師と山本将信牧師が相次いで辞任された時、朴牧師はこの関係が後任牧師たちによって引き継がれるであろうかと危惧されたと言っておられました。姉妹関係2代目牧師は徐道燮牧師と私でした。またその後もソウルチェイル教会では丘昌完牧師、鄭鎮宇牧師、現任の鄭元晉牧師と交代が続きました。しかし朴牧師の不安は杞憂に終わり、43年後の今も関係が続いていることは、初代の人々の和解の志、そして「真の教会」をソウルと東京に建てることを求めて、互いに祈り合い支え合ってきた、そのあり方が真実のものであったことを証ししていると思います。

　朴炯圭牧師が命懸けで取り組まれたことこそ、まさに「真の教会」建設、つまり「教会を教会たらしめる」ための務めでありました。私は朴牧師が言われた言葉を忘れることが出来ません。

　「私は4・19革命で受けた衝撃の中で、真の牧師になろうと決心した。『安価な福音』を売る牧会を清算し、カール・バルトの言葉のように『教会を教会たらしめる』務めに自分を捧げようと誓った。」

　この誓い実現のために、1972年より20年間奉職されたソウルチェイル教会からの招聘を受諾され、以下のような具体的目標をあげられて、教会の形成に献身されました。

　「第1に、神の贖罪の恵みを宣べ伝えること。第2に、貧しい者、抑圧された者、病める者のために仕えること。第3に、キリストにあって新しい人間関係の模範となる愛の共同体を作ること。」

을 수락한 1972년부터 20년간 봉직하며 다음과 같은 구체적 목표를 걸고 교회의 형성에 헌신하셨습니다.

첫째, 하나님의 속죄의 은총을 널리 전하는 것.
둘째, 가난한 자, 억눌린 자, 병든 자를 위하여 섬길 것.
셋째, 그리스도 안에서 새로운 인간관계의 모범이 되는 사랑의 공
　　　동체를 만드는 것.

그것은 박정희, 전두환 대통령과 군부독재 정권이 계속되는 시대와 겹쳤습니다. 목사님은 4·19에 했던 하나님과의 서약에 성실하기 위해서 한국 민주화투쟁에 매진하셨습니다. 그러나 그것은 박 목사님에게도 서울제일교회에게도 거센 역풍 속을 걸어가는 가시밭길이었습니다. 그 시절에 저희 니시카타마치교회는 그 시련 속에 몸을 던지는 것으로 진정한 교회가 되려는 서울제일교회에 대해 깊은 연대감을 품었

それは朴正熙、全斗煥大統領と軍部独裁政権が続く時代と重なりました。先生は4・19における、神との誓いに誠実であられるために、韓国民主化闘争に邁進されました。しかしそれは朴牧師にとっても、ソウルチェイル教会にとっても、激しい逆風の中を進む茨の道でした。その時代に私たち西片町教会は、その試練の中に身をおかれることによって、真の教会であろうとされるソウルチェイル教会への深い連帯の思いを抱きました。信仰の故に何度も逮捕され、生命すら脅かされた朴牧師への限りなき尊敬をもって、西片町教会は祈り続け、また充分ではありませんでしたが支援を続けて来ました。しかしその交わりを通して西片町教会は信仰的に目覚めさせられ、成長することが出来たのです。

　ソウルチェイル教会は1984年以後特に権力による苛烈な礼拝妨害を受けました。その時巨漢であった白徳雲さん（特に姉妹教会の育成のために尽力されたソウルチェイル教会会員）が、朴牧師の非暴力抵抗の指示に従って、後ろ手で暴漢の前に立ち塞がり朴牧師を守ったという伝説を思い出します。その敬愛する白さんも2017年9月に天に帰られ、復活の主の祝福のもと朴炯圭牧師と久し振りの再会をなし、武勇伝を語り合っておられるのではないか、その天の光景が余りにもリアルに今私の目には浮かぶのです。

　教会堂で礼拝を捧げることが出来なくなったソウルチェイル教会は、満6年に及ぶ中部警察署前の路上礼拝を行いました。しかしモーセの如き朴炯圭牧師に率いられる教会は、この苦難が実は勝利に向かう「十字架行進」であるという洞察を得ました。その路上礼拝に参与した前西片町教会山本将信牧師を初めとする教会員は、冬に寒さに震

습니다. 신앙 때문에 몇 번이고 체포되어 생명조차 위협받던 박 목사님에게 한없는 존경을 가지고, 니시카타마치교회는 계속 기도하고 충분치는 않지만 지원을 계속해 왔습니다. 그러나 그 교제를 통하여 니시카타마치교회는 신앙적인 눈을 뜨고 성장할 수 있었습니다.

서울제일교회는 1984년 이후 특히 권력에 의해 가혹한 예배방해를 받았습니다. 그때 거한이었던 백덕운 씨(특히 자매교회의 육성을 위해 진력했던 서울제일교회 교인)가 박 목사의 비폭력저항의 지시에 따라 손을 뒤로하고 조폭 앞을 막아서서 박 목사를 지켰다는 전설을 생각합니다. 그 경애하는 백 선생도 2017년 9월 하늘로 돌아가시고, 부활의 주님의 축복 아래 박형규 목사와 오랜만에 재회를 하고 무용담을 나누고 있는 것은 아닌지 그 하늘의 광경이 너무 생생하게 지금 제 눈에 떠오릅니다.

교회당에서 예배를 올릴 수 없게 된 서울제일교회는 만 6년에 걸쳐 중부경찰서 앞에서 노상예배를 행했습니다. 그러나 모세와 같은 박형규 목사가 이끄는 교회는 그 고난이 실은 승리를 향하는 '십자가 행진'이라는 통찰을 얻었습니다. 그 노상예배에 참가했던 전 니시카타마치교회 야마모토 마사노부 목사를 비롯한 교인들은 겨울 추위에 떨고 여름에 땀방울이 흐르는 이 부자유한 예배 가운데에서야말로 '진실의 교회'가 태어난다는 것을 실감했습니다. 그리하여 니시카타마치교회도 이 행진에 뒤따르지 않으면 안 된다는 결의를 새롭게 하고 왔습니다.

최근 인권변호사 우츠노미야 겐지 씨의 에세이를 읽었습니다. 거기에는 『나의 믿음은 길위에 있다』(일본어판 『노상의 신앙』 야마다 사다오 번역) 속 박형규 목사의 말이 그대로 적혀 있었습니다. 교회는 언제든지 소외계층에 관심을 둘 뿐만 아니라 그쪽의 편이 되어야 한다는 겁

え夏に汗が滴るこの不自由な礼拝の中にこそ、「真実の教会」が生まれていることを実感したのです。そして西片町教会もこの行進に続かねばならないと決意を新たにしてきました。

　最近、人権弁護士・宇都宮健児さんのエッセーを読みました。そこには『路上の信仰』（山田貞夫訳）の中の朴炯圭牧師の言葉がそのまま書き写されていました。「教会はいつも、疎外された階層に関心を持つだけでなく彼らの味方でなければならないと思うのです。それは、新・旧約聖書を貫いて教会はいつも貧しい者、抑圧された者、疎外された者の側にあり、神ご自身、何か偏愛とでも言えるほどいつも彼らに味方されるのが明らかであるからです。それゆえ教会がもし正しく聖書を読み、正しい信仰生活をしようとするなら、当然に彼らの側に立つしかないのです」、そう引用して宇都宮弁護士は続けます。「朴牧師にとって聖書は、単なる神話ではなく、人として今を生きていく上での重要な指針なのだ」と。

　今、日本の教会は朴炯圭先生様が目指された真の教会となっているでしょうか。聖書をいつの間にかただの神話として説教しているのではないでしょうか。そうやってもしかしたら以前よりさらに深刻な眠りの中に陥っているのではないでしょうか。西片町教会もその例外ではないかもしれません。今こそ朴炯圭牧師の一途な信仰の御生涯を改めて学び直し、その現場から生まれた重い言葉を聴き直し、悔い改め、私たちは真の教会建設を求めてもう一度「十字架行進」の巡礼に参加し直さなければならない、そう思います。

니다. 신·구약 성경을 통해서 교회는 언제나 가난한 자, 눌린 자, 소외된 자의 편이며, 하나님 자신이 어떤 편애(偏愛) 비슷하게 항상 그쪽편을 드는 것이 하나의 뚜렷한 경향입니다. 그렇기 때문에 교회가 만일 올바로 성경을 읽고 올바로 신앙생활을 하려면 자연히 그쪽으로갈 수밖에 없다고 봅니다. 이렇게 인용하고 우츠노미야 변호사는 계속합니다. "박 목사에게 성서는 단순한 신화가 아니라 인간이 현재를 살아가는 데 필요한 중요한 지침이다"라고.

지금 일본의 교회는 박형규 목사님이 지향했던 진정한 교회가 되어있는 것일까요? 성경을 어느새 그저 신화로서 설교하는 것은 아닐까요? 그렇게 어쩌면 이전보다 더욱 깊은 잠 속에 빠져 있는 것은 아닐까요? 니시카타마치교회도 그 예외가 아닐지도 모릅니다. 우리들은지금이야말로 박형규 목사님의 한결같은 신앙의 귀한 생애를 다시 배우고 그 현장에서 나오는 무거운 말을 다시 듣고 회개하여, 진정한 교회의 건설을 희구하며 다시 한번 '십자가 행진'의 순례에 참여해야 한다고 생각합니다.

박형규와 함께 그 길을 걷다

**5**

# 추억과
# 추모 속에서

# 고모부 박형규 목사님 이야기

## 조한혜정

(문화인류학자, 연세대 명예교수)

고모부, 어떻게 지내세요? 아직도 우리나라의 근대사와 민주주의에 대해 이런 저런 질문이 들 때면 그리고 세상이 점점 더 삭막해진다는 것을 느끼게 될 때면 고모부를 많이 그리워하게 됩니다. 지난 달 3월 23일 미국학회에 가 있는데 제자로부터 이메일이 왔어요. 이런 글이 들어 있었지요.

어제는 이명박이 구속되는 것을 눈으로 지켜보았습니다. 그토록 이해가 가지 않았던 아주 이상한 인간이었는데, 어제는 별 생각이 들지 않았습니다. 허무하고 쓸쓸했습니다. 저렇게 당연한 결과를 위해, 사람들이 그토록 힘들었었구나. 그래도 선생님, 미투운동도 그렇고 한국은 여기의 시민들은 주저앉지 않으려는 자생의 에너지가 흐르는 것 같습니다. 그래서… 다시 희망입니다.

이 이메일을 읽으며 나는 고모부 생각을 오랫동안 했습니다. 고모부는 박정희 대통령이 부하의 총에 맞아 세상을 떴다는 소식을 접하고 어떤 느낌이 들었을까? 그리고 이어진 광주의 소식에 무너지는 가슴을 어떻게 추스르셨을까? 70년대에 고모부는 군사 독재정권 타도에 앞장을 서셨지요. 추모예배를 보는 일 말고도 자주 집에 놀러 와서 아버지와 많은 이야기를 나누곤 하셨는데 오실 때마다 어떤 분이 모셔다 주곤 했던 것을 기억합니다. 안기부 사람. 최근에 개봉한 장준환 감독의 민주화항쟁에 대한 영화 〈1987〉을 보면서도 따라다니던 분과 친구처럼 지내게 된 고모부 생각을 많이 했습니다. 주변 모든 사람들을 편안하게 해 주는 고모부이기에 저는 특히 고모부를 좋아했던 것 같습니다.

일제 말, 관서 학원대학에서 이른바 '신신학'과 철학을 공부한 아버지와 고모부는 처남 매부 간에 죽이 잘 맞았던 것 같습니다. 신사참배 거부운동부터 학도병 이야기를 거쳐 혼란스런 해방기의 정치 그리고 반독재투쟁에 이르기까지 종횡무진 이야기들을 나눌 때 그 곁에서 세상과 역사에 대해 많은 것을 배울 수 있었습니다. 장준하 선생과 사상계 등 당시 지식인계 근황과 히틀러 파시즘에 맞서 싸운 신학자 본회퍼와 홀로코스트의 생존자 빅터 프랭클의 『죽음의 수용소에서』에 대한 이야기까지 두 분이 이야기하는 것을 엿들으면서 서구의 1, 2차 전쟁 그리고 한국의 근대사와 혼란기에 대해 많은 생각을 하게 되었던 것 같고요, 나는 무엇보다 늘 미소 띤 고모부를 보면서 '어떻게 저렇게 평화로운 분이 저렇게 무서운 일을 할까' 궁금했습니다. '신앙이라는 것이 저렇게 사람들을 용기 있게 만드는구나' 하는 생각도 하였습니다. 그래서 다시 신을 불러들이려고 노력 중입니다.

아시다시피 저의 외가는 평양에서 주기철 목사님이 목회를 하시던 산정현교회에 다니시면서 신사참배를 거부한 믿음을 뿌리로 갖고 계셨지요. 외할머니는 그런 독실한 신앙을 가지지 않은 아버지에게 만일 신사참배를 하려면 딸과 이혼을 하라고 하셨다는 이야기를 전해 들었습니다. "그 나라와 의를 구하라"는 말을 듣고 자란 저는 지금 기독교가 온통 개인의 축복, "돈을 믿으라"고 말하는 일에 앞장선 것 같아 가슴이 아픕니다. 교회들이 '재산권신수설'을 믿는 나라를 만드는 데 가장 핵심적 역할을 하고 있는 것을 믿을 수가 없습니다. 극히 보수적이고 신자유주의적 기복종교가 되어 가고 있는 현 세태를 어떻게 변화시킬 수 있을까요? 고모부가 불교계와 천주교계 등과 함께 정의롭고 자비로운 사회를 이루려고 했던 그 역사의 흔적도 찾아보기 힘들어지고 있습니다.

그러나 점점 많은 사람들이 '신'을 다시 불러들이고 싶어하고 있다는 것은 피부로 느낄 수 있습니다. 신을 죽인 시대, 특히 20세기는 폭력과 광기의 시대였지요. 그리고 지금은 모두가 외톨이가 되어 불안에 떨며 살아가고 있습니다. 엄마와의 약속대로 일 년에 한 번은 꼭 교회를 가고 있습니다. 특히 부활주일에는 꼭 교회에 갑니다. 지난 주에는 젊은이들이 많이 오는 근처 하나교회(하나님의 나라와 의를 구하는 교회)에 갔는데 청년들이 기타를 치며 부르는 찬송을 들으면서 고모부와 엄마, 할아버지와 할머니 생각이 나서인지 계속 눈물을 흘렸습니다. 교만했던 시절, 내가 잘하면 세상을 유토피아로 만들 수 있다는 생각이 얼마나 어리석은 생각이었는지를 절감하면서 말입니다. 그때 부른 노래는 〈그가 이 땅에 오신 이유〉라는 제목의 노래였습니다.

이 세상 가장 아름다운 순종의 눈물

온 세상 다시 빛나게 할 생명의 눈물

그가 이 땅에 오신 이유

죽어야 살게 되고

져야만 승리하는 놀랍고 영원한 신비

지으신 그대로 회복시킨 우리의 창조주 그리스도

십자가의 길로 아버지 뜻 이루셨네.

그가 이 땅에 오신 이유

이제 우리에게 맡겨진 그 소망, 그 사랑, 그 생명

아름답고 눈부신 십자가의 길

우리가 이 땅에 살아갈 이유

아름답고 눈부신.


내가 최선을 다하지만 그 마지막은 주님께 맡긴다는 태도 없이 어떻게 우리가 사회운동을 할 수 있으며 좋은 세상을 말할 수 있을까요? 그간 민주화투쟁을 했던 이들이 공식적으로는 거룩하면서 사실상 매우 폭력적인 문화를 조장해 왔다는 소식을 자주 접하게 됩니다. 초월적 존재, 우리 모두를 겸손하게 만드는 그 큰 뜻을 느껴본 적이 없기 때문에 그렇게 타락을 하는 것인가 질문을 하게 됩니다. 고모부는 여자, 남자 없이 좋아하셨고 스스럼없이 어울리셨지요. 그리고 약주가 들어가면 흥겹게 춤을 추면서 우리 모두를 흥겹게 해 주셨어요. 멋과 흥을 배우지 못한 이들이 한없이 권력을 추구하면서 자학적 가학적 폭력문화를 만들어 낸 것 아닌가 생각합니다. 고모부는 어디서 그런 멋과 흥을 갖게 되신 것일까요? 더불어 있는 자리 자체의 신성함과 그

질서가 주는 평온함을 알지 못하는 이들을 '불쌍히 여기소서'라는 기도를 줄곧 하지만 고모부의 조언이 아쉽기만 합니다.

돌이켜 보면 고모부가 반독재투쟁에 헌신할 때 저는 유학에서 돌아와 여성운동을 시작했습니다. 제가 총력을 집중해서 해야 하는 반독재투쟁의 운동성을 약화시킬지 모르는 '분리주의적인 여성운동'을 하는 것에 대해서도 고모부는 아무런 비난의 말씀하신 적이 없습니다. 누구보다 획일성과 집단주의가 사회운동에 도움이 되기보다 방해가 된다는 것을 잘 알고 계셨기 때문이었을 것이라 생각합니다. 저는 민주화운동을 하는 학생들이 〈그날이 오면〉 노래를 비탄에 젖어 부를 때 오히려 나는 걱정이 컸습니다. '그날'이 온다고 모든 문제가 해결되지 않을 텐데 '그날'만 목 놓아 기다리며 다른 준비를 하지 않는 것 같아서 말입니다. 나는 '왕'의 목을 벤 후에 새롭게 도래할 나라의 판을 만들어야 하고, 그 판은 서로를 돌보고 사랑할 줄 아는 각성한 시민들이 짜야 한다고 생각해 왔습니다. 삶의 괴로움과 함께 즐거움을, 한과 함께 멋을 그리고 인간에 대한 깊은 애정과 존경을 마음 깊이 담고 있는 시민들 말입니다. 거대한 악과 맞부딪쳐서 싸우는 싸움, 대의를 위한 투쟁에서 분노와 투지가 필요하지만 그것은 어디까지나 자비로움과 우애와 함께 갈 때 지속가능하고 또 의미 있다는 사실을 고모부는 늘 몸소 보여주셨던 것이지요. 초기의 반독재투쟁은 1980년대 들어서면서 혈기 가득한 대학생들을 중심으로 이념화되고 조직화되기 시작했습니다. 그 즈음 고모부는 서서히 일선에서 비켜나기 시작했던 것 같습니다. 특히 김영삼 김대중 후보 단일화를 밀었던 건으로 '온건한' 고모부는 '운동권'에서 입지가 줄어들고 세상은 점점 극단으로 치닫게 되었습니다. 세계대전 이후 독일 평화정부가 가장 신경을 쓰고 감찰했던 대상이 파시즘으로 치다를 우려가 있는 극우와 극좌 집단이었다는 말을 들은 적이 있습니다. 나는 고모부처럼 온화하면서 공평한 분이 존중받는 세상 그리고 정치계 역시 그러해야 한다는 생각입니다. 그러나 진보정치계는 점점 획일적이고 집단주의적이며 권력지향적 성향을 띠어 갔습니다. 지금의 미투운동에서 진보정치계가 타격을 입고 있는 것은 바로 그즈음에 운동계가 권력추구적 조직화로 크게 기울어 버린 방향선회와 관련이 있다고 생각합니다. 그래서 다시 새로운 민주화운동사를 써야 하고, "국가란 무엇인가"에 대한 질문을 새삼 던져야 한다고 생각합니다. 신자유주의적 질서가 우리의 삶을 압도하고 있습니다. 이를 울리히 벡은 '시민의 요구보다 시장의 요구에 부응하는 조직화된 무책임의 시스템'이라고 불렀습니다. 그야말로 '내일을 팔아 오늘을 사는 충동 인류'의 모습이 적나라해지고 있습니다. "이익은 사유화하고 손실은 사회화하는"(노벨 경제학 수상자 조셉 스티글리츠) 돈 사냥꾼들의 판이 되어 버렸지요. 인류학자 칼 폴라니는 이런 변화를 예상하고 이렇게 말했습니다. "인간의 복지와 사회는 위협받을 것이다. 민주주의와 자유는 제한될 것이다. 그 위협에 맞서기 위해 사회는 자기보호운동을 펼칠 것이다." 바닥을 치면 새로운 기운이 올라오리라 믿습니다. 이제 다시 새로운 시대를 준비해야 할 텐데 이번에는 신의 축복 없이는 정말 어려울 것 같습니다.

행동파인 고모는 오히려 민가협의 주축 멤버로 밤낮없이 몰려다니시며 바빴지요. 유가족을 위로하고 법원에서 시도 때도 없이 시위를 하셨습니다. 민주화투쟁의 선두에 서서 싸우시면서 고모나 고모부는 제게 그 운동에 참여하라고 하지 않으셨습니다. 좀 다른 세대, 좀 다른 존재임을 알아차렸던 것일까요? 집단주의적이고 조직적인 문화를 참아낼 수 없는 사람으로 자란 터라 그 운동에 참여했더라도 제대로 견디지 못했을 가능성이 크지만 말입니다. 솔직히 저는 고모부가 자신이 풀어야 할 시대 과제를 자신의 식대로 풀면서 다른 이들은 다른 식으로 풀게 믿어 주셨던 것을 늘 고맙게 생각하고 있습니다. 우리나라의 민주화운동이 그나마 여기까지 온 것은, 광화문의 기적을 만들어내고 미투운동을 비롯한 일상의 민주화운동으로 다시 벌이질 수 있는 것은 바로 사심 없이 그 나라와 의를 구하는 믿음의 형제자매들, 특히 고모부처럼 자율적이고 풍류적이며 담대한 어른들 덕분이라고 생각합니다.

고모부!

상주 산소에 갈 때마다 듣는 이야기, 선 보러 갔더니 할머니가 세운 작은 교회에서 작은 계집아이가 풍금을 치고 있었고, 그 아이가 고모였다던 이야기를 또 듣고 싶어집니다. 저는 고모부가 나이 드시면서 마을을 만드셔야 한다고 몇 번이나 말씀드렸지요. 아이가 태어나고 노인이 죽어가는 사이클로 시장에 의해 장악되지 않는 시공간, 하나님의 선물을 수시로 느낄 수 있는 시공간, "너의 행실이 하나님 보기에 합당하겠니?"라는 말 한마디로 마구 삐져나가던 탕아가 어느 날 자기 발로 돌아와 참회하고 새사람 되는 곳, 간절한 기도가 하늘에 닿고 땅에 닿는, 춤과 노래와 의례가 살아 있는 그런 마을 말입니다. "나도 그러고 싶지만 고모가 싫단다"라고 하시던 모습 보면서 누구의 마음도 다치고 싶어 하지 않는 고모부의 모습을 본 것 같았습

니다. 일전에 큰아들 종렬 목사와 산소 가던 길에 종렬 목사 아내인 의선 엄마가 "시집 와서 저 집안 형제가 아버지를 너무 너무나 존경해서 꼴 보기 싫더라"는 이야기를 해서 웃었던 기억이 있습니다. 부자 관계의 복잡미묘함을 모르는 이는 없고, 그 세대에 관계가 좋은 부자지간을 찾기도 쉽지 않습니다. 나는 내 고종사촌인 종렬과 종관이 아버지를 온 마음으로 존경하는 것을 볼 때마다 역시 고모부는 훌륭한 분이라는 생각을 하곤 합니다.

어머니가 돌아가실 즈음, 집에 오셔서 어머니 손을 꼭 잡고 "이제 집으로 돌아가실 준비를 하세요"라고 하시던 모습, 어머니가 고모부 눈을 보면서 가볍게 고개를 끄덕이던 그 믿음의 형제자매 모습은 아마도 제가 가장 오래 마음 깊이 간직하고 있는 장면일 것입니다. 어머니가 세상을 떠난다는 사실을 받아들일 수 없어서 불안감으로 서성이던 나의 날들을 고모부의 그 차분한 한마디가 정리를 해 주셨던 것이지요. 모든 이에게 친구가 되고 이웃이 되어 준 소탈한 고모부, 인간에 대한 예의가 무엇인지 자연스럽게 보여 주시던 분, 죽음과 삶의 경계를 담담하게 건너가신 고모부가 점점 더 그리워질 것 같습니다. 고모부와 고모의 사랑이 이 땅에 새로운 기운으로 되살아날 수 있도록 늘 작은 힘을 보태겠습니다.

2018년 4월 5일 식목일에

조한혜정 올림

# 일생을 변함없이 일관되게 사신 분

권형택

(이야기채록사협동조합 이사장)

내가 처음 박 목사님을 뵌 것은 아마도 대학 4학년 때였던 1977년 3월경 문래동 서울지방법원 법정에서였던 것 같다.

바로 전 해 1976년 12월 8일에 박정희의 긴급조치 9호를 깨고 서울 법대생 3명이 유신반대 시위를 감행했고, 그 1심 재판이 그곳에서 열리고 있었다. 이 서울법대생 시위는 박정희 유신체제를 수호하기 위한 혹독한 탄압장치였던 긴급조치 9호 발령 이후 정말 오랜만에 터진 반정부시위였다. 민주화운동의 선봉대였던 학생운동마저도 1년 반 이상 침묵을 지키고 있던 차에 터진 가뭄의 단비 같은 쾌거여서 재야 민주화운동권의 관심이 여기에 모아져 있었다. 내가 속한 대학서클 선배 이범영이 이 시위의 주동자의 한 사람으로 재판을 받고 있어서 나 역시 후배들과 함께 부지런히 재판에 참석하였다.

여기에 박 목사님이 조정하 사모님과 함께 오셨다. 검은 뿔테 안경을 쓰신 서글서글한 인상의 목사님이 만면에 미소를 띠고 방청객들과 함께 이야기 나누고 계셨고, 그 모습을 옆에서 지켜보았다. 재판이 끝

430 박형규와 함께 그 길을 걷다

나고 재판소 입구 마당에서 청년 학생들의 요청으로 박 목사님이 즉석에서 격려말씀을 해 주셨다. 조정하 사모님은 뭔가 먹을것을 가져오셔서 나눠 주셨던 것으로 기억한다. 두 분은 재판 참관도 목적이지만 구속자들의 가족과 동료들을 위로하고 격려하기 위해 오신 것 같았다. 당시 나는 두 분을 보고 '정말 좋은 분들이구나. 참 말씀도 잘하신다'고 생각했다.

1985년 5월, 나는 나이 서른 살에 정문화, 천영초 부부의 소개로 당시 민중교육연구소 간사로 일하던 황인숙을 만나 결혼하기로 약속했다. 그런데 그 직후에 나의 장모 되실 분의 오빠가 박 목사님이라는 걸, 그러니까 박 목사님이 신부 될 황인숙의 외삼촌이라는 걸 알게 되었다. 원래 우리 전통 관습에는 처가, 외가는 촌수로도 치지 않는다고 할 만큼 멀게 여겼던 것이지만 처가의 내력을 듣고 보니 그게 아니었다.

경남 진영의 부잣집 딸에 여학교까지 나왔던 장모 박성련 권사는 전라도 황씨 집안 맏며느리로 시집가서 딸만 내리 넷을 낳았다. 그런데다 넷째 딸 황인숙을 낳았을 무렵 남편 황수웅이 덜컥 병에 걸려 자리에 누어 버렸다. 그러니 혼자 몸으로 남편 병수발에 시댁살이가 얼마나 힘들었겠는가? 고된 시집살이를 견디다 못한 박성련 권사는 병든 남편과 딸 넷을 데리고 진영 친정집으로 나와 살았다. 얼마 후 설상가상으로 남편마저 세상을 떠나고 나자 생계가 막막해진 박 권사는 친지의 권유로 부산에 나와 여학교 때 배운 양재기술로 겨우 생계를 유지하였다고 한다.

그러다 친정아버지가 돌아가시고 난 해 여름, 서울에서 둘째오빠 박형규 목사가 수박 한 덩이를 사들고 네 딸과 어렵게 살고 있는 동생을 찾아왔다. 이렇게 외롭게 떨어져 살지 말고 서울로 올라오라고 권했다. 박 권사는 오빠의 권유에 따라 친정식구들이 사는 서울로 올라와 불광동에 자리를 잡았다. 그리고는 바느질 일 등으로 온갖 고생을 다하며 네 딸을 키웠는데, 그 과정에서 당시 공덕교회 부목사로 있던 박형규 목사가 마음으로 큰 의지가 되었던 것 같다. 처 황인숙은 아버지가 일찍 돌아가 아버지 얼굴도 모르고 자랐으니 아마도 박 목사를 아버지처럼 여기면서 컸을 법하다.

황인숙과 결혼 약속을 한 1985년 당시 나는 민청련 사회부장으로서 민중투쟁 현장을 쫓아다니고 있었다. 그런데 결혼을 앞둔 7월 어느 날 나는 안양노동상담소에 똥물 사건이 나서 지원을 나갔다가 덜컥 구속이 되어 버렸다. 다행히 기소유예로 한 달 남짓 만에 석방되었는데, 나와서 황인숙의 얘기를 들어 보니 고맙게도 박 목사님이 내 석방을 위해 많이 애써 주셨다는 것이었다. 박 목사님은 석방되고 나서도 우리 결혼을 위해 음양으로 도와주셨다. 결혼식에 목사님의 절친한 친구인 김관석 목사님을 주례로 모셔 주셨고, 결혼식장에서도 하객들을 두루 살피시면서 실질적인 혼주 역할을 해 주셨다.

결혼 후 내가 박 목사님을 다시 뵙게 된 것은 그 이듬해인 1986년 4월쯤이었던 것 같다. 나는 1985년 10월 고문 사건으로 유명한 김근태 의장과 함께 민청련 사건에 연루되어 결혼식 직후 신혼여행 중에 체포되어 구속되었다. 그리고 다음 해 4월 1심 재판에서 집행유예로 석방되었다. 석방되어 나온 주일에 인사차 중부경찰서 노상에서 열리는 서울제일교회 주일예배에 참석했던 기억이 있다. 기독교 신자가 아니어서 어릴 때 호기심으로 몇 번 교회에 가 본 경험이 전부였던 나에게 중부경찰서 앞 노상예배는 특별한 경험이었다. 독재정권의 공작과 탄압으로 예배당에서 내쫓긴 박 목사님과 신도들이 조금도 주눅들지 않고 자신의 신앙과 신념을 지켜 나가는 모습이 조금은 신기하기도 했다. 장모님과 처와 아들이 세례교인인지라 나는 세례 받지 않은 비신자 신도로서 그 후에도 서울제일교회에 자주 나갔다. 거기에서 박 목사님 설교를 듣고 많은 배움을 얻었다. 그리고 어떤 절박한 상황에서도 언제나 미소를 잃지 않고, 여유로운 모습으로 대중을 이끄는 박 목사님에게서 내공이 깊은 성숙한 지도자의 풍모를 느낄 수 있었다.

1987년 6월항쟁 직후에 나는 박 목사님과 국민운동본부에서 함께 일하는 기회를 가지게 되었다. 6월항쟁을 승리로 이끈 민주헌법쟁취 국민운동본부(이하 국본) 사무실은 종로5가 기독교회관 5층에 있었는데 박 목사님은 국본의 상임공동대표로서 이 사무실의 법적 최고 책임자였다. 9월 초 나는 민청련 부의장으로서 같은 민청련의 박우섭 부의장 후임으로 국본 사무처 총무국장에 임명되었다. 당시 사무처의 책임자는 사회선교협의회 총무였던 이길재 사무처장이었다. 총무국장은 국본의 각종 회의 수발과 수입·지출 등 회계 실무를 수행하는 국본 총무국의 상근 책임자로서 국본 사무처가 있는 종로5가 사무실에 매일 출근해야 했다.

박 목사님은 경찰의 포위 속에서 6·10국민대회를 성공회성당에서 거행하고 구속되었다가 7월 초 석방되었다. 그리고 이후 국본 대표로서 6월항쟁 후속작업을 주도하고 계셨다. 박 목사님은 국본 상임공동대표의 좌장으로 상임공동대표회의를 주재하였고, 국본 사무실에도 자주 들러 실무자들을 격려하곤 하셨다.

나는 가끔 박 목사님이 주재하는 상임공동대표회의에도 실무자로 배석하여 회의 진행을 돕는 일을 했다. 그리고 거기서 그분의 새로운 면모를 볼 수 있었다. 통일민주당의 양순직 부총재, 최형우 부총재 등 정치권의 맹장들과 이돈명 변호사, 김승훈 신부, 송건호 선생 등 재야 원로 등 10여 명의 대표들이 모인 자리를 박 목사님은 아주 차분하면서도 노련한 솜씨로 리드해 나가셨다. 말을 많이 하지 않았지만 군더더기 없이 조리 있게 핵심을 찌르는 말씀을 해서 회의를 잘 이끌었다. 첨예하게 주장이 부딪치는 대목에서도 특유의 여유롭고 넉넉한 어조로 잘 조정해서 합리적인 결론에 이르도록 했다. 박 목사님이 회의를 진행하는 모습을 보면서 나는 '저분이 정치권에 나가셨더라면 아마도 큰 정치인이 되셨겠구나' 하는 생각을 했다.

나는 그 후에 87년 12월 대선과 88년 4월 총선이 끝나고 민통련으로 자리를 옮겨 이번에는 문익환 목사님을 의장으로 모시고 1년 반 정도 일했다. 문익환 목사님을 모시고, 분신한 노동자가 입원한 병원을 방문하여 새까맣게 탄 노동자의 손을 잡고 기도하는 문 목사님을 옆에서 지켜보기도 했다. 문익환 목사님의 격정적이고 감성적인 예언자적 모습에서 박형규 목사님의 차분하고 여유로운 조직가의 모습과는 또 다른 면모의 지도자상을 볼 수 있었다. 우리 역사의 큰어른인 이 두 분과 함께 일할 수 있었던 것을 나는 지금도 하나님께 감사한다.

박 목사님이 현역에서 은퇴하고 퇴계원에서, 용인에서, 인천에서 사실 때 나는 이러저러한 자리에서, 친족의 일원으로, 또는 교인의 일원으로 참석하여 목사님을 뵈었고, 어떤 때는 내 차로 목사님을 댁에 모셔다 드릴 때도 있었다. 그러면서 '저분처럼 일생을 변함없이 일관되게 사는 것이 쉽지 않은 일이겠구나' 하는 생각을 하곤 했다. 박 목사님 소천 2주기를 앞두고 그분의 뜻과 믿음을 후세에 전하는 길이 무엇일까 다시 생각해 보게 된다.

# 아버님 목사님에 대한 추억담

박종관

(박형규 목사 둘째 아들)

아버님과 저는 그렇게 살가운 부자의 정을 나누진 못했던 것 같습니다. 아버님이 일본 맥아더사령부에 근무하던 때, 잠시 한국에 나와서 부산의 집에 일주일인가 있으면서 저를 잉태하고는 다시 일본으로 돌아가셨고, 제가 두 살이 되어서야 한국에 돌아오실 수 있었기 때문입니다. 그리고 저는 마산의 할아버님 댁에서 네 살 때 아버님이 부목사로 계시던 서울 공덕교회의 사택으로 할아버님 손을 잡고 가서야 처음 아버님을 만날 수 있었습니다. 그래서인지 아버님은 늘 어렵고 그랬습니다.

중학교 3학년 때 아버님은 부활절 남산야외음악당 사건으로 내란예비음모죄라는 엄청난 죄목으로 구속되셨고, 신문에 대서특필되었습니다. 당시 박정희 군사독재의 반공교육을 받던 어린 나로서는 엄청난 심리적인 충격을 받았습니다. 그러나 재판정에서의 아버님의 당당한 모습을 보고는 아버님을 존경하게 되었고, 사회의 모순을 어렴풋 느끼게 되었습니다. 그때 형은 아버님의 설교 원고를 모아『해방의 길목에서』라는 책을 출판했는데, 저에게 교정을 보게 했습니다. 아마도 제게 그 책을 읽히려는 배려가 아니었을까 합니다. 저는 그 책을 통해 아버님에 대한 혼란스러운 마음을 추스르고, 아버님을 이해하고 더욱 존경하게 되었던 것 같습니다.

서울제일교회 중고등부 시절, 대학생부 형님들이 〈진오귀굿〉(김지하 씨 작)이란 마당극 연습을 할 때 추던 탈춤을 따라 하던 저는 대학을 들어가서는 탈춤반에 들어갔고, 후에 기장청년회 문화분과 활동을 하며 〈농촌가면극〉, 〈예수전〉 등 창작탈춤을 하게 되었습니다. 〈예수전〉은 홍익대의 김봉준 선배가 연출을 하고 제가 예수 역을 하여 서울제일교회에서 첫 공연을 했습니다. 우리 춤을 잘 추셨던 아버님은 제가 대견스러우셨던 것 같습니다. 다른 사람에게 아들 자랑을 하셨다는 이야기를 건너 들었던 것 같습니다.

아버님은 평소 자녀들에게 이래라저래라 하지 않으셨습니다. 그저 스스로 자신의 삶을 찾길 기대하셨던 것 같습니다. 군 제대 후, 대학 3학년 무렵 제가 일본어로 된 마르크스주의 철학 서적을 읽는 것을 보시고는 딱 한 번 약간의 우려를 담아 조언하셨습니다. 한쪽으로만 매몰되지 말고 균형 있는 공부를 하라시며, 당신은 공부해 보니 마르크시즘 철학보다는 실존주의 철학이 더 마음에 들었다며 키르케고르를 소개해주시기도 했습니다. 제가 게을러서 키르케고르까지는 읽지 못했지만, 교조주의적 사고를 극복할 수 있었던 것은 아마도 아버님의 이런 충고가 있었기 때문일 것입니다.

아버님은 화를 잘 내지 않으셨습니다. 선동적인 연설을 하실 때도 유머가 섞여 있었습니다. 그런 아버님이 화를 내시면서 언쟁을 벌이는 것을 본 것은 제가 징역을 살고 출소했을 때였습니다. 김영삼 씨가 대

통령이 된 후, 당시 민주화운동으로 투옥되었던 많은 인사와 학생들이 사면 복권이 되었습니다. 저도 징역 2년을 선고받았지만, 1년 반 만에 출소할 수 있었습니다. 저와 함께 전주교도소에서 출소한 민주인사와 학생들을 위해 전주지역의 어른들이 환영만찬을 준비하셨습니다. 자연스럽게 아버님과 출소한 학생들의 가족은 전주 지역의 어른들과 한 테이블에 자리를 잡으셨고, 출소한 저희들은 다른 자리에서 식사를 하게 되었습니다. 처음에는 화기애애하게 웃으시면서 담소를 나누었습니다. 어느 정도 식사가 끝나갈 무렵, 아버님이 갑자기 큰소리를 내시면서 "제가 무엇 때문에 거짓말을 한단 말입니까? 정확히 알고 이야기하셔야지요!" 하시는 겁니다. 처음에는 왜 그런지도 모르고 학생들과 조용히 식당을 빠져나와 그동안 끊었던 담배를 피웠습니다. 아마도 전주지역 어른 중에서, 6·10민주항쟁 이후 대선 과정에서, 비판적 지지에 왜 아버님이 동참하지 않으셨는지 따져 물었던 것 같습니다.

●필자의 부모님 산소에서 친지들과 찍은 사진

한참을 지나 제가 용인 수지에서 아버님과 함께 생활하면서 그때의 일을 물어보았습니다. 아버님은 "그 당시 국민운동본부에서 제출한 단일화 안에 모든 야권 후보들이 찬성했지만, 비판적 지지 그룹이 나타난 후, 국민운동본부로 뭉쳤던 재야민주화운동권이 분열되어 힘이 약해지면서 김대중 씨가 약속을 파기하게 되었다"라며 안타까워하셨습니다. 저는 우리 역사 속에서 그 당시의 비판적 지지론과 단일화론에 대한 재평가가 필요하다고 생각합니다. 다시는 그런 과오를 범해서는 안 되기 때문입니다.

저는 아버님과 같이 사는 동안, 아버님과 그동안 못다 한 대화를 나름 많이 나누려고 노력했습니다. 아니, 아버님이 사시면서 터득한 삶의 지혜를 얻으려고 노력했습니다. 현실적 감각을 잃지 않으면서 예수님의 제자의 도를 실천하고자 노력하셨다는 사실을 깨닫게 되었습니다.

그러면서 했던 질문, "아버님은 왜 'YWCA 위장결혼 사건'에는 함께 안 하셨어요?"

아버님 왈, "그건 내가 하지 말라고 말렸던 사건이야! 사람들이 군부를 너무 안이하게 생각해. 그건 저쪽의 마타도어였어. 거기에 엮인 거지! 네 형도 빠지라고 했는데 이미 빠질 수 없는 상태라고 하더라고."

"아버님의 그런 감각은 어떻게 얻으신 거죠?"

"내가 성경책을 늘 보니까 네 할아버지께서 하시는 말씀이 '사마천의『사기』를 읽어 봐라. 성경보다 훨씬 많은 지혜를 담고 있다. 내가 일제가 망할 것을 미리 안 것도 사기를 읽었기 때문이다'라고 하시더라고, 그래서 여섯 번의 징역을 살면서 그 책을 다 읽었다. 성경만큼 좋은 책이다." "또 맥아더사령부에서 근무하면서 군대의 생리, 군대의 사고방식, 정세분석 등등을 알게 된 것도 있을 거야."

이 글은 문재인 대통령과 김정은 위원장의 4·27 남북공동선언이 이루어지고 난 이틀 후에 쓴 글입니다. 예전에 아버님은 북한의 초청을 한 번 받으셨지만 가지 않으셨습니다. 남북이 통일된 이후에 가시겠다고 하셨답니다.

아버님은 하늘나라에서 이 소식을 들으시고 멋들어지게 춤추고 계시리라!

〈추모사〉

# 목사님 고맙습니다, 사랑합니다

### 신인령

(교수, 전 이화여대 총장)

　박형규 목사님께서 서거하신 지 1년이 지났습니다. 그리운 목사님을 추모하는 이 자리엔 목사님이 생전에 특별히 사랑하신 교인들과 동지 그리고 후배들로 가득합니다. 지근거리에서 수많은 고난과 기쁨을 함께하신 어르신들과 후배 분들이 함께하고 계신데, 목사님과의 인연이 일천한 제가 감히 추모의 말씀올리기 송구하고 민망합니다. 부족하나마 저 나름 목사님과의 소소한 인연과 기억을 되살리면서 목사님께 품고 있는 저의 사랑을 고백하려 합니다.

　제가 목사님을 처음 뵌 것은 70년대 초, 목사님께서 잠시 크리스천 아카데미의 프로그램 위원장으로 계실 적입니다. 그 시기에 저는 대학원을 다니면서 아카데미 자료실 근무를 막 시작했기 때문에 목사님 모시고 프로그램을 하지는 못했습니다. 가끔 위원장실에 들어가는 기회에 뵌 목사님의 인상은 그냥 조용하고 단정한 선비 같았습니다. 언제나 옛날 선비 모습으로 책을 읽고 계셔서 얼른 자료나 서류를 놓고 나오곤 했습니다. 그래서 제 기억 속엔 '선비 목사님'의 인상이 새겨져 있습니다.

그런데 후에 알게 된 것은, 그 이전 60년대에 이미 목사님은 저와도 인연이 있었던 것입니다. 1964~1965년의 한일굴욕회담 반대투쟁에서 입니다. 목사님이 당시 한일굴욕외교 반대에 나선 학생들의 투쟁을 지지·지원하는 기독교계 성명을 이끌어 내셨던 겁니다. 기독교계 어른 33인이 서명한 〈한일굴욕회담반대성명〉은 "타오르는 불에 기름을 붓는 격이어서 군사정부를 놀라게 했다" 합니다. 그리고 목사님과 함께 성명에 참여한 인사들은 회유·압력·박해에 시달리며 고난의 길에 들어섰던 것입니다. 이 성명 발표는 한국기독교가 전 교회적으로 정치적 발언을 시작한 계기가 되었다고 기록되어 있습니다.

저는 그때 이화여대 재학 중 한일회담반대운동 전국학생대표 중에 끼어 싸우다가 느닷없이 내란음모죄 혐의를 받고 여러 학생대표들과 함께 지명수배되어 1년간 도피생활 중이었습니다. 잠수 중 하루하루 경황없이 지내서 기독교계 어른들의 투쟁 참여 소식은 잘 모르고 있었던 것입니다.

이후 70~80년대를 거치면서 저는 '조용하고 낙천적이면서 결단은 거침없이 단호한 어른' 박 목사님을 비로소 알게 되었고, 무한한 감동과 감사를 느꼈습니다. 저의 그런 느낌은 무엇보다 서울제일교회 때문이기도 합니다. 군부독재와 과감히 맞서 싸우는 청년학생들의 다수가 서울제일교회 대학생회 출신이어서 박 목사님과 서울제일교회에 대한 저의 고정관념이 생겼습니다. 나병식, 최영희 등 이름을 다 열거할 수 없을 만큼 많은 서울제일교회 청년학생들이 목숨 걸고 군부독재에 저항한 역사는 생각만 해도 눈물겹습니다. 이 기막힌 아름다운 청년학생들을 보듬어 안고 성장시켰을 뿐 아니라 스스로도 앞장서셨던 간난신고의 목사님은 어찌 그리 평온하신 모습인지요!

저는 70년대 내내 크리스천아카데미에서 노동교육 사업에 빠져 있다가 뭐 대단한 투쟁도 못한 채, 유신 말기에 중앙정보부 지하실에 끌려가 한 달 가까이 불법구금 되어 시달렸습니다. 그리고 마침내 반공법 위반이라는 큰 별 하나를 땄습니다. 지금 생각하니 저로서는 힘겨웠지만 목사님께서 혹독한 고통을 겪으신 바로 그 남산 지하실의 경험을 저도 할 수 있었던 것만은 영광이고 은혜인 것 같습니다!

2000년대 들어와 저는 목사님 곁에서 조금 일할 기회가 있었습니다. 목사님께서 민주화운동기념사업회 초대 이사장을 맡으셨을 때 그리고 목사님 생전의 마지막 직분이었던 남북평화재단 이사장 시절 저를 이사로 불러 주셨습니다. 목사님은 이러저러한 의미 있는 사업을 수행하실 때 중심만 잡으시고 실무진들이 의욕적으로 일할 수 있도록 기댈 언덕이 되어 주셨습니다. 2012년 박형규 목사 구순맞이 나눔한마당 행사에서의 목사님의 춤사위는 평생 어떤 상황에서도 낙관하신 목사님의 삶 같아서 아름답고 신비했습니다.

목사님, 저희는 지금 많이 아쉽습니다. 목사님께서 1년만 더 살아계셔서 전 국민이 춤추듯 부드럽게 쟁취한 새로운 가능성의 민주주의, 촛불민주주의를 보셨어야 하는데요! 목사님께서 온갖 박해를 받으며 확보해 놓으신 민주주의가 역주행하는 꼴을 보신 채 가시게 해 참으로 아쉽고 죄송합니다.

요즈음 저는 이런 생각이 듭니다. '착하고 진솔한 사람도 대통령이 될 수 있다'는 것은 하늘이 우리에게 준 선물 같고, 그래서 숙연합니다. 이제 우리 모두가 각자의 자리에서 생명·평화·민주를 추구하며 참을성 있고 지혜롭게 헌신할 수 있도록 목사님께서 그곳에서 지켜 주십시오!

목사님 고맙습니다. 사랑합니다.

(2017년 8월 18일 박형규 목사님 서거 1주기 추모제 추모사)

〈조사〉

# 목사님 감사합니다

유경재

(안동교회 원로목사)

　존경하는 박 목사님, 견디기 힘들도록 무더운 이 여름이 끝나기 전에 주님의 나라로 떠나셨군요. 더위도 더위지만 그 더위보다 우리를 더 힘들게 하는 정치 때문에도 더 이상 머물러 계실 수가 없으셔서 훌훌 털고 일어나 모든 것 뒤로 하고 자유와 기쁨이 있는 나라로 떠나신 건가요?

　2012년 12월 대통령 선거가 끝난 그 주일에 목사님을 모시고 교회에 갈 때 "이 나이에 이민 갈 수도 없고 앞으로 5년을 어떻게 살지?"라고 한탄하시던 모습이 기억납니다. 결국 그 5년이 지나기 전에 하나님 나라로 이민을 떠나셨습니다. 더 이상 머물러야 할 이유가 없다고 생각하실 즈음 하나님께서 아시고 이제는 진정으로 자유로운 세계, 오랫동안 고대하던 그 나라로 들어와 안식과 자유의 기쁨을 누리라고 부르신 것 같습니다.

　목사님은 그곳에서 제일 먼저 사랑하는 어머니를 만나셨겠지요. 목사님이 재판정에 서실 때마다 빠지지 않고 참석하셔서 "우물쭈물하지 말고 제대로 이야기하라"고 호통치셨던 그 어머니께서 자랑스러운 삶을 마치고 오신 아드님을 영접하며 기뻐하셨겠습니다. 엄격하며 신앙이 투철하셨던 어머니께서 아들의 이름을 '거룩할 성(聖)', '길 도(道)'라고 지으시면서 그 아들을 하나님께 바치기로 약속하신 날 목사님의 앞길은 이미 예정되어, 쉽고 편안한 길 대신에 험난하고 어려운 길인 의의 길, 거룩한 길을 끝까지 확고한 신념과 불굴의 투지로 걸으셨습니다. 그리고 마침내 자랑스러운 마침표를 찍고 미련 없이 주님의 나라로 가셨습니다.

70, 80년대 가장 어려웠던 시기에 목사님이 계셨다는 것은 한국교회의 자랑이며, 자부심이 아닐 수 없습니다. 목사님이 계셨기에 한국교회는 세계 앞에 부끄럽지 않았습니다. 목사님이 계셨기에 지나온 날들을 아름다운 추억으로 간직할 수 있게 되었습니다. 목사님이 계셨기에 참된 신앙인의 길이 무엇임을 제대로 배울 수 있었습니다. 목사님이 계셨기에 불의의 세력이 아무리 강해도 절대로 의인의 길에 선 사람을 꺾을 수 없다는 사실을 신념으로 간직할 수 있게 되었습니다. 일제강점기 신사참배를 강요당할 때 끝까지 굴하지 아니하신 주기철 목사님 같은 분이 계셨기에 오늘날의 한국교회가 있는 것처럼, 박 목사님의 굽히지 않았던 신앙의 투쟁은 미래 한국교회의 자랑스러운 지표가 될 것입니다.

목사님, 감사합니다. 목사님, 자랑스럽습니다. 목사님은 한국교회가 길이 간직할 귀중한 보배이십니다. 한국교회가 길이 기억할 신앙 투사의 표본이십니다.

목사님, 이제 계신 곳에서 우리를 위해 기도해 주십시오. 아직 끝나지 않은 싸움을 싸워야 할 후배들을 위해 성령께 기도해 주시기 바랍니다. 그래서 남은 자들이 새 힘을 얻어 이 땅에 진정한 민주화의 기치를 높이 들어올릴 수 있는 그날이 속히 이르게 하여 주십시오.

목사님, 자유와 행복이 깃든 영원한 나라에서 영생의 기쁨과 안식을 누리시기 바랍니다.

(2016년 8월 22일 오전 9시 한국기독교회관 조에홀 〈고 박형규 목사 장례식 조사〉)

『나의 믿음은 길 위에 있다』〈서평〉

# 기묘하게 일하시는 하나님을 따라

김정남

(언론인, 전 청와대 교육문화사회수석)

저 이름 없는 / 풀포기 아래 / 돌멩이 밑에 / 잠 못 이루며 / 흐느끼는 /
귀뚜라미 울음 _민영, 〈수유리 2〉

시인 민영(閔暎)이 4·19혁명을 읊었던 노래다. 4·19혁명을 노래한
시 가운데 내가 가장 좋아해서 외우고 있는 시다. 거창하거나 큰 목소
리가 아니어서 좋고, 아는 척 아니해서 좋다. 4·19혁명을 이렇게 간결
한 시어로 정리했다는 것이 놀랍다.

박형규 목사의 회고록『나의 믿음은 길 위에 있다』(신홍범 정리)를
읽으면서 언뜻 이 시가 떠올랐다. 우리는 흔히 드러난 사건만을 기억
한다. 사람도 지금 우리 앞에 서 있는 모습만이 전부인 것처럼 생각한
다. 그러나 하나의 사건이 생기고, 그것이 모여 역사가 되기까지는 우
리가 몰랐던 일들이 그 뒤에 켜켜이 쌓여 있게 마련이다. 한 사람이 그

이름으로 우리 앞에 서기까지 얼마나 많은 사연과 곡절이 있었는지 우리는 모른다.

한국 기독교가 여기까지 오기에는, 박형규 목사가 우리 앞에 저렇게 '백제의 미소'로 서 있기까지에는 얼마나 '잠 못 이루며 흐느끼는 귀뚜라미 울음'이 '저 이름 없는 풀포기 아래 돌멩이 밑에' 있었는지를 이 책은 낮은 목소리로 찬찬히 들려 주고 있다. 나름대로는 박형규 목사가 살아온 역정을 잘 알고 있노라 생각해 왔던 나한테도 이 책은 '아, 그랬었구나!' 하는 감탄을 거듭 자아내게 했다.

개신교회, 가톨릭교회를 막론하고, 1970년대 초반에 한국 기독교가 민주화투쟁이라는 현실 역사 한가운데 그 모습을 드러냈을 때, 그것은 분명 천군만마의 구원이었지만, 그러나 많은 사람들에게는 뜻밖이었다. 거기에 박형규 목사가 있었지만, 우리에겐 생소했다. 이 책은 그때 왜 박형규 목사가 거기 있었는지, 그의 그 이후의 삶이 어떻게 전개되었는지를 보여 준다.

어쩌면 그에게 성직자의 길은 피할 수 없는 운명이었던 것 같다. 어머니가 그를 낳았을 때의 이적(異蹟)이 그로 하여금 목사의 길을 예정케 했다. 목사 안수를 받을 때도 그렇게 기쁘지만은 않았던 그에게 1년 뒤에 일어난 4·19혁명은 삶의 진로를 바꾸어 놓았다. 그때까지의 자신의 삶을 그는 "강도 만난 사람을 외면하고 지나갔던 위선자"(99면)였다고 고백한다. 4·19는 과연 "암운을 뚫고 터진 눈부신 전광(電光)"(101면, 김재준 목사의 말)이었다. 일제의 문화정책 이후 초창기 한국기독교의 민족주의적·현실참여적 모습을 버린 채 기복신앙에 안주해 온 교계에서 그는 "교회를 교회 되게 하는 일"(102면)에 자신을 바치기로 결심한다.

이로부터 그의 고난에 찬 행진은 계
속된다. 1964년 한일회담 반대투쟁에
참여한 뒤 교회갱신운동을 벌이는가 하
면, 한국기독학생회총연맹 총무를 맡아
서는 이제까지의 '한국의 복음화'라는
구호와 목표를 '기독교의 한국화'로 바
꾸는 일대 작업을 실험해 나간다. 도시문제에 발을 들여놓고서는 '교
회의 선교'에서 '하나님의 선교'로 나아갔다. 지금까지의 선교가 개인의
구원을 중심으로 하는 교회의 선교였다면, 이제부터는 그 주체가 하나
님 자신이 되고 하나님의 피조물인 사회 전체의 구원, 즉 정치·사회·
경제 등 총체적 구원을 목적으로 하는 선교로 나아간다.

그가 가는 곳, 그가 맡은 모든 직분에서 그는 하나님의 선교를 위해
합당한 조직을 만들거나 확대하고, 새로운 일을 시작한다. NCCK인권
위원장이 되어서는 〈인권소식〉을 만들어 언론이 없던 그 시절, 교회가
언론의 역할까지 담당했다. 그가 일련의 선교활동에서 최종적으로 확
인하고 깨달은 것은 "선교와 정치가 분리될 수 없다는 것", "자유가 없
는 곳에서는 선교의 자유도 없고, 이웃사랑도 할 수 없다는 것", "정치
적 투쟁 없이는 자유를 얻을 수 없다는 확신"(207면)이었다.

일찍이 칼 바르트, 본회퍼, 불트만, 니뮐러를 만나면서 사회와 역사
에 대해 고민하는 크리스천의 길을 걷게 되었다면, 이제 박형규 목사
는 대한민국의 정치적·경제적 현실을 끌어안고 몸부림치게 되었다.
그러한 고뇌는 엄청난 박해와 수난으로 되돌아 왔다. 그는 여섯 차례
나 투옥되었다. 이미 지나가 버린 사건이 어느 날 갑자기 국가변란 사
건으로 둔갑되어 그를 옭아넣기도 하고, 학생들과 함께 휩쓸려 구속되

기도 했다. '내가 나의 돈을 횡령했다'는 황당한 죄목으로 형사소추를 당하는 기상천외의 일도 있었다. 그러나 그는 '기독교 목사로서 감옥에 가는 것은 성경적으로 보면 당연하다. 구약시대부터 예언자들은 항상 감옥 출입하는 것을 당연한 일로 보아 왔다. 원래 한국에 들어온 기독교도 역사에 참여하는 종교였다'(109면)고 말하면서, 그 수난과 박해를 감수했다. 감옥생활도 "나가면 더 좋고, 못 나가도 좋고"(260면)라는 마음가짐으로 잘도 버텨 냈다.

그러나 뭐니뭐니 해도 그가 받은 시련 가운데 가장 혹독했던 것은 1983년의 예배방해로부터 시작해 장장 6년간의 노상예배로 이어진 서울제일교회 박해 사건이었다. 박형규 목사는 이 과정에서 60여 시간에 걸친 감금과 살해 위협을 겪었으며 백주의 테러로 생명이 위태롭게 된 일도 있었다. 1972년 11월 26일, 서울제일교회에서 열린 박형규 목사의 임직식에 온 김재준 목사는 "목사는 강단에서 죽을 각오를 해야 한다, 순교를 각오해야 한다, 죽음을 각오하고 진리와 교회를 지켜야 한다"(210면)고 설교했다. 예감이 있어서 그런 말을 했는지 아니면 말이 씨가 되었는지 아무튼 어려운 시련을 너무나 오래 겪었다.

서울제일교회 근처에서 신자들과 함께 모여 중부경찰서 앞으로 예배드리러 가는 '정의와 평화를 위한 십자가 행진'을 하면서도 노상예배는 끈질기게 계속되었다. 어느 독일 목사의 말대로 제일교회는 하늘이 천장이고, 벽이 없어 온 세계로 열려 있는, 과연 세계에서 제일 큰 교회가 되었다. 그곳은 하나의 교회를 넘어 시대의 아픔을 함께 나누고자 하는 사람들의 광장이었으며 민주화운동의 현장이었다. 박해를 받으면서도 그것이 기쁨이 되는 신앙의 신비가 박형규 목사와 그를 따르는 신자들로 하여금 그 고통을 견뎌낼 수 있게 했다. 마침내 비폭력이 폭력을 이긴 것이다.

그는 한 번도 자신을 내세운 일이 없었지만, 남이 자신을 끌어들인 것 또한 원망하지 않았다. 억울한 일로 감옥에 갇혀도 가시밭에 걸린 양떼와 함께 있으니 보람된 일로 여겼고, 민청학련 사건 때는 "학생들보다 가벼운 죄가 아닌 더 무거운 죄를 내려 주기 바란다"(256면)고 최후진술을 했다. "내가 그들을 감옥에 데려간 것이 아니라, 그들이 나를 끌고 갔다. … 학생들, 즉 어린 양들이 '좁은 문으로 들어갑시다' 하고 우리를 불렀지만 목자나 큰 양들은 같이 가려고 하지 않았다. 그래도 어린 양들이 가겠다고 하기 때문에 목자는 주저하면서 그들의 뒤를 따른 것뿐"(1975. 2. 23. 출옥환영예배에서)이라고 겸손해했다.

박형규 목사는 자신을 '질그릇'에 비유하곤 하는데, 이는 김수환 추기경이 '옹기'라는 아호를 가진 것에 견줄 만한 일이다. 그는 또한 그 자신이 "하나님의 발길에 차인 사람"이란 말을 좋아하는데, 하나님의 발길에 차여서, 떠밀려서 무슨 일을 했을 뿐, 자신의 의지로 한 일은 아무것도 없다는 겸양의 말이다. 기독교인이 아니더라도 이 책을 읽는 독자들은 1973년의 남산 야외음악당 부활절예배 사건을 비롯, 박형규 목사가 얽혀든 사건들을 보면서 '기묘하게 일하시는 하나님'을 실감할 것이다.

이 책은 박형규 목사가 서문에서 밝힌 것처럼 그 자신이 원해서 쓴 것이 아니다. 어느 의미에서 이 책은 일생을 하나님의 선교와 한국 민주화투쟁에 바친 박형규 목사에게 우리 사회가 바치는 경의(敬意)의 표현이자 작은 보답이라 할 수 있다. 이 책은 '정리'라는 말로는 부족한, 처음부터 끝까지 한 사람이 쓴 '저작'으로, 몇 년에 걸친 작업 끝에 완성되었다. 읽으면서 그 정성과 노고를 확인할 수 있을 것이다.

마지막으로 박형규 목사가 1983년 8월, 캐나다 밴쿠버에서 열린 세계
교회협의회(WCC) 제6차 총회에서 주제강연한 육성을 인용하고 싶다.

영원한 생명은 죽음을 통해 온다. 축복은 가난을 통해 오고 부활은 죽음
에서부터 온다. 힘없는 사람만이 죽음의 세력을 극복한다. (…) 이것이
생명의 역설이다(401면).

(이 글은 박형규 목사 회고록『나의 믿음은 길 위에 있다』에 대해서 김정남 선생이 쓴,
계간『창작과 비평』2010년 여름호(통권 148호)에 실린 서평이다)

〈기고문〉

# 길 보이신 목자

서재일

(원주영강교회 기장 증경총회장)

우리 시대의 스승 박형규 목사가 8월 18일에 세상을 떠났다. 어머니 신앙의 영향을 받아 경남 마산의 한 보수적인 기독교 집안에서 주님을 따랐지만 94세의 그의 생애를 돌아보니 진보적 성향의 한국기독교장로회 소속 목사로 그의 생애를 마감했다.

부산대에서 철학공부를 한 후 일본에 건너가 도쿄신학대학에서 신학을 연구하고 미국 뉴욕 유니언신학대학에서 본격적인 세계신학에 이끌렸다. 아마도 그가 접한 당시의 세계적 신학은 2차 세계대전 이후 출발한 신정통주의 신학일 것이다. 인간의 죄성을 약화시키고 인간의 가능성을 극찬했던 자유주의신학을 버린 신학노선이다. 기존의 정통신학으로는 돌아가지 않고 자유주의가 품었던 과학이나 철학 등의 계몽된 인류의 발전상을 인정하는 새로운 신학노선이다. 자유주의를 버린 이유는 인간이 1, 2차 세계대전을 일으킬 정도로 악한 죄성을 갖고 있음을 보고 인간의 죄를 크게 문제 삼아야 하기 때문이다. 덴마크의 철학자요 신학자인 쇠린 키르케고르가 점화하고, 스위스의 카를 바르트가 불을 크게 일으키고, 독일의 본회퍼와 미국의 라인홀드 니버가 행동에 나섰다고 볼 수 있다. 본회퍼의 경우 미친 운전기사가 차를 몰고 가는데 기독인은 그 차에 치여 죽은 자들의 장례식이나 치르는 수준에 머물지 말고 그 차를 세우고 기사를 끌어 내려야 한다는 논리로 히틀러 암살단에 가담했다. 니버는 이 세상의 모든 권력자와 가진 자들이 자기 마음대로 할 수 있는 위험성을 알리고 그 교만한 죄의 위험성을 덜 악한 방향으로 줄이거나 정상적인 사회가 되도록 힘의 균형과 견제로 세상을 바로 섬기는 정치윤리신학을 일으켰다.

박 목사는 2차 세계대전 이후 이런 신학 움직임으로 온 세계가 다시 평화를 찾아감을 보고 한국교회에 섰다. 이런 신학 흐름을 모르거나 알아도 반대하는 고향 쪽의 보수정통교회는 자연히 체질에 맞지 않고, 이런 신학과 바로 합류해서 왕성히 신학활동을 하는 한국기독교장로회 소속 목사로 섬기게 되었다. 선·후배 아무런 줄이 없었지만 마침 이 기장신학을 출범시킨 한신대의 김재준 박사와 친척이기 때문에 더욱 쉽게 이 교단의 길을 걸을 수가 있었다.

그러나 누구나 그 노선의 신학을 했다고 해서 그 노선의 신학적 목회자가 되는 것은 아니다. 평생 그 노선과는 관계없이 섬기는 사람도 많고 오히려 반대 노선을 걷는 사람도 많다. 모두가 신학적으로 사는 사람이 아니라 성경말씀에 의해 살고 기도를 하는 중에 성령에 이끌려 살기 때문이다. 박 목사는 어느 날 서울 공덕교회 부목사로 결혼식 주례를 마치고 나오는 길에 4·19 데모대원들이 피투성이가 되어 들것에 실려 가는 것을 보고 하나님의 부르심을 받았다.

"이 젊은이들이 정의를 위해 죽어 가는데 그리스도의 사랑과 정의의 복음을 외치는 너는 지금 무엇을 하느냐?"라는 음성이 들려오는 것이었다. 그때부터 그는 나라와 민족을 외면한 그리스도의 복음 전파는 무익한 줄 알고 더 이상 죄 없는 젊은이나 가난하고 헐벗고 굶주리고 나그네 되고 병들고 감옥에 갇힌 지극히 작은 자를 외면하는, 다시 말해서 지극히 작은 자를 섬기는 것이 주님을 섬기는 일(마 25장)인데 주님을 외면하는 일을 다시 하지 말아야지 하며 새 출발을 했다.

많은 사람들이 그를 정치하는 목사, 과격한 사회운동가, 인권운동가라 하지만 이분을 가까이 해 온 사람들은 알 것이다. '언제나 미소를 머금은 온화한 분! 남의 말을 들으며 대화할 줄 아는 분! 감옥 드나들며 가난한 분! 특이하게도 춤을 잘 추는 춤꾼!' 등등 이런 분이다.

이런 분이 왜 그런 분인가? 왜 그렇게 말썽이 있는 분인가? 이분은 사람들에게 무슨 평을 받거나 욕을 먹거나 버림받는 것에 신경 쓰지 않는 분이었다. 하기 좋은 말로 좌익분자, 종북 좌파, 빨갱이, 온갖 욕을 다 먹어도 그 욕으로 무슨 화가 치미는 것도 아니었다. 대낮에 테러를 당하거나 중앙정보부나 보안대 그리고 경찰 정보과 형사가 감시하고 따라 다녀도 이분에게는 그 일이 그리 심각한 것이 아니었다. 공갈 협박 고문을 받고 투옥을 당해도 본래 이 시대의 목사가 걷는 좁은 십자가 길이라는 그것밖에 다른 생각은 없었다. 단 한 가지, 힘들고 어렵고 욕먹고 침 뱉음을 당하고 죽임의 협박이 올 때 애초에 4·19 길바닥에서 주님의 뜻에 순종하기로 결의한 그 청종 결심이 흔들릴까 봐 걱정하는 그것뿐이었다.

과연 그는 이 좁은 십자가 길에 들어서서 구순을 넘기까지 한 번도 다른 길을 걷거나 타협을 하지 않았다. 4·19 민주마당을 짓밟은 군부독재가 옳지 않음을 지적하고 박정희 대통령의 삼선개헌 반대에 앞장섰고, 유신독재의 철회를 외쳤고, 광주를 짓밟으며 등장한 신군부세력에 맞섰다. 이 불의의 권력 앞에, 그것도 온갖 정보조직망으로 목 죄어 죽이려는 군사권력 앞에 어찌 성할 수가 있으랴. 있어야 할 곳은 감옥이고, 풀려나 제단에 섰을 때는 그 교회를 넘나드는 악의 권세가 우는 사자들 같이 감싸고 달려드니 어찌 교회가 되겠는가? 그래서 그는 그를 따르는 양떼들을 데리고 서울 중부경찰서 앞길에서 주일예배를 인도하는 목자이기도 했다. 그래서 그는 4·19 길에서부터 중부서 길 위까지 계속 길 위를 달리며 고난을 겪은 그 생애를 회고하며 '나의 신앙은 길 위에 있다'고 책을 통해 회고했다. 뉴저지 뉴브른스워크신학교에서 독서안식년 연구 중 소천 소식을 듣고 뉴욕 프러싱 제일감리교회(김정호 목사)에서 모인 한신동문 주관 장례예배 설교(자기를 부인하고 자기 십자가를 지고) 후 다음의 조시를 남긴다.

### 길 보이신 박형규 목사

사랑과 정의의 길 / 십자가 좁은 길 / 욕먹고 짓밟히고 / 감옥살이 해도 / 이 길 만이 살 길 / 조상 후손이 살 길 / 주님이 원하시는 / 민주평화 정의의 길 / 그 길 힘차게 걸었습니다.

독재폭력 앞에 / 두려움 없는 미소 / 오래 참는 사랑 / 부드러운 말씀 / 그래도 안 되면 / 춤으로 돌고돌아 / 주 영광의 힘따라 / 사람 키워 선한 충동 / 그 길 위에 서 있었습니다.

4·19학생들 / 5·18숯음들 / 민청민주투사들 / 못다 한 일 하려 / 길 위에 몸 바치다가 / 주 피로 씻긴 흰옷 입고 / 모든 눈물 닦으시며 / 만물 새롭게 하실 / 소망의 주님께 안겼습니다.

〈2016년 8월 21일 주일 뉴욕에서 고박형규 목사 추모예배 후 쓰신 기고문〉

박형규와 함께 그 길을 걷다

좌담

# 목사님의 미소가 그립습니다

# 목사님의 미소가 그립습니다

## -서울제일교회 교인들 좌담

**일시 및 장소**

2018년 4월 29일 오후 1시 (서울제일교회 서제뜰)

**참가자**

김재훈, 김중자, 김효식, 이승숙, 정인숙, 조현순, 황인숙

**이승숙**: 오늘은 박형규 목사님의 2주기 추모일을 기념하여 발간되는 박형규 목사님 추모문집에 실을 내용 중에서 서울제일교회 교인들의 증언을 모으기 위해 이 자리에 모였습니다. '서울제일교회와 박형규 목사님' 하면 1983년부터 본격적으로 시작된 예배방해 사건과 이후 6년 동안의 노상예배를 누구나 기억에 떠올리지만 그 사건에 대해서는 교회사나 목사님의 회고록을 비롯한 다른 책에도 나와 있으므로, 이 자리에서는 박형규 목사님에 대해 특별히 개인적으로 추억할 수 있는 일화들을 한 분씩 말씀해 주시는 게 좋겠습니다.

## 목사님에 대한 첫 기억 - 군불 때는 아저씨

**김중자** 저는 박형규 목사님을 처음 안 때가 73년도예요. 그때 시어머님이 돌아가시면서 집에서 임종예배를 박형규 목사님으로부터 받았어요. 그때부터 온 식구가 서울제일교회에 다니게 되었어요. 우리 시어머니가 병원에서 암으로 6개월 시한부 선고를 받고 입원해 있을 때 둘째 시누이인 오혜자 권사의 고등학교 동창인 서울제일교회의 이순희 집사를 병원 문에서 만났대요. 그런데 그분이 내가 목사님을 모시고 올 테니까 한번 세례를 받으시라고 하셨대요. 우리 시어머니는 고향인 평양에 계실 때도 교회에 다니고 싶었지만 집에서 못 가게 했기 때문에 다니지 못했다고 하시더라고요. 퇴원 후 집에 계실 때에도 목사님이 계속 오셔서 늘 기도도 해 주시고 하셨어요. 우리집은 자양동이고, 목사님 댁은 화양리로 우리집과 목사님 댁이 가까웠어요. 그렇게 해서 목사님을 알게 되어 온 식구가 교회에 나오게 됐어요. 시누이들은 얼마간 다니다가 집이 머니까 자기네 동네 교회로 가고, 저도 직장이 있기 때문에 매주 나오기엔 너무 힘들더라고요. 그래서 처음에는 조금 들락날락했어요.

그런데 목사님 댁에 놀러 가면 목사님이 늘 아궁이에다 군불을 때고 계셨어요. 그건 시골에서나 볼 수 있는 거거든요. "목사님 뭐 하셔요?" 하면 "아, 군불 때" 이러셨어요. (웃음) 사모님께서도 성격이 좋으시니까 우리집에 자주 오셨어요. 우리집에서 생일이라든지 무슨 행사만 있으면 목사님을 청했고, 시어머님께서 돌아가셨을 때 임종예배 다

해 주시고, 시아버님 임종예배도 해 주시고. 그렇게 해서 우리 식구들이 이제 다 교회에 나오게 되었어요.

열심히 교회에 빠지지 않고 나오니까 몇 년 후 교회가 싸울 때였는데 목사님께서 뭘 보셨는지 장로를 하라고 하셨어요. 그래서 난 안 된다고 자격이 없다고 하니까, "장로 자격은 당신이 정하는 게 아니라 하나님이 정하는 건데 나온다고 다 되나? 그러니까 나와 봐." 이렇게 시작을 했어요. 저는 목사님이 어떤 분이라고 생각하냐면요, 집에서 군불 땔 때는 동네 아저씨 같고, 집에 와서 식사하실 적에는 그냥 집안의 어른 같고, 사실 이런 감정으로 박 목사님을 모셨어요.

**조현순** 당시에는 우리 교회에서 결혼식을 많이 했어요. 손학규 씨도 했고, 나병식 씨도 여기에서 했고 저도 우리 교회에서 1982년 2월에 박형규 목사님 주례로 결혼했어요. 제가 결혼하고 3, 4개월 후부터 교회 분쟁이 시작됐어요. 막 꽹과리 치고… 예배당 안에서 우리 교인들과 예배방해하는 사람들 사이에 싸움이 벌어지다가 나중에는 교회에 못 들어가고 교회 밖에서 한동안 예배를 드렸는데 거기에서 예배를 드리는 과정에 보안사에서 나온 사람들이 예배도 못 드리게 잡아 팼어요. 그럴 때가 내가 태영이를 가져 만삭이었을 때예요. 내 몸 맞는 것은 괜찮은데 애가 떨어질까 봐 교회 옆 건물 연탄광에 숨고 그랬어요.

### 내 삶을 바꿔 놓으신 분

**정인숙** 사실 저는 추모문집에 글을 써 달라는 청탁을 받았는데, 하도 오래전 이야기라서 글로 풀어 내기에는 어려움이 있더라고요.

저는 1973년 봄에 강정례의 소개로 서울제일교회에 오게 됐는데 그때 오자마자 바로 대학생부 수련회가 있었어요. 그래서 그 1박 2일의 수련회에 따라갔는데 그때, 1972년 10월에 유신헌법이 발표됐었어요. 제가 서울제일교회에 왔을 때는 박 목사님은 감옥에 가 계셔서 안 계셨어요. 그런데 그 수련회에서 교회 대학생들의 생각, 믿음을 보고 뭔가 좀 다른 세상에 온 것 같은 느낌을 받았습니다. 그 뒤로부터 서울제일교회를 나오게 되었어요. 그때 교회에서의 시간들이 세상을 보는 눈, 인생을 사는 방법, 사회를 보는 눈, 또 믿음, 신앙이 무엇인가 이런 것에 대한 눈을 뜨게 하는, 저의 삶을 완전히 변화시키는 전환점이 되었어요. 그건 딴 사람들도 다 마찬가지라는 생각이 들어요. 그때까지 제가 가지고 있었던 신앙은 굉장히 보수적인 교회를 다니셨던 어머니의 영향으로 예수님이 어떻게 사신 분인지에 대해서 잘 알지도 못했고 교회 열심히 다니면 천당 간다는 그런 생각과 하나님이라면 저 멀리 계신 옥황상제나 산신령 비슷한 이런 모습이라고 생각했어요. 그런데 서울제일교회에 와서 '아! 하나님은 역사를 주관하시는 하나님이시다. 저 멀리에 초월적으로 계신 분이 아니라 우리 인간세상 속에서 우리를 주재하시고, 이 땅이 하나님 나라가 되게 하는 그런 하나님이시

다'라는 것을 배우게 되었어요. 서울제일교회 대학생부 활동과 야학활동, 형제의집 활동을 하면서 '예수님이 정말 가난한 자, 소외된 자, 세상의 아프고 상처받은 이런 사람들을 위해서 일하셨구나. 그리고 그런 사람들의 희생이 있었기 때문에 사회가 굴러가고 우리가 살아올 수 있었구나' 하는 것을 알

게 되었죠. 거기에 박형규 목사님이 계셨던 거고 우리 대학생부가 있었던 거죠.

김중자 장로님께서 말씀하신 것처럼 우리는 박형규 목사님을 워낙 가까이에서 뵈었기 때문에 집안의 어른 같고 아버지 같은 그런 기억이 사실 저희에겐 많지요. 우리 같은 경우에는 저희들의 약혼식 주례를 해 주셨고 우리 아이들에게 무슨 일이 있으면 오셔서 기도해 주셨어요. 그렇게 부드럽고 온화하신 분이 바깥에서는 유신독재에 저항하는 데 가장 앞장서는 활동을 하셨잖아요. 그것이 1973년 4월 22일 남산 부활절연합예배 사건인데 사실 70년대에 유신독재에 반대하는 기폭제가 되는 그런 일을 하셨죠. 목사님께서 예전에 이를 두고 "내가 하려고 한 게 아니라 하나님의 발길에 채여서 이런 일을 하면서 살게 되었다"라고 말씀하셨는데 저희들도 다 그런 것 같아요. 저도 서울제일교회에 안 왔으면 모든 게 굉장히 많이 달라졌을 거예요. 남편도 김경남 목사님 소개로 서울제일교회에서 만나게 됐고. 물론 제가 기독교학과를 선택해서 이렇게 됐지만요. 어쨌든 그런 거 자체가 다 우리가 하나님의 발길에 채여서 이렇게 인생의 구비구비마다 은혜 속에서 살아온 거죠.

우리 교회 60주년 책 제목을 정진우 목사님이 『은총의 60년 평화의 새 역사』라고 정했는데, 그 제목이 정말 좋아요. 서울제일교회의 60년 역사도 은총의 60년이었지만, 서울제일교회와 함께한 우리의 삶도 그런 것 같아요. 저는 1953년생으로 서울제일교회하고 태어난 연도가 같으니, 우리 교회가 60주년일 때 저도 60년을 산 거죠. 하나님의 인도하심으로 박형규 목사님도 만나고 우리 한국의 역사와 무관하지 않게 민주화운동에, 서울제일교회를 통해서 조금이라도 기여하면서 이 교회를 지키며 이렇게 올 수 있었다는 게 다 하나님의 은총이고 박형규 목사님의 인도하심이었다는 생각이 듭니다.

**황인숙** 정인숙 장로님은 학생으로서의 박형규 목사님에 대한 경험을 말씀해 주셨는데, 제가 바라본 입장에서 박형규 목사님은 저의 외삼촌이시고, 저는 교회에서 목사님과 함께 근무를 했어요. 그때 우리 교회에 신협이 있었어요. 그 당시 박형규 목사님의 월급 내역을 보면 정확히는 기억이 안 나지만 어쨌든 본봉이 있었고, 거마비, 도서비 이런 게 있었어요. 그러면 월급을 챙겨 드릴 때 본봉은 따로 사모님께 챙겨 드려요. 거마비는 목사님께 따로 드려요. 그러면 목사님한테 전달할 때 제가 목사님께서 신협에 갚아야 할 돈을 빼요. 목사님께서 신협에 왜 빚을 졌냐 하면, 어려운 학생들이 등록금이 부족하다며 찾아오면 그 등록금을 신협에서 빌려서 해 주셨기 때문입니다. 그것을 한꺼번에 못 갚고, 월급 때면 매달 나누어 갚았던 거죠. 사모님은 모르시고. 어쨌든 본봉은 가져가서 생활은 하시니까. 거마비 받은 것을 개인적으로 이렇게 쓰시는 모습을 많이 봤는데 조카인 저는 차마 외삼촌께 등록금 얘기를 못하고 등록금이 부족하면 권호경 목사님께 부탁드리면서 박 목사님께는 서운한 마음을 갖곤 했어요. 저도 교회 사무실에 근무할 때 늘 많이 뜯기면서 살았어요. 저도 진짜 박봉이고 가난한데 학생들은 저보다 더 가난한 거예요. 그리고 제가 누나 선으로 올라갈 때는 "누나, 밥을 안 먹었는데" 하면 저도 밥을 굶어 본 사람이니까 모른 척할 수가 없는 거예요. '아, 목사님께서도 그러셨겠구나' 하는 생각이 드는 거죠. 외국 사람들이 오셔서 돈을 주고 가면 "인숙아, 이거 가서 좀 바꿔 와라"고 하셔요. 그러면 저는 동대문에 가서 바꿔

와요. 그러면 그 돈이 등록금으로 나가기도 하고 다른 활동비로 나가기도 했어요. 목사님은 늘 가난하기도 하셨지만, 또 늘 두둑하기도 하시고. 제가 보기에는 항상 돈이 없으신 것 같은데, 학생들이 도움을 요청하러 오면 그렇게 하셨어요.

## "예수도 그랬어"

**황인숙** 제 개인적인 얘기를 하나 더 하자면, 한번은 우리집에 심방을 오셔서 성경책 속에 오만 원인가를 놓고 가신 적이 있어요. 제가 결혼하기 전에 둔촌동 엄마랑 둘이 살 때였어요. 심방 예배를 드리고 가셨는데 엄마가 성경책을 보니까 그 돈이 들어 있었대요. 맛있는 것 사먹으라고. 그때 엄마가 결핵으로 아플 때였어요. 그런데 엄마가 통곡을 하고 우시는 거예요, 감격을 해서. 너무나 고마우셨던 거죠. 내 평생에 이런 돈을 오빠한테서 처음 받아 봤다고. 제가 교회 사무실에서 일할 때였어요. 출근을 해서 말씀드렸어요. "목사님, 엄마가 목사님께서 예배 드리고 가신 후 통곡을 하며 우셨어요. 내 평생 오빠한테 이런 돈 받은 거 처음이라고." "뭐, 그럼 좋은 거지. 왜 통곡을 해?"라고 하시기에, "외삼촌, 엄마한테 가끔 용돈 좀 주세요"라고 했어요. 그때 저는 서운한 생각이 많이 들었어요. 왜냐하면 저는 목사님 돈 심부름을 참 많이 했잖아요. 여기도 도와주고 저기도 도와주고 그런 걸 봐 왔는데 엄마가 통곡을 하고 우시니까 서운함이 막 올라왔던 거죠. 그런데 이렇게 나이 많은 외삼촌인데도 사무실에서 함께 일하다 보니까 제가 제 주제를 모르고 착각할 때가 많았어요. "외삼촌은 제가 보면 남들이 어렵다고 할 때는 잘하시면서 가족들이나 친척들한테는 어쩌면 그러세요?" 하고 건방지게 따졌죠. 그랬더니, "내가 그랬냐?" 하고 웃으시면서 하시는 말씀이 "야, 예수도 그랬어"라고 하시는 거예요. 그래서 더 이상 할 말이 없어 그냥 지냈어요. 그런데 하여튼 제 기억에는 많이 도와줬어요. 많이.

저는 목사님 옆에 가까이 있다 보니까 이런 일 저런 일 많이 겪었어요. 안기부니 경찰, 형사들로부터 험한 욕을 많이 얻어먹었어요. 교회에서도…. 남들은 한 대 맞을 때 저는 열 대 맞고, 발에 채여서 기절해서 병원에 실려 간 적도 있었어요. 제가 맨날 맨앞에 있었고 안기부 앞에서 연좌데모할 때도 앞으로 바싹 나가 날 죽이라고 날 잡아가라며 악을 박박 썼어요. 그러면 그 사람들의 표적이 되는 거예요.

박 목사님께서 감옥에 가셨을 때 교회에서 이런 일이 있었어요. 교인들이 제직회에서 그런 상태라면 박 목사님께 월급을 줄 수 없지 않겠냐고. 감옥에 들어가 계시니까. 설교를 안 하시니까 월급을 이제는 안 줘야 한다, 삭감을 해야 한다, 이런 얘기가 막 오가는 와중에 김모대 집사님이란 분이 딱 일어나셨어요. 그분은 아주 깡마르시고 목소리가 걸걸하시고 목에 가래가 많이 끓어서 말씀을 제대로 못 하셔요. 그런데 그분이 벌떡 일어나셔서 교회 안에서 어떻게 이런 일이 일어날 수 있느냐? 목사님이 지금 감옥에 가셨는데 교회에서 목사님의 월급을 줄여야 된다는 이런 얘기는 있을 수 없는 얘기다. 이렇게 말씀하셨어요. 교회가 갈라지기 전에 있었던 일이죠. 그때 황규환 장로님도 계시고 김중자 장로님도 계시고 또 최의숙 장로님도 계시고 김수옥 집사님도 계시고 정성국 장로님도 계시고…. 우리 교회 안에서 김모대 집사님은 뭐 특출나게 존경받는 위치도 아니었어요. 그 집사님은 몸이 약하셔서 일찍 돌아가셨어요. 어쨌든 저는 교회를 생각하면 항상 그분이 떠올라요. 나이 어린 저에게 그 일은 너무 감명 깊은 장면이었어요.

그러다 보니까 또 생각이 나는데 장로님들이 박 목사님을 공격한 대목 중에 또 하나가 대학생들이 예배를 참석 안 하고 밥 먹을 때만 나타난다는 거였어요. 그런데 학생들 처지에서는 일주일 내내 라면만 먹어요. 제대로 먹지 못하고 있다가 교회에 와서 제대로 된 밥을 먹어요. 밥도 교회 밥이 아니고 중부시장에서 제일 싼 국밥. 그러니까 맨날 그게 박 목사님에 대한 공격의 대상이었어요. 그래서 박 목사님께서 생각해 내신 게 "느그들 일찍 교회 나오기 힘들면 축도하기 직전에라도 들어와서 앉아라. 그 시간 안에라도 딱 오면 예배 끝나고 나면 참석한 줄 알 테니까." 그런 부탁까지 하셨어요. 목사님께서 오죽하셨으면…. 장로님들은 예배 참석도 하지 않는데 대학생부가 무슨 인원수가 이렇게 많냐고 하고. 몇 명인지 인원수에 따라서 예산도 편성 되잖아요. 그래서 저도 학생들을 만나면 "야, 너네들 예배시간에 참석 좀 해. 목사님 혼난단 말이야. 당회 때 목사님 맨날 깨진단 말이야"라고 말하곤 했어요. 그런데 목사님께서는 축도 직전에라도 꼭 참여해 달라. 학생들에게 그렇게 말씀하셨어요. 진짜 그렇게 말씀하셨어요. 저도 가리방 긁을 돈이 없다고 찾아온 학생에게 돈을 준 적도 있고, 가난한 우리 교회 대학생들한테 돈 많이 뜯겼어요.

그때가 정말 어려운 시절이었어요. 저는 늦게 대학교에 다녔는데 등록금이 부족하면 권 목사님한테 얼마가 부족하니 달라고 투정을 부렸어요. 제가 받는 월급으로는 엄마하고 둘이 먹고 사는 데 힘들었어요. 나는 이불 뒤집어쓰고 위험한 원고들을 타자를 쳐 주는 일을 하며 등록금을 마련했어요.

## 자신에게 인색하고 다른 이에게 후하신 목사님

**조현순** 권사님이 조카로서 서운하게 느끼셨을 때도 있었겠지만⋯ 박 목사님께서는 당신의 노후생활이라거나 이런 걸 챙기느라고 그랬던 건 결코 아니었죠. 다른 교회에서는 원로목사님이라고 그래도 월급을 좀 드리고 그러는데 우리 박형규 목사님은 그런 게 없으셨어요. 받

으시도록 되어 있었는데 정년 두 달 전에 미리 그만두셔서 그걸 못 받게 되셨어요. 자신이 그걸 안 받으시려고 하셨던 거죠. 그래서 목사님이 노후에 생활이 넉넉하지 않으셨어요. 그렇게 많은 모든 걸 서울제일교회에서 다 하셨는데 그만두시고 난 다음에 왜 우리 교회에서는 생활비를 안 드렸는지⋯. 그런

데 다른 교회는 원로목사님께서 그만치 했으면 조금이라도 봉급이 나가는데 우리 박형규 목사님은 그런 게 없으셔 가지고. 어쨌든 박 목사님은 어디서 하나 가져오시면 자기 모든 걸 다 모았다가 둘, 셋을 주시는 분이셨어요.

권호경 목사님이 말씀하시길 박 목사님께 가정은 두 번째라는 거죠. 큰따님이신 박순자 권사님이 재능을 아버님께 물려받아 춤을 진짜 잘 추시잖아요. 사모님께서 남양주 진접 자택에서 돌아가시기 직전에 박 목사님께서 이렇게 말씀하셨대요. 내가 지금 생각해 보니 무용을

못하게 막은 것이 평생 미안하다고. 큰따님이 무용을 좋아하고 무용과를 가고 싶어했는데 그걸 못하게 했으니 그 일이 평생 마음에 맺혔을 거예요.

**김중자** 목사님은 그런 걸 너무 사양하셨어요. 제가 재정부장을 몇 년 했잖아요. 저는 예산을 짤 때 봉급을 5퍼센트씩 다 올려서 짜요. 그러면 부르세요. "김 장로, 상박하후(上薄下厚)!!" 이러셨어요. 언제든지 상박하후로 하라고 하셔요. 그런데 다른 직원들은 5퍼센트 올리고, 목사님 급여는 2퍼센트만 올리고 그렇게 한 3년을 하니까 나중에는 다른 목사님들과 봉급 차이가 굉장히 많이 나는 거예요. 그래서 제가 말씀드렸어요. "목사님, 이제는 목사님 말씀대로 할 수 없어요. 왜냐하면 목사님께서 여기를 그만두시면 이 월급 가지고는 아무도 모시고 올 수 없어요." 그렇게 해서 그때부터 5퍼센트씩 올려 드리게 됐는데, 아무튼 본인한테는 너무 철저하셨어요.

그리고 목사님은 속에서는 불이 끓는지 모르지만 분노를 겉으로 표출 안 하시는 분이셨어요. 당시에는 당회를 한 번도 사무실에서 못하고 메디컬센터(현 국립의료원) 마당이나 중국집, 찻집 같은 곳에서 했는데 늘 독설을 퍼붓는 장로가 있었어요. 정말 할 얘기 안 할 얘기 다 하거든요. 그래도 목사님은 참으셨어요. 얼굴만 벌개지시고. 그 장로가 일대일로 찾아다니며 정말 질릴 정도로 괴롭혔어요. 기독교회관에서 청소하시는 아주머니들이 질려 할 정도로. 그분 때문에 목사님께서 살아생전에 큰 고통을 받았어요.

**황인숙** 네, 목사님은 정말 자신에겐 철저하시고 아래 사람에게는 후

하셨어요. 그전에 제가 사무실에서 일할 때였는데 한신대 학생 두세 명이 교회 청소를 했어요. 박준옥 전도사님과 목사님이 심방을 다니면 교인들이 교통비를 드릴 때가 많았어요. 그러면 목사님은 절대로 '인 마이 포켓' 안 하시고 박준옥 전도사님께 드리셨어요. 그 돈을 박준옥 전도사님이 다 모아서 "야, 인숙아. 오늘은…" 하고 우리 청소하는 한 신대 학생들하고, 저, 박 목사님, 권 목사님, 전도사님 다 똑같이 나누어 주셨어요. 그래서 저는 심방기간이 참 좋았어요. 저의 유일한 부수입이 생기는 때였거든요(웃음).

박 목사님이 서울제일교회에 부임하셨을 때가 개척시절은 아니었지만 교회 건물을 짓다가 중단되고 그랬기 때문에 돈이 없었어요. 교인들도 많이 나가고 그래서 돈이 하나도 없었어요. 저 왔을 때 지금 서제빌딩 자리에 있다가 헐린 건물이 있었어요. 이기병 목사님이 그걸 빚을 내어 짓다가 돌아가셨다고 해요. 돈이 없었대요. 이 건물 지을 때 권 목사님이 안 계셨으면 할 수 없었을 거예요. 권 목사님이 여기저기에서 돈을 끌어다 대셨는데 건물 짓는 인부들에게 돈을 미처 제때 못 주면 그 사람들한테 권 목사님이 온갖 욕이란 욕은 다 먹었어요. 권 목사님이 주로 그 사람들을 상대하셨기 때문에. 박 목사님께서도 옥중에 계실 때 미국 선교단체가 주는 브라우닝상의 상금으로 받으신 5천 달러를 모두 서울제일교회 건축을 위해 헌금하셨어요.

그 당시에 대학생들이 서울제일교회에 많이 찾아온 이유는 서울제일교회라는 우산 속에서 보호받고 싶었던 거였죠. 목사님은 학생들에게 좀 더 해 주고 싶은데 당회에서는 매번 야단맞는 거예요. 대학생들이 어디 있느냐고. 게다가 이 대학생들이 모임한다고 방에 들어가 있을 때 장로님들이 한번 들여다 보면 남학생, 여학생 할 것 없이 거기서 막 연기를 피워 대고 있으니…. 이거 빨갱이들 모임하는 거 아니냐고 하는 비난을 목사님이 다 들으셨죠. 기관에서도 빨갱이로 곡해하고. 그렇지만 학생들은 교회에 오면 너무 좋은 거예요. 하여튼 우리 교회가 참 잘했어요. 그런 거는.

## 중부경찰서 앞에서 북을 치며 했던 노상 예배

**김효식** 저는 우리 교인들이 1983년 거리로 쫓겨난 1년 후인 1984년도부터 교회에 나오기 시작했어요. 광주민중항쟁이 1980년도에 났잖아요. 그때 제가 다른 보수적인 교회에서 전도사 생활을 하고 있었어요. 그런데 "네 이웃을 네 몸과 같이 사랑하라고 했는데 네 이웃이 이렇게 무참하게 죽어가고 있었을 때 과연 우리는 무엇을 하고 있었는가" 하는 내용으로 학생들에게 설교하고 기도하니까 예배시간에 정치적인 발언을 한다고 어떤 사람이 경찰서에 신고를 해서 그 교회를 그만두었어요. 그래서 내가 만약 교회를 개척하면 어떤 교회를 개척을 해야 하나 생각하면서 소망교회에서 시작해서 영락교회까지 교회 투어를 하고 있었어요. 그런데 영락교회에서 예배를 마치고 나오는데 길거리에서 데모하는 것처럼 보이는데 하나님의 말씀을 전하고 찬송도 부르고 반정부 발언도 막 계속하는 거예요. 더구나 경찰서 앞에서. 이거 뭐지? 광주민중학살 얘기도 하고 하는데 통합 측 목사님인 고영근 목사님이 얼마나 심하게 얘기하시는지 경찰서 앞에서 이렇게 얘기해도 괜찮은 건가 싶었어요. 그렇지 않아도 저 자신이 광주민중항쟁 학살에 대해서 신앙적으로 해소를 못하고, 다니던 교회에서는 쉬쉬 하고 있는 그런 상황이었는데 이 길거리 예배에서는 그런 이야기를 스스럼없이 하는 거예요. 영락교회를 몇 개월 다니는 동안 끝나고 나서 이 예

배에 참여하기를 반복했습니다. 그러자 나중에는 영락교회는 이제 갈 필요가 없다는 생각이 들었고 서울제일교회의 거리예배에 참여를 하게 됐어요. 그런데 그때 프락치들이 굉장히 많이 왔나 봐요. 그래서 저도 프락치로 오해를 받기도 했어요. 그런데 어느 날 예배 후 박준옥 전도사님이 붙잡는 거예요. 계속 붙잡으시며 같이 가서 식사하고 가라고 하셨어요. 그래서 서울제일교회 진짜 교인으로서 들어오게 된 거죠. 그러면서 청년회 활동도 하게 되고 청년들을 따라 기청활동도 하게 된 거예요.

그런데 우리 서울제일교회 청년들이 강사를 구해서 풍물을 배우게 되었는데 '예배드릴 때 북을 치면 어떨까?' 하는 생각이 들어서 북을 치게 되었어요. 목사님도 힘이 생겨서 참 좋다고 하셨어요. 그런데 어느 날 중부경찰서에서 우리 교회로 공문이 왔던가 봐요. 북소리 때문에 그 시간에 경찰서 업무를 못 본다는 거예요. 만약에 이번 주에 북을 또 치면 저 사람을 집시법으로 잡아가겠다고. 그 말을 목사님께서 저에게 전하자, 저는 무슨 소리냐고 그들이 우리에게 장소를 제대로 줬으면 우리가 이렇게 밖에서 북을 칠 일이 없지 않겠냐고 말씀드렸어요. 우리가 여기 밖에서 예배 안 드리고 교회에 들어갈 수 있게 해 달라, 그렇지 않으면 북을 계속 치겠다. 그러면서 북을 계속 친 거예요. 생각해 보면 항상 겁박을 하고, 그 겁박이 무서워 우리가 움츠리면 밟아 버리는 게 공권력이거든요. 그런데 거기서 난 '계속하겠다. 구속돼도 좋다'라고 하니까 걔들이 그 주일은 굉장히 긴장을 한 거예요. 그런데 관계없이 하니까 그냥 지나가더라고요.

그러다가 1987년 제가 기청 서울연합회 회장을 하고 있을 때 6월 항쟁이 일어나고 목사님께서 구속이 되셨어요. 6월 10일 국민대회 행사로 그때 장안동 대공분실로 우리가 찾아갔어요. 그러니까 대공분실에서 여기가 뭐 중부경찰서 앞인 줄 아냐고. 이러더라고요. 그런데 그때도 북을 쳤어요. 그 주변에 살던 사람들이 그때까지는 그곳이 대공분실인지 몰랐어요. 무슨 실업이라고 이렇게 되어 있었죠. "여러분, 여기가 일반 회사가 아니라 대공분실입니다. 박종철이를 죽인 그런 똑같은 대공분실입니다!"라고 하면서 막 소리를 지르고 하니까 결국에는 그렇게 안 되던 면회가 허락되어 한 사람 누가 대표로 들어갔어요. 박 목사님 면회를 했죠.

또 하나 기억나는 일은 제가 홍제동에 살 때의 일화예요. 방 하나에 부엌, 이렇게 한옥집에 셋방 살고 있을 시절인데 박 목사님께서 권호경 목사님, 조정하 사모님과 함께 심방을 오셨어요. 원주희 권사님도 오셨던 것 같고요. 제가 제 아내인 이다정 집사한테 집에서 식사를 하게 하셨으면 좋겠다고 했더니 "집에 아무것도 없고 오면 앉을 자리도 없는데…"라고 난처해 하자, 목사님이 "아, 괜찮다. 그냥 관계없다"

며 부담을 주지 않으시려고 했어요. 그렇게 허둥지둥 집에서 준비하여 식사를 대접했는데, 목사님께서 그러시더라고요. "내가 목회하면서 이렇게 맛있는 음식은 처음 먹어본다." 그 말씀이 굉장히 위로가 됐어요. 그때는 참 어렵고 힘들게 살 때였기에 더욱더….

또 하나 기억이 있어요. 그 당시에는 연합예배가 있었어요. 성남 주민교회하고 몇 개 교회가 중부경찰서 앞에서 연합으로 예배를 드린 후 함께 행진을 했어요. 그런데 경찰이 시가행진을 못하도록 적극적으로 막다가 목사님을 밀쳤어요. 밀치니까 목사님께서 넘어지셨단 말이에요. 그런데 그걸 본 순간 나도 모르게 흥분이 되더라고요. 그래서 하수구 맨홀 뚜껑을 제가 손에 딱, 들어 가지고 그걸로 경찰을 때리려고 했어요. 나도 모르게. 내가 딱 드니까 목사님께서 저를 뒤에서 껴안으시며 "그러면 안 돼" 하셨어요. 그러니까 분노가 내려앉더라고요. 지금 생각하면 경찰에게 절대 그런 폭력을 쓰면 안 되는데 목사님을 밀쳐서 넘어지시게 하니까 순간 분노로 가만히 있을 수 없었던 거예요. 그런데 딱 안으시면서 "그러면 안 돼"라고 이야기하시더라고요. 그런 기억이 또 하나 있고….

그 다음에 그때 우리가 무슨 사건과 연관된 판결 때문에 서초동 대법원에 갔었어요. 박 목사님과 저와 청년이 함께 모여 갔다가 나오는 길인데 까만 세단차를 타신 분이 90도로 인사하는 거예요. 목사님도 얼떨결에 인사를 하시더라고요, 그런데 그분이 서서 한참 목사님 가시는 것 보고 재차 인사를 하고 차 타고 들어가더라고요. 나중에 경비실에 가서 저분이 누구냐고 물었더니 법원장이라는 거예요. 목사님도 모르는 분이시지만 법원장도 목사님께 존경의 마음을 가지고 있구나 하고 생각했어요.

또 하나는 최풍식 장로님 고향인 대천에서 전교인수양회를 했을 때예요. 1980년이었어요. 거기에서 두더지 잡기 게임을 했어요. 당시 교회 현수막이 많이 있었는데 거기에 구멍을 내 가지고 했어요. 전두환, 이순자, 노태우, 정호영 등 이름표에 바가지를 쓰고 있다가 "전두환!" 하면 맞고 올라오고 (웃음) 신문을 말아서 바가지 위를 내려치는데 어떤 분은 "전두환!" 하면 주먹으로 쳐 가지고 바가지가 박살나고 그랬거든요. 교인들이 굉장히 재미있어 하셨어요. 그런데 게임이 딱 끝나고 나니까 박 목사님께서 뭐라고 하시냐면 "죄를 미워해도 사람은 미워하면 안 된다"라고 하시면서 이런 게임은 우리가 추구하는 가치와는 거리가 있다고 하셨어요. 앞으로 이렇게 폭력적인 게임은 삼가야 한다고 하시더라고요. 굉장히 재미있고 교인들도 좋아했는데….

## 적(敵)이 없었던 분

**김효식** 그리고 목사님은 그 누구하고도 적(敵)이 없다는 생각이 들었어요. 그래서 우리가 한번 여쭤봤어요. " 많은 분들이 감옥에 갇히고 뭐 계속 감옥에 들어갔다 나왔다 하셨는데 목사님은 혹시 맞아 본 적 있습니까?" 하고 물었더니, 맞은 적은 없다고 하시더라고요. 오히려 우리 교회 2부 교인들에게는 많이 맞으셨는데….

또 하나 생각나는 일은 박 목사님께서 정년을 앞두고 조기은퇴하셨잖아요? 교회에 부담 주지 않겠다고. 조기은퇴를 하시면서 2부 교인들을 해벌(解罰)하셨어요. 아마 그것에 대해서 청년부에서 가장 반대한 사람이 한석희 집사하고 저하고 둘이었을 거예요. '그건 있을 수 없다' 라고. 저는 노상예배 때 교회에 나오게 되면서 교회에 빠지지 않고 나왔거든요. 저기 오토바이센터가 그때는 다방이었는데 거기에서 모인 후 교회 앞에서 예배 드리고 다시 파출소에서 예배 드리고 항의집회 하고 다시 중부경찰서 앞으로 갔잖아요. 그렇게 하는 동안에 마주치면 "못 보던 놈이 어디서 굴러들어 왔네"라고 하며 사진을 찍어 대고, 불부지깽이와 몽둥이를 들고 "쥐도 새도 모르게 가는 수가 있어"라고 하며 늘 협박을 했어요. 정말 전철 탈 때는 나도 모르게 자꾸 앞뒤를 한 번 돌아보게 되더라고요. 혹시나 밀어 버리면 어쩌나 해서요. 그 사람들이 목사님한테 얼마나 악랄하게 했는지를 경험했는데 우리 의지하고 관계없이 목사님이 해벌을 하시겠다는 거예요. 목사님께서는 어찌 됐든 그래도 한때 내 교인들이었고 훈도였다고 하시며 해벌을 하셨는데 그때는 도저히 받아들일 수가 없더라고요. 그래서 다른 분들도 목사님을 설득하셨고 저도 목사님과 한 삼사십 분 통화한 것 같아요. 그때 목사님께서 당신의 목회 소신에 대해서 이야기하셨어요. 내가 이렇게 내려 놓는 입장에서 그 사람들도 내 양떼들이고 내 교인들이라고 말씀하시더라고요. 결국은 "알겠습니다" 하고 목사님의 뜻을 받아들였고, 한석희 집사님도 그렇게 했지요.

**황인숙** 목사님께서는 "실족하게 하느니 차라리 연자 맷돌을 목에 걸고 빠져 들어가는 게 낫다"라는 성경구절을 인용하시며 교회가 갈라지게 된 것에 대해 평생 안타까워하셨어요.

**정인숙** 박 목사님과는 동창이신 서광선 교수님이 『거기 너 있었는가 그때에』라는 책을 이번에 내셨어요. 그 책에서 자신의 정치신학 여정이라면서 쭉 재미있게 쓰셨는데, 박형규 목사님 얘기도 나오고, 우리 서울제일교회 얘기도 나오고 다 나와요. 기독교 민주화운동사가 그분의 인생 여정과 맞물려서 정리가 되어 있는데, 한번은 전두환이 박형규 목사님을 만나자고 했는데 목사님이 거절을 하셨대요. 그 이유가 뭐냐면 전두환은 옛날부터 이런 목사님들 만나면 거절할 사이도 없이 돈을 준대요. 그렇게 되면 코가 꿰이는 거잖아요. 그걸 알고 계셨기 때문에 거절하셨대요. 거절을 하고 나니까 교회에 파괴공작이 들어오게 된 거예요. 황인숙 권사님 말씀이 박정희 시절에는 대학교 하나를 세워 준다고 했다지요.

## "하나님이 세진이를 통해서 청천벽력과 같이 말씀하셨다"

**김재훈**  저는 아들 세진이 사건 때 박 목사님과 인연을 맺게 됐어요. 어느 날 목숨을 걸고라도 양키의 용병교육을 저지하겠다는 세진이를 말려 달라는 연락을 학교로부터 받고 세진이를 붙들러 갔다가 집에 올 사이도 없이 세진이의 죽음을 맞이하게 됐어요. 당시에 경찰은 사람들이 못 다니게 병원 앞을 다 막았고, 세진이 친구와 서울대 교수들이 찾아오고, 장로님 친구 분 중에서는 배짱 있는 분들이나 찾아오고, 가족들이 다니던 자교교회에서는 아무도 찾아오지 않았어요. 그런데 김구 선생의 비서를 했던 신창균 장로님이 오셔서 자기가 감리교회 장로라고 하시면서 주야로 같이 계시며 "하나님이 아시고 하나님이 역사하신다"라는 말씀을 하시며 많은 위로를 주셨어요. 그러다가 일찍 세상을 떠난 처형의 남편, 즉 동서의 소개로 종로5가 기독교회관의 목요기도회에 가게 되었고, 100일 추모제를 하게 됐어요. 그 100일 추모예배에 사람들이 안으로 들어가지 못하도록 경찰이 앞에서 다 막고, 대학생들과 충돌하고 경찰의 몽둥이에 맞아서 이마에서 막 피가 줄줄 흐르는 학생도 있었고, 아수라장이었어요. 그날 박형규 목사님이 설교

에서 "지금 하나님이 우리들이 아무것도 깨우치지 못하니까 세진이를 통해서 청천벽력과 같이 말씀하셨다"라고 하신 말씀이 아직도 기억에 생생해요. "세진이는 그 말을 하기 위해 죽었는데 우리가 지금 뭐하고 있는 거냐?" 그 말을 하신 거죠. (울먹이시며) 딴 말은 제가 기억도 잘 안 나고. 이듬해인 세진이 1주기 직전에 서울대에서 민통련(민주통일민중운동연합)이 주관한 4·19행사가 있었어요. 1987년도였으니 그곳에 사람들이 꽉 찼어요. 계훈제 선생이 개회사를 하고 난 후 임채정 선생이 세진이 어머니께 한 말씀 부탁드린다며 나오라고 했어요. 세진이 어머니가 나가니까 모두 다 일어나서 세진이 추모 노래인 〈벗이여 해방이 온다〉를 제창하는 거예요. 그러자 분위기가 숙연해졌고, 그때 세진이 어머니, 김순정 권사가 "미국놈 몰아내자! 미국놈 몰아내고 우리나라에서 핵전쟁하면 안 된다! 우리 세진이는 그걸 주장하며 죽었다!"라고 외치면서 나도 놀랄 말들을 막 피를 토하듯이 하는 거예요. 그래서 세진이 어머니를 왜 거기에 세웠냐고 하며 임채정 선생, 계훈제 선생 등을 다 잡아갔어요. 세진이 어머니는 못 잡아가고 대신에 출입금지를 시켜 버렸어요. 말하자면 가택연금. 밖으로 나갈 수 없게 되자 목사님께서도 몇 번 오셨는데 못 들어가게 하니 밖에서 예배를 드렸어요. 임기란 권사님은 송광영 열사 어머니와 연탄을 가지고, 막고 있는 경찰들과 싸운 적도 있어요.

박형규 목사님은 개인적으로 제가 의지를 많이 했던 참 고마우신 어른이세요. 서울제일교회에 다니면서 나는 신앙이 자랐고, '하나님 나라는 바로 여기에 있구나. 밖에서 탄압받고 있는 애들이 바로 세진이구나'라고 생각하게 되었고, 그렇게 해서 대학생들하고도 접촉하고 가까워지게 됐어요. 우리 할아버지가 동학에도 가담하시고 의병대장으로 나갔다가 행주산성에서 돌아가셨고, 세진이처럼 의롭게 살다간 조상들이 가문에 중간중간 있었어요. 나는 예전엔 안 그랬는데 지금은 막 시위하는데 가면 살겠고, 이제는 그거 안 하는 날은 재미가 없어요. (웃음)

세진이 100일 추모제를 전후한 어느 날 목요기도회가 끝나고 조정하 사모님께서 잠깐 할 말이 있다고 하시며 서울제일교회의 노상예배에 대해 말씀하시고 참여를 권유하셨어요. 그래서 노상예배에 참여하기 시작했어요. 비가 오고 눈이 오고 막 그런 날은 오기 싫기도 했지만 '오는 사람이 줄어들겠지' 하는 생각에 꼭 갔고, 그래서 그런 날은 참여하는 교인들이 더 많았어요. 교인들이 모두 다 같은 생각을 했던 거죠.

박형규 목사님은 밖으로는 부드러우신데 굉장히 외유내강하신 분으로 노상예배에서도 굉장히 쾌활하셨고, 누가 나쁘다, 타도하자 이런 설교는 안 하셨어요. 노상예배 때도 남신도회가 한 달에 한 번 꼭 모였는데 중국집에서 자장면 한 그릇 먹고 나서 꼭 성경 읽으시고 말씀 증언하셨어요. 그리고 세상 얘기는 짧게 하거나 별로 안 하셨어요. 정말로 참 목자이시고 목사님의 회고록『내 신앙은 길 위에 있다』대로 사신 분이라고 생각해요.

조정하 사모님에 대해서도 한말씀 드릴게요. 1987년 6월 10일 목사님이 성공회대성당 앞에서 열린 국민대회에서 성명하다가 장안동으로 붙들려 갔잖아요. 그런데 거기 대문이 철책 대문이었어요. 거기에 예배를 드리러 갔는데 사모님께서도 가셨어요. 그때가 1987년이니까 나도 뭐냐면 데모 안 하면 못 살것 같았어요. 사실 최루탄에 맞아도 고통은 순간이지, 그래야 오히려 속이 풀리고 그럴 때였는데, 거기 가서 우리 조정하 사모님 얼굴 보기가 힘들었어요. 왜냐하면 남편이 거기에서 무슨 일을 당하고 있는지 모른다고 생각하면 얼마나 속이 상하실까 싶어서. 그런데 이 양반이 태평하게 웃으시면서 철문을 두드리고 그러시는 거예요. 그래서 '역시 그 남편에 그 부인이다'라고 생각했어요.

**황인숙** 사모님께서는 돌아가실 때도 그러셨어요. 암으로 얼마 안 남았다고 하는데도 진짜 아무렇지도 않은 듯이 "나는 세상에 와서 너무 재미나게 살다 이제 간다. 정말 재미있었다"라고 하셨어요.

**김효식** 건대앞 골목길에 박 목사님이 사셨을 때인데, 1986년 건대 사태가 일어났을 때 청년들이 자주 들락거리며 밥 얻어먹고 하던 기억이 나요. 불편하면 저희가 안 가거든요. 생각 없이 찾아가서 "라면이라도…" 하면 사모님께서 밥을 해 주셔서 같이 밥 먹고, 목사님과 대화하고…. 참 언제든지 따뜻하게 대해 주시던 박 목사님과 사모님이 생각이 나요.

저도 김재훈 장로님처럼 박형규 목사님을 만나게 되어 성서를 바라보는 눈도 달라지고, 듣는 귀도 달라지고. 목사님이 어떻게 사는 게 예수의 삶을 살아 내는 것인지를 여러 말 필요 없이 당신 스스로 우리한테 보여주신 것 같아요. 그래서 우리 모두가 어렵고 힘든 길이지만 같이 따라서 움직였고 '목사님의 삶 자체가 저는 예수님이 살았던 삶을 살아내신 거다'라는 생각이 들어요. 거리 예배 때 '광야에 외치는 소리'라는 말씀을 하셨어요. "그 소리에 귀를 기울이지 않으면 굴러다니는 돌이 외칠 것이다." 성서 말씀을 인용해 가지고 이렇게 말씀하셨는데 결국에 우리로 하여금 "가만히 있지 말고 적극적으로 응답해야 된다"라는 그런 이야기를 끊임없이 하셨어요. 그리고 대중 앞에 나가시면 또 얼마나 선전선동을 잘하시는지! (웃음) 저는 거리 예배 6년 동안 늘 마음이 부푼 가운데 살았어요. 마음이 하루도 그렇지 않은 적이 없었어요. 지금 생각해 보면 박 목사님과 겪어왔던 이런 일들이 그 무엇과도 비교할 수가 없고 바꿀 수 없는 그런 시간이었어요.


**황인숙** 아, 가만히 생각해 보면 우리는 고난을 받으면서 예배방해를 피해 중부경찰서 앞에서 예배를 드리게 되었지만 나중에는 그 노상예배가 우리보다 더 고난 받는 사람들의 하소연 장소가 되었어요. 답답한 한풀이도 하고 가고, 막 그놈 저놈 욕도 하면서 '내가, 우리 아들이, 이러이러한 어려운 일, 억울한 일을 당했다'라고 알리는 그런 장소를 제공하는 역할도 서울제일교회 노상예배가 했던 것 같아요. 유인물도 막 가지고 와서 배포를 하고. 유가족 분들도 많이 나오셨어요. 정치인들은 또 나름… 이용하려고 올 때가 많았죠.

## 늘 소년 같으신 분

**황인숙** 이제 결론을 말하면 박 목사님은 참 소년 같으신 분이셨어요. 늘 보면 이게 웃을 사항도 아닌데 그냥 웃으시고, 저보다 굉장히 어른이신데도 제가 버릇없이 막 뭐라고 해도 "내가 그랬냐?" 이렇게 말씀하셔요. 그리고 정치인들이 막 교회에 찾아오고, 학생들도 앞장서 달라고 많이 오잖아요. 그러면 저는 막 싫어했어요. 또 잡혀가시는 것은 아닌가 해서 저는 나이도 어리면서 "외삼촌, 그냥 좀 거절하세요" 하면 "아니야, 그러는 거 아니야!" 그렇게 말씀하셨어요. 제가 "아니 왜 또 목사님을 앞세워 가지고! 거절할 건 좀 거절하시지 왜 그러셔요?" 그러면, "아니야! 들어야지"라고 하셨어요. 강력하게도 말씀 안 하시고, 늘 소년 같으신 분.

**정인숙** 심방을 오시면 우리 시어머니도 예배를 같이 드렸어요. 목사님이 우리 친정 엄마하고는 돼지띠 동갑이시고, 우리 시어머니는 목사님보다 한 살 밑이셨어요. 우리 시어머니는 절에 다니시는 분이신데 어쩐 일인지 내가 권하지도 않았는데 박 목사님이 심방 오시면 같이 예배를 드리셨어요. 목사님 은퇴하시고 다른 목사님 오셨을 때는 안 드리셨는데…. 박 목사님이 심방 오시면 우리 시어머니도 같이 예배를 드리시고 좋으신 목사님이라고 그렇게 말씀하신 것이 생각이 나네요. 우리 엄마가 이제 연세가 많으시니까 많은 분들이 먼저 돌아가시고,

연세가 더 어리신 분들도 돌아가시잖아요. 박형규 목사님이 돌아가셨다고 하니까 인생의 친구가 떠난 그런 느낌을 받으신 것 같았어요. 동갑이시니까 더 그러셨던 것 같아요.

**이승숙** 오늘 박형규 목사님에 대해서 그동안 몰랐던 소중한 이야기들을 많이 알게 되었습니다. 70, 80년대 민주주의와 인권이 탄압받는 현장 어디에나 함께하시며 예수님처럼 약한 자, 억압받는 자들과 늘 함께하신 기독교 민주화운동의 큰어른 박형규 목사님. 어버이처럼 따사롭고 소년처럼 순수하신 성품, 자신의 것은 도무지 챙길 줄 모르고 어려운 이들을 위해 늘 나누셨던 박형규 목사님과 조정하 사모님에 대해 함께 추억하다 보니 두 분이 더욱 그리워집니다. 오늘 귀한 시간을 내주셔서 감사합니다. 수고하셨습니다.

(이 글은 박형규 목사님을 모시고 서울제일교회를 이끌어 왔던 원로장로님과 권사님 등 여럿이 모여 나눈 박 목사님에 대한 회고담을 이승숙 편집위원이 풀어서 정리한 글입니다)

# 목사님의 길을 따라

지난해 10월 '박형규목사기념사업회'가 출범한 이후 11월 사업회의 실행위원회에서 박 목사님 2주기를 맞아 추모문집을 내기로 하였다. 그리고 서울제일교회 교인이거나 교인이었던 분들 위주로 편집위원을 위촉했다. 나만 서울제일교회를 다닌 적이 없고 게다가 이른바 냉담신자인데도 불구하고 박종렬 선배의 추천으로 편집위원장을 강요받았다. 1974년 박 목사님이 옥중에 계실 때 같이 『해방의 길목에서』를 편집과 교정한 경험, 대학에서 같은 학과 선배라는 인연, 80년대에는 해마다 1월 1일에 친구들(서중석, 유인태, 유홍준)과 함께 박 목사님께 세배를 다닌 일 등이 고려된 듯하다.

이번에 발간하는 추모문집 『박형규와 함께 그 길을 걷다』의 편집 원칙을 몇 가지 말씀드리겠다. 이 추모문집에는 왜 꼭 들어가야 할 필진이 빠졌을까 하는 의아한 생각이 들 것이다. 1995년에 발간한 박 목사님 고희기념문집 『행동하는 신학 실천하는 신앙인』이 추모문집의 형식과 아주 비슷하다. 따라서 고희기념문집에 집필하신 분은 원칙적으로 이번에는 배제하기로 했다. 필자에 따라서 경어체를 쓰는 분이 있고 평어체를 쓰는 분도 있는데 이는 그대로 존중하기로 했다. 게다가 필자 대부분이 제목에 '박형규 목사님'이란 표현을 한 경우가 많아 편집위원들이 다시 내용에 맞춰 제목을 바꾸기도 했다. 문동환 목사님처럼 병석에 누워 계시거나 채현국, 임재경 선생님이나 김성수 주교님과 같은 고령이신 분에게는 구술을 받아 녹취해서 원고를 정리했다.

이 책이 나오기까지 많은 분들이 수고를 해주셨다. 우선 바쁜 일상 속에서 시간을 쪼개어 귀한 글을 보내주신 60여 분의 필자께 감사를 드린다. 이분들의 성의가 아니었으면 추모집 발간은 3주기로 미루어졌을 것이다. 특별히 어려운 출판 환경에도 이해타산을 따지지 않고 출판해주신 도서출판 동연의 김영호 대표께 고마움을 표하지 않을 수 없다. 무엇보다도 사상 최악의 재난 수준인 폭염 속에서도 원고 정리와 교열은 물론 기념사업회 뉴스레터 제작, 목사님 2주기 추모행사 및 추모문집 출판기념회 준비 등으로 애쓰시는 편집위원들의 노고에 깊이 감사를 드린다. 강제철거 소동으로 4개월 넘도록 천막예배를 드리는 강남향린교회 유린사태에 편집위원인 이성환 목사께서 노고가 많으시다. 함께 힘이 되지 못하니 박 목사님이 더욱 그립다. 목사님을 따라가면 길이 보이지 않을까.


편집위원[권형택 박종렬 유영표 이성환 이승숙 한영수 한정희]을
대신하여
편집위원장 유영표 올림

| | |
|---|---|
| 1923. 12. 7 | 경남 창원군 진북면 영학리 학동 마을에서 부친 박로병(朴魯柄) 선생과 모친 김태금(金泰金) 님 사이에서 2남 3녀 중 차남으로 출생 |
| 1928~1930 | 독실한 기독교 신자였던 어머니 영향으로 기독교계 의신유치원과 창신학교(초등학교)를 다님 |
| 1931~1942 | 부모를 따라 일본 오사카로 이주. 후쿠시마 소학교 3학년에 편입하여 졸업. 교토 료요(兩洋) 중학에 진학. 5학년 말에 결핵에 걸려 각혈 |
| 1943. 봄 | 결핵 치료를 위해 귀국. 경남 김해군 진영읍 으로 이사한 부모를 따라 그곳에 거주. 가난한 농촌 어린이를 위한 학교인 진명(進明)학원 교사가 됨 |
| 1944. | 한글공부 모임을 만듦. 이 모임이 민족사상을 고취한다고 하여 김해경찰서로 끌려가 한 달간 고문을 받으며 조사 받음. 석방 후 한동안 산중으로 피신 |
| 1945. 8 | 해방 직후 진영의 치안대 책임자가 됨 |
| 1945. 10 | 진영교회 강성갑 목사 영향으로 그룬트비 농민교육운동을 본받은 〈한얼학교운동〉에 동참 |
| 1946. 4~1947 | 부산대 예과에 입학, 수료. |
| 1947.10~1948. 8 | 창영공립중학교 교사가 됨 |
| 1948. 9~1950. 3 | 부산미문화원의 도서관장이 됨 |
| 1950. 4~6 | 부산대 문리대 철학과 등록 |
| 1950. 7~1958 겨울 | 한국전쟁 발발하자 일본 도쿄 유엔군사령부 방송의 군속으로 일함 |
| 1955. 4~1956.3 | 일본 도쿄신학대학 신학부 4학년에 편입학 |
| 1956. 4 | 일본 도쿄신학대학 대학원 조직신학과 진학 |
| 1959. 3 | 동 대학원에서 조직신학 석사학위를 받음 |
| 1959. 3 | 9년 만에 귀국, 한국기독교장로회 공덕교회 전도사로 부임 |
| 1960. 4 | 4·19혁명에서 충격을 받고 신앙생활의 대전환을 가져옴 |
| 1962.9~1963.10 | 미국 유니온신학대학원에 유학. 신학석사학위를 받음 |
| 1964.7~1965.10 | 한국기독교장로회 서울노회 초동교회 부목사로 취임 |
| 1965.10 | 베다니평신도학원 원장 취임 |
| 1966. 2 | 부친 별세 |
| 1966. 5 | 한국기독학생회총연맹 총무로 취임 |
| 1968. | 빈민선교 시작. 미국 북장로교 조지 타드 목사의 지원을 받아 연세대 안에 '도시문제연구소'를 창립하고 그 산하의 '도시선교위원회' 책임자가 됨 |
| 1968. 5 | 대한기독교서회 정기간행물 부장 겸 월간 「기독교사상」 주간으로 취임 |
| 1970. 3 | 서울제일교회 초빙을 받아 주일설교 시작 |
| 1970. 4 | 재단법인 기독교방송 방송 및 기술담당 상무로 취임 |
| 1971. 6 | 권력의 압력으로 기독교방송 퇴사 |
| 1971. 7 | 크리스찬아카데미 프로그램 위원장으로 취임 |

| | |
|---|---|
| 1971. 9. 1 | 초교파 도시빈민 선교기구 '수도권도시선교위원회' 발족, 위원장이 됨 |
| 1971. 9. 28 | 신·구교 연대로 '크리스천행동협의체' 결성, 부이사장이 됨 |
| | 1972. 3. 6 '에큐메니컬 현대선교협의체'로 이름 바꾸고 조직 재정비함 |
| 1972. 11. 26 | 서울제일교회 담임목사로 부임 |
| 1973. 4. 22 | 남산 야외음악당 부활절 연합예배에서 유신반대 시위를 계획하고 전단을 살포. 이 사건으로 6. 29 권호경, 김동완, 남삼우 등과 함께 국가보안사령부로 연행, 국가내란예비음모 혐의로 구속 기소됨. 징역 2년을 선고 받고 3개월 후 금보석으로 석방 |
| 1974. 4. 20 | 전국민주청년학생연맹(민청학련) 사건으로 중앙정보부로 연행 구속 기소됨. 군법회의에서 징역 15년 자격정지 15년 선고. 1975. 2. 15 형집행정지로 석방 |
| 1974. 12 | 옥중에서 첫 논설집 『해방의 길목에서』 출간 |
| 1975 | 옥중에서 미국 선교단체가 주는 '에드워드 브라우닝'상 수상 |
| 1975. 4. 3~ | |
| 1976. 2. 14 | '수도권특수지역선교위원회 선교자금 횡령 및 배임사건'으로 김관석, 조승혁, 권호경 목사와 함께 구속 기소됨. 징역 10개월 선고 받고 만기 출소 |
| 1976. 5. 25~7. 6 | 유신정권이 박형규 목사와 '수도권' 빈민운동가들을 공산주의 세력으로 몰기 위해 치안본부 대공분실로 연행하고 고문함. 40일의 장기 구금 끝에 기소유예로 서울구치소에서 석방 |
| 1976. 10 | 한국기독교장로회 '교회와사회위원회' 위원장이 됨. |
| 1978 | 한국기독교교회협의회(NCCK) '교회와사회위원회' 위원장이 됨 |
| 1978. 9. 6~ | |
| 1979. 7. 17 | 한국기독교장로회 청년회 전국연합회 전주교육대회(기청대회) 시위사건으로 긴급조치 9호 위반으로 구속 기소되어 징역 5년 자격정지 5년을 선고받고 10개월 후 형집행정지로 석방됨 |
| 1980. 5 | 호주 멜버른에서 열린 세계교회협의회(WCC) 세계선교협의회에 한국대표로 참가했다가 대회 중에 광주항쟁 소식을 듣고 일본 도쿄로 돌아와 귀국을 일시 보류하고 장기체류를 위해 국립 나가노 요양원에 입원하여 4개월 머뭄. |
| 1980. 9 | 귀국을 결심. 귀국길에 중앙정보부로 연행 조사받고 20일 만에 석방 |
| 1981. 9 | 한국기독교장로회 총회에서 제66회 총회장이 됨 |
| 1982. 3 | NCCK 인권위원회 위원장이 됨 |
| 1983. 7 | 캐나다 밴쿠버에서 열린 WCC 제6차 총회에서 '예수 그리스도, 죽음과 맞서고 극복 하는 생명'이라는 제목으로 주제강연을 함. |
| 1983. 8 | 국군보안사령부의 공작으로 서울제일교회 예배방해가 시작됨 |
| 1984. 9. 9~12 | 예배방해자들과 폭력배들이 박형규 목사와 교인 등 16명을 4층 당회장실에 60여 시간 감금하고 살해 위협함. |
| 1984. 9. 23 | 목포출신 폭력배 박평수 등이 박형규 목사를 테러함. 가톨릭병원에 입원함 |
| 1984. 12. 9 | 폭력배들의 교회 예배당 점거와 교인 출입 저지로 중부경찰서 노상예배를 시작함. 이 노상예배는 1990. 12. 9.까지 만 6년간 계속됨 |
| 1986. 2 | 한국기독교사회문제연구원 이사장으로 부임 |
| 1986. 4 | 모친 별세 |

| | |
|---|---|
| 1987. 5. 27 | 민주헌법쟁취국민운동본부 상임공동대표가 됨 |
| 1987. 6. 10~7.6 | 6월항쟁의 시작으로 대한성공회 주교좌성당에서 '박종철 고문살인 은폐조작 규탄 및 호헌철폐 범국민대회'를 주관, 대회사를 하다. 이후 대회 참가 인사 13명이 함께 연행되어 집시법 위반혐의로 서울구치소에 구속 수감되었다가 1개월 만에 기소유예로 석방됨 |
| 1991. 3. 8~4.6 | 미국 버클리대학 주최 한반도평화통일 심포지움에 남측대표로 초청받고 주제강연함. 귀국 후 시경 대공분실로 연행되어 조사 받고 일주일 만에 석방됨 |
| 1991. 11. 13 | 토지학교 이사장이 됨 |
| 1992 | 민주주의민족통일전국연합 고문이 됨 |
| 1992. 8. 27 | 만 70세 정년을 앞두고 서울제일교회 담임목사직을 사임하고 은퇴함. |
| 1992. 9. 26 | '민주대개혁과 민주정부수립을 위한 국민회의' 상임의장이 됨 |
| 1993 | 남북민간교류협의회 이사장이 됨 |
| 1995. 2 | 노동인권회관 이사장이 됨 |
| 1995. 10. 6 | 고희 기념문집 『행동하는 신학 실천하는 신앙인』 발간함 |
| 2001 | 재단법인 민주화운동기념사업회 공동대표가 됨 |
| 2002 | 민주화운동기념사업회 초대 이사장이 됨 |
| 2007 | 남북평화재단 이사장이 됨 |
| 2010. 4. 19 | 회고록 『나의 믿음은 길 위에 있다』 발간 |
| 2016. 8. 18 | 인천 자택에서 94세로 소천. 한국기독교장로회 총회장으로 종로5가 기독교회관에서 영결식 후 경기도 파주시 기독교상조회 공원묘지에 안장 |
| 2017. 8. 18 | 수주 박형규 목사 1주기 추모제 거행 |
| 2017. 10. 19 | 기독교회관 조에홀에서 각계인사 200여 명 참석, 박형규목사기념사업회 출범 |